**Über die Autorin**
**Doris Bachmann-Medick**, Dr. phil., ist Literatur- und Kultur-
wissenschaftlerin in Göttingen. Studium der Germanistik, Geographie, Kunstgeschichte und Philosophie. Gastprofessuren an
der University of California, Los Angeles; University of Michigan,
Ann Arbor; Lehraufträge an der Universität Göttingen, Univer-
sität Potsdam, Viadrina Frankfurt (Oder), Freie Universität Berlin,
Universität Zürich. 2005/06 Fellow am Internationalen For-
schungszentrum Kulturwissenschaften (IFK) Wien. – Zahlreiche
Aufsätze zu den *Arbeitsschwerpunkten*: Kulturwissenschaften,
Literarische Anthropologie, Kulturtheorie, kulturwissenschaft-
liche Übersetzungsforschung, Interkulturelle Kommunikation.
*Buchpublikationen:* (Hg.): Kultur als Text. Die anthropologische
Wende in der Literaturwissenschaft (1996). 2. aktual. Aufl. Tübin-
gen, Basel 2004; (Hg.): Übersetzung als Repräsentation fremder
Kulturen. Berlin 1997; Die ästhetische Ordnung des Handelns.
Moralphilosophie und Ästhetik in der Popularphilosophie des
18. Jahrhunderts. Stuttgart 1989.

Doris Bachmann-Medick

# CULTURAL TURNS
## NEUORIENTIERUNGEN
## IN DEN KULTURWISSENSCHAFTEN

rowohlts enzyklopädie
im Rowohlt Taschenbuch Verlag

rowohlts enzyklopädie
Herausgegeben von Burghard König

2. Auflage Februar 2007

Originalausgabe
Veröffentlicht im Rowohlt Taschenbuch Verlag,
Reinbek bei Hamburg, Juli 2006
Copyright © 2006 by Rowohlt Verlag GmbH,
Reinbek bei Hamburg
Umschlaggestaltung any.way, Walter Hellmann
Satz Proforma PostScript (InDesign)
bei Pinkuin Satz und Datentechnik, Berlin
Druck und Bindung Clausen & Bosse, Leck
Printed in Germany
ISBN 978 3 499 55675 8

# INHALT

# CULTURAL TURNS.
# NEUORIENTIERUNGEN IN DEN
# KULTURWISSENSCHAFTEN

## 1. ANSÄTZE ZUR KARTIERUNG DER KULTURWISSENSCHAFTEN

Im Zuge der Postmoderne haben die Kulturwissenschaften bekanntlich das Ende der «Meistererzählung» von Emanzipation und Fortschritt ausgerufen. Doch sind sie dabei nicht selbst zum Ergebnis einer «großen Erzählung» geworden? Schließlich ist noch immer die Rede von einem durchschlagenden «Cultural Turn», der wie ein Paradigmensprung die sozial- und kulturwissenschaftlichen Disziplinen erfasst hat und der noch dazu im Bann eines übermächtigen *linguistic turn* verharrt. Zwar erscheint der *linguistic turn* wie eine «Mega»wende oder gar ein umstürzender Paradigmenwechsel. Doch hat er wirklich die kulturwissenschaftliche Theoriebildung bis heute so stark dominiert, dass er alle weiteren theoretischen Neuausrichtungen fest im Griff behielt?

Dagegen kann eine andere Geschichte der Kulturwissenschaften gedacht und dargestellt werden, die gerade die Vielzahl der *cultural turns* zum Leitfaden nimmt. Erst die unterschiedlichen «Wenden», die sich etwa seit den 1970er Jahren im Schlepptau des *linguistic turn* herausgebildet haben, legen ein ausdifferenziertes, höchst dynamisches Spannungsfeld der kulturwissenschaftlichen Forschung frei. Erst sie haben Blickrichtungen geändert und neue Fokussierungen eingeführt. Damit haben sie durch alle Disziplinen hindurch bisher unbearbeitete Forschungsfelder quer zu den Disziplinen erschlossen und den etablierten Theorien- und Methodenkanon durch gezielte Forschungsanstöße aufgebrochen. Die Rede ist von bahnbrechenden Neuorientierungen, die zuerst im Feld der Kulturanthropologie ausgebildet wurden wie *interpretive turn, performative turn* und *reflexive turn* und die dann im Wechsel der Leitdisziplinen einen *postcolonial turn* ebenso wie einen *spatial turn* und einen *iconic turn/pictorial turn* hervorgebracht haben – neuerdings auch einen *translational turn.* Die «Meistererzählung» des «Cultural Turn» wird von den Differenzierungsimpulsen dieser verschiedenen *cultural turns* geradezu unterwandert. Zudem bringen ihre markanten Verschiebungen der Blickwinkel auch den Geltungsanspruch des *linguistic turn* selbst zum Verblassen. Denn sie führen tendenziell weg von der Sprach- und Textlastigkeit der Kulturanalyse, weg von der Vorherrschaft der Repräsentation, der bloßen Selbstreferenzialität und der «Grammatik» des Verhaltens. Doch wo führen sie hin? Gerade das breite Reservoir von Neufokussierungen eröffnet weite Horizonte für eine Kulturwissenschaft nach dem *linguistic turn*: Selbstauslegung und Inszenierung, Körperlichkeit und Handlungsmacht, aber auch die Politik sozialer und interkultureller Differenzen mit ihren Übersetzungs- und Aushandlungspraktiken rücken in den Vordergrund, darüber hinaus visuelle Einsichten, Bildwahrnehmungen und Kulturen des Blicks sowie Räumlichkeit und Raumbezüge sozialen Handelns, schließlich gar die unhintergehbare Materialität von Erfahrung und Geschichte.

Eine andere Geschichte der Kulturwissenschaften ausdrücklich entlang solcher *turns* wirft bereits neues Licht auf die pauschale Überzeugung, die Denkschrift «Geisteswissenschaften heute»[1] hätte hierzulande einen umfassenden «Cultural Turn» der Geisteswissenschaften ausgelöst: Die Kulturwissenschaften – so heißt es dort – lösen sich aus der geistesgeschichtlich geprägten deutschen Tradition. Mittlerweile geht man viel deutlicher davon aus, dass die Kulturwissenschaften die Geisteswissenschaften geradezu abgelöst haben, wobei sie – wissenschaftspolitisch vorangetrieben – zur «Modernisierungschiffre»[2] wurden. Zunächst ist ihnen eine integrative Perspektive zur Überbrückung der Fächerspezialisierung, der Zersplitterung arbeitsteiliger Forschung ebenso zugetraut worden wie die Überwindung der Kommunikationsbarrieren angesichts der fachspezifischen Begriffssysteme. Doch dann lief der kulturwissenschaftliche Modernisierungsschub sehr bald in ein deutliches Fahrwasser zunehmender Selbstreflexion und Differenzierung. Dazu verhalf das Bestreben, sich an internationale Theorieansätze anschlussfähig zu machen, um von dort aus die Geisteswissenschaften zu «modernisieren». Aus dieser Perspektive wurden überhaupt erst spezifische Defizite der traditionellen Geisteswissenschaften erkennbar: Indem sie einzelne Kulturobjekte herausheben, in denen sich die geistige Produktivität niederschlägt, unterstellen die Geisteswissenschaften eher ein Einheitsmodell des einen menschlichen Geistes, das eben doch nur der europäischen Geistesgeschichte entspringt. Die Kulturwissenschaften dagegen richten die Aufmerksamkeit verstärkt auf Materialität, Medialität und Tätigkeitsformen des Kulturellen, um genauer zu erkennen, wie und in welchen Prozessen und kulturspezifischen Ausprägungen Geistiges und Kulturelles in einer jeweiligen Gesellschaft überhaupt produziert werden.[3] Dabei öffnen sie sich einem längst nicht mehr nur auf Europa fixierten Pluralismus des Kulturellen, der kulturellen Prozesse und Ausdrucksformen. Sie verweisen auf «multiple modernities» (Shmuel Eisenstadt) und problematisieren den einlinigen Begriff der Modernisierung als einen eurozentrischen Begriff, nicht zuletzt bezogen auf das Projekt der Kulturwissenschaften selbst. Besonders die zunehmende Auseinandersetzung mit Problemfeldern außerhalb Europas führt schließlich zu nachhaltigen Anstößen, sich aus der Beschränkung auf einen immer noch für maßgeblich gehaltenen europäischen Wissenskanon zu lösen. Vor allem diese Tendenz der Kulturwissenschaften zum Pluralismus, gepaart mit kritischer Selbstreflexion und mit (inter-)kultureller Verortung der eigenen Theorien, war und ist noch immer der Nährboden für die Herausbildung signifikanter *cultural turns* sowohl in den jeweiligen Einzeldisziplinen als auch quer zu ihnen.

Die «große Erzählung» des «Cultural Turn» wird demnach von den Differenzierungsimpulsen der mindestens ebenso ausschlaggebenden *cultural turns* geradezu untergraben. Doch umso mehr bleibt die Frage, wie diese Dynamik in den Kulturwissenschaften ihrerseits «erzählt» oder – um den *spatial turn* auf die Theorielandschaft selbst anzuwenden – kartiert werden kann. Ausdrücklich soll es hier nicht um eine Geschichte der Kulturwissenschaften gehen,[4] auch nicht um eine Rekonstruktion der Überlappungen und Unterschiede zwischen den angloamerikanischen *Cultural Studies* und den deutschen Kulturwissenschaften.[5] Schon gar nicht ist beabsichtigt, im gleichen Atemzug «die mittlerweile über zehn Jahre alte Grundsatzdiskussion über eine Neuorientierung der Literaturwissenschaft und/oder/als Kulturwissenschaft zu einem vorläufigen Abschluß zu bringen».[6] Statt hier einen Gegensatz aufzumachen zwischen

Grundsatzdiskussionen einerseits und «der eigentlichen Arbeit an den Texten, in den Archiven und mit dem kulturellen Gedächtnis»[7] andererseits, wird ein anderer Weg eingeschlagen: So könnte es fruchtbarer sein, den kulturwissenschaftlichen Diskurs deutlich nach vorn gerichtet zu kartieren, um ihn unmittelbarer für die laufende Auseinandersetzung mit den Forschungsgegenständen, -subjekten oder -texten nutzen zu können.

Kartierungsansätze der kulturwissenschaftlichen Forschung, ihrer Theorielandschaft und Diskussion gibt es einige – noch keine allerdings mit Blick auf die Dynamik des Theoriewandels durch *turns*. Vorherrschend ist bisher der Blick auf die Veränderungen des Kulturbegriffs[8], vor allem aber die Hinwendung zu «Diskussionsfeldern» wie Alltags- und Populärkultur, kulturelle Identität, Medien und Kommunikation, Globalisierung und transkulturelle Kommunikation[9] oder zu etablierten «Methodenkomplexen» wie *New Historicism*, Kulturgeschichte, Diskursanalyse. Leitfäden sind aber auch «inhaltliche Schwerpunktsetzungen» wie Alltagsgeschichte, Historische Anthropologie, Frauen- und Geschlechtergeschichte, Generationengeschichte, Diskursgeschichte und nicht zuletzt die Theoriesysteme herausgehobener Protagonisten, Vorläufer, Gründerväter. Eine Kombination solcher Angelpunkte der Rekonstruktion findet sich bei der Historikerin Ute Daniel.[10] Und etwa bei Lawrence Grossberg stößt man bezüglich seiner eigenen «spatio-temporal map of the current state of cultural studies»[11] auf eine Gliederung nach «Modellen» («models of cultural studies»[12]), die auch manche Entsprechung auf Seiten der deutschen Kulturwissenschaften erkennen lässt: Kultur als Text, Kultur als Kommunikation, Kultur als Differenz, Kultur in Bezug auf den sozio-politischen Raum, Kultur in Bezug auf Institutionen, Kultur als Diskurs und Alltag.

All diese Kartierungen und Konkretisierungen nach Diskussionsfeldern bedeuten jedoch zugleich eine erhebliche Verengung auf Themenkomplexe. Der vorliegende Band schlägt einen anderen Weg ein. Der gängigen Themenorientierung wird hier die methodennahe Ausrichtung der *turns* entgegengehalten: ihre Ausprägung von Wahrnehmungseinstellungen, operativen Zugängen und Konzepten sowie von Analysekategorien. Ihre unterschiedlichen Fokussierungen und Schwerpunktverlagerungen, aber auch ihre gezielteren Methoden eröffnen die Möglichkeit, konkrete Untersuchungsansätze nicht nur auf ihr kulturwissenschaftliches Reflexionsniveau hin zu befragen, sondern sie gleichzeitig in einem bestimmten Theoriediskurs zu verorten.

Im Weg durch die verschiedenen *turns* in den Kulturwissenschaften wären vor allem methodische Ansätze wiederzugewinnen, die im anhaltenden Boom der Kulturwissenschaften zunehmend verflacht und in Vergessenheit geraten sind. Sie geben Impulse für eine längst fällige Neuprofilierung der Kulturwissenschaften, die sich gegenwärtig in einer eher festgefahrenen Lage befinden. Mit «festgefahren» sind nicht nur die Sackgassen durch Jargonbildung gemeint – immerhin macht schon die bloße Erwähnung von Globalisierung, Kultur, Identität, Interkulturalität usw. ein ganzes Fass von Assoziationsmöglichkeiten und Bezugsfeldern auf, was dem Eindruck von Vagheit und Konturenlosigkeit kulturwissenschaftlicher Forschungen Vorschub leistet. Gemeint ist außerdem eine immer noch offene Alternative: Sollte Kulturwissenschaft im Singular als Einzelfach ausgebaut werden, oder wären eher Kulturwissenschaften im Plural weiterzuentwickeln: als disziplinenüberspannende Perspektive, als «fächerübergreifende Orientierungskategorie»? Bemerkenswert ist die Stoßrichtung dieser Frage in dem Band «Orientierung Kulturwissenschaft», ausgehend von der Institutionalisierung der Kulturwissenschaften: «Schon früh war in den Debatten um die ‹Kulturwissenschaft› und die Modernisierung der Geisteswissenschaften der Gedanke einflußreich, die universitäre Ausbildung im Prinzip disziplinär, die Forschungspraxis aber ‹transdisziplinär› auszurichten (...). Die Kulturwissenschaft wäre in dieser Perspektive vor allem ein Privileg der Postgraduierten, die sich in einem Spezialfach solide Grundkenntnisse erworben haben und von daher zu einer anspruchsvollen Horizonterweiterung befähigt sind.»[13] Hat man also erst auf den Schultern einer disziplinären Ausbildung Aussicht auf einen kulturwissenschaftlich erweiterten Horizont?

Während die Kulturwissenschaftler Hartmut Böhme, Peter Matussek, Lothar Müller «die Kulturwissenschaft als grundständiges Fach»[14] dagegen halten, spricht die grenzüberschreitende Perspektive der *turns* für ein anderes Konzept von Kulturwissenschaften. Dieses ist von vornherein disziplinenübergreifend angelegt, und zwar bereits in den

Ausgangsfächern selbst und dort ausdrücklich mit disziplinären Kompetenzen verschränkt. Würde das Projekt Kulturwissenschaften in ein eigenes Einzelfach eingehegt oder als bloße Zusatzqualifikation aufgepfropft, könnte dies zur Selbstauflösung führen. Dann wären die Kulturwissenschaften vielleicht wirklich nur eine Episode, «eine zwar wichtige, jedoch zeitlich begrenzte Stufe in der Begründung der Geisteswissenschaften»[15] – wovon der Wissenschaftsrat in seinen Empfehlungen zur Lage der «Geisteswissenschaften» in Deutschland im Jahr 2006 bedenklicherweise ausgeht.

Lebendig gehalten wird dagegen das Projekt der Kulturwissenschaften erst dann, wenn es sich über den «diffusen Gesamtanspruch»[16] einer im Singular verstandenen Kulturwissenschaft hinaus profiliert: als eine ausdrücklich fächerüberspannende Orientierung, deren Verankerung in den verschiedenen Disziplinen unverzichtbar ist.[17] Das bedeutet aber auch, dass bereits die spezifischen disziplinären Ansätze und Untersuchungsfelder sowie ihre Gegenstände selbst von vornherein ganz anders angegangen werden, wenn man sie kulturwissenschaftlich betrachtet. Anschlussmöglichkeiten zwischen den Einzeldisziplinen zu suchen, wird dann unverzichtbar: produktive Grenzüberschreitungen, Öffnung gegenüber internationalen Forschungsrichtungen, Anerkennung von Perspektivenvielfalt und Hinwendung zu Untersuchungsfeldern, die quer zu den Disziplinen verlaufen. Kulturwissenschaften sind in diesem Sinn, wie es Hartmut Böhme und Klaus Scherpe ausdrücken, ein «Medium der Verständigung (...), um die heterogenen, hochspezialisierten, gegeneinander abgeschotteten Ergebnisse der Wissenschaften zu ‹dialogisieren›, auf strukturelle Gemeinsamkeiten hin transparent zu machen (...).»[18] Solche kulturwissenschaftlichen Impulse könnten nicht zuletzt die erst zaghaft begonnene Dialogisierung zwischen Geistes- und Naturwissenschaften weiter vorantreiben.

Auch die Perspektive auf *cultural turns* setzt keine Abschlussakzente. Immerhin wird bei ihr stets (mit offenen Antworten) gefragt: Was kommt danach? Unter dem Blickwinkel von *cultural turns* bilden die Kulturwissenschaften keineswegs lineare Sequenzen eines Theorie«fortschritts» aus. Sie zeichnen sich vielmehr durch Entwicklungsspielräume aus, indem sie mit den *turns* immer nur Wenden einschlagen – durchaus auch

Rückwenden oder konstruktive Umwege, Verschiebungen der Schwerpunkte, Neufokussierungen oder Richtungswechsel.

Doch was ist eigentlich unter *turns* zu verstehen? Unterwerfen sie den Erkenntnisprozess unter dem Vorzeichen bloßer «Moden» – wie es der Ausdruck *turn* suggeriert – nicht einer gewissen Unverbindlichkeit und Kontingenz? Oder gewinnen sie geradezu einen hohen erkenntnisleitenden Stellenwert als «Historisierungen oder sprachliche Transformierungen des Kantischen a priori»[19]? In jedem Fall sind die «Wenden» mit ihrer Einführung neuer Leitvorstellungen und Kategorien, mit ihrem Richtungswechsel und Theoriewandel signifikant, sowohl in ihren eigenen Kontextbezügen als auch im Hinblick auf eine Umstrukturierung des «wissenschaftlichen Feldes»[20] in den Kultur- und Sozialwissenschaften.

## Das «Feld» der Kulturwissenschaften

Für die Kontextualisierung der kulturwissenschaftlichen *turns* ist zunächst entscheidend, dass sie durch eine grundsätzliche Umorientierung auf «Kultur» («Cultural Turn») angestoßen worden sind, wodurch sie szientistische, oft positivistische und ökonomistische Erklärungen des Sozialen abgelöst und eine grundlegende Neubewertung von Symbolisierung, Sprache und Repräsentation auf den Weg gebracht haben. Sprache und Text wurden ausdrücklich als Gestaltungs- und Triebkräfte sozialen Handelns aufgefasst und theoretisch durchaus janusköpfig entfaltet: in die kultursemiotische Richtung von «Kultur als Text», dann aber auch in Richtung auf eine sozial und materiell gesättigtere Ausarbeitung: «Kultur als Textur des Sozialen». Unter politisch-ökonomischem Vorzeichen wird Kultur hiernach als ein «Transfervorgang» aufgefasst, «der das Soziale ins Symbolische ‹übersetzt› und ihm dieserart eine Textur aufprägt, d. h. dem Gewebe des Sozialen lebensweltliche Bedeutungen aufprägt.»[21] Solche «Wiederkehr» des Sozialen noch in der kulturellen «Textur» – worauf Lutz Musner verweist – bedeutet zugleich eine Abkehr von der Neigung der Postmoderne zur Verflüchtigung «harter» Gesellschaftsdimensionen in die «weicheren» Sphären von Kultur, Bedeutung und Diskurs. Dieses (postmoderne) Aufweichen einer umfassenderen

Gesellschaftsanalyse hat die kulturwissenschaftliche Forschung immer wieder auf einen Pfad gelockt, der eher in die Welt der Zeichen führt, der Pluralisierung und Eklektizismus aufwertet, epistemologisches Nachdenken befördert und eine Vervielfältigung von Differenzen statt bipolarer Entgegensetzungen fordert. Dies alles mündet schließlich in der Auflösung der «großen Erzählungen» und der übergreifenden Sinnzusammenhänge, die den wachsenden Fragmentierungen in einer globalisierten Moderne nicht mehr gerecht werden.

Angesichts einer solchen epistemologischen Konstellation ist das Wiederaufleben der materiell-ökonomischen und sozialen «Kehrseite» mitten im kulturwissenschaftlichen Diskurs markant. Schon allein deshalb wäre es irreführend, die «große Erzählung» vom «Cultural Turn» gebetsmühlenhaft zu wiederholen und die Herausbildung der facettenreichen kulturwissenschaftlichen Neuorientierungen nur auf postmoderne Zersplitterung zurückzuführen. Ebenso verengt wäre es jedoch auch, grobe Pflöcke einer historisch-politisch-ökonomischen Verankerung der Theoriewechsel einzuschlagen, wie etwa Fredric Jameson mit seiner Redeweise von der Postmoderne selbst als «the cultural logic of late capitalism» oder gar mit Blick auf die *turns* als bloße Ausläufer der «postfordistischen Transformation»[22]. Die Untersuchung der einzelnen Wenden lässt dagegen viel differenziertere Aufschlüsse darüber erwarten, wie die jeweiligen Etappen des kulturwissenschaftlichen Diskurses an veränderte historische, soziale und politische Bedingungszusammenhänge rückgebunden sind, ja wie diese Realitätsbezüge selbst wiederum durch den jeweiligen Fokus der kulturwissenschaftlichen Wahrnehmung erst ihre Konturen gewinnen. Eine zu pauschale Verknüpfung des «Cultural Turn» mit der Auflösung der großen politischen Systeme, der alten weltpolitischen Grenzziehungen und Blockbildungen, verstellt hierfür eher den Blick.

*Turns* lenken die Aufmerksamkeit aber auch auf interne Bedingungen des «intellektuellen Feldes». Diese werden sichtbar, wenn man die Kulturwissenschaften mit Hilfe von Pierre Bourdieus Feldtheorie strukturiert: als einen «Spiel-Raum, ein Feld objektiver Beziehungen zwischen Individuen oder Institutionen, die miteinander um ein und dieselbe Sache konkurrieren».[23] Übertragen auf das intellektuelle Feld der Kulturwissenschaften käme man auch hier zu Einsichten in ein Feld von intellektuellen «Moden», bei denen die Beherrscher des Feldes *«Konservierungsstrategien»* und die Nachrücker oder Herausforderer *«Subversivstrategien»*[24] anwenden, um ihre Position im Feld zu behaupten bzw. erst zu erkämpfen. Konkurrenz um symbolisches Kapital, das sich im Besetzen von *turns* und Forschungsrichtungen und in der Überdeterminierung von Leitbegriffen verdichtet, ist gewiss empirisch beobachtbar und wissenschaftspolitisch keineswegs zu unterschätzen. Die wissenschaftlichen Moden, wie sie Bourdieu auf den Begriff gebracht hat, indem er die Haute Couture mit der «Haute Culture» analogisiert, zeigen doch nur, wie stark die Kulturwissenschaften selbst von ihrem eigenen Untersuchungsgegenstand geprägt sind. Daraus muss man jedoch nicht notwendig ein Generalverdikt ableiten, wie Lutz Musner, für den nur eines das Ende der Metaerzählungen besiegelt: «eine überhitzte Konjunktur und ein (selbst)kritikloser Wandel von Theoriemoden»[25]. Viel eher wäre gerade die Janusköpfigkeit der intellektuellen Moden in ihrer Innovationskraft, aber auch in ihrem damit einhergehenden Konformitätsdruck Anlass für konstruktive Kritik. Denn schließlich wirken sie nicht nur als Innovationsschübe, sondern auch als Wegweiser, der aller Debattenfreudigkeit und Theorienkonkurrenz zum Trotz dann doch auf einen Konsenszwang der Forschung hinzuführen scheint. Schon Bourdieu hat solchen «abgrundtiefen Konformismus» der «beherrschenden Richtungen des Feldes»[26] beklagt.

Gilt also auch für die kulturwissenschaftlichen *turns* das Diktat der Mode und damit auch das Gesetz der «feinen Unterschiede»? Gilt auch für die *turns* Bourdieus Anspielung «Wenn der Minirock in Hintertupfingen angekommen ist, fängt alles wieder von vorn an»[27]? Diese Fragen deuten nicht nur auf den Konsenscharakter der *turns*, sondern auch auf ihre Kehrseite: die Schaffung von Mainstream. Umso wichtiger wird es, auch Bedingungen der Möglichkeit kulturwissenschaftlicher *turns* im Auge zu behalten, die diese – trotz der relativen Autonomie des intellektuellen Feldes gegenüber dem sozialen Feld – mit Habitus, Wettbewerb, Kampf, Positionierung, Traditionsbindung und Traditionsbildung verschränken. Schließlich haben die jeweiligen Wenden immer auch mit dem Abstecken und Sichern von akademischen Feldern zu tun, nicht zuletzt im Hinblick auf die Akquirierung von Forschungsmitteln im verschärften Wettbewerb von Sonderforschungsbereichen, Graduiertenkollegs und anderen universitären Profilierungsinitiativen.[28] Die Wenden als solche gehen indes weit über ihre Lokalisierung und Funktion in einem darauf begrenzten Feld kulturwissenschaftlicher Selbstbehauptung und Theorieentwicklung hinaus. Sind sie schon deshalb keine «research paradigms»[29] im Sinne der Paradigmentheorie Thomas S. Kuhns, sondern eher «approaches»?

### THEORIEWANDEL ALS PARADIGMENWECHSEL?

Warum wird hier eigentlich nicht gleich von Paradigmen und entsprechenden Paradigmenwechseln im Sinne von Thomas S. Kuhn gesprochen? Kuhns wissenschaftstheoretische und wissenschaftshistorische Herleitung der Entwicklungsdynamik von Wissenschaft orientiert sich am «Paradigma»-Begriff. Dieser markiert, «was den Mitgliedern einer wissenschaftlichen Gemeinschaft, und nur ihnen, gemeinsam ist».[30] Der Theoriewandel der neueren Kulturwissenschaften dagegen geschieht eher quer zu den Disziplinen, also über wissenschaftliche Gemeinschaften in Gestalt abgegrenzter wissenschaftlicher Gruppen hinweg und gerade nicht mit Blick auf eine «spezialisierte(n) und esoterische(n) Forschung»[31]. Kulturwissenschaftliche Forschung steckt vielmehr ein interdisziplinäres Feld ab, dessen Gegenstand – wie Roland Barthes es ausgedrückt hat[32] – keinem gehört. Damit entzieht sie sich einem Alleinvertretungsanspruch durch Einzeldisziplinen.

Gerade die Erweiterung wissenschaftlicher Gemeinschaften über Disziplinengrenzen hinweg zeichnet bekanntlich die gegenwärtigen Kulturwissenschaften aus. Dadurch eröffnen sie zugleich ein Problemfeld transdisziplinärer Konstellationen, an dem sich immer wieder neue Interpretationsansätze anlagern. Allein schon deshalb wird Kuhns Modell der naturwissenschaftlichen Disziplinenentwicklung mit seiner Orientierung auf einen «Fortschritt der Wissenschaften»[33] hinter sich gelassen. Denn es geht davon aus, dass – nicht etwa evolutionär, sondern durch die Plötzlichkeit von «Eingebungsblitzen, durch die ein neues Paradigma geboren wird»[34] – eine Kette sprunghafter, ja revolutionärer

Paradigmenwechsel ausgelöst wird. Der jeweils folgende theoretische «Neuaufbau» bringt stets ein vorhergehendes, traditionelles Theoriegebäude zum Einsturz. Er löst das alte Paradigma durch ein neues Paradigma ab, sobald es nicht mehr in der Lage ist, neu auftauchende Probleme zu lösen. Solche «Wendepunkte(n) in der wissenschaftlichen Entwicklung»[35] schaffen gezielte Forschungsfokussierungen auf dem Hintergrund eines «festumrissenen Forschungskonsensus»[36]. Hiervon kann in den Kultur- und Sozialwissenschaften schon deshalb nicht die Rede sein, weil bereits deren Forschungsprämissen «wettstreitend konstruiert»[37] sind. Marilyn Strathern bringt es in ihrer scharfsinnigen ethnologischen Reflexion des Paradigmenproblems auf den Punkt: «Paradigmen liefern Regeln, um die Natur des Problems und den möglichen Umriß einer Lösung aufzuzeichnen. In den Sozialwissenschaften korrespondieren jedoch die Unterschiede zwischen den theoretischen Positionen, die ich angesprochen habe, mit der Bildung verschiedener sozialer Interessen.»[38] Eine gemeinsame Sicht der sozialen und kulturellen Welt kann daher von den wettstreitenden Theoriepositionen oder gar «Theoriegenerationen»[39] in den Kultur- und Sozialwissenschaften nicht erwartet werden.

Entsprechend der Abkehr von «großen Erzählungen» und «Meisterparadigmen» sind die Wenden in den Kulturwissenschaften eben nicht «kopernikanisch». Viel vorsichtiger und experimenteller, ja viel allmählicher verhelfen sie Schritt für Schritt neuen Sichtweisen und Herangehensweisen zum Durchbruch. Deshalb ist es auch unmöglich, von einem bestimmten «Weltbild» der Kulturwissenschaften zu sprechen, das sich vielmehr aufsplittert in oder – wie Ansgar Nünning meint – zusammensetzt aus den verschiedenen *turns*.[40] Auch wenn diese Richtungswechsel keineswegs vage in ihrer Genese, doch noch viel entschiedener in ihrer Wirkung sind, zeigen die «Wenden» in der gegenwärtigen Forschungslandschaft der Kulturwissenschaften jedenfalls keine Unumkehrbarkeit. Niemals handelt es sich um vollständige und umfassende Kehrtwenden eines ganzen Fachs, sondern eher um die Ausbildung und Profilierung einzelner Wendungen und Neufokussierungen, mit denen sich ein Fach oder ein Forschungsansatz interdisziplinär anschlussfähig machen kann. Es kommt zum Methodenpluralismus, zu Grenzüberschreitungen, eklektizistischen Methodenübernahmen – nicht jedoch zur Herausbildung eines Paradigmas, das ein anderes, vorhergehendes vollständig ersetzt. So redet man etwa von der anthropologischen Wende *in* der Literaturwissenschaft, nicht aber *der* Literaturwissenschaft insgesamt.[41] Dies hat den großen Vorteil, dass man pragmatischer versuchen kann, durchaus verschiedene *turns* auf ihre Anwendbarkeit hin auszuloten.

Die pathetische Rede von wissenschaftlichen «Revolutionen» und eine Suche nach dem Paradigma der Kulturwissenschaften[42] sind im Feld der Kulturwissenschaften also fehl am Platz. Im Gegenteil, die Ethnologen George Marcus und Michael Fischer sprechen in ihrer «Anthropology as Cultural Critique»[43] eher von Antiparadigmen, wenngleich die *turns* zwar weniger streng, aber auch wiederum nicht so zaghaft sind, dass sie sich nach dem postmodernen Motto des «anything goes» wenden wie Fähnlein im Wind. Neu entdeckt wird hingegen das Experimentelle, «the play of ideas free of authoritative paradigms», wie es Marcus und Fischer ausdrücken: «critical and reflexive views of subject matter, openness to diverse influences embracing whatever seems to work in practice, and tolerance of uncertainty about a field's direction and of incompleteness in some of its projects.»[44] Diese Perspektivenunsicherheit auszuhalten, ja sie produktiv zu machen, ist eine fortwährende Anstrengung der Kulturwissenschaften, zumal angesichts ihres Risikos von «blind alleys»[45], aber auch ihres erheblichen Potenzials für unkonventionelle Erkundungen. *Turns* sind in diesem Sinn «relatively ephemeral and transitional between periods of more settled, paradigm-dominated styles of research.»[46]

Unbeirrt von solchen Diagnosen einer ausdrücklichen Gegenbewegung der *turns* zu paradigmenorientierter, d. h. einheitstheoretisch ausgerichteter Forschung, wird mancherorts noch immer die Brille der Paradigmenwechsel aufgesetzt.[47] Dadurch werden die *turns* eher heruntergespielt, dafür aber – wie bei Andre Gingrich – die «kohärenten Konzepte» von Kulturrelativismus, Funktionalismus, Strukturalismus, Poststrukturalismus überbewertet.[48] Ganz abgesehen von der Frage, ob es sich bei diesen überhaupt um Paradigmen handelt oder eben doch nur um grundlegende Forschungseinstellungen, wird ein solch etablierter

Methodenkanon von den *turns* erheblich überschritten. Ihre methodischen Impulse bekräftigen durchaus eine Auffassung von Kulturwissenschaften, die ausdrücklich keine Einzeldisziplin begründen will, sondern ihre Forschungseinstellung bewusst und methodisch pluralisiert: als kulturwissenschaftliche Perspektivierung der Fragehorizonte in den einzelnen Disziplinen, um ein interdisziplinäres Forschungsfeld «an den Rändern» dieser Einzeldisziplinen zu erkunden.

### Kulturtheoretische Theorie-Transformation

Kulturwissenschaftliche Forschungswenden zeichnen sich nicht nur dadurch aus, dass sie interdisziplinäre Gegenstandsfelder ausloten, sondern dass sie auch ein eigenes, innovatives Vokabular einführen. Andreas Reckwitz hält gerade dies für einschneidend im Hinblick auf «Die Transformation der Kulturtheorien», so der Titel seines Buchs: «Die kulturwissenschaftliche Wende markiert in den Sozialwissenschaften das, was man in der Terminologie von Gaston Bachelard einen ‹epistemologischen Bruch› nennen kann: die Einführung und Verbreitung eines neuen erkenntnisleitenden Vokabulars, das neuartige analytische Perspektiven eröffnet.»[49] In der Tat haben sich die Kulturwissenschaften vor allem durch ihre eigene Begrifflichkeit hervorgetan, mit der sie oft überhaupt erst zur Entdeckung neuer Untersuchungsfelder gelangen. Konkret gesagt, treten etwa unter dem Einfluss kulturwissenschaftlicher Ansätze (z. B. in der Geschichtsschreibung) Ausdrücke wie Diskontinuität, Bruch, Schwelle, Grenze, Differenz usw. immer mehr an die Stelle traditioneller Kohärenzbegriffe wie Autor, Werk, Einfluss, Tradition, Entwicklung, Identität, Mentalität, Geist – mit erheblichen Folgen für eine ganz neue Wahrnehmung der Problemlage, und zwar noch vor jeglicher Analyse und Interpretation. Andererseits kommen jargongefährdete Signalwörter auf: Globalisierung, Modernisierung, Hybridität, Transnationalität usw. Doch auch hier ist nicht der «Cultural Turn», die kulturwissenschaftliche Wende insgesamt begriffsbildend. Vielmehr sind es die Begriffsprägungen der einzelnen *turns*, die auf dem schmalen Grat zwischen Analyse- und Jargonbegriffen erkenntnisleitend werden.

Durchaus im Anschluss an Kuhn, doch viel weniger pompös als dessen Behauptung «wissenschaftlicher Revolutionen» durch Paradigmenwechsel[50] rekonstruiert Reckwitz die gesellschaftliche, vor allem die innertheoretische Transformation des kulturwissenschaftlichen Theoriefelds und seiner spezifischen «Vokabulare».[51] Für Reckwitz ist die Entwicklung der Kulturwissenschaften nicht durch revolutionäre Ablösungen von Paradigmen gekennzeichnet, sondern durch «Transformationen», durch Verarbeitung der Theorien von Vorgängern, die eben nicht auf deren strikte Ablösung zielt, sondern auf Konvergenzen. Gemeint ist die von ihm behauptete grundlegende Konvergenz zwischen zwei ursprünglich antipodischen Forschungsrichtungen, die «‹Konvergenzbewegung› zwischen dem neostrukturalistischen und dem interpretativen Vokabular (...), die in eine kulturtheoretische ‹Praxistheorie› mündet.»[52] Die «konzeptuelle Verschiebung»[53] bzw. die «Verschiebung des Forschungsinteresses»[54], die dabei stattfinden, macht Reckwitz jedoch an Autoren, an Hauptvertretern, an wissenschaftlichen Schulen und ihren Vorläufern fest. Ganz anders dagegen der vorliegende Band. Hier wird vielmehr von einer systematischen Ausdifferenzierung der *turns* und Perspektivenwechsel ausgegangen, von transdisziplinären Übersetzungsprozessen zwischen Theorien, methodischen Einstellungen und Forschungsansätzen. Im Unterschied zur Vorstellung zielorientierter oder gar teleologischer Konvergenzbewegungen wird hier eher angenommen, dass sich *turns* durch Übersetzungsprozesse ausdifferenzieren. Damit bleiben sie zugleich offen für ihre eigene Weiterentwicklung, sei es durch Übersetzung zwischen den Disziplinen, durch «traveling theories» (Edward Said, James Clifford, Mieke Bal)[55] oder durch Übersetzungen der kulturwissenschaftlichen Theorien in globale gesellschaftliche Zusammenhänge und ihre interkulturelle Aneignung hinein: Theorieübersetzung statt «Theorietransformation».

Eine solche Sicht löst die Strukturierung der Kulturwissenschaften vom Gängelband einer «systematischen Theoriegeschichte»[56]. Diese lässt die kulturwissenschaftliche Transformation der Sozialwissenschaften auf eine praxistheoretische Mündung zulaufen. Doch dabei werden die einzelnen Positionen allzu leicht in eine systematische Entwicklungsbahn hineingezwängt. Der Kartierungshorizont der Kulturwissenschaften wird dagegen wesentlich breiter abgesteckt, wenn man davon ausgeht, dass die *turns* mit ihren transdisziplinären Vokabularen und konzeptuellen Fokussierungen «übersetzt» werden, und zwar in die Methoden der einzelnen Disziplinen hinein. Der vorliegende Band versucht also keineswegs, die beiden Hauptzweige des kulturwissenschaftlichen Feldes: die strukturalistisch-semiotische und die phänomenologisch-hermeneutische Tradition, in ihrer Konvergenz aufzuzeigen und damit gleichsam in die Abschließungsrunde der Praxistheorien einzulaufen. Während Reckwitz entlang dieser beiden Grundstränge die «Transformation des modernen kulturtheoretischen Feldes» nach ihren Anfangs- und Endpunkten verfolgt[57], werden hier dagegen die Facetten vielfältiger *turns* entfaltet – Neuorientierungen, die auseinander hervorgehen und doch gleichzeitig in durchaus spannungsreichen Konstellationen nebeneinander bestehen.

Beabsichtigt ist also gerade keine retrospektive Rekonstruktion von Anfangs- und Endpunkten der Theorieentwicklung infolge eines einzigen, umwälzenden «Cultural Turn». Eher wird ein Feld der kulturwissenschaftlichen Forschung und Diskussion mit immer noch offenen Koordinaten freigelegt. Auch wenn Reckwitz durchaus Zukunftsprognosen über die Entwicklung des «Cultural Turn» wagt – z. B. Kontroversen mit den Neurowissenschaften –, geht er doch nicht über den Rahmen europäischer Theoriekonzepte und ihrer Prämissen – wie dem Verstehen von Sinngrundlagen – hinaus. Der im vorliegenden Band vertretene Ansatz dürfte dagegen mehr Raum lassen für eine Weiterprofilierung der Kulturwissenschaften, gerade auch für ihre interkulturelle Erweiterung und für ein Überdenken ihrer zentralen Kategorien. Dazu verhilft, dass hier die «Transformation» des kulturwissenschaftlichen Diskurses eben nicht festgemacht wird an Denkern und Denktraditionen, sondern an systematischen Leitvorstellungen, an *turns*, die angesichts ihrer Theorieoffenheit auch für nichteuropäische Theorie- und Kritikansätze anschlussfähig werden.

Reckwitz hat die Rahmenbedingungen und Leittheorien der Kulturwissenschaften über eine Rekonstruktion der Theoriestränge erschlossen: Strukturalismus, Poststrukturalismus, Funktionalismus, Hermeneutik, Semiotik. Quer zu solchen theoretischen Grundrichtungen und Schulen zeigt sich hingegen die Fruchtbarkeit eines Ansatzes, der ausdrücklich von *turns* ausgeht. Nicht zufällig ist dieser Ansatz in der Ethnologie verbreitet, ist doch gerade die Entwicklung der modernen Kulturanthropologie durch «Wenden» gekennzeichnet.[58] So hat Clifford Geertz – paradoxerweise im wissenschaftshistorischen Rückblick – die Erfolgsgeschichte solcher *turns* geradezu eingeläutet. Geertz bezieht die Entwicklung der Humanwissenschaften vor allem in den 1960er Jahren, und dort besonders die Herausbildung der Symbolischen Anthropologie, auf ein breiteres Umfeld «intellektueller Trends»: «Trends, die in den nachfolgenden Jahrzehnten dann unter solchen Etiketten wie der linguistischen, der deutenden, der sozialkonstruktionistischen, der neuhistorizistischen, der rhetorischen oder der semiotischen ‹Wende› zunehmenden Einfluß in allen Humanwissenschaften gewannen.»[59] Dass auch hier die *turns* à la mode zur Sprache gebracht werden, ergibt sich aus den narrativ-ironischen Spiegelbrechungen eines Selbstzeugnisses: Geertz rekonstruiert das kulturwissenschaftliche Feld aus der Perspektive seiner eigenen Erfahrung als Diskursteilnehmer und Protagonist. Doch diese Rekonstruktion hebt zwei Aspekte besonders hervor: zum einen die Einsicht, dass Wenden von «Erschütterungen» und «philosophischen Unruhen»[60] ausgehen, konkret von einem «zunehmend erschütterten intellektuellen Feld»[61] der Umbruchzeit der 1960er und 1970er Jahre, welches dann aber auch die anderen Humanwissenschaften in die Entwicklung von *turns* hineindrängte. Doch vor allem die Ethnologie wurde hier angesichts des Zerbrechens des Kolonialismus, der Dekolonisierung und der Neuartikulation unabhängiger Staaten der so genannten Dritten Welt vor neue Herausforderungen gestellt. Zum andern vertritt Geertz einen «episodischen und erfahrungsorientierten», nicht etwa einen fortschrittsorientierten Ansatz in der Darstellung der Theorie- und Forschungsdynamik, der allerdings – ähnlich wie Kuhn – auf «Disziplingemeinschaften»[62] rekurriert.

Freilich geht Geertz in entscheidenden Punkten über Kuhn hinaus. Dies zeigt sich besonders in der Einleitung zu seinem Buch «Local Knowledge» und in seinem dort publizierten Aufsatz «Blurred Genres»[63]. Dass *turns* keine akademischen Schulen sind, sondern Fokussierungen der Forschung, Perspektivenwechsel, bei denen sich inhaltliche Schwerpunkte zu methodisch signifikanten Untersuchungseinstellungen verdichten, zeigt sich zwar an Geertz' Weiterführung des Kuhn'schen Konstruktivismus: Forschung geschieht am Leitfaden selbst geschaffener «Paradigmen». Doch über Kuhn hinaus begreift Geertz den Forschungsprozess selbst ausdrücklich als eine mäandrierende Tätigkeit durch *turns*: als aktives Abwenden von alten und Hinwenden zu neuen Erklärungsmustern. Exemplarisch bedeutet dies im Fall des *interpretive turn*: «To turn from trying to explain social phenomena by weaving them into grand textures of cause and effect to trying to explain them by placing them in local frames of awareness (...)»[64] Diese Handlung des «Wendens» arbeitet Geertz in der Folge auch metaphorisch noch weiter aus. Damit begründet er, wie es – in seinem Fall – zum *interpretive turn* kommen konnte: «One makes detours, goes by side roads (...)»[65]. Diesem Umwenden und durchaus experimentellen Umherstreifen auf Nebenwegen kommt eine entsprechende Darstellungsform entgegen: die Form des Essays: «For making detours and going by sideroads, nothing is more convenient than the essay form.»[66] Gerade diese Offenheit und Zielunbestimmtheit des Forschungsgangs – so betont Geertz in seinem für den «culture shift»[67] maßgeblichen Aufsatz «Blurred Genres» – haben das gesamte Forschungsfeld der Sozialwissenschaften massiv umgewandelt. Sie führten zu einer folgenreichen «refiguration of social thought».

Eine solche Refiguration entfaltet sich – so Geertz – über typische Genrevermischungen. Nicht nur erscheinen philosophische Reflexionen in Form von Essays und damit im Gewand von Literatur; auch in der Soziologie wird mit der Theatermetapher und mit Rollenspielmustern argumentiert. Vor allem entsprechende Analogien wie Spiel-, Drama- oder Text-Analogie tragen nach Geertz dazu bei, die einzelnen Forscher/-innen zu intellektuellen Gemeinschaften zusammenzuführen. Solche und andere Analogisierungen und metaphorischen Übernahmen erstrecken sich bis hinein in die gegenwärtige Wissenschaftslandschaft.

Sie zeigen sich nicht zuletzt in der aktuellen Gentechnologie, sofern diese vom Lesen im Buch des Lebens redet[68] und Genetik als Text betrachtet. Ähnliche Verfahren gelten für die moderne Hirnforschung, die Geist, Bewusstsein, Willensfreiheit usw. im Wortsinn übernimmt, sie gleichsam aus der Philosophie entführt und in materialistische Kognitionstheorie überführt. Solche Analogisierungen und Metaphernübernahmen zwischen den Disziplinen bergen erhebliche Aneignungsprobleme. Sie provozieren die Grenzen von «Disziplingemeinschaften», bieten aber auch große Erkenntnischancen.

### Neuorientierungen durch «gesteigerte Aufmerksamkeit»

Problematisch wird es freilich dann, wenn die Praxis der Metaphorisierung noch weiter getrieben wird und sie nicht nur Symptom bleibt für ein «genre-blurring» in den Sozialwissenschaften. Wenn Metaphorisierungen darüber hinaus eingesetzt werden, um das Aufkommen und die Abfolge der kulturwissenschaftlichen *turns* selbst zu «erklären», wächst die Gefahr, sich angesichts der Evidenz des metaphorischen Bildes aus der Erklärungsleistung zu entpflichten. Dies ist der Fall, wenn man – wie etwa Karl Schlögel ausgehend vom Beispiel des *spatial turn* – in Form einer Geschichtsschreibung als Literatur das Auftauchen und Wiederabtauchen von *turns* in einer Wassermetaphorik buchstäblich verschwimmen lässt: Mit den *turns* sei es «wie mit Gewässern, die wieder versickern, eine Zeitlang und ein Stück weit unterirdisch, unbemerkt weiterfließen, um irgendwann wieder an die Oberfläche zu treten – wenn überhaupt.»[69] So ist es auch nicht erstaunlich, dass mit solch wuchernder organizistischer Metaphorik vom «Auftauchen», «Reifen», vom «Abend und Morgen der Erkenntnis», von den «Häutungen des Wissens» wohl kaum erklärt werden kann, wie Richtungswechsel, z. B. der *spatial turn*, eigentlich entstehen: «Wendungen, die alles, was einem bisher vertraut war, in einem neuen Licht erscheinen lassen, lassen sich nicht dekretieren. Sie treten ein, wenn es soweit ist – nicht früher und nicht später (...) Wenn es soweit ist, dann ist ein Deutungsmonopol zu Ende gegangen, erodiert, abgesetzt und ein anderes an seine Stelle gerückt, ohne daß eine Spur noch auf die vorangegangenen Auseinandersetzungen, ja Kämpfe verweisen würde.»[70] «Wenn es so weit ist», wenn die Zeit «reif» ist, kommt es zu einem *turn*, der dann, wenn er zur Sprache gebracht wird – so Schlögel – gleichzeitig auch schon vollzogen sei. Vollzogen ja, aber sicherlich noch nicht zu Ende. Anfang und Ende eines *turn* benennen zu können, ist wohl kaum möglich über eine solch metaphorische «Erklärung», die noch dazu voller historisierender Rückprojektionen ist und eine Unschärfe produziert, die sich ähnlich auch in manch undifferenzierten historischen Rückverankerungen von Globalisierungsprozessen beobachten lässt. Dass *turns* von Schlögel in einen organizistischen Metaphern-Mantel gehüllt werden – um es wiederum metaphorisch auszudrücken –, bestätigt seine Understatement-Sicht von «Wenden», die er fern von Paradigmen oder Methoden – dabei aber doch von Paradigmenwechseln redend – eher für einen bloßen Wechsel der Wahrnehmungseinstellung hält: «Der turn ist offenbar die moderne Rede für gesteigerte Aufmerksamkeit für Seiten und Aspekte, die bisher zu kurz gekommen sind (...) Er deutet an, dass viele und ganz andere Sichtweisen auf ein und denselben Gegenstand möglich sind. Er ist offensichtlich eine Bereicherung des Sehens, Wahrnehmens, Verarbeitens. Die turns, als Plural also, sind offensichtlich Indikatoren dafür, dass etwas im Gange ist: eine Öffnung, eine Erweiterung, eine Pluralisierung der Dimensionen.»[71] Gesteigerte Aufmerksamkeit ist freilich nur eine der Eigenschaften, die einen *turn* auszeichnen.

## *TURN* ALS UMSCHLAG VOM UNTERSUCHUNGSGEGENSTAND ZUR ANALYSEKATEGORIE

Skepsis zu haben gegenüber einer metaphorischen «Erklärung» für die Entstehung von *turns* bedeutet keineswegs, dass Metaphern und Analogien insgesamt für die Kulturwissenschaften verhängnisvoll wären. Im Gegenteil, Metaphern und Analogien sind in den Kulturwissenschaften weit verbreitete, charakteristische Erkenntnis- und Darstellungsmittel. Zudem scheint es geradezu kennzeichnend für die Kulturwissenschaften zu sein, dass auch die Analysekategorien selbst noch metaphorisiert werden. Dies wirft Licht auf die charakteristische Verlaufsstruktur der

Herausbildung von *turns*: Zunächst kommt es zur Entdeckung und Freilegung neuer Gegenstandsbereiche, auf die sich die Forschung quer durch die Disziplinen hindurch konzentriert, z. B. Ritual, Übersetzung, Raum usw. Auf dieser Gegenstands- und Inhaltsebene werden neue Forschungsfelder ausgelotet. Doch wann wird ein turn zum *turn*? Hierüber scheint noch weit verbreitete Unsicherheit zu herrschen: «Letztlich fehlen uns jedoch klare Kriterien, wann von einem ‹turn› zu sprechen sei und wann nicht.»[72] Und doch schälen sich sehr wohl Kriterien heraus:

Von einem *turn* kann man erst sprechen, wenn der neue Forschungsfokus von der Gegenstandsebene neuartiger Untersuchungsfelder auf die Ebene von Analysekategorien und Konzepten «umschlägt», wenn er also nicht mehr nur neue Erkenntnis*objekte* ausweist, sondern selbst zum Erkenntnis*mittel* und -*medium* wird. So geht es etwa im *performative turn* nicht einfach nur darum, verstärkt Rituale zu analysieren und «gesteigerte Aufmerksamkeit» auf sie zu richten. Vielmehr werden soziale Abläufe, etwa soziale Dramen, überhaupt erst mit Hilfe des Instrumentariums der Ritualanalyse erkannt und in ihrer Verlaufsstruktur durchleuchtet. Ein solcher «Umschlag» vom Gegenstand zu einer Analysekategorie ist gerade kein Vorgang einer bloß quantitativen Anreicherung, bei der nur eine «kritische Masse» erreicht werden muss, um durchzuschlagen, wie dies Karl Schlögel behauptet. Vielmehr kommt es zu einem entscheidenden Wechsel der kategorialen Ebene oder gar zu einem konzeptuellen Sprung. So werden beispielsweise «Ritual», «Übersetzung» oder «Raum» von Forschungsgegenständen zu Analysekategorien, mit denen dann auch Phänomene erfasst werden können, die ursprünglich nicht in den traditionellen Gegenstandsbereich im engeren Sinn gehören. «Übersetzung» würde hier über den Gegenstandsbereich der Übersetzung von Sprachen und Texten hinaus zu einer verallgemeinerbaren Kategorie, die dann auch auf die Übersetzung von und zwischen Kulturen anwendbar wird. Ein solcher konzeptueller Sprung durch *turns* ist deshalb so wirkungsmächtig, weil er zumeist mit der Transformation von zunächst *beschreibenden* Begriffen in *operative* Begriffe[73], eben in wirklichkeitsverändernde Konzepte, einhergeht.

Darüber hinaus gehört es allerdings auch zur Dynamik von *turns*, dass die Analysekategorien im Zuge ihrer Herausbildung und Verbreitung noch dazu metaphorisiert werden. Die Metapher von «Kultur als Übersetzung» ist hierfür ein treffendes Beispiel. Eine solche Metaphorisierung verleiht einem *turn* besondere Antriebskraft. Dessen Leistungsfähigkeit und Überlebenskraft hingegen hängen davon ab, inwieweit sein Erkenntnispotenzial qua Analysekategorie dann doch seinen «Treibstoff» qua Metapher überholt, inwieweit ein *turn* also fähig ist, mit den Anwendungsbezügen seiner eigenen Kategorien die Tendenz zur Metaphorisierung in Schach zu halten. Für das Beispiel der Übersetzung würde dies bedeuten, dass die Translationsperspektive eben nicht nur inflatorisch den Kulturbegriff überschwemmt («Kultur als Übersetzung»). Erst eine gebremste Metaphorisierung macht sie zu einer konkreteren Kategorie, die dann etwa zur Analyse von Erfahrungsübertragungen und lebensweltlichen wie sozialen Übersetzungsleistungen in Migrationszusammenhängen ebenso beiträgt wie zur methodischen Aufsprengung verfestigter Verfahren des Kulturvergleichs.[74]

Ein solcher Ansatz scheint auf jeden Fall weiter zu führen als ein organizistisches «Erklärungs»muster. Denn er zeigt, wie gerade die Kulturwissenschaften mit ihren eigenen Darstellungsmitteln, etwa den Metaphern, zugleich Vorgänge der Metaphorisierung selbst reflektieren und sichtbar machen können. Organizistische Herleitungen – am Beispiel Schlögels – liefern sich dagegen selbst den Metaphern aus und verharren im Abwarten, bis neue *turns* am Horizont «auftauchen». Sie sind zudem auf performative Wendepunkte fixiert. Doch *turns* tauchen nicht einfach aus dem Blauen heraus auf; entscheidend sind vielmehr die theoriebildenden Mikroereignisse, die eine Wendung überhaupt erst vorbereiten und die dann aktiv verstärkt oder auch ausgeblendet werden.

## 2. Spektrum des Theoriewandels im Wechsel der Leitwissenschaften

Im vorliegenden Buch geht es um die vielfältigen Spannungsfelder und Rahmenbedingungen, aus denen heraus die *turns* ihre inhaltlich-konzeptuelle Durchsetzungskraft gewinnen. Im Vordergrund steht allerdings das Vermögen der «Wenden» selbst, wegweisende konzeptuelle Forschungsperspektiven auszubilden.

Ausgelöst wurde die Kette der *turns* in erster Linie durch die Kulturanthropologie bzw. Ethnologie, besonders die amerikanische, die sich erheblich unterscheidet von der deutschsprachigen Tradition einer philosophisch begründeten Anthropologie. Die Kulturanthropologie anglo-amerikanischer Prägung geht bekanntlich nicht von anthropologischen Konstanten und universalisierbaren Wissenssystemen aus.[75] Ihr Forschungsinteresse erwächst vielmehr aus der Auseinandersetzung mit kulturellen Differenzen. Als integratives Brückenfach hat die Kulturanthropologie auch für die anderen Sozial- und Humanwissenschaften wichtige Leitvorstellungen entwickelt, welche die Kulturanalyse auf die Anerkennung kultureller Fremdheit und Pluralität und auf die Untersuchung kultureller Differenzen in menschlichen Verhaltensweisen gelenkt haben. Sie ist es, die überhaupt erst einem umfassenden «Cultural Turn» in den Humanwissenschaften zum Durchbruch verholfen hat – doch auch hier bereits differenziert: als «anthropologische Wende». Fächerübergreifend läuft die «anthropologische Wende» in den Sozialwissenschaften (Wolf Lepenies) parallel zu einer «Anthropologisierung des Wissens» (Wolfgang Frühwald), zur anthropologischen Wende in der Literaturwissenschaft sowie in der Historischen Anthropologie.

Am fruchtbarsten ist diese kulturanthropologische Grundlegung in ihrem Horizont der Internationalisierung und in ihrem Bestehen auf Fremdheit als einem methodischen Prinzip. Dabei beschränken sich ihre Untersuchungen bekanntlich längst nicht mehr auf fremde (Stammes-)Kulturen, sondern richten sich zunehmend auf die Verhältnisse in modernen Industriegesellschaften. Darüber hinaus legen sie entscheidende theoretische Fundamente für kulturelle und interkulturelle Reflexion überhaupt. Mit ähnlichem Entwicklungsmuster wie im Fall der *turns* verlässt die Ethnologie damit ihr traditionelles Gegenstandsfeld, den Regionalbezug von *Area Studies*, um in den Status einer systematischen Disziplin einzurücken.[76] Erst von hier aus kann sie disziplinenübergreifende Analysekategorien ausbilden und Konzeptualisierungsimpulse durch «cultural critique» vermitteln; sie drängt auf die Entwicklung eines ethnologischen Blicks, der auch auf die eigene Kultur gerichtet werden kann und soll: auf die eigenen sozialen Institutionen, Normen, Werte, Gewohnheiten. Diese Entwicklung eines ethnologischen Blicks wird besonders durch die Konfrontation mit Fremdheit provoziert. Dadurch kann sich die distanzierte Sicht eines von außen kommenden Beobachters auch auf die eigene Kultur richten und diese so verfremden, dass man bisher nicht Gesehenes an ihr wahrzunehmen vermag.[77] Andere Disziplinen können von der Ethnologie diese fruchtbare Praxis des Fremdmachens lernen. Sie bleibt keineswegs nur eine intellektuelle Übung, sondern hat enge Realitätsbindung. So wird sie – in den amerikanischen *Cultural Studies* mehr noch als in den deutschsprachigen Kulturwissenschaften – angetrieben von den sozialen Prozessen selbst, von ethnischen Konflikten, von Minoritätenpolitik, von Bürgerrechtsbewegungen in so genannten multikulturellen Gesellschaften, von Migration und Diaspora in ihren hybriden Überlagerungen verschiedener kultureller Erfahrungsschichten und kultureller Mehrfachzugehörigkeit. Angesichts solcher Anschübe kann man gerade nicht behaupten, dass sich die kulturwissenschaftlichen *turns* – oder, mit Reckwitz' Worten, die Transformation der Kulturtheorien – in einem Theorielabor abspielen. Sie sind vielmehr deutlich rückgebunden an soziale und interkulturelle Prozesse, die sie wiederum durch ihre konzeptuellen Perspektivierungen mitgestalten.

Schon dieser «fremde Blick» auf die eigene kulturelle Realität drängt auch in aktuellen Forschungen immer noch dazu, bisher unbeachtete fächerübergreifende Gegenstandsfelder auszuleuchten. So sind etwa in der Geschichtswissenschaft die Geschichte des Wahnsinns, der Langeweile, des Ekels, des Traums, der Memoria usw. – also eher «weiche» Faktoren über «Kultur als Weichspüler», wie Ute Daniel es ausdrückt[78] – von der Kulturwissenschaft nach oben gespült worden. Die entsprechenden Forschungsrichtungen der Alltagsgeschichte und Historischen Anthropologie haben hier Pionierarbeit geleistet.[79] In der Literaturwissenschaft sind es Gegenstandsfelder wie Ehre, Haut, Fetische, Liebe, Gewalt usw. in der Literatur – und natürlich der erweiterte Textbegriff, der bekanntlich Medien, Mündlichkeit, Performanz einbezieht, ganz im Unterschied zur traditionellen Werkorientierung der Literaturwissenschaft mit ihrer Ausrichtung auf Kunstwerke.[80] Entsprechend ist längst die Streitfrage gestellt worden, ob damit die Literatur nicht ihren eigentlichen Gegenstand verliere, nämlich die ästhetische Besonderheit und die Individualität des jeweiligen literarischen Kunstwerks.[81]

Auch wenn man diese Frage nicht bejaht, fällt doch auf, dass die starke Erweiterung und Expansion der Gegenstandsfelder unter dem Einfluss der Kulturwissenschaften – nicht nur in den Geschichts- und Literaturwissenschaften – offensichtlich ein Ergebnis des anhaltenden Modernisierungs- und Innovationsdrucks ist. Sie hat freilich zu einer bedenklichen Fixierung auf Themenbezüge geführt, die in der kulturwissenschaftlichen Diskussion überhand nimmt. Bis heute sind selbst die meisten Darstellungen des kulturwissenschaftlichen Diskurses noch zu themenlastig angelegt. Einschlägig hierfür wäre wiederum Ute Daniels «Kompendium Kulturgeschichte» mit ihrer Ausrichtung an Themen und Forschungsprotagonisten, ihrer Konzentration auf «themenbezogene Schwerpunkte»[82], auf Mikro- und Alltagsgeschichte, Historische Anthropologie, Geschlechterforschung, Diskursgeschichte. Solche thematischen Schwerpunkte münden zumeist in einer innerdisziplinären Aufteilung und Differenzierung des Forschungsspektrums, nicht jedoch in transdisziplinären Überschreitungen. Warum Letzteres erst mit den *turns* der Fall ist, zeigt deren «Umschlagen» von Themen zu Analysekategorien. Genau dieser qualitative Sprung wird in den gegenwärtigen Kulturwissenschaften nicht immer konsequent genug aufgegriffen. So bleibt auch Ute Daniels Freilegung von «Schlüsselwörtern» wie Erklären/Verstehen, Tatsache, Wahrheit, objektiv/subjektiv, Sprache/Narrativität usw. hinter dieser Dynamik der Kulturwissenschaften zurück, bei der inhaltlich aufgeladene Begriffe operativ gewendet werden und so als methodisch bahnbrechende Analysekategorien wirken.

Die Beschäftigung mit *turns* in diesem Band versucht, über eine solche Themenfixierung hinauszuführen, wie sie in der kulturwissenschaftlichen Forschung gegenwärtig vorherrscht. Diese Themenverhaftung lässt z. B. literarische Texte allzu leicht auf bloße «Gedanken-, Formel- oder Motivsteinbrüche»[83] zusammenschrumpfen, statt etwa die besonderen Formen der literarischen Repräsentation in den Blick zu rücken oder auch kulturelle Wahrnehmungskategorien freizulegen und als mögliche Forschungsachsen zu gewinnen.[84] Um die Kulturwissenschaften jedoch von solcher Selbstverzehrung im schier uferlosen Meer ihrer möglichen Untersuchungsgegenstände abzuhalten und sie eher methodisch weiterzuprofilieren, sind die Anstöße der *turns* produktiv zu machen. So werden im Durchgang durch die verschiedenen Forschungswenden ein Methodenbewusstsein und eine Theoriebildung gefördert, mit denen die kulturwissenschaftlichen (etwa literatur- oder geschichtswissenschaftlichen) Kategorien selbst reformuliert werden können. Hier kann sich konkreter zeigen, was unter einer verfremdenden Neusicht der eigenen Disziplin und Kultur verstanden werden kann. Diese erschöpft sich nicht in der interkulturellen Erweiterung und Überprüfung traditioneller europäischer Kategorien. Vielmehr reicht sie bis hinein in die Infragestellung dieser Kategorien selbst, in ihrer europäischen Prägung und ihrem Anspruch auf Verallgemeinerbarkeit oder gar Universalisierbarkeit. Dies bedeutet z.B. für die Literaturwissenschaft eine kritische Revision der Epochen- und Gattungsbegriffe und der Kriterien für literarische Kanonbildung, nicht zuletzt angesichts der Eingebundenheit der Literaturgeschichte in die Geschichte des Kolonialismus.[85]

Kategorienkritik und Methodenerweiterung führen die kulturwissenschaftliche Forschung insgesamt auf eine neue Stufe: Auch die Kulturwissenschaften gewinnen einen übergreifenden Anwendungshorizont, indem sie über die Neuerschließung und Expansion von Gegenstandsfeldern hinausgehen und richtungweisende Forschungsperspektiven entwerfen. Genau dies versprechen die *turns*. Ihre Anstöße zur Kategorienkritik wirken schließlich auf einen kritischen Umgang mit dem kulturwissenschaftlichen Vokabular zurück; sie betreffen das Selbstverständnis und die mögliche Selbstüberschätzung der Kulturwissenschaften, allerdings auch ihre mögliche Unterschätzung (etwa durch die Naturwissenschaften). Durchgängige Leitfragen wären also: Welche *turns* sind im Rahmen der Kulturwissenschaften noch zu erwarten und welche können eventuell von ihr gar nicht mehr integriert werden? Markieren *turns* nur oberflächliche wissenschaftliche Moden, oder verkörpern sie langlebigere Forschungsrichtungen? Wie sind sie in der internationalen Wissenschaftslandschaft zu «verorten»?

Auffällig ist in den deutschen Kulturwissenschaften, dass hier fast durchgängig von *turns* die Rede ist, wobei auf englischsprachige, insbesondere auf amerikanische Diskurse rekurriert wird. Das «Oxford English Dictionary» gibt das komplexe Bedeutungsfeld von «turn» wieder, dessen vielfältige lebensweltlich-pragmatische Untertöne sogar noch im engeren Begriff des Forschungs*turn* mitschwingen.[86] Im Deutschen hingegen werden mit «Wende» schwerwiegendere Konnotationen freigesetzt. Eher ist es hier der finale Beiklang von epochaler, einschneidender Veränderung, ja «zeitalterscheidender» Umkehr[87], der – ähnlich wie in Heideggers Konzeption der «Kehre»[88] – den Begriff der «Wende» vertieft. Schon deshalb erscheint es sinnvoll, für die kulturwissenschaftlichen Forschungswenden auch hier den englischen Ausdruck *turn* beizubehalten und damit an die internationale Diskussion anzuschließen. Zwar ließe sich fragen, ob es – gerade im Zuge der Wiederentdeckung der deutschsprachigen Tradition der Kulturwissenschaften seit Anfang des 20. Jahrhunderts (Georg Simmel, Ernst Cassirer, Max Weber usw.)[89] – nicht auch hierzulande eigene Ansätze zu «Wenden» gibt, die man ernster nehmen sollte als bisher – allen voran die Wende durch das Gedächtnis«paradigma»[90]. Doch der vorliegende Band konzentriert sich auf die wichtigsten *turns*, die aus ihrem internationalen Entstehungskontext heraus zumindest partiell in die Entwicklung der deutschen Kulturwissenschaften eingegangen sind und dort mit durchaus eigenständigen Akzenten ausgeprägt werden.

Ein solcher Theorientransfer von *cultural turns* scheint hingegen in der französischen Diskussion, von der aus immerhin die Transferforschung vorangetrieben wird, weniger verbreitet zu sein. Dort scheinen die Diskurse in anderen Bahnen zu verlaufen, zumal man in Frankreich nicht von Kulturwissenschaften[91] oder gar *Cultural Studies* spricht, nicht zuletzt aus Gründen der tendenziellen Abschottung gegenüber amerikanischen Theorieschulen. Seit der «humanwissenschaftlichen Wende» im Gefolge des Strukturalismus[92] bzw. seit dem *linguistic turn*, angefangen von Ferdinand de Saussure und fortgesetzt in der Semiotik von Roland Barthes und bei Jacques Derrida, ist hier weniger von *turns* bzw. *tournants* die Rede. Prägend sind eher eigenständige zentrale Theorieansätze entlang anderer Diskursachsen, anderer Grenzziehungen des intellektuellen Feldes. Sie sind teilweise dort zu verorten, wo sich – wie es Ulrich Raulff jedenfalls für die Mentalitätengeschichte betont – «die Linien, die den *turns* folgten, gleichsam die Wendekreise, schneiden»[93]: Intertextualität (Julia Kristeva), Mentalität/Mentalitätsgeschichte (Marc Bloch/Lucien Febvre und die *Annales*-Schule), Transfer (Michel Espagne/Michael Werner/Hans-Jürgen Lüsebrink), histoire croisée (Michael Werner/Bénédicte Zimmermann), wissenschaftliches/literarisches Feld (Pierre Bourdieu), Gedächtnis/Erinnerungsorte (Pierre Nora) und andere mehr. Nach dem *linguistic turn* scheint sich also eine Auffächerung des Diskursspektrums herausgebildet zu haben, die nicht primär an *turns* orientiert ist. Dies ist nicht zuletzt eine bemerkenswerte Folge der länderspezifischen Verwerfungen im Selbstverständnis der Kulturwissenschaften. So ist für den französischen Diskurs trotz einer auch hier konstatierten «kulturwissenschaftliche(n) Wende»[94] von Anfang an eine enge Verschränkung der Kulturwissenschaften mit den Sozialwissenschaften in den *sciences humaines* charakteristisch. Dadurch zeichnen sich die Theorieansätze im Gefolge eines auslösenden «Cultural Turn» durch einen stärkeren «Parallelismus von Wissenschafts- und Gesellschaftsentwicklung»[95] aus, womit in Frankreich nicht zuletzt der enge Pfad des *linguistic turn* verbreitert wurde.

## DER *LINGUISTIC TURN*

Die kulturwissenschaftlichen Neuorientierungen in Form von *turns* scheinen an einem entscheidenden «Mega»-*Turn* nicht vorbeizukommen: dem *linguistic turn*. Er hat den «Cultural Turn», von dem man in dieser Allgemeinheit allenfalls als Anstoß eines dynamischen Prozesses der Kulturreflexion sprechen kann, überhaupt erst ausgelöst. Dem *linguistic turn* wird hier absichtlich kein eigenes Kapitel gewidmet. Denn er durchzieht alle einzelnen *turns* und bildet das mächtige Vorzeichen für alle weiteren Richtungswechsel und Schwerpunktverlagerungen, die sich jeweils auf ihre Weise am *linguistic turn* abarbeiten. Dieser hat schließlich eine Grundlegungsfunktion, die sogar für einen Paradigmenwechsel gehalten wird, wenn etwa Richard Rorty von «the most recent philosophical revolution, that of linguistic philosophy»[96] spricht.

Der *linguistic turn* geht aus der Sprachphilosophie hervor. Dort wurde der Begriff von dem Sprachphilosophen Gustav Bergmann schon in den 1950er Jahren geprägt: «All linguistic philosophers talk about the world by means of talking about a suitable language. This is the linguistic turn, the fundamental gambit as a method, on which ordinary and ideal language philosophers (...) agree.»[97] Der sprachphilosophischen, linguistischen Wende in der Philosophie geht es danach nicht um konkrete Aussagen über die Realität, sondern um Aussagen über eine für solche Realitätsaussagen angemessene Sprache. Als *linguistic turn* ist dieser Ansatz aber erst 1967 von Richard Rorty verbreitet worden, und zwar durch den von ihm herausgegebenen Sammelband «The Linguistic Turn»[98]. Die Überzeugung von den Grenzen der Sprache als Grenzen des Denkens bzw. die Überzeugung, dass «unterhalb» bzw. jenseits der Sprache und des Sprachgebrauchs keine Realität verborgen ist, führt zu einer folgenreichen Einsicht: Jegliche Analyse von «Wirklichkeit» ist sprachlich determiniert und durch eine Sprachpriorität «gefiltert»: «Since traditional philosophy has been (so the argument goes) largely an attempt to burrow beneath language to that which language expresses, the adoption of the linguistic turn presupposes the substantive thesis that there is nothing to be found by such burrowing.»[99]

Die Sprachkonzeption des *linguistic turn* geht bereits in ersten Ansätzen auf die Sprachtheorie Ferdinand de Saussures zurück (1916), insbesondere auf dessen Einsicht in Sprache als (in sich geschlossenes) synchrones Zeichensystem (langue). Ein sprachliches Zeichen hat keine Identität in sich selbst, sondern nur in Differenz zu anderen; so wie z. B. Äpfel sich dadurch bestimmen, dass sie keine Birnen sind, ist a auch nicht m usw. So sind die sprachlichen Zeichen untereinander in einem System von Differenzen verknüpft, sie bilden eine Struktur. Im Anschluss an diese Einsichten der strukturalistischen Sprachwissenschaft geht die «sprachliche Wende» von der Vorstellung aus, dass von der Sprache aus auch die Wirklichkeit strukturiert wird, ja dass Realität wie die Sprache ebenfalls als ein Zeichensystem aufzufassen ist, als ein System von Repräsentationen und Differenzen.

Zwar hat der *linguistic turn* weit über die Sprachphilosophie hinaus gewirkt, indem er die Einsicht in die Sprachabhängigkeit und in die Vorgängigkeit von Text- und Repräsentation als Erkenntnisbedingung auch

in die anderen Geistes- und später dann Kulturwissenschaften hineingetragen hat. Zunächst jedoch fand er im Strukturalismus seinen deutlichsten Niederschlag. Von da aus hat er die Entwicklung neuer paradigmen-
ähnlicher Leitmethoden in den Geistes- bzw. Kulturwissenschaften ausgelöst. Grundlegend ist seine strikte Abkehr vom Positivismus, der bis
in die 1960er Jahre hinein Wirklichkeitserkenntnis auf quantifizierbare
Daten zurückgeführt hat. Im Gegensatz dazu geht er davon aus, dass kein
Zugang zu einer «authentischen» Wirklichkeit möglich ist. Mit Sprache
werde keine von ihr unabhängige, darunter liegende Wirklichkeit beschrieben. Statt eines Instruments zur Beschreibung von Wirklichkeit
sei Sprache vielmehr ein Instrument zur Konstitution von Wirklichkeit: Alle Erkenntnis des Realen ist in sprachlichen Aussagen formuliert;
es gibt keine Realität, die nicht von Sprache durchzogen und die nicht
schon sprachlich geprägt wäre. Dieser «Filter» der Sprachlichkeit, auf
dem vor allem die französische Texttheorie eines Roland Barthes und
Jacques Derrida beharrt[100], bedeutet etwa für die Geschichtsschreibung,
dass auch sie nur Zugang zu einer textuell, sprachlich vermittelten Welt
hat. Sie hat keinen Einblick in die «wirklichen» Erfahrungen der Menschen, sondern nur in das, was historische Quellen über sie kundgeben.
Diese Einsicht in die sprachliche Bedingtheit und Ermöglichung von
Wirklichkeitserfahrungen, aber auch von Geschichtsaussagen und historischen «Erzählungen», hat dazu geführt, dass der *linguistic turn* in der
Geschichtswissenschaft vor allem als «narrative turn» ausgestaltet worden ist.[101] Nicht nur historische Tatsachen werden von Historiker(inne)n
erst konstruiert,[102] sondern bereits Gefühle und Handlungsmotive der
historischen Akteure selbst sind nicht als authentische Artikulationen
von Individuen zu verstehen, sondern als Ergebnisse sprachlich vermittelter Gefühls- und Handlungscodes. Sprachliche Codierungen sind
immer schon den eigenen Intentionen von Handelnden (also der vermeintlich eigenständigen inneren, mentalen Welt) vorgeordnet. Gerade
unter diesem Vorzeichen lässt sich die semiotische Wende am Ende der
1960er Jahre auf ihre Grundlegung im *linguistic turn* rückbeziehen.

All menschliche Erkenntnis, also auch wissenschaftliche Erkenntnis,
ist somit durch Sprache strukturiert. Der Paradigmenwechsel liegt darin,
dass sich die Sprache geradezu zwischen die Subjekt-Objekt-Beziehung

der traditionellen Bewusstseinsphilosophie schiebt. Das mentalistische Paradigma der Bewusstseinsphilosophie weicht somit dem sprachlichen Paradigma der sprachanalytischen Philosophie. *Linguistic turn* bedeutet: Einsicht in den (sprachbegründeten) Konstruktivismus von Realität. Das hat natürlich erhebliche Folgen – einerseits für die Prägekraft von Repräsentationen: Das Subjekt wird zur Schnittstelle von Diskursen, rhetorische Muster durchziehen wissenschaftliche Darstellungen, wie dies im Kapitel zum *reflexive turn* gezeigt wird. Andererseits erwächst daraus die Einsicht, dass Realität von Menschen gemacht ist, nämlich in Symbolen verarbeitet und durch Symbole hergestellt wird, dass mit der kulturellen Konstruktion von Wirklichkeit immer auch ein potenzieller Kampf um die Durchsetzung von Bedeutungssystemen einhergeht. Repräsentationen können also Realität schaffen. So ist es immer ergiebig, sich genauer auf die Sphäre kultureller Repräsentation einzulassen. Denn von dort aus können die symbolischen Strategien in den Blick genommen werden, mit denen gesellschaftliche Machtverhältnisse repräsentiert werden. Schon diese Perspektive treibt den *linguistic turn* im Verlauf des kulturwissenschaftlichen Diskurses weiter, indem sie ihn aus seiner einseitigen Fixierung auf Sprachstruktur (langue) befreit und den unterbelichteten Strang des Sprachereignisses, der aktuellen Rede, der Kommunikation und Performanz (parole) verstärkt in den Blick bringt.

### CULTURAL TURNS NACH DEM LINGUISTIC TURN

Der *linguistic turn* zieht sich wie ein roter Faden durch die kulturwissenschaftlichen *turns* hindurch. Im Zuge dieser Richtungswechsel wird ihm sein Zepter jedoch zunehmend aus der Hand genommen. Denn die Neufokussierungen markieren geradezu eine Rückkehr des Verdrängten. Sie führen nach und nach diejenigen Dimensionen von Kultur, Lebenswelt, Geschichte und vor allem Handeln wieder ins Feld, die von der Sprachenge des *linguistic turn* ausgeblendet, ja verdrängt worden sind. Bis heute scheint man dies nicht genügend zu erkennen. Immer noch wird zu pauschal die Vorherrschaft des *linguistic turn* verkündet oder auch beklagt,[103] gar vom «Schreckgespenst des ‹linguistic turn›»[104] geredet, das durch die Diskursanalyse geistert und die Kulturwissenschaften aufrüttelt. Dabei bringen die einzelnen *turns* doch eigenständige Ansätze zu einer Neuakzentuierung, ja Veränderung/Transformation des *linguistic turn* ein, an denen sich die Forschung immer wieder neu orientieren kann.

Eine der ersten Bewährungsproben hatte der *linguistic turn* zweifellos im *interpretive turn*, der in den 1970er Jahren von der amerikanischen Kulturanthropologie vollzogen wurde. Dessen «semiotischer Kulturbegriff»[105] und seine Metapher von «Kultur als Text» verkörperten in den Kultur- und Sozialwissenschaften der 1970er Jahre durchaus eine Variante des *linguistic turn*. Die Kulturanthropologie war schließlich bis dahin sozialanthropologisch ausgerichtet und hat mit dem Instrumentarium des Strukturfunktionalismus eher nach sozialen Strukturen gefragt. Mit Clifford Geertz wurde dann die Wende hin zur interpretativen Kulturanthropologie und damit auch zu einer Neubewertung von Kultur vollzogen – nicht hingegen im traditionellen Sinn einer «ganzen Lebensweise» (Edward B. Tylor), sondern gezielter als ein Zeichen- und Symbolsystem, das sowohl auf seine Bedeutungen hin auslegbar ist als auch Selbstdeutungen leistet. Denn jede Gesellschaft bildet bestimmte Ausdrucksformen aus, in denen sie sich selbst interpretiert, z. B. Darstellungsformen wie Kunst, Theater, Rituale, Feste. Gerade über diese öffentliche Darstellungssphäre erhält man Zugang zu den Bedeutungen einer Kultur. Ausgehend von dieser Einsicht gelingt dem *interpretive turn* der Durchbruch zu einer interkulturellen Erweiterung der Hermeneutik, und zwar entlang der Frage: «Was wird aus dem *Verstehen*, wenn das *Einfühlen* entfällt?»[106] Denn wenn man sich beim Versuch, fremdkulturelle Zusammenhänge zu verstehen, nicht mehr auf das Nachempfinden (fremder) Intentionen und Absichten verlassen kann, muss ein anderer, stärker objektivierbarer Zugang zu kulturellen Bedeutungen gesucht werden – eben über Zeichen und Symbole: «Kultur als Text». Für den Kulturbegriff bedeutet diese Formel eine der größten Herausforderungen der letzten Jahrzehnte. Schließlich erfasst sie auch Handlungen als Texte. Genau dies hat erhebliches Unbehagen über die Dominanz von Textualität, Sprache und Diskurs ausgelöst – als würde sich historische Realität im bloßen Text erschöpfen, als würde sie durch eine kulturalistische Brille verzerrt. Diese Kritik am Kulturalismus gibt schließlich die stärksten Anstöße zu einer praxistheoretischen Ausarbeitung und Erweiterung der textuell-interpretativen Wende.[107]

Erste Schritte in diese kritische Richtung macht bereits der *performative turn*, der den Textansatz zwar aufgreift, ihn aber dynamisiert. Der Übergang vom *interpretive turn* zum *performative turn* ist methodisch besonders aufschlussreich. Denn hier verschiebt sich die Aufmerksamkeit von Text und Bedeutung hin zu Darstellung und performativer Praxis. Die in «Kultur als Text» ausgeblendeten Dimensionen kehren zurück: Materialität, Kulturdynamik, Situationsbedingungen und dialogische Austauschprozesse. Hauptsächlich entlang dieser Kategorien wird schon hier die Allmacht des *linguistic turn* erschüttert. Körperlichkeit und nicht-verbale Handlungsdimensionen werden dabei ebenso in den Vordergrund gerückt wie eine verstärkte Fokussierung auf historische Akteure, auf Konflikte, Transgressionen und kulturelle Subversion – eine Hinwendung also zu Kategorien, die in der Diskurslastigkeit im Gefolge des *linguistic turn* nicht vorkamen. Dagegen wird nun ausgehend von der ethnologischen Ritualanalyse bei Victor Turner und der sprachwissenschaftlichen Sprechakttheorie John Austins Sprachlichkeit als eine historische, performative Praxis entfaltet, die sich im Ausdruckshandeln, in Performance verdichtet. Dies lässt die verschiedensten Disziplinen danach fragen, wie Wirklichkeit produziert und inszeniert wird, welche Inszenierungsstruktur Handlungen aufweisen, etwa in Form von Festen, Karneval, in kulturellen Darstellungsmedien wie Sport, in politischer Inszenierung und Religion und nicht zuletzt in Drama und Theater. «Kultur als Darstellung» zu betrachten fordert die Disziplinen dazu heraus, ausgehend von der kulturellen Ausdruckssphäre einen Zugang zur Dynamik sozialer Prozesse zu gewinnen. In dieser Materialität, Medialität und Gestaltungskraft der sozialen Inszenierungskultur wird auch der Prozess kultureller Symbolisierung konkret zugänglich. Wie eng die Symbolhervorbringung mit Handlungen und gesellschaftlichen Praktiken verknüpft ist, zeigt sich am deutlichsten im Zusammenhang des Rituals. Von hier aus, bekräftigt durch Transfers über «blurred genres», wird der umfassendere kulturwissenschaftliche Schlüsselbegriff der Liminalität entwickelt. Er sollte sich als äußerst folgenreich erweisen für die Analyse individueller und gesellschaftlicher Übergangsprozesse.

Zwar gelingt es bereits dieser Wende, Performanz, Erfahrung und Praxis als wiederentdeckte historische Kategorien auf den Weg zu bringen und damit die auf Sprache und Text beruhende «Grammatik des Handelns» im Gefolge des *linguistic turn* abzulösen.[108] Bei dieser Wiedergewinnung von Kultur als performativem Konzept sollte man jedoch – im Unterschied etwa zur Historikerin Gabrielle Spiegel[109] – nicht stehen bleiben. Denn erst die weiteren *turns* öffnen die kulturwissenschaftliche Forschung noch über das Spannungsfeld von Text und Praxis hinaus. Erst mit ihnen kann man die Fixierungen auf das alte Gleis des *linguistic turn* hinter sich lassen. Damit geht freilich auch ein Wechsel der Leitwissenschaften einher. Dass die Kulturanthropologie in weiten Teilen zur Schlüsseldisziplin der Kulturwissenschaften geworden ist, zeigt sich noch einmal im *reflexive turn*, der die zunehmende (kritische) Selbstreflexion der Ethnologie auch in andere Disziplinen hineingetragen hat. Dieser Anstoß zur Selbstkritik kulturwissenschaftlichen Forschens geht von dem Versuch aus, die «Krise der Repräsentation» nicht nur zu benennen, sondern sie auch zu bewältigen: durch eine kritische Durchleuchtung des wissenschaftlichen Schreibvorgangs ebenso wie der Rückbindung von Repräsentationen an ihr komplexes Umfeld. Ausgehend von ethnographischen Monographien werden die an allen Kulturbeschreibungen ablesbaren wirkungsbezogenen Darstellungs- und Erzählstrategien aufgedeckt: literarische Muster und Plots sowie der Einsatz von Metaphorik und Ironie. Freigelegt wird damit das erhebliche Steuerungs- und Manipulationsvermögen von Autoren und Autorinnen, ja die Abhängigkeit der Kulturbeschreibung von der Autorität der Verfasser, Wissenschaftler oder Schriftsteller. Nicht zufällig also wird der *reflexive turn* auch als *rhetorical turn* oder *literary turn* bezeichnet, und es ist bemerkenswert, dass die Leitwissenschaft der Kulturanthropologie hierbei geradezu selbst einen *literary turn* durchmacht und sich hinwendet zu einer anderen temporären «Leitwissenschaft»: der Literaturwissenschaft.

Die Literaturwissenschaft ist es auch, die seit den 1980er Jahren den *postcolonial turn* ausgelöst hat. Im Anschluss an Dekolonisierungsphänomene und ihre kritische literarische Repräsentation durch neuere Literaturen der Welt außerhalb Europas hat sie maßgebliche kulturtheoretische Einsichten und Konzeptualisierungsperspektiven auf den Weg gebracht – allen voran eine kritische Neuverortung von Identitäts- und Repräsentationsfragen in den Koordinaten von kultureller Differenz, Alterität und Macht. Im Licht des *postcolonial turn* wird auch die Selbstreflexion der Ethnographie noch stärker politisiert. Schon die zentrale Frage des *reflexive turn* nach der Repräsentation bezog Dimensionen wie Macht, Herrschaft und kulturelle Ungleichheit ein. Dies wird jetzt zunehmend im Weltmaßstab reflektiert, angesichts einer Welt von ungleichen Machtverhältnissen, vor allem im Gefolge des Kolonialismus und im Hinblick auf eine neue Sicht des Eurozentrismus. Der *postcolonial turn* wird damit zur ersten kulturwissenschaftlichen Neuausrichtung, die ihren eigenen Problem- und Methodenhorizont von vornherein global verortet: in einem transnationalen Bezugsrahmen asymmetrischer Machtverhältnisse. Anfänglich war die postkoloniale Wende geprägt durch die konkreten Erfahrungen der Dekolonisation, durch postkoloniale Befreiungsbewegungen und antikolonialen Widerstand. Doch immer mehr kam dieses Engagement gleichsam durch einen *linguistic turn* innerhalb der postkolonialen Theorie selbst unter die Räder. Die historisch-politischen Ausgangsimpulse gingen mehr und mehr in Diskurskritik über, in Kritik am Weiterbestehen kolonialer Macht auf der Ebene von Wissenssystemen.

Erst dieses epistemologische Potenzial allerdings macht den *postcolonial turn* schließlich zu einem *turn* und verpflichtet die Kulturwissenschaften insgesamt zur Infragestellung ihrer eigenen Prämissen. Entscheidend hierfür ist sein Grundprinzip der Anerkennung kultureller Differenzen und deren Aushandlung jenseits essenzieller Festschreibungen. Damit erschüttert er zugleich dichotomische Erkenntnishaltungen und die epistemologische Gewalt, mit der sich der Herrschaftsdiskurs des westlichen Rationalismus weltweit durchgesetzt hat. Mit dieser epistemologischen Kritik schafft der *postcolonial turn* einen Durchbruch in den Kulturwissenschaften, indem er sie noch in einem anderen Sinn global und transkulturell öffnet: Er drängt dazu, nicht nur den auf Europa bezogenen Kanon der Untersuchungsgegenstände in den Kultur- und Sozialwissenschaften zu erweitern, sondern auch den eurozentrischen Universalisierungsanspruch der wissenschaftlichen Untersuchungskategorien selbst zu überdenken. Die Auffälligkeit, mit der hier auf «cross-categorical translations»[110] ebenso gepocht wird wie auf die Erforschung der tatsächlichen Übersetzungsprozesse, die im Feld interkultureller Auseinandersetzung ablaufen, legt schon auf dem Gebiet des *postcolonial turn* geradezu einen *translational turn* nahe.

In der Tat bahnt sich in jüngster Zeit ein *translational turn* an, der die Kategorie der Übersetzung über Text- und Sprachübersetzung hinaus als einen bisher viel zu wenig beachteten kultur- und sozialwissenschaftlichen Grundbegriff entwickelt. Das anhaltende Bestreben der Kulturwissenschaften, jenseits binärer Erkenntniseinstellungen und dichotomischer Grenzziehungen neue methodische Erschließungen von «Zwischenräumen» zu erkunden, findet hier ein empirisches Fundament. Denn gerade kulturelle Zwischenräume werden deutlicher, wenn man sie als «Übersetzungsräume» begreift. So wären auch Identität, Migration und Exil und andere Situationen von Interkulturalität als konkrete Handlungszusammenhänge zu betrachten, die von Übersetzungsprozessen und von der Notwendigkeit zur Selbstübersetzung geprägt sind. Von hier aus erhält auch die translatorische Neufassung des Kulturverständnisses («Kultur als Übersetzung»)[111] ihre lebensweltliche Rückbindung. Die damit verbundenen pragmatisch-methodischen Annäherungen an Interkulturalitätsszenarien fahren mittlerweile schon längst nicht mehr auf dem Hauptgleis des *linguistic turn*. Aber auch andere *turns* legen fruchtbare Nebengleise und Forschungsschneisen an, ohne sich unentwegt am *linguistic turn* abzuarbeiten:

Waren die Human- und Kulturwissenschaften überwiegend von der Zeitkategorie bestimmt, so hat sich in den letzten Jahren die Aufmerksamkeit verstärkt auf die Wiederentdeckung von «Raum» verschoben. Ein *spatial turn* ist besonders durch die Erfahrung globaler Enträumlichung ausgelöst worden, aber auch durch postkoloniale Impulse, die Gleichzeitigkeit verschiedener Kulturen anzuerkennen und auf ein kritisches Re-Mapping der hegemonialen Zentren und marginalisierten Peripherien in der entstehenden Weltgesellschaft hinzusteuern. Gerade in einer globalisierten Zeit mit ihrer Tendenz zur Ortlosigkeit treten Probleme der Lokalisierung vehement in den Vordergrund. «Verortung von Kultur» (Homi Bhabha) wird von hier aus eine Forderung, die den neuen Raumbezug für eine Veränderung des Kulturverständnisses selbst aufgreift. Auf einer anderen Ebene freilich wird «Raum» zu einer zentralen Analysekategorie, zum Konstruktionsprinzip sozialen Verhaltens, zu einer Dimension von Materialität und Erfahrungsnähe sowie zu einer wirkungsvollen Repräsentationsstrategie. Deren Narrative verlaufen nicht mehr entlang der Zeitachse, sodass sie ausdrücklich nicht mehr in den Fallstricken von Evolutionismus, Entwicklungs- und Fortschrittsannahmen befangen bleiben. Zum ersten Mal nimmt hier die moderne Kulturgeographie die Fäden in die Hand und liefert die stärksten Impulse für eine weitere grundlegende Perspektivenverschiebung. Schon von daher kann die Kulturanalyse unter räumlichem Vorzeichen gegen die Verengungen des *linguistic turn* stark gemacht werden. Nicht alles ist mehr Zeichen, Symbol oder Text, sondern eben auch Materie und Stoff.[112]

Eine noch dezidiertere Gegenbewegung zum *linguistic turn* scheint sich gegenwärtig mit dem *iconic turn/pictorial turn* abzuzeichnen, der seit den 1990er Jahren gegen die Vorherrschaft der Sprache und des Sprachsystems, ja gegen den Logozentrismus der westlichen Kultur eine neue Aufmerksamkeit auf den Erkenntniswert von Bildern fordert. Hier tritt nun als «Leitwissenschaft» die Kunstgeschichte mit ihren frisch eingebauten Säulen von Medientheorie und Bildwissenschaft verstärkt auf den Plan. Bildwissenschaft analysiert historische Formen des Umgangs mit Bildern und Bildlichkeit bis hin zu den aktuellen Bildwelten. Dabei erfasst sie auch bildpolitisch und medial markante Visualisierungsbereiche durch elektronisch und digital geschaffene Bilder bis hin zur Observation durch Überwachungskameras. Die neue Leitfrage richtet sich freilich nicht mehr auf Bilder als Objekte von Anschauung, Interpretation und Erkenntnis. Neuerdings wird auch danach gefragt, welche Fähigkeit Bilder und andere visuelle Erfahrungen haben, Wissen überhaupt erst zu formen. Statt um Erkennen *von* Bildern geht es immer mehr um Erkennen *durch* Bilder und Visualität; statt darum, Bilder zu verstehen, geht es eher darum, die Welt *in* Bildern sowie *durch* spezifische Kulturen des Sehens und des Blicks zu verstehen. Auch hier bestätigt sich also wieder der für einen *turn* charakteristische Umschlag von der Gegenstandsebene auf die Ebene von Analysekategorien. Gerade daraus entspringt schließlich die produktive Anschlussfähigkeit an verschiedene Disziplinen, bis hin zu den neuen bildgebenden Verfahren und bildlichen Visualisierungs-

und Wahrnehmungstechniken in Naturwissenschaften, Medizin und Hirnforschung.

Im Durchgang durch die Kette der führenden *turns* fällt allerdings das deutliche Spannungsfeld zwischen ausgiebiger Geschlechterforschung einerseits, der Neigung der *turns* zur Geschlechtsblindheit andererseits ins Auge. Einen «gender turn» mag man im vorliegenden Band vermissen. Doch wäre es wirklich sinnvoll, die durchgängig relevante Genderfrage in einen einzelnen *turn* abzuschieben? Dabei ist durchaus von einer Wende zu «gender» die Rede, besonders bei der Historikerin Joan Scott, die «gender as an analytic category» schon 1985 in einem mittlerweile klassischen Aufsatz als Weiterentwicklung der feministischen Forschung zu begründen versuchte.[113] Doch gerade als analytische Kategorie, herausgetreten aus ihrem angestammten Gegenstandsbereich der Geschlechterbeziehungen, führte «gender» über diesen anfänglichen Begründungszusammenhang im Kontext des *interpretive turn* hinaus. Ähnlich wie die Sprache regelt «gender» die menschlichen Sozialbeziehungen nach kulturellen Mustern[114] und wird – so Scotts Definition – zu einem «primary way of signifying relationships of power».[115] In dieser Hinsicht ist hier also eher eine Neuorientierung anzunehmen, die grundsätzlicher und durchgängiger sämtliche *turns* durchzieht – zumal Gender aus der Kritik der Geschlechterpolaritäten heraus die dichotomischen Muster von (Geschlechts-)Identitäten und ihren sozialen Konstruktcharakter kritisch freilegt. Somit ist die Genderperspektive auf einer entscheidenden epistemologischen Achse mit der kulturwissenschaftlichen Forschung und ihrem Kulturkonstruktivismus verschränkt.

## WIRKUNGSPERSPEKTIVEN DER KULTURWISSENSCHAFTLICHEN NEUORIENTIERUNGEN

Aus der Zusammenschau der *turns* kann sich noch am ehesten zeigen, wie nachhaltig die jeweiligen Wenden wirklich sind und welche möglicherweise einer neuartigen paradigmatischen Konstellation zum Durchbruch verhelfen könnten. Was bedeutet aber die Kette der *turns* für die vermeintliche Vormachtstellung des *linguistic turn*? Es deutet sich an, dass der *linguistic turn* durch die einzelnen *turns* geradezu vervollständigt wird, dass er in einem Wende für Wende ausschreitenden Transformationsprozess abgewandelt und sicher auch abgeschwächt wird. Längst jedenfalls ist er eingegangen in vielschichtigere kulturwissenschaftliche Forschungseinstellungen, welche die anfänglichen Engführungen auf Sprache und Diskurs nach und nach aufgebrochen haben. Eine solche aufgefächerte Kulturwissenschaft könnte auf dem Weg sein, gerade durch ihre Verschränkung von Sprache mit anderen Wahrnehmungs- und Handlungsdimensionen zu einer umfassenden «Lebenswissenschaft» zu werden – umfassend, da sie immer selbstreflexiv begründbar und auf ihre eigenen begrifflichen Voreinstellungen anwendbar ist, zugleich aber mehr als ihre dekonstruktivistischen Vorläufer in empirischer Forschung geerdet ist. Ob man indes so weit gehen kann wie Karl Schlögel mit seiner Behauptung «turns pflastern den Weg zur Wiederkehr der histoire totale»[116], bleibt noch offen. Allerdings wären für die angestrebte «reichere Geschichtswahrnehmung» oder Kulturwahrnehmung noch einige Pflastersteine aufzuschichten, ob nun durch weitere *turns* oder durch ganz andere Grundsteinlegungen. Und so bleibt die Frage, ob die schier unerschöpfliche Selbsthervorbringung weiterer kulturwissenschaftlicher Wenden und Neuorientierungen nicht vielleicht doch in einem neuen «Mega»-*Turn* kulminiert. Schon jetzt gibt es Anhaltspunkte, die dafür sprechen, dass die einzelnen Wenden die kulturellen Übertreibungen des behaupteten «Cultural Turn» hinter sich lassen könnten. Voraussetzung hierfür ist jedoch, dass sie die Kulturwissenschaften hin zu grenzüberschreitenden Horizonten wie Biopolitik, Ökonomie, Hirnforschung usw. öffnen, um damit der Gefahr kulturalistischer Engführungen zu entgehen. Die bereits etablierten *turns* in den Kulturwissenschaften bilden auch hierfür ein Sprungbrett. Könnte es ihnen dann gelingen, vielleicht nicht gerade eine «histoire totale» zu konfigurieren, wohl aber eine umfassendere Lebenswissenschaft[117] – die komplexer wäre als die gegenwärtig behauptete so genannte «Lebenswissenschaft» mit ihrem «(bio-)wissenschaftlichen Alleinvertretungsanspruch»[118] –, zugleich aber neurobiologischen Reduktionismus?

Gerade das spannungsreiche Zusammenwirken der verschiedenen Wenden sollte für die Frage «Was kommt nach dem linguistic turn», ja

«Was kommt nach den kulturwissenschaftlichen Wenden selbst» im Blick behalten und ausgelotet werden. Allerdings sollte man nicht dem Missverständnis aufsitzen, die hier vorgestellten *turns* wären jeweils völlig neu. Oft sind sie nur wichtige Wiederbelebungen schon längst praktizierter Forschungsorientierungen, die aber eben noch nicht zu theoretisch reflektierten Fokussierungen gebündelt waren. Auch das Missverständnis, die *turns* würden immer linear oder chronologisch aufeinander folgen, ist zu entkräften. Im Gegenteil, oft sind sie gleichzeitig entstanden, stehen jedenfalls durchaus in einem argumentativen Zusammenhang, wenn auch nicht – wie Renate Schlesier meint[119] – als Konstellation unterschiedlicher und kontroverser Varianten der hermeneutischen Diskussion. Viele *turns* reichen vielmehr mittlerweile deutlich über die Hermeneutik hinaus, indem sie Kultur nicht mehr länger als Objekt der Interpretation, sondern als Feld gesellschaftlicher und interkultureller Praxis auffassen, das auf die Ausdifferenzierung neuer Analysekategorien drängt. Die direkte Kulturbegegnung und interkulturelle Auseinandersetzung wird immer mehr zum Ausgangspunkt für die Entwicklung kulturwissenschaftlicher Theorieansätze und Forschungsperspektiven. Auch wenn manche dieser Richtungswechsel schon in den 1970er oder 1980er Jahren aufgekommen sind, wird erst jetzt entdeckt, wie vielseitig man mit ihnen arbeiten kann und wie mit ihrer Hilfe auch die Kulturwissenschaften in den Stand gesetzt werden, Probleme der heutigen, globalisierten Welt zu bewältigen. Wichtige Grundbegriffe und Ansätze, die in der Soziologie, Politologie, Geschichtswissenschaft, Literaturwissenschaft, Ethnologie von Hause aus verwendet werden, sind in diesem neuen Kontext kulturwissenschaftlich oder kulturanthropologisch differenziert, ja in Frage gestellt worden: Kultur, Identität, Text, Autorität, Übersetzung, Fremdheit, Andersheit, Repräsentation, Selbst- und Fremdverstehen (Kulturverstehen), Interkulturalität, dichotomische Denkweisen.

Am deutlichsten zeigt sich jedoch die Wirkungskraft der *turns* an der Profilierung des Kulturbegriffs selbst. Immerhin kann eine Hauptachse für einen durchgreifenden Wandel des Kulturverständnisses ausgemacht werden: Sie lässt das ganzheitlich orientierte Kulturverständnis – das ausgehend von der viel zitierten Kulturdefinition Edward B. Tylors

(1871) durchaus noch hineinwirkt in den *interpretive turn* – übergehen in weitere performanz- und praxisorientierte ethnologische Kulturbegriffe und markiert schließlich ein differenzbetontes Kulturverständnis, wie es spätestens seit dem *postcolonial turn* die Kulturwissenschaften prägt.

Darüber hinaus zeigt sich die Wirkungskraft der *turns* auch an der Profilierung der Disziplinen und der Forschungsweise selbst. So wird es nicht ausreichen, die kulturwissenschaftlichen *turns* durch bloßes Theoriesurfen in luftigen interdisziplinären Zwischenräumen mitzuvollziehen. Unverzichtbar ist vielmehr ihre disziplinäre Verankerung. Denn keineswegs treten die kulturwissenschaftlichen Neuorientierungen an die Stelle disziplinärer Arbeit, wie so oft vermutet und kritisiert wird.[120] Vielmehr werden sie erst dadurch zu einer Grundbedingung interdisziplinären Arbeitens, dass sie von Seiten der einzelnen Disziplinen genährt und methodisch ausgestaltet werden. Auch wenn neuerdings wieder verstärkt zur Rückwendung der kulturwissenschaftlichen Forschung in die Disziplinen aufgerufen wird, braucht man besonders die Anregungskraft der *turns*, um gerade die fachspezifischen Kompetenzen daran schärfen zu können. Ebenso geschärft wird dabei freilich die Auseinandersetzung zwischen den Fächern, die mit der Frage nach Leitdisziplinen beginnt. Diese weicht dann aber zunehmend der Notwendigkeit, gerade angesichts der Herausforderungen der Globalisierung auf ein Zusammenwirken hinzuarbeiten, das die wechselseitigen Spannungen in Kontakt- und Übersetzungszonen zwischen den Disziplinen fruchtbar macht.

Auch auf dem Gebiet des Disziplinenkontakts führt die Vervielfältigung von *turns* nicht unbedingt zur Konstellation eines konfliktfreien Eklektizismus, wie es der Postmoderne entspräche, die sich im Übrigen nicht auf eine «postmoderne Wende»[121] einhegen lässt. Im Gegenteil, die Vervielfältigung und das Nebeneinander von *turns* führen vielmehr zu einem anhaltenden Spannungsfeld. Im Zusammenhang der angloamerikanischen *Cultural Studies* wird dieses Spannungsfeld besonders brisant, schließlich werden dort nicht nur die Disziplinengrenzen überschritten, sondern auch die Grenzen des akademischen Diskurses hin zu gesellschaftlichen und gesellschaftspolitischen Kulturdebatten. Clifford Geertz formuliert diesen Umschlag mit metaphorischer Prägnanz und lakonischer Kürze: «After the turns, there came the wars: the culture wars, the science wars, the value wars, the history wars, the gender wars, the wars of the paleos and the posties.»[122] Kulturkriege in den USA vollziehen sich nicht zuletzt in den Auseinandersetzungen zwischen gegensätzlichen politischen Gruppen über die Definition amerikanischer Werte (Religion, Familie), wie sie in den letzten Jahren vor allem aus konservativer Richtung ausgelöst wurden, nicht zuletzt als Abwehrhaltung gegen das kritische Erkenntnispotenzial der immer schon in die Öffentlichkeit hinein expandierenden *Cultural Studies*. Bemerkenswert ist allerdings das Versagen der kritischen Kulturwissenschaften gegenüber der Durchsetzungsmacht weltpolitischer Entscheidungen, die nicht selten ein mangelndes Problembewusstsein gegenüber kulturellen Differenzen erkennen lassen.

Hierzulande allerdings bleiben die *turns* schon von vornherein allzu leicht im Rückbezug auf die akademischen Disziplinen stecken. Ein gemeinsames Feld für ein stärkeres Zusammenwirken der Kulturwissenschaften mit außeruniversitären gesellschaftlichen Prozessen und Akteuren ließe sich daher nicht leicht abstecken – wenngleich neuerdings sogar von einem gleichsam reifizierten «Cultural Turn» die Rede ist, nämlich auf einer Ebene, auf der die kulturelle Dimension als Schau-, ja Kampfplatz interkultureller Auseinandersetzungen weltweit geschärft wird: «Im Zeitalter des ‹Cultural Turn› nehmen Menschen alles in Kultur-Kategorien wahr, reagieren also auch auf Politik kulturell.»[123] Die analytischen Blicköffnungen durch *cultural turns* ermöglichen jedoch, den Gründen für solche realen Kulturübertreibungen nachzugehen – seien es die Erfahrung von Globalisierungsverlusten, von ungleichen Machtverhältnissen, gescheiterten Übersetzungsprozessen oder interkulturellen Missverständnissen. Das kritische Instrumentarium der *cultural turns* ist unverzichtbar, schon allein um solche Behauptungen einer zunehmenden Kulturalisierung von (Welt-)Konflikten zu überprüfen und das darin eingeschlossene problematische Kulturverständnis zu enthüllen.

Mit einem derartigen Horizont einer politischen Kontextualisierung der kulturwissenschaftlichen Forschungsansätze selbst erhält das Spannungsfeld der *turns* zusätzliche Brisanz. Es verhilft dazu, einerseits die Gefahr eines Umschlags von «Innovation» zu akademisch-intellektuellem Konformismus (Bourdieu) zu vermeiden, andererseits typischen

Ermüdungserscheinungen der kulturwissenschaftlichen Wenden entgegenzuwirken: In einem fast aphoristischen Text unter der Überschrift
«Borrrrrrring!» bezieht der amerikanische Ethnologe Marshall Sahlins in
seinem satirischen Büchlein «Waiting for Foucault, Still»[124] Kuhns Theorie vom Paradigmenwechsel auf die Abfolge der *turns* in den Sozial- und
Kulturwissenschaften. Nicht nur die *turns* wechseln, sondern nach Sahlins offensichtlich auch die Vorzeichen des Perspektivenwechsels selbst:
Das anfängliche soziale Engagement der Forschungswenden geriet zunehmend in die Nähe ökonomischer Nützlichkeitserwägungen und
stand schließlich gar im Dienst hegemonialer Macht. Dies sei allerdings
nicht die einzige Dynamik der kulturwissenschaftlichen Theoriewechsel
und theoretischen «Regimes». Bedenklich sei vielmehr die zunehmende
Erklärungsinflation sozial- und kulturwissenschaftlicher *turns*: «In the
social sciences, paradigms are not outmoded because they explain less
and less, but rather because they explain more and more – until, all too
soon, they are explaining just about everything. There is an inflation effect in the social science paradigms, which quickly cheapens them.»[125]

Wie aus der Mode gekommene Kleider sind auch *turns* – so könnte
man oberflächlich meinen – schnell abgetragen. Werden sie nicht mit der
Zeit langweilig und halten doch gerade dadurch – gemäß der kapitalisti-
schen Ökonomie des Konsums – die Produktion immer neuer Wenden in
Gang? Die Ermüdungserscheinungen durch solche «commonplace uni-
versals» könnten allerdings aufgehalten werden. Dazu ist es unerlässlich,
sie methodisch zu profilieren und – wie im vorliegenden Band – wieder
rückzuübersetzen in anstößige, impulsgebende Forschungsanregungen.
Indem die jeweiligen Neuorientierungen selbst in das breite Forschungs-
spektrum gegeneinander und zusammenwirkender *turns* eingebunden
und kulturpolitisch verortet werden, werden sie schließlich in ihrer eigenen Universalisierungsneigung fragwürdig gemacht.

# Danksagung

Ich danke den Diskussionsteilnehmern und -teilnehmerinnen an meinen interdisziplinären Theoriekolloquien für Graduierte – auf Initiative von Claudia Ulbrich und anderer Kolleginnen im Fachbereich Geschichts- und Kulturwissenschaften – an der Freien Universität Berlin, aber auch den Beteiligten der Theoriekolloquien an den Universitäten Frankfurt/Oder und Zürich. Dem Internationalen Forschungszentrum Kulturwissenschaften (IFK) in Wien bin ich dankbar für die viermonatige intellektuelle Gastfreundschaft in der Schlussphase der Arbeit an diesem Buch sowie meinen Mitfellows des Jahrgangs 2005/06 für die anregenden Gespräche. Der größte Dank geht an Hans Medick, der mich durch alle *turns* begleitet und beflügelt hat – nicht nur als mein erster Leser und Kritiker.

# Anmerkungen

1 Wolfgang Frühwald/Hans Robert Jauß/Reinhart Koselleck/Jürgen Mittelstraß/Burkhart Steinwachs (Hg.): Geisteswissenschaften heute. Eine Denkschrift. Frankfurt/M. 1991.

2 Hartmut Böhme/Peter Matussek/Lothar Müller: Orientierung Kulturwissenschaft. Was sie kann, was sie will. Reinbek 2000, S. 19.

3 Vgl. Gerhart von Graevenitz: Literaturwissenschaft und Kulturwissenschaften. Eine Erwiderung, in: Deutsche Vierteljahrsschrift für Literaturwissenschaft und Geistesgeschichte 73 (1999), S. 94–115, hier S. 98.

4 Bausteine zu einer Geschichte der Kulturwissenschaften, die noch nicht geschrieben ist, finden sich bei Lutz Musner/Gotthart Wunberg/Christina Lutter (Hg.): Cultural Turn. Zur Geschichte der Kulturwissenschaften. Wien 2001; weit zurückgehend in die europäische Kultur- und Ideengeschichte, dabei aber ein personenorientierter «Torso» (S. 248) von Vico (nur) bis Heidegger: Friedrich Kittler: Eine Kulturgeschichte der Kulturwissenschaft. 2. verb. Aufl. München 2001.

5 Hierzu vgl. Lutz Musner: Kulturwissenschaften und Cultural Studies, in: ders.: Kultur als Textur des Sozialen. Essays zum Stand der Kulturwissenschaften. Wien 2004, S. 61–76; Andreas Hepp/Carsten Winter (Hg.): Die Cultural Studies Kontroverse. Lüneburg 2003; Roger Bromley/Udo Göttlich/Carsten Winter (Hg.): Cultural Studies. Grundlagentexte zur Einführung. Lüneburg 1999; im Überblick, bezogen auf die Literaturwissenschaften, siehe Britta Herrmann: *Cultural Studies* in Deutschland.

Chancen und Probleme transnationaler Theorie-Importe für die (deutsche) Literaturwissenschaft, in: Ansgar Nünning/Roy Sommer (Hg.): Kulturwissenschaftliche Literaturwissenschaft. Disziplinäre Ansätze – Theoretische Positionen – Transdisziplinäre Perspektiven. Tübingen 2004, S. 33–53.

6 Ansgar Nünning/Roy Sommer: Kulturwissenschaftliche Literaturwissenschaft. Disziplinäre Ansätze, theoretische Positionen und transdisziplinäre Perspektiven, in: dies. (Hg.): Kulturwissenschaftliche Literaturwissenschaft, S. 9–29, hier S. 26 f.

7 Ebd., S. 27.

8 Zur Rekonstruktion der Kulturwissenschaften entlang der verschiedenen Verständnisweisen des Kulturbegriffs vgl. Urte Helduser/Thomas Schwietring (Hg.): Kultur und ihre Wissenschaft. Beiträge zu einem reflexiven Verhältnis. Konstanz 2002, S. 8 ff.

9 Vgl. Hepp/Winter (Hg.): Cultural Studies Kontroverse, S. 12 ff.

10 Ute Daniel: Kompendium Kulturgeschichte. Theorien, Praxis, Schlüsselwörter. Frankfurt/M. 2001.

11 Lawrence Grossberg: Globalization and the ‹Economization› of Cultural Studies, in: Bundesministerium für Wissenschaft und Verkehr/Internationales Forschungszentrum Kulturwissenschaften (Hg.): The Contemporary Study of Culture. Wien 1999, S. 23–46, hier S. 36.

12 Ebd., S. 31.

13 Böhme/Matussek/Müller: Orientierung Kulturwissenschaft, S. 208.

14 Ebd.

15 Vgl. die «Empfehlungen zur Entwicklung und Förderung der Geisteswissenschaften in Deutschland» vom 27. 1. 2006 durch den Wissenschaftsrat (http://www.wissenschaftsrat.de/texte/7068–06.pdf), S. 11 («Gegenwärtig mehren sich die Zeichen, dass der Rekurs auf ‹Kultur› und die Kulturwissenschaften eine zwar wichtige, jedoch zeitlich begrenzte Stufe in der Begründung der Geisteswissenschaften darstellt»).

16 Vgl. ebd., S. 12.

17 Die Empfehlungen des Wissenschaftsrats haben eine ähnliche Stoßrichtung, wenn sie vor der «Einschmelzung (der Geisteswissenschaften – D. B.-M.) in eine ‹Kulturwissenschaft›» (ebd., S. 12) warnen. Allerdings neigen sie zu einer gegenläufigen Reaktion. Denn ohne die disziplinären Standbeine der kulturwissenschaftlichen Neuorientierungen überhaupt zu berücksichtigen, raten sie zu einem Rückzug in die Disziplinen, zur Förderung der innerdisziplinären Kommunikation und zu einer Konzentration auf die «Entwicklung disziplinärer Standards» (ebd., S. 69), «da eine allzu frühe kulturwissenschaftliche Fokussierung die Vermittlung einer disziplinär verankerten Methode in den Hintergrund drängen kann» (ebd., S. 68).

18 Hartmut Böhme/Klaus R. Scherpe (Hg.): Literatur und Kulturwissenschaften. Positionen, Theorien, Modelle. Reinbek 1996, S. 12.

19 Heinz Dieter Kittsteiner: «Iconic turn» und «innere Bilder» in der Kulturgeschichte, in: ders. (Hg.): Was sind Kulturwissenschaften? 13 Antworten. München 2004, S. 153–182, hier S. 164.

20 Vgl. Pierre Bourdieu: Narzißtische Reflexivität und wissenschaftliche Reflexivität, in: Eberhard Berg/Martin Fuchs (Hg.): Kultur, soziale Praxis, Text. Die Krise der ethnographischen Repräsentation. Frankfurt/M. 1993, S. 365–374, hier S. 374; zur Feldtheorie vgl. ders.: Sozialer Raum und «Klassen». Leçon sur la leçon. Zwei Vorlesungen. Frankfurt/M. 1985; ausführlich erörtert bei Joseph Jurt: Das literarische Feld. Das Konzept Pierre Bourdieus in Theorie und Praxis. Darmstadt 1995.

21 Musner: Kultur als Textur des Sozialen, S. 82.

22 Wolfgang Maderthaner: Kultur Macht Geschichte. Anmerkungen zur Genese einer historischen Kulturwissenschaft, in: Lutz Musner/Gotthart Wunberg (Hg.): Kulturwissenschaften. Forschung – Praxis – Positionen. Wien 2002, S. 88–109, hier S. 105.

23 Pierre Bourdieu: *Haute Couture* und *Haute Culture*, in: ders.: Soziologische Fragen. Frankfurt/M. 1993, S. 187–196, S. 188.

24 Ebd., S. 188.

25 Musner: Kultur als Textur des Sozialen, S. 77.

26 Pierre Bourdieu: Ein soziologischer Selbstversuch. Frankfurt/M. 2002, S. 120.

27 Pierre Bourdieu: *Haute Couture*, S. 191.

28 Vgl. Doris Bachmann-Medick: Geisteswissenschaften auf dem Laufsteg der Kulturwissenschaften. Anmerkungen zur kulturwissenschaftlichen Forschung im Anschluß an die Tagung «Kultur und Wissen», in: Historische Anthropologie. Kultur – Gesellschaft – Alltag 9, 2 (2001), S. 284–289.

29 Victoria E. Bonnell/Lynn Hunt in ihrer Einleitung zu dies. (Hg.): Beyond the Cultural Turn. New Directions in the Study of Society and Culture. Berkeley, Los Angeles, London 1999, S. 1. Dort sprechen sie von «research paradigms» analog naturwissenschaftlicher forschungsleitender Modelle sowie von «approaches» im Sinne der interpretativ-hermeneutischen Tradition.

30 Thomas S. Kuhn: Neue Überlegungen zum Begriff des Paradigma, in: ders.: Die Entstehung des Neuen. Studien zur Struktur der Wissenschaftsgeschichte. Frankfurt/ M. 1977, S. 389–420, hier S. 390.

31 Thomas S. Kuhn: Die Struktur wissenschaftlicher Revolutionen. Frankfurt/M. 1967, S. 37.

32 «Interdisciplinarity consists in creating a new object that belongs to no one» (Roland Barthes), zit. nach James Clifford: Introduction: Partial Truths, in: ders./George E. Marcus (Hg.): Writing Culture. The Poetics and Politics of Ethnography. Berkeley, Los Angeles, London 1984, S. 1.

33 Kuhn: Entstehung des Neuen, S. 309.

34 Kuhn: Struktur wissenschaftlicher Revolutionen, S. 135.

35  Ebd., S. 20.

36  Ebd., S. 30.

37  Marilyn Strathern: Ein schiefes Verhältnis. Der Fall Feminismus und Anthropologie, in: Gabriele Rippl (Hg.): Unbeschreiblich weiblich. Texte zur feministischen Anthropologie. Frankfurt/M. 1993, S. 174–195, hier S. 185.

38  Ebd., S. 185; Peter V. Zima ist ebenfalls skeptisch gegenüber der Anwendbarkeit des Paradigmenbegriffs auf die Kultur- und Sozialwissenschaften, die es eher «mit stets partikularen ideologisch-theoretischen Soziolekten zu tun» hätten; ders.: Was ist Theorie? Theoriebegriff und Dialogische Theorie in den Kultur- und Sozialwissenschaften. Tübingen, Basel 2004, S. 114.

39  Strathern: Ein schiefes Verhältnis, S. 187; bei Strathern ist von *turns* keine Rede, allenfalls – was die Paradigmenfähigkeit der feministischen Perspektive betrifft – von einem «‹Set› von Ansichten, das einem Paradigma analog wäre und das von Feminist(inn)en wie von Anthropolog(inn)en gleichermaßen als so grundlegend erachtet wird, dass beide nicht ohne es weiterkommen könnten» (S. 192).

40  Vgl. Ansgar Nünning: Das Paradigma der Kulturwissenschaften? Elemente ihrer Weltbilder und Ausblick auf ihre Aufgaben, in: Emil Brix/Gottfried Magerl (Hg.): Weltbilder in den Wissenschaften. Wien, Köln, Weimar 2005, S. 147–178.

41  Vgl. Doris Bachmann-Medick (Hg.): Kultur als Text. Die anthropologische Wende in der Literaturwissenschaft. 2. Aufl. Tübingen, Basel 2004.

42  Unter dieser Frage war Ansgar Nünning mit seiner Reflexion über Weltbilder in den Kulturwissenschaften angetreten, ders.: Paradigma der Kulturwissenschaften?

43  George E. Marcus/Michael M. J. Fischer: Anthropology as Cultural Critique. An Experimental Moment in the Human Sciences. Chicago, London 1986.

44  Ebd., Vorwort, S. x.

45  Ebd., S. x.

46  Ebd., S. x.

47  So u. a. bei Andreas Reckwitz/Holger Sievert (Hg.): Interpretation, Konstruktion, Kultur. Ein Paradigmenwechsel in den Sozialwissenschaften. Opladen 1999.

48  Andre Gingrich: Erkundungen. Themen der ethnologischen Forschung. Wien, Köln, Weimar 1999, Kapitel «Wege zur transkulturellen Analyse. Über die Paradigmenwechsel euro-amerikanischer Sozial- und Kulturanthropologie im 20. Jh.», S. 176–203, S. 178: «Die euro-amerikanische Anthropologie wendet sich zu Beginn des 20. Jh. vom Evolutionismus prinzipiell in zweierlei Richtungen hin ab. In Nordamerika vollzieht diesen Paradigmenwechsel der Kulturrelativismus, in Nordwesteuropa folgt auf ein diffusionistisches Zwischenspiel der struktural-funktionale Ansatz, der sich bald in zwei eigenständige Richtungen teilt»; zu den länderspezifischen Paradigmenwechseln der Kulturanthropologie, z. B. zum «great shift in theoretical paradigm in the British tradition» (S. 22) und anderen, vgl. Fredrik Barth/Andre Gingrich/Robert Parkin/Sydel Silverman: One Discipline,

Four Ways. British, German, French, and American Anthropology. Chicago, London 2005.

49 Andreas Reckwitz: Die Transformation der Kulturtheorien. Zur Entwicklung eines Theorieprogramms. Weilerswist 2000, S. 644.

50 Vgl. Kuhn: Struktur wissenschaftlicher Revolutionen, S. 20.

51 Vgl. Reckwitz: Transformation der Kulturtheorien, S. 50.

52 Ebd., S. 51; vgl. S. 187.

53 Ebd., S. 22.

54 Ebd., S. 26.

55 Zu «wandernden Begriffen», auch in ihrer transkulturellen Anschlussfähigkeit, vgl. James Clifford/Vivek Dhareshwar (Hg.): Traveling Theorists. Santa Cruz 1989; James Clifford: Routes. Travel and Translation in the Late Twentieth Century. Cambridge, London 1997; Edward W. Said: Theorien auf Wanderschaft, in: ders.: Die Welt, der Text und der Kritiker. Frankfurt/M. 1997, S. 263–292; Mieke Bal: Travelling Concepts in the Humanities. A Rough Guide. Toronto 2002; zum «schnell reisenden Mantra *raceclassgender*» und seinen diskursbildenden Herausforderungen vgl. Gudrun-Axeli Knapp: Traveling Theories. Anmerkungen zur neueren Diskussion über «Race, Class, and Gender», in: Österreichische Zeitschrift für Geschichtswissenschaften 16, 1 (2005), S. 88–110, hier S. 105.

56 Reckwitz: Transformation der Kulturtheorien, S. 194 ff.

57 Ebd., S. 542.

58 Zu Hauptetappen – allerdings nicht im Hinblick auf *turns*, sondern auf «Reflexionsstufen» des Repräsentationsproblems aus dem Blickwinkel der Kulturanthropologie – vgl. den wichtigen Sammelband von Eberhard Berg/Martin Fuchs (Hg.): Kultur, soziale Praxis, Text. Die Krise der ethnographischen Repräsentation. Frankfurt/M. 1993 (darin bes. die Einleitung von dens.: Phänomenologie der Differenz. Reflexionsstufen der ethnographischen Repräsentation, S. 11–108).

59 Clifford Geertz: Spurenlesen. Der Ethnologe und das Entgleiten der Fakten. München 1997, S. 131.

60 Ebd., S. 146.

61 Ebd., S. 152.

62 Ebd., S. 203.

63 Clifford Geertz: Blurred Genres. The Refiguration of Social Thought, in: Local Knowledge. Further Essays in Interpretive Anthropology. New York 1983, S. 19–35.

64 Geertz: Local Knowledge, Introduction, S. 6 (vgl. S. 34: «The turn taken by an important segment of social scientists, from physical process analogies to symbolic form ones, has introduced a fundamental debate into the social science community concerning not just its methods but its aims»).

65 Ebd., S. 6.

66 Ebd., S. 6.

67  Geertz: Blurred Genres, S. 19.
68  Vgl. Sigrid Weigel: Der Text der Genetik. Metaphorik als Symptom ungeklärter Probleme wissenschaftlicher Konzepte, in: dies. (Hg.): Genealogie und Genetik. Berlin 2002, S. 223–246.
69  Karl Schlögel: Im Raume lesen wir die Zeit. Über Zivilisationsgeschichte und Geopolitik. München, Wien 2003, S. 61 f.
70  Ebd., S. 60.
71  Karl Schlögel: Kartenlesen, Augenarbeit. Über die Fälligkeit des spatial turn in den Geschichts- und Kulturwissenschaften, in: Kittsteiner (Hg.): Was sind Kulturwissenschaften, S. 261–283, hier S. 265.
72  Martina Heßler: Bilder zwischen Kunst und Wissenschaft. Neue Herausforderungen für die Forschung, in: Geschichte und Gesellschaft 31 (2005), S. 266–292, hier S. 268.
73  Zu operativen Begriffen vgl. Wolfgang Welsch: Transkulturalität, in: Universitas 52, 607 (1997), S. 16–24, hier S. 20: «Kulturbegriffe sind immer mehr als bloß beschreibende Begriffe, sie sind operative Begriffe. Wie andere Selbstverständigungsbegriffe auch (beispielsweise Identität, Person, Mensch), haben sie stets Einfluß auf ihren Gegenstand, verändern diesen. (...) In diesem Sinn ist die ‹Realität› von Kultur immer auch eine Folge unserer Konzepte von Kultur.»
74  Hierzu vgl. Doris Bachmann-Medick: Übersetzung als Medium interkultureller Kommunikation und Auseinandersetzung, in: Handbuch der Kulturwissenschaften. Bd. 2: Paradigmen und Disziplinen. Hg. Friedrich Jaeger/Jürgen Straub. Stuttgart, Weimar 2004, S. 449–465; vgl. Kapitel 5 «Translational Turn».
75  Zu den länderspezifisch verschiedenen «Traditionen» der Anthropologie vgl. Barth/Gingrich/Parkin/Silverman: One Discipline, Four Ways.
76  Vgl. Michael Lackner/Michael Werner: Der *cultural turn* in den Humanwissenschaften. *Area Studies* im Auf- oder Abwind des Kulturalismus? Bad Homburg 1999 (Werner Reimers Konferenzen, Heft 2).
77  Julika Funk: Forschungsrichtungen in der Anthropologie: Philosophische Anthropologie, Historische Anthropologie, Interkulturalität und Kulturanthropologie. Überblick und Auswahlbibliographie, in: Historical Social Research/Historische Sozialforschung 25, 2 (2000), 54–138, hier S. 98.
78  Ute Daniel: Geschichte als historische Kulturwissenschaft. Konturen eines Wiedergängers, in: Heide Appelsmeyer/Elfriede Billmann-Mahecha (Hg.): Kulturwissenschaft. Felder einer prozeßorientierten wissenschaftlichen Praxis. Weilerswist 2001, S. 195–214, hier S. 196.
79  Siehe hierzu die Beiträge der Zeitschrift «Historische Anthropologie. Kultur – Gesellschaft – Alltag». Köln, Wien, Weimar 1993 ff.
80  Vgl. Claudia Benthien/Hans Rudolf Velten (Hg.): Germanistik als Kulturwissenschaft. Eine Einführung in neue Theoriekonzepte. Reinbek 2002.

81 Vgl. die entsprechende, von Wilfried Barner angestoßene Debatte im Jahrbuch der deutschen Schillergesellschaft 42 (1998), 43 (1999), 44 (2000) zur Frage: «Kommt der Literaturwissenschaft ihr Gegenstand abhanden?»

82 Daniel: Kompendium Kulturgeschichte, S. 297.

83 Klaus Grubmüller: Wie kann die «Mediaevistik» ihren Gegenstand verlieren? In: Jahrbuch der deutschen Schillergesellschaft 43 (1999), S. 466–469, hier S. 469.

84 Zur Kritik an der Themenfixierung und zur Hinwendung der Kulturwissenschaften zum «methodischen» Potenzial kultureller Wahrnehmungs- und Ausdrucksbegriffe vgl. Doris Bachmann-Medick: Literatur – ein Vernetzungswerk. Kulturwissenschaftliche Analysen in den Literaturwissenschaften, in: Appelsmeyer/Billmann-Mahecha (Hg.): Kulturwissenschaft, S. 215–239.

85 Einschlägig hierzu vgl. Edward W. Said: Kultur und Imperialismus. Einbildungskraft und Politik im Zeitalter der Macht. Frankfurt/M. 1994; vgl. Kapitel 4 «Postcolonial Turn».

86 The Oxford English Dictionary. Bd. 18. 2. Aufl. Oxford 1989, S. 695–698.

87 Vgl. Artikel «Wende», in: Deutsches Wörterbuch von Jacob und Wilhelm Grimm (1955). Bd. 28. München 1984, S. 1742–1746, hier S. 1744; vgl. auch Artikel «Wende», in: Duden. Das große Wörterbuch der deutschen Sprache. 8 Bde. 2. Aufl. Mannheim, Leipzig, Wien, Zürich 1995, Bd. 8, S. 3895 («1. einschneidende Veränderung, Wandel in der Richtung eines Geschehens od. einer Entwicklung»).

88 Eine Verknüpfbarkeit des *linguistic turn* mit Heideggers «Kehre» auch in inhaltlicher Hinsicht sieht Ulrich Raulff: Mentalitäten-Geschichte, in: ders. (Hg.): Mentalitäten-Geschichte. Zur historischen Rekonstruktion geistiger Prozesse. Berlin 1987, S. 7–17, hier S. 7: «(...) wies nicht auch Heideggers *Kehre* in Richtung Sprache und bot somit die authentische Übersetzung des besagten *turn*?»

89 Vgl. u.a. Otto Gerhard Oexle: Historische Kulturwissenschaft heute, in: Rebekka Habermas/Rebekka v. Mallinckrodt (Hg.): Interkultureller Transfer und nationaler Eigensinn. Europäische und anglo-amerikanische Positionen der Kulturwissenschaften. Göttingen 2004, S. 25–52.

90 Vgl. Aleida Assmann: Gedächtnis als Leitbegriff der Kulturwissenschaften, in: Musner/Wunberg (Hg.), Kulturwissenschaften, S. 27–45, die Gedächtnis zum «neuen Paradigma(s)» (S. 27) erklärt, nicht allerdings zu einem eigenen «turn», weil es «einer am Performativen ausgerichteten Kulturwissenschaft» (S. 31) zugerechnet wird, die den Austausch, das Interaktive der Gedächtnisdynamik betont. Vgl. auch Astrid Erll: Kollektives Gedächtnis und Erinnerungskulturen, in: Ansgar Nünning/Vera Nünning (Hg.): Konzepte der Kulturwissenschaften. Stuttgart, Weimar 2003, S. 156–185.

91 Kulturwissenschaftliche Ansätze haben in Frankreich eher durch die Literatur- und Sprachwissenschaften bzw. die Fremdsprachenphilologie und Landeskunde Eingang gefunden; vgl. Dorothee Röseberg: Kulturwissenschaft Frankreich. Stuttgart, Düsseldorf, Leipzig 2001, S. 7, S. 10 f.

55

92 Vgl. Jurt: Das literarische Feld, S. 32.

93 Raulff: Mentalitäten-Geschichte, S. 8.

94 Michael Werner: Neue Wege der Kulturgeschichte, in: Étienne François u. a. (Hg.): Marianne – Germania. Deutsch-französischer Kulturtransfer im europäischen Kontext. Les transferts culturels France-Allemagne et leur contexte européen 1789–1914. 2 Bde. Bd. 2. Leipzig 1998, S. 737–743, S. 737.

95 Ebd., S. 738.

96 Richard M. Rorty (Hg.): The Linguistic Turn. Essays in Philosophical Method. With Two Retrospective Essays. Chicago, London (1967) 1992, Introduction, S. 3.

97 Vgl. Gustav Bergmann: Logic and Reality. Madison 1964, S. 177, zit. nach Rorty (Hg.): Linguistic Turn, S. 9.

98 Vgl. Rorty (Hg.): Linguistic Turn.

99 Ebd., S. 10.

100 Zur Rolle der französischen Texttheorie – weniger hingegen der Linguistik – für den *linguistic turn* vgl. Jürgen Trabant: Zur Einführung: Vom linguistic turn der Geschichte zum historical turn der Linguistik, in: ders. (Hg.): Sprache der Geschichte. München 2005, S. vii-xxii, hier S. vii ff.

101 Vgl. hierzu Philipp Sarasin: Geschichtswissenschaft und Diskursanalyse. Frankfurt/M. 2003.

102 Vgl. Hayden White: Auch Klio dichtet oder Die Fiktion des Faktischen. Studien zur Tropologie des historischen Diskurses. Stuttgart 1986 (zur «‹narrativistischen› Erklärung» S. 70); vgl. Kapitel 3 «Reflexive Turn/Literary Turn».

103 Vgl. Gabrielle M. Spiegel: Practicing History. New Directions in Historical Writing after the Linguistic Turn. New York, London 2005; Elizabeth A. Clark: History, Theory, Text. Historians and the Linguistic Turn. Cambridge/Mass., London 2004; vgl. die Beiträge in: Trabant (Hg.): Sprache der Geschichte, die sich am *linguistic turn* abarbeiten.

104 Vgl. den erhellenden Aufsatz von Peter Schöttler: Wer hat Angst vor dem ‹linguistic turn›? In: Geschichte und Gesellschaft 23 (1997), S. 134–151, hier S. 150.

105 Vgl. Clifford Geertz: Dichte Beschreibung. Bemerkungen zu einer deutenden Theorie von Kultur, in: ders.: Dichte Beschreibung. Beiträge zum Verstehen kultureller Systeme. Frankfurt/M. 1983, S. 7–43, hier S. 21.

106 Clifford Geertz: «Aus der Perspektive des Eingeborenen.» Zum Problem des ethnologischen Verstehens, in: ders.: Dichte Beschreibung, S. 289–309, hier S. 290.

107 Vgl. hierzu die «Bilanz und Perspektive» von Doris Bachmann-Medick: Textualität in den Kultur- und Literaturwissenschaften. Grenzen und Herausforderungen, in: dies. (Hg.): Kultur als Text. Die anthropologische Wende in der Literaturwissenschaft. 2. Aufl. Tübingen 2004, S. 298–338; vgl. Kapitel 1 «Interpretive Turn».

108 Zur «Revision» des *linguistic turn* durch den Fokus auf Erfahrung, Handeln und

Praxis und damit auf die Wiederentdeckung der sozialen Hervorbringung von Wirklichkeit vgl. Spiegel: Practicing History, Introduction, S. 18.

109 Siehe den schon erwähnten, von ihr herausgegebenen Sammelband «Practicing History».

110 Vgl. Dipesh Chakrabarty: Provincializing Europe. Postcolonial Thought and Historical Difference. Princeton, Oxford 2000, S. 85.

111 Vgl. Homi K. Bhabha: Die Verortung der Kultur. Tübingen 2000, bes. S. 257.

112 Dies betont vor allem Schlögel: Kartenlesen, S. 262.

113 Joan Wallach Scott: Gender. A Useful Category of Historical Analysis (1985), in: dies. (Hg.): Feminism and History. Oxford, New York 1996, S. 152–180, hier S. 166.

114 Vgl. Tatjana Schönwälder-Kuntze/Sabine Heel/Claudia Wende/Katrin Witte (Hg.): Störfall Gender. Grenzdiskussionen in und zwischen den Wissenschaften. Wiesbaden 2003, S. 16 f.

115 Scott: Gender, S. 169.

116 Vgl. Schlögel: Kartenlesen, S. 265.

117 Dies betont auch Ansgar Nünning – allerdings unter dem Vorzeichen einer «Zusammenschau verschiedener disziplinärer Weltbilder» – ders.: Paradigma der Kulturwissenschaften, S. 177 ff.

118 Ottmar Ette: ÜberLebenswissen. Die Aufgabe der Philologie. Berlin 2004, S. 17. Ette betont, dass aus den Kulturwissenschaften «nicht zuletzt im Zeichen methodologischer und ideologiekritischer Debatten der Begriff des Lebens zunehmend (...) herausgefiltert wurde» (S. 18). Dagegen hält er in erster Linie das Potenzial der Philologien, mit Bezug auf das in Literatur gespeicherte «Lebenswissen» zu einem umfassenderen, komplexen Begriff von Lebenswissenschaft beitragen zu können.

119 Renate Schlesier: Kultur-Interpretation. Gebrauch und Mißbrauch der Hermeneutik heute, in: Bundesministerium für Wissenschaft und Verkehr/Internationales Forschungszentrum Kulturwissenschaften (Hg.): Contemporary Study of Culture, S. 157–166, bes. S. 158.

120 Vgl. Jürgen Kaube: Befreiungsschlag für die Universitäten, in: Frankfurter Allgemeine Zeitung, Nr. 24, 27. 1. 2006, S. 33.

121 Vgl. Gingrich: Erkundungen, S. 275 (ad James Clifford).

122 Vgl. Clifford Geertz: Available Light. Anthropological Reflections on Philosophical Topics. Princeton 2000, S. 17 f.

123 Bassam Tibi: Die Neuerfindung des Islam. Wir befinden uns im weltanschaulichen Krieg mit den Islamisten. Eine Erkenntnis, der sich deutsche Intellektuelle weiter verschließen, in: Der Tagesspiegel, 19. 2. 2006.

124 Chicago 2002.

125 Ebd., S. 73.

# 1. Interpretive Turn

Der *interpretive turn* ist eine impulsgebende Neuorientierung, welche die weiteren kulturwissenschaftlichen Forschungs«wenden» überhaupt erst in Gang gesetzt hat. Er überspannt alle anderen gleichzeitigen oder folgenden Spielarten des so genannten «Cultural Turn» in den Kulturwissenschaften. Auch wenn sich der *interpretive turn* bereits in den frühen 1970er Jahren vollzog, ist er noch immer außerordentlich wirkungsvoll, nicht zuletzt durch die Etablierung eines weiten, wenngleich immer wieder umstrittenen Textbegriffs. Dieser verkörpert in der Metapher «Kultur als Text» zunächst die überaus einflussreiche Leitvorstellung der «interpretativen Wende». Sodann legt er nahe, auch wissenschaftliche Darstellungen selbst in ihrem Textcharakter zu analysieren (vgl. *reflexive turn*). Schließlich reicht er bis zu einer praxisorientierten und medienbewussten Neuinterpretation der Textualitätskategorie, welche die Kulturwissenschaften am Anfang des 21. Jahrhunderts noch immer beschäftigt. Neben diesem erweiterten Textbegriff ist es die ebenfalls bahnbrechende Kategorie des Fremden, mit der die Ethnographie als *die* Fremdheitswissenschaft über die Grenzen ihrer Disziplin hinweg einen umfassenderen *interpretive turn* auf den Weg bringen konnte. Bis heute wurden die traditionellen hermeneutischen Ansätze in den Geistes- und Kulturwissenschaften mit den Herausforderungen von Fremderfahrung und Fremdverstehen konfrontiert, dabei aber zu einer deutlichen Ausdifferenzierung und Modifikation der Kategorie des Fremden gezwungen, zumal angesichts der Globalisierungsdynamik von einer «Fremdheit» anderer Kulturen und Gesellschaften nur noch in vermittelter Weise die Rede sein kann. Schließlich ist von der interpretativen Kulturanthropologie eine Grundlagenreflexion über den Kulturbegriff in Gang gesetzt worden, die bis heute anhält. Sie hat überhaupt erst die Kategorie der «Kultur» als Leitvorstellung in die sozialwissenschaftliche Gesellschaftsanalyse eingeführt, wo sie die Analysekategorie des «sozialen Systems» zu großen Teilen verdrängte. In diesem Zusammenhang hat die interpretative Kulturanthropologie auch ihren besonderen Fokus auf (kulturelle) Bedeutungen zu einer wichtigen Gelenkstelle für eine interdisziplinäre Öffnung zwischen Sozial- und Kulturwissenschaften gemacht.

Der *interpretive turn* stützt sich also vor allem auf die interpretative Kulturanthropologie bzw. Ethnologie. Sie ist es, die sowohl auf Gegenstands- als auch auf Methodenebene folgenreiche Umschwünge in den Sozial-, Geistes- und Kulturwissenschaften ausgelöst hat.[1] War die Ethnologie bis dahin noch überwiegend von der Herrschaft einer Sozialwissenschaft geprägt, die auf Strukturanalysen und weniger auf Symbolverstehen orientiert war und daher zu szientistischen Verallgemeinerungen neigte, bahnte sich durch die *interpretative Wende* dagegen die Herrschaft des Textes an. Und doch wäre ein bloßer Rückverweis auf den *linguistic turn* hier voreilig. Denn der textuelle Zugriff richtet sich ausdrücklich auf Praxiszusammenhänge und nicht auf die skeptischen Brechungen der Sprache-Wirklichkeits-Beziehung. Zudem zeichnet er sich durch ein eigenes, neues Verfahren des «genre blurring» aus. So jedenfalls hat Clifford Geertz[2], der Vater der modernen interpretativen Kulturanthropologie, die zunehmenden Grenzverwischungen zwischen Sozial- und Kulturwissenschaften durch Analogiebildungen bezeichnet: die Ausbreitung interpolierender Metaphern und Interpretationsmodelle in den Sozial- und Kulturwissenschaften.

In Geertz' Essay «Blurred Genres. The Refiguration of Social Thought» (1983)[3] kommt dieser grundsätzliche interpretative Umschwung zur Darstellung. Gemeint ist die Abkehr der Ethnologie und der Sozialwissenschaften überhaupt von Gesetzen, Strukturen und Funktionen als Basis sozialwissenschaftlicher Erklärung. An ihre Stelle tritt die Hinwendung zu Fallstudien, Einzelfällen, Details und vor allem zu Interpretationen. Die Sozialanthropologie hatte sich – kurz gesagt – auf soziale Institutionen, auf Recht, Wirtschaft, Verwandtschaft konzentriert, die Kulturanthropologie dagegen eher auf Wissens- und Deutungssysteme. Statt der bis dahin vorherrschenden naturwissenschaftlichen und technischen Analogien kommen nun verstärkt Analogien aus den Geisteswissenschaften ins Spiel, allen voran das Spiel-, das Theater- und das Textmodell. «Genre blurring» bedeutet aber auch eine Grenzüberschreitung und Gattungsvermischung auf der Ebene der wissenschaftlichen und literarischen Darstellung selbst. So werden etwa philosophische Abhandlungen immer häufiger im Stil von Essays geschrieben, theoretische Abhandlungen in der Ethnographie erscheinen wie Reisebeschreibungen (z. B. bei Claude Lévi-Strauss), und Literatur erhält gar den Anstrich theoretischer Texte. Doch was hier wie ein bloßes Stilmittel aussieht, reicht wesentlich tiefer. Denn es deutet sich an, wie stark die interpretative Wende die Symbolsphäre der kulturellen (und dann auch der wissenschaftlichen) Darstellung aufwertet. Diese wird zum Schlüsselmedium einer mit Metaphern arbeitenden Kulturinterpretation, ja zum Erkenntnismedium überhaupt erklärt.

## 1. Entstehungskontext und Herausbildung des *INTERPRETIVE TURN*

Für die wissenschaftsgeschichtliche Einordnung und Kartierung der jeweiligen *turns* kommt es entscheidend darauf an, welche Beschreibungsperspektive man einnimmt. So geht eine philosophische Herleitung des *interpretive turn*, wie etwa in Paul Rabinows und William Sullivans «second look»[4], vor allem von der Hermeneutik Hans-Georg Gadamers, der Frankfurter Schule und von Paul Ricœur aus. Eine soziologische Herleitung à la Anthony Giddens[5] hingegen betont eher die Tradition der Verstehenden Soziologie von Wilhelm Dilthey über Max Weber, Alfred Schütz bis zur Ethnomethodologie. Eine wissenschaftspolitische Verortung wäre noch ein Desiderat.[6] Sie hätte sich jedenfalls an die Entkolonisierungsprozesse seit den 1950er Jahren und die Befreiungsbewegungen in der so genannten Dritten Welt rückzubinden. Denn in deren Rahmen musste die Ethnologie in vorderster Front ihre imperialen Verstrickungen ebenso überprüfen wie ihre traditionellen Feldforschungsmethoden – mit dem Ergebnis einer disziplinenübergreifenden Ethnozentrismuskritik. Schon von daher liegt es nahe, den *interpretive turn* am Leitfaden des aufkommenden interpretativen Selbstverständnisses der Kulturanthropologie selbst zu entwickeln. Schließlich wurden hier ein über Europa und den

Westen hinausreichender Fremderfahrungshorizont und zugleich ein selbstreflexiver Wissenschaftshorizont abgesteckt. Beide Horizonte legten es nahe, auch die anderen Kulturwissenschaften von vornherein auf eine interkulturelle Perspektive zu verpflichten. Ihre Aufwertung und Präzisierung des Kulturverständnisses sowie ihre selbstreflexive und interkulturelle Reichweite machten die Kulturanthropologie zu einer einflussreichen Leitwissenschaft. Sie ist es, die den so genannten «Cultural Turn» in den Sozialwissenschaften ausgelöst und darüber hinaus die Herausbildung einer umfassenderen, disziplinenübergreifenden kulturwissenschaftlichen Forschung befördert hat.

Unter dem Signum der «Interpretation» ist die Kulturanthropologie in einer Art «nachholender Entwicklung»[7] auf den bereits angefahrenen hermeneutischen Zug der Phänomenologie und der Verstehenden Soziologie aufgesprungen. Dann allerdings hat sie ihn eigenständig auf die Gleise eines breiteren *interpretive turn* hingelenkt. In den eigenen Reihen ging es ihr zunächst darum, den szientistisch geprägten Strukturfunktionalismus abzulösen, der bis dahin in den Sozialwissenschaften und vor allem in der Ethnologie vorherrschte – besonders im Umkreis des britischen Strukturfunktionalismus, wie er sich an der University of Chicago in den 1960er und 1970er Jahren bündelte. Von *Cultural Anthropology* kann man in diesem Zusammenhang überhaupt erst reden, nachdem ein breiter angelegter *interpretive turn* – gegen die vorherrschende Strukturfixierung – ausdrücklich auf die Rückgewinnung der Kulturdimension zielte.[8] Dies erscheint aus heutiger Sicht bemerkenswert, besonders angesichts der dann folgenden geradezu inflationären Verbreitung des Kulturbegriffs mit ihren bis heute anhaltenden kulturalistischen Engführungen. Doch wie kam es überhaupt zu einer solchen Richtungsänderung?

Ein Selbstzeugnis von Clifford Geertz, neben Paul Rabinow und David Schneider einer der Hauptprotagonisten, verweist hier auf einen langen Weg der Diskursbildung und nicht etwa auf einen individuellen oder kollektiven Entscheidungsakt: «But what isn't true is that we all sat down someplace and said, ‹Let's give birth to symbolic anthropology›»[9]. Interpretative Kulturanthropologie bzw. Symbolische Anthropologie sind eher aus den konfliktreichen Diskussionen des universitären Curriculums heraus entstanden. Dabei kam neben den Auseinandersetzungen mit dem deutschen Historismus (Herder, Humboldt) und der Hermeneutik (Dilthey, Schütz, Gadamer) sowie mit der Soziologie Talcott Parsons', dem Pragmatismus eines John Dewey bis hin zu Richard Rorty[10] ein zusätzliches brisantes Spannungsfeld ins Spiel: der französische Strukturalismus eines Claude Lévi-Strauss. Gerade er verkörperte ein neues Konzept, das auch heute noch Voraussetzung jeglicher *turns* ist: theoriegeleitete Forschung und ein Aufbrechen der Einzeldisziplinen. Lévi-Strauss – so Richard Handler in seinem Interview mit Clifford Geertz – «opened anthropology up by providing a major alternative to British theory»[11]. Das heißt in Geertz' Worten: «He made anthropology an intellectual discipline (...) he related it to general intellectual currents in the world.»[12] Als richtungweisend galt hier ein «worlding» der Disziplinen – um es mit einem Begriff Edward Saids auszudrücken –, ein Weltbezug der Theorieentwicklung. Dennoch blieb der Strukturalismus auch in der Lévi-Strauss'schen Spielart ein beliebter «Gegner» für das interpretative Projekt. Denn in seinem Bemühen, den Regeln der Gesellschaft durch quasi-naturwissenschaftliche «Gesetze» und Strukturen auf die Spur zu kommen, hat er eine formalistische Sprache entwickelt. Diese löste sich immer mehr ab von sozialen Diskursen, von der intersubjektiven Hervorbringung kultureller Bedeutungen, von gesellschaftlichen Praktiken und historischen Veränderungsprozessen[13] – ähnlich wie im britischen Strukturfunktionalismus und seiner Betrachtung von Gesellschaften durch die Brille ihrer regelhaften sozialen Strukturen, ihrer Funktionen und Institutionen. Der dabei vorherrschende Globalblick blieb freilich in einer «positivistischen Sozialwissenschaft»[14] befangen. Noch war keine Abkehr der Sozialwissenschaften vom szientistischen Modell in Sicht. Viel eher war der Versuch am Werk, «to integrate the human sciences within a natural-scientific paradigm».[15]

In dieser Ausgangssituation hat der *interpretive turn* eine gegenläufige Richtung der Integration von Sozial- und Naturwissenschaften eingeschlagen. Beide Wissenschaften sollten durch die Einstellung der Interpretation miteinander verknüpft werden und nicht etwa durch das naturwissenschaftliche Paradigma der Verhaltensbeobachtung oder der Strukturerklärung.[16] Statt um quasi-naturwissenschaftliche Erklärung von Gesellschaften – wie sie heute angesichts des Heraufziehens eines «neurobiological turn» wieder zu einer ernsthaft diskutierten Option zu werden scheint – wird vielmehr «interpretive explanation»[17] angestrebt: Welche Bedeutungen haben Institutionen, Handlungen, Images, Ereignisse, Bräuche für diejenigen, die selbst Träger dieser Institutionen, Handlungen usw. sind?[18] Selbstdeutungen werden zu wichtigen Anhaltspunkten für die Kulturanalyse: einheimische Konzepte und «eingeborene» Theorien sowie kulturspezifische (Selbst-)Darstellungen von Erfahrungen, Glaubens- und Überzeugungssystemen – im Gegensatz zu Ursache-Wirkungs-Erklärungen, die zumeist im Rahmen großer allgemeiner Theorien angesiedelt sind.

Die diskursive Herausbildung des *interpretive turn* innerhalb eines eklektischen Theoriespektrums ist der beste Beweis dafür, dass dieser und die noch folgenden *turns* eben keine Paradigmen sind – zumal sie sich vom Anspruch lossagen, dass sozial- und kulturwissenschaftliche Herangehensweisen überhaupt paradigmatischen Status erlangen könnten und sollten: «The time seems ripe, even overdue, to announce that there is not going to be an age of paradigm in the social sciences.»[19] In der Tat wird der interpretative Richtungswechsel in der Kulturanthropologie schon deshalb nicht durch einen Paradigmensprung markiert, weil er einen historischen Vorlauf hat, der länger ist, als man denkt. Er lässt sich bis an den Anfang des 20. Jahrhunderts zurückverfolgen, als Franz Boas, ein nach Amerika ausgewanderter deutscher Ethnologe und «Begründer» der modernen Kulturanthropologie, die deutsche geistesgeschichtliche und hermeneutische Tradition in die amerikanische Kulturanthropologie einbrachte. Gegen den damaligen Rassismus der Sozialdarwinisten und Humanbiologen betonte Boas den Variantenreichtum der Kulturen und vertrat die Position eines kulturellen Relativismus, der auf dem Eigenwert einer jeden Kultur beharrt. In dieser Tradition – die dann allerdings durch quasi-naturwissenschaftliche Bestrebungen unterbrochen worden ist, eben durch den Strukturfunktionalismus – steht Clifford Geertz. Er greift die ethnologische Forschungstradition durchaus auf, setzt in ihr aber ganz neue Akzente, nachdem bei der traditionellen methodischen Forschungseinstellung der «teilnehmenden Beobachtung» die Zeichen- und Symbolinterpretation zu kurz gekommen war.

Gerade auf die Organisation des sozialen Lebens durch Zeichen, Symbole und Darstellungen sowie auf ihre Interpretation lenkt Geertz nun die Aufmerksamkeit. Diese Repräsentationsebene geht über die bloße Beobachtungsebene hinaus. Sie behält jedoch ihren unverzichtbaren Bedeutungsbezug, wie Geertz gegen die allzu leichte Verselbständigung von Zeichenketten im Gefolge des *linguistic turn* betont.[20] Und dieser Bedeutungsbezug ist es auch, der die Humanwissenschaften durch eine gemeinsame Interpretationsperspektive miteinander verknüpft. Zu einem wichtigen Brückenglied wird dabei der immer häufigere Austausch von Analogien, das «genre blurring» zwischen den Sozialwissenschaften und anderen Humanwissenschaften, durch den sich die sozial- und kulturwissenschaftliche Theorieentwicklung auszeichnet. Ein solcher Austausch von Analogien, der auch soziale Praktiken in ihren symbolischen Formen wahrnehmbar macht, zeigt eine Destabilisierung von Genres und Disziplinengrenzen an. Ausgelöst wurde sie durch eine «textuelle Bewegung», die sich zu einem «rise of ‹the interpretive turn›»[21] ausweitete, das heißt zur Entfaltung einer hermeneutisch-kultursemiotischen Sozial- und Kulturwissenschaft.

Damit waren wichtige Schritte zu einer Schwerpunktverlagerung der Gesellschaftsanalyse gemacht. Statt die Gesellschaft bzw. Kultur als eine ausgearbeitete Maschine oder als Quasi-Organismus zu betrachten, erscheint sie nun als ernstes Spiel, als Drama oder als Verhaltenstext.[22] Statt um kausale Erklärung, Determination, Kräfte und Funktionen geht es nun eher um das Befolgen von Regeln, um das Konstruieren von Repräsentationen, um das Ausdrücken von Einstellungen, Bedeutungen und sozialen Beziehungen. Vorherrschend ist dabei zunächst die «Spiel-Analogie» – so hat der amerikanische Soziologe Erving Goffman das soziale Leben als Rollenspiel betrachtet, mit Verkleidungen, Täuschungen, Plots, Theatralität und Masken –, aber auch die «Drama-Analogie», welche die Welt für eine Bühne hält und in den Sozialwissenschaften ritualtheoretische Zugänge zu «sozialen Dramen» ausbildet (vgl. *performative turn*). Auf den ersten Blick – so Geertz – mag es zwar plausibler klingen, die Verhaltensweisen etwa von Spionen, Liebenden, Königen oder Nervenkranken wie Spielzüge oder Performances aufzufassen[23] und eben nicht wie Sätze. Und doch ist es die «Text-Analogie», die schließlich einen entscheidenden Vorzug hat. Sie ermöglicht eine «fixation of meaning»[24], gerade über die Zeichenhaftigkeit und Symbolträchtigkeit von Handlungen und ihre eigene Interpretationsmacht. Die «Text-Analogie» gibt dann auch den Kulturwissenschaften bis heute ein unverzichtbares, wenn auch durchaus vages gemeinsames Vorzeichen. Sie liefert die Kulturanalyse dem «dangerously unfocused term»[25] des Textes und seinen interpretativen Spielräumen aus.

## 2. BEDEUTUNGSORIENTIERTER KULTURBEGRIFF

An diesem Angelpunkt kommt Geertz' bedeutungsbezogener Kulturbegriff ins Spiel. Er hat die Kulturreflexion bis heute in immer weiteren Ausdifferenzierungen geprägt. Denn im Unterschied zum Strukturfunktionalismus wird Kultur nicht mehr funktional verstanden als ein Mittel zur Befriedigung von Grundbedürfnissen oder als System von Anpassung. Sie wird vielmehr semiotisch, als Produktion von Bedeutungen und kulturellen Codierungen, verstanden:

«Der Kulturbegriff, den ich vertrete, (...) ist wesentlich ein semiotischer. Ich meine mit Max Weber, daß der Mensch ein Wesen ist, das in selbstgesponnene Bedeutungsgewebe verstrickt ist, wobei ich Kultur als dieses Gewebe ansehe. Ihre Untersuchung ist daher keine experimentelle Wissenschaft, die nach Gesetzen sucht, sondern eine interpretierende, die nach Bedeutungen sucht. Mir geht es um Erläuterungen, um das Deuten gesellschaftlicher Ausdrucksformen, die zunächst rätselhaft scheinen.»[26]

Geertz geht es also nicht um die Genese von Kultur, nicht um einen historischen Ansatz der Kulturanalyse, sondern um die Fest-Stellung von Kultur als einen Bedeutungszusammenhang, um «fixation of meaning». Nicht der Ereignischarakter von Handlungen, sondern ihr Bedeutungsgehalt wird für entscheidend gehalten. Damit offenbart sich ein wichtiger Unterschied zur analytischen Ethnologie, die nach kausalen Regelmäßigkeiten im menschlichen Verhalten sucht und dabei wissenschaftliche Modelle oder Kategorien der Wissenschaftssprache von außen an ihren Untersuchungsgegenstand heranträgt. Die interpretative Forschung hingegen versucht, aus dem Feldforschungskontext heraus kulturelle Bedeutungen überhaupt erst zu erschließen und zu interpretieren – und zwar ansetzend an den Zeichen, Symbolen und Interpretationen, die in der entsprechenden Kultur selbst vorhanden sind.

Hermeneutische Verfahren des Fremdverstehens sind hier gefragt. In der Tat nimmt Geertz hermeneutische Verfahren auf, wandelt sie zugleich jedoch signifikant ab: Fremdkulturelle Phänomene, die zumeist vom Überlieferungszusammenhang der eigenen Kultur erheblich abweichen, erzeugen gerade keine «Horizontverschmelzung», wie sie noch in Gadamers Hermeneutik den Verstehensvorgang besiegelt. Vielmehr lautet eine Leitfrage bei Geertz: «Was wird aus dem *Verstehen*, wenn das *Einfühlen* entfällt?»[27] Und es ist sicher kein Zufall, dass hier im englischsprachigen Original die Termini der deutschen Hermeneutik verwendet werden: «What happens to *verstehen* when *einfühlen* disappears?»[28] Diese Frage öffnet den Horizont für eine mögliche interkulturelle Erweiterung der traditionellen Hermeneutik. Was sich abzeichnet, ist eine Hermeneutik, die sich am Fremdverstehen bricht. Mit dieser Weichenstellung für die Kulturwissenschaften ist auch in Zukunft kein Kulturverstehen mehr denkbar, das sich auf Empathie beruft und einem Einfühlen in Absichten und Motive folgt. Dafür jedoch wird ein Zugang zu kulturellen Bedeutungen auf einer anderen, öffentlichen und intersubjektiven Ebene freigelegt, nämlich über Zeichen und Symbole: «Kultur als Text» – dies allein schon deshalb, weil kulturelle Bedeutungen nicht in den Köpfen von Individuen hervorgebracht werden, sondern in gesellschaftlichen Praktiken und sozialen Beziehungen.

## METHODISCHE ANSÄTZE:
### SYNEKDOCHISCHES VERFAHREN, KONTEXTUALISIERUNG, DICHTE BESCHREIBUNG

Richtungsänderungen in den Kulturwissenschaften können sich nur durchsetzen, wenn sie mit entsprechenden methodischen Schritten einhergehen. So verlangt auch der *interpretive turn* eine neue wissenschaftliche Erkenntnishaltung. Sie ersetzt den Globalblick auf Kulturen durch Mikroanalysen. Ausdrücklich werden Gesellschaften und Kulturen nicht als ganze untersucht, sondern aus dem Blickwinkel ihrer signifikanten Praktiken oder Institutionen heraus, z. B. die marokkanische Gesellschaft aus der Perspektive des Basars oder der Theaterstaat Bali aus der Perspektive des Hahnenkampfrituals. Detaillierte Fallstudien rücken somit in den Mittelpunkt. Sie verlangen methodische Interpolationen, die nicht deckungsgleich sind mit denjenigen der traditionellen Hermeneutik, aber auch nicht mit denen der strukturfunktionalistischen Sozialwissenschaften: Neben der synekdochischen Methode, die aus einem signifikanten Teilbereich heraus eine ganze Kultur/Gesellschaft zu erklären bzw. zu interpretieren versucht, stehen Verfahren der Kontextualisierung im Mittelpunkt. Die von Geertz in Anlehnung an den linguistischen Komparatisten Alton Becker geforderte «new philology» macht vor, was es heißt, Texte durch kontextualisierende Interpretation zu re-inskribieren, also Texte mit Hilfe anderer Texte zu deuten: durch «multiple contextualization of cultural phenomena»[29] bzw. durch symbolischen Konstruktivismus. Mit diesem Verfahren wäre das Auseinanderfallen von Textauslegung und Handlungsdeutung zu überwinden, um Interpretationen und die Analyse des sozialen Prozesses der Bedeutungskonstitution wieder zusammenzuführen. Erst damit wäre zu untersuchen, wie (auch literarische) Texte als Medien kultureller Bedeutungen sozial herausgebildet werden und als «social text»[30] wirken.

Auf der Ebene von Mikrountersuchungen lässt sich eine solche methodische Perspektive konkret umsetzen. So sind etwa literarisch oder narrativ ausgestaltete Auffassungen vom Selbst oder vom Individuum auf ihre kulturspezifische Bedeutung hin zu erschließen. Auch Gefühlsbegriffe, religiöse Vorstellungen und Kommunikationsformen sind ausgehend von kulturspezifischen Szenarien in größere Verhaltenszusammenhänge einzubinden. Dazu ist allerdings eine neue Aufmerksamkeit auf «local knowledge», auf «local frames of awareness»[31] erforderlich.

Kontextualisierung führt jedoch noch weiter. Sie bedeutet «Umorientierung vom Text zum Diskurs»[32]. Wie fruchtbar und notwendig es ist, Texte auf ein weiteres Feld diskursiver Praktiken und Diskursformationen zu beziehen, wird am Beispiel des Orientalismusdiskurses deutlich. So hat Edward Said in seiner Orientalismuskritik und in seinem Buch

«Kultur und Imperialismus» gezeigt, dass sich literarische Texte – etwa Romane von Jane Austen – im Feld des Orientalismus sehr langlebig im Fahrwasser kolonialer und imperialer Bestrebungen bewegt haben, kritisch, aber auch affirmativ, mitgerissen von der Grundströmung imperialistischer Expansion.[33]

Schließlich ist Kontextualisierung ein wesentlicher Bestandteil einer Leitmethode des *interpretive turn*: der «dichten Beschreibung» («thick description»). Diese Methodenmetapher hat Geertz in seinem Aufsatz «Dichte Beschreibung. Bemerkungen zu einer deutenden Theorie von Kultur» programmatisch erläutert: Die Unterscheidung zwischen dünner und dichter Beschreibung (man bemerke auch hier den metaphorischen Gestus) geht auf den Philosophen Gilbert Ryle zurück. Doch erst Geertz hat sie bekannt gemacht. Die Dichte der Beschreibung bezieht sich auf die semantische Dichte des Materials, also auf die Vielschichtigkeit und Komplexität kultureller Äußerungen, wie sie etwa im «deep play» des balinesischen Hahnenkampfs verkörpert sind. Da es – so Geertz – nur einen graduellen Unterschied zwischen Handlungen, Gütern, Texten, Erzählungen, Ritualen gibt, nicht aber einen prinzipiellen, braucht man «dichte Beschreibung», um das Spezifische einer Kultur aus der Vieldimensionalität ihrer Ausdrucksformen heraus erfassen zu können. Erst durch «dichte Beschreibung» lässt sich das kulturell Bedeutsame vom kulturell Unbedeutsamen unterscheiden. Geertz macht dies an einem Beispiel klar: Stellen wir uns vor, drei Jungen stehen zusammen. Alle drei bewegen blitzschnell ihre Augenlider. Die Bewegung ist die gleiche, nicht aber ihre jeweilige Bedeutung. Beim einen ist es Blinzeln, ein bloßes unwillkürliches Zucken mit dem Auge (also ein bedeutungsloser Reflex); beim anderen ist es eher Zwinkern, also eine absichtliche Mitteilung, ein Zeichen, das eine öffentlich-kommunikative Bedeutungsfunktion hat (Augenzwinkern als kultureller Code); ein dritter Junge macht vielleicht die beiden ersten nach, indem er ebenfalls zwinkert, das Zwinkern der anderen aber parodiert. Während eine «dünne» Beschreibung nur die Bewegung des Augenlids erfasst, ist es erst die «dichte» Beschreibung, die darin ein kulturelles Zeichen entdeckt.

Auch bei anderen Beispielen, etwa einem Erdbeben mit seinem Zusammenwirken von tektonischen, religiösen und sozialen Bedeutungsdimensionen, wären zur Erfassung dieser Bedeutungsvielfalt die Kontexte heranzuziehen, vor allem kulturinterne Selbstdeutungen. Eine kulturanthropologische Herangehensweise vermeidet hier möglichst *large-scale*-Analysebegriffe, die von außen herangetragen werden, und setzt eher mit mikroskopischen Einstellungen am konkreten Einzelfall an. Doch keineswegs ist damit nur die Oberfläche des empirischen Ereignisses erfasst. «Dichte Beschreibung» legt vielmehr durch eine Art Tiefenbohrung dessen verborgenen kulturellen Text frei: seine längst angereicherten Tiefenbedeutungen, kulturellen Codierungen und Interpretationen. Beschrieben wird also nicht das Ereignis als solches, sondern das in ihm Gesagte, sein Inhalt, seine in ihn eingeschriebenen Bedeutungen. Geertz macht hiermit deutlich, wie viel an Vorverständnis bereits in eine ganz elementare Beschreibung eingeht, da das, «was wir als unsere Daten bezeichnen, in Wirklichkeit unsere Auslegungen davon sind, wie andere Menschen ihr eigenes Tun und das ihrer Mitmenschen auslegen.»[34] Dichte Beschreibung beruht also auf Beobachtung zweiter Ordnung, weil sie Deutungen anderer deutet. Sie ist Interpretation von Interpretationen.

Ein wesentlicher Grundzug von «dichter Beschreibung» ist die Entwicklung theoretischer Einsichten aus den konkreten Untersuchungsfeldern der kulturellen Lebensweisen heraus: «Ethnography has become a way of talking about theory, philosophy, and epistemology while holding to the traditional task of interpreting different ways of life.»[35] In der Tat gewinnt «dichte Beschreibung» eine frappierende Nähe zur Theorie, eben durch die Genauigkeit der Einzelbeschreibungen und durch die Produktion von Dichte und bedeutungsvollen Verdichtungen durch ein spezifisches Additionsverfahren. So ist bei der Kulturinterpretation ein ganzes «Ensemble» von Texten heranzuziehen, um verschiedene Interpretationsperspektiven (ökonomische, psychologische, soziale, ästhetische usw.) einnehmen zu können und damit in immer neuen Schichten weitere Bedeutungsdimensionen anzulagern – freilich immer mit dem Versuch, Elemente von Selbstdeutungen freizulegen.

Hierbei tritt allerdings ein Problem auf: Wie dicht muss eine Kulturbeschreibung sein, um schlüssig zu wirken? Auf diese Frage bleibt die Antwort ebenso vage wie auf die Frage nach der Validierbarkeit der jeweils «richtigen» Interpretation. Ein Anhaltspunkt könnte allerdings sein, wieweit in der Beschreibung erfahrungsnahe Common-Sense-Begriffe (z. B. Liebe) oder erfahrungsferne Analyse- und Fachbegriffe (z. B. Objektbindung) verwendet werden. Interpretative Kulturanthropologen benutzen weder nur die einen noch nur die anderen; sie reflektieren kritisch ihr Dosierungsverhältnis.[36] «Dichte Beschreibung» gesteht zwar das Unvollständige und Unabgeschlossene der wissenschaftlich-ethnographischen Beobachtung, Interpretation und Beschreibung ein: «Ethnographie betreiben gleicht dem Versuch, ein Manuskript zu lesen (im Sinne von ‹eine Lesart entwickeln›), das fremdartig, verblaßt, unvollständig, voll von Widersprüchen (...)»[37] ist. Das ethnologische Interpretationsprivileg wird aber dennoch zu einer Überdeterminierung von Lesbarkeit genutzt. Die Metapher des Lesens ist es, die auch hier wieder rückgebunden wird an die Grundüberzeugung von «Kultur als Text».

## 3. Die Metapher von «Kultur als Text»

Die Ausarbeitung des Textbegriffs im *interpretive turn* markiert gleichsam eine literarische Akzentverlagerung des *linguistic turn*. «Text» wird hier mit seiner Lesbarkeit verknüpft[38], gleichzeitig aber über Schriftlichkeit hinausgeführt. Mit dieser neuen Ausarbeitung des Textverständnisses wird entschieden der Strukturalismus Lévi-Strauss'scher Prägung verlassen, der Mythen, Totenrituale und Heiratsregeln eben nicht als zu interpretierende Texte untersucht. Dort gelten sie vielmehr als Chiffren, die – wie das Sprachsystem – auf ihre innere Struktur und ihre Logik hin zu analysieren sind. Geertz dagegen fragt, wie Texte als symbolische Formen und kulturelle Bedeutungsmedien in der konkreten sozialen Lebenswelt Wahrnehmungen organisieren und Gefühle modellieren. Dafür liefert er in seinem viel zitierten Aufsatz «‹Deep play›: Bemerkungen zum balinesischen Hahnenkampf» ein mittlerweile klassisch gewordenes Fallbeispiel.[39]

Diese überschüssige Dimension von Texten, die ihrerseits Interpretation und zugleich Modellierung von Erfahrungen leistet, ist konzeptuell bereits in einem texthermeneutischen Grundlagentext von Paul Ricœur ausgearbeitet, auf den sich Geertz bezieht: «Der Text als Modell: hermeneutisches Verstehen»[40] aus den 1970er Jahren. Ricœur rechnet den Text ausdrücklich nicht mehr der *langue*, dem Sprachsystem zu, sondern der *parole*, dem Sprachgebrauch, der Rede. Dennoch entdeckt er nicht etwa das flüchtige Sprachereignis, sondern gerade die Fixierung des Sinns, der in einem Sprachereignis durch dessen Vertextung und Verschriftlichung festgehalten werden kann. Der Text hat eine semantische Autonomie. Denn er kann ein viel weiteres Bedeutungsspektrum entfalten als nur das, welches der Autor selbst im Blick hat. Befreit von den Verzerrungen durch subjektive Intentionen oder durch die Flüchtigkeit von Handlungssituationen, eröffnet der Text durch seine vielfältigen Bezüge eine öffentliche, intersubjektive Welt der Interpretierbarkeit: «The concept of *Verstehen* is brought out of private minds into the cultural world.»[41] Diese Erweiterung der Hermeneutik im Hinblick auf Kulturverstehen ist weder empathisch, noch richtet sie sich auf fremde psychische Zustände; sie zielt auf ein Verstehen kultureller Kontexte. Darin liegt ein bis heute wirksamer Beitrag des *interpretive turn* für die kulturwissenschaftliche Forschung. Denn nicht um Ausschließung von Subjektivität aus der sozial- und kulturwissenschaftlichen Analyse geht es hier, sondern vielmehr um den Versuch, sie objektivierbar zugänglich zu machen – nämlich in ihrer Prägung durch übergreifende Bedeutungsstrukturen, die sich keineswegs in subjektiven Dispositionen und Intentionen erschöpfen.

An diese Textanalogie knüpft Clifford Geertz an: «The key to the transition from text to text analogue, from writing as discourse to action as discourse, is, as Paul Ricœur has pointed out, the concept of ‹inscription›: the fixation of meaning»[42]. An solcher Bedeutungseinschreibung gemessen ist es noch keine Textanalogie, sondern ein bloßer Text, wenn Ethnologen bzw. Sozialwissenschaftler mündliche Diskurse vertexten, indem sie sie niederschreiben. Eine Textanalogie dagegen ist bereits auf der Ebene der mündlichen Diskurse, der Sprechakte, ja sogar der Handlungen selbst angesiedelt. Sie ermöglicht – worauf schon Ricœur verwiesen hat –, auch das «Handeln wie einen fixierten Text zu betrachten»[43]. Durch solche Analogisierung wird das Lesen von Handlungssituationen folglich gleichgesetzt mit dem Auslegen schriftlicher Texte. Daher wird es möglich, den Textbegriff auf Rituale, auf Kunstwerke, auf Feste, Kleidung, Streichquartette usw. gleichermaßen auszudehnen. Hier ist sicher kein literaturwissenschaftliches Textverständnis am Werk (obwohl dies immer wieder behauptet wird); «Text» ist für Geertz eher ein Strukturbegriff, der mit der Gewebe-Metapher verknüpft ist. Eine solche Textmetapher führt keineswegs zur Behauptung, Kultur und Text seien gleichzusetzen – das ist ein viel verbreitetes Missverständnis –, sondern zur Aufforderung, Kultur auf ihre vielschichtige Lesbarkeit hin zu betrachten und entsprechende Ansätze zu einer Pluralisierung innerkultureller Vielschichtigkeiten und Teilkulturen zu entwickeln.

Handlungssituationen sind also nicht identisch mit Texten. Sie können aber wie Texte, textanalog, betrachtet und entsprechend gelesen werden – dies ist der Kern der sozial-semiotischen Metapher: Soziale Handlungen werden permanent in Zeichen übersetzt, sodass man ihnen eine Bedeutung zuschreiben kann.[44] Solche Zeichen sind allerdings, je nach Kontext, wiederum verschieden deutbar. Schließlich entziehen sich unsere Taten ja unserer Herrschaft. Sie haben Konsequenzen, die wir nicht unbedingt beabsichtigen, sie haben Bedeutungen, die über den Augenblick hinausreichen.[45] Und sie setzen – gleichsam von der Ursprungssituation verselbständigt – (unendliche) Bedeutungsketten frei. Dieser weite Textbegriff ist bis heute die Säule des Kulturbegriffs, wie er im Zuge des *interpretive turn* entwickelt worden ist: Kultur ist als ein Ensemble von Texten zu betrachten.

## SELBSTAUSLEGUNG

Welchen Vorteil hat nun eine solche Vorstellung? Unter dem Vorzeichen der Textanalogie können Kulturen bzw. kulturelle Praktiken auf ihre Bedeutungsdimensionen hin untersucht werden. Mit kulturellen Bedeutungen sind hier jedoch sedimentierte, objektivierbare Bedeutungsstrukturen gemeint, jenseits der Subjektivität von Intentionen, jenseits der Flüchtigkeit situativer Handlungsumstände und jenseits diskursiver Ereignishaftigkeit. In diesem Sinn wird auch ein fremder Kulturzusammenhang objektiviert, indem ihm ein Textstatus zuerkannt wird; und auch der Sinn einer Handlung wird hiernach ablösbar von der Handlung als Ereignis. So gesehen eröffnet der Text Weltdeutungen, er macht Weltentwürfe und kann zum Ausgangspunkt neuer Weltsichten werden. Dabei bleibt allerdings Wichtiges ausgeblendet: Neben den flüchtigen Situationsmomenten sind dies die oft kontroversen Stimmen in einer Kultur, ja auch die oft widersprüchlichen Vorgänge kultureller Bedeutungsproduktion. Kultur wird hier eben nicht dynamisch, sondern als System von Bedeutungen gesehen. Das hat durchaus den Vorteil, dass ein Verstehen von Kultur möglich wird ohne Einfühlen, ohne Empathie. Das Fremde bleibt erhalten, indem man sich gerade nicht in die fremde Kultur hineinversetzt, nicht ins Innere der Menschen vordringen muss, sondern fremde Symbolsysteme deutet, indem man die semiotischen Mittel herausarbeitet, mit deren Hilfe die Menschen ihre eigene Welt wahrnehmen und auslegen.

Auch in diesem Sinn stellt der Hahnenkampf in Geertz' Interpretation das Beispiel eines Ereignisses dar, in das soziale Hierarchien und kollektive Emotionen «eingeschrieben» sind. Gerade deshalb wird es wie ein «sozialer Text» auch für die Balinesen selbst lesbar, sodass sie ihrer eigenen – unterdrückten – Gefühle und kollektiven kulturellen und sozialhierarchischen Verhältnisse ansichtig werden. Der Hahnenkampf scheint damit als Text so weit objektiviert und über die bloße Ereignishaftigkeit erhaben, dass er einen «metasozialen Kommentar» zu leisten imstande ist: Die Funktion des Hahnenkampfs «ist eine interpretierende: es handelt sich um eine balinesische Lesart balinesischer Erfahrung, eine Geschichte, die man einander über sich selbst erzählt.»[46]

Diese Verknüpfung zwischen der wissenschaftlichen Interpretation und den Selbstauslegungsvorgängen innerhalb der untersuchten Gesellschaft ist entscheidend für Geertz' Argumentation. Sie wird zu einer Leitvorstellung des *interpretive turn* überhaupt. Zwar erhebt sich aus verschiedenen Richtungen der Einwand, dass die Handelnden – so Gadi Algazi – doch keineswegs den von ihnen selbst kaum durchschauten Bedeutungen und Interpretationen folgten, sondern viel eher sozialen Verhaltenscodes und «sozialen Gebrauchsweisen»: Kultur als System von Handlungsoptionen.[47] Doch methodisch handelt es sich um den Versuch einer neuen, nicht-mentalistischen Untersuchungseinstellung, die das Konzept des Verstehens aus dem subjektiven, inneren, mentalen Bereich in einen öffentlich zugänglichen, kulturellen Bereich von Zeichen versetzt. Kulturen und Gesellschaften – das ist hier die Einsicht – werden in ihrem Bedeutungsgefüge überhaupt erst zugänglich über die Darstellungsebene. Von hier aus wird gleichzeitig der *performative turn* auf dem Feld des *interpretive turn* angelegt, ja er ist bereits Teil desselben. Hier zeigt sich aber auch, wie abhängig die interpretative Wende vom *linguistic turn* ist, eben aufgrund der Einsicht, dass es kein originales (uninterpretiertes) Ereignis *hinter* den Darstellungen gibt. Jede Darstellung enthüllt immer nur weitere «Texte».

Die Aufwertung der Sphäre kultureller Darstellung ist zugleich das Einfallstor für eine Zuspitzung des *interpretive turn*, wie sie besonders von der «Ethnographie der Erfahrung»[48] vorangetrieben wird. Diese Forschungsrichtung steht gleichsam «zwischen» der interpretativen und der performativen Wende. Sie greift Geertz' Verweis auf die Selbstauslegung von Kulturen qua Darstellung auf, versucht jedoch einen konkreteren Zugang zur gelebten Erfahrung in ihren Ausgestaltungsformen zu gewinnen. Auch hierzu wäre den Einheimischen selbst – durch eine Haltung «from the native's point of view» – gleichsam über die Schulter zu schauen, um nach ihren eigenen Begriffen und Konzepten der Erfahrungsverarbeitung Ausschau zu halten, statt ihnen von vornherein und vorschnell eigene analytische Untersuchungsbegriffe überzustülpen.

Die Ethnologie der Erfahrung rückt also – was den nötigen Abstand der wissenschaftlich-theoretischen Analysebegriffe zu ihren Untersuchungsgegenständen betrifft – bedenklich nahe an die beobachteten Erfahrungsdarstellungen und expressiven Ausdrucksformen selbst heran, an Dramen, Rituale und andere performative und narrative Genres: «By focusing on narratives or dramas or carnival or any other expressions, we leave the definition of the unit of investigation up to the people, rather than imposing categories derived from our own ever-shifting theoretical frames.»[49] Hier zeigt sich, wie die Metapher von «Kultur als Text» schon im eigenen Feld des interpretativen Forschungsansatzes in Bewegung gerät und performativ aufbricht. Denn im Unterschied zu Ricœur und Geertz kommt hier nicht nur eine semiotische Entzifferung in den Blick.

Vorherrschend wird darüber hinaus die Frage, wie Bedeutungen, die unser Denken, Fühlen und Wollen anleiten, ausgedrückt werden, wie sie gemalt, getanzt und dramatisch verarbeitet werden, wie also Bedeutungen und Erfahrungen «in Umlauf» kommen: über ganz unterschiedliche «ways of putting experience into circulation»[50].

## KRITISCHE POSITIONEN

Die überwiegende Kritik am *interpretive turn* wird allerdings nicht an dieser durchaus problematischen Erfahrungsnähe festgemacht. Vielmehr richtet sie sich auf eine bestimmte Lesart von «Kultur als Text». Drei Schwerpunkte stehen dabei im Vordergrund:

1. Kritik an textualistischer Bedeutungszuschreibung,
2. Kritik am Kulturbegriff,
3. Kritik am Textverständnis.

### 1. KRITIK AN TEXTUALISTISCHER BEDEUTUNGSZUSCHREIBUNG

Kritik an den Bedeutungszuschreibungen im Gefolge von «Kultur als Text» geht vor allem vom Hahnenkampfessay aus. Zunächst wird moniert, dass hier keine realen Menschen sprechen und kaum spezifische Personen vorkommen, allenfalls Typen: «die Balinesen». Auch der Hahnenkampf werde als Idealtypus, als diffuses Totalporträt dargestellt, in dem die Subjekte nur als kulturelle Repräsentanten erscheinen. Dialogische Auseinandersetzungen mit den Balinesen selbst – auch dies wird kritisiert – finden sich gerade nicht, stattdessen nur Deutungen qua Autorität des Ethnologen, der aber gleichzeitig als interpretierender Autor unsichtbar bleibt. Was hier methodisch vorherrscht, sei eine philologisch-hermeneutische Betrachtungsweise: Lesen statt Dialog. Die Kritik entzündet sich – um es aus der Perspektive des *reflexive turn* zu formulieren – an einer spezifischen Form von ethnographischer Autorität, wie sie sich bei einer Vereinseitigung des interpretativen Zugangs allzu leicht einstellt:

Kritisiert wird eine typische Form des ethnographischen Realismus mit seinem Ausblenden des Autors und seiner Unterstellung eines allgegenwärtigen allwissenden Erzählers. Der Wissensvorsprung des Ethnologen[51] sowie seine Zusammenschau führen zu Über- oder gar Fehlinterpretationen, zu Übertragungen oder Projektionen von Bedeutungen, wie etwa zur Zuschreibung besonderer kollektiver «Leidenschaften»[52]. Dies ist überhaupt eine Gefahr des *interpretive turn* mit seiner Übersteigerung der Sinnauslegung als Sinn-Zuschreibung. Wer sagt denn, welche Gefühle die Balinesen eigentlich haben? Geertz strotzt hier vor bloßen Behauptungen wie der folgenden: «So ermöglicht es der endlose, endlos neuinszenierte Hahnenkampf dem Balinesen, eine Dimension seiner Subjektivität zu entdecken – ähnlich wie bei uns die wiederholte Lektüre von *Macbeth*.»[53] Vincent Crapanzano schwingt sich hier zu einem vehementen Kritiker auf: «Wie kann Geertz das wissen?», fragt er. «Wie kann ein ganzes Volk eine einzige Subjektivität teilen? Gibt es keine Unterschiede zwischen Texten, Kommentaren, Metakommentaren, Schauspielen, Sportarten, Streichquartetten und Stilleben? Hat Professor Geertz sämtliche analytischen Unterscheidungen aufgegeben (...)?»[54] Geertz' Interpretation lebe von Zuschreibungen und Projektionen, die gerade kein Verstehen aus der Perspektive der Einheimischen befördern, sondern allenfalls auf ein konstruiertes Verstehen einer konstruierten Perspektive konstruierter Einheimischer hinauslaufen. Crapanzano kritisiert also den Missbrauch der ethnographischen Autorität des Autors. Was dies heißt, lässt sich genauer verstehen, wenn man sich dem *reflexive turn* und hier besonders der Autoritätskritik von James Clifford zuwendet.[55]

Ein weiterer Strang der Kritik bezieht sich auf die Überspitzung der Kulturanalyse als (vermeintlich) bloßer Textlektüre.[56] Hier hat der *interpretive turn* sicherlich das Problem, in seiner kontinental-europäischen Rezeption an die hermeneutische Tradition angeschlossen zu sein, während ihn die angloamerikanische Philosophie und Sozialwissenschaft eher im Anschluss an den Pragmatismus rezipieren und somit auch die Interpretationseinstellung selbst durchaus als soziale Praxis, als praktische Wende begreifen.[57] Aber auch hierzulande gibt es Ansätze, die Metapher von «Kultur als Text» praxisnah aufzufassen, ohne gleich einen eigenen *practice turn*[58] annehmen zu müssen. Man kann sie, wie etwa Andreas Reckwitz im Hinblick auf ein «praxistheoretisches Verständnis von Texten»[59], nicht bloß unter dem Vorzeichen eines Bedeutungsreservoirs, sondern eines Sinnmusters verstehen und sie sogar als «handlungs-anleitendes Modell» entfalten. Immerhin umfasst «Kultur als Text» die Herausforderung, eine Lesart von wahrgenommener Realität zu ent-wickeln, bei der die Interpretationen eben nicht abgelöst sind von den sozialen Ereignissen und Handlungszusammenhängen. Kultur als Text aufzufassen bedeutet, «eine Lesart dessen zu erstellen, was geschieht».[60] Das Textverständnis wird hier handlungshermeneutisch aufgeladen. Al-lerdings stößt dabei die interpretative Wende durchaus an ihre Grenzen, sofern sie Texte nur auf ihre Bedeutung hin untersucht und nicht – wie etwa bei Michel Foucault und in der Diskursanalyse – darauf hin, wie sie funktionieren.

## 2. Kritik am Kulturbegriff

Ein anderer Strang der Kritik läuft darauf hinaus, Geertz gewissermaßen im Vorgriff auf die *Writing Culture*-Debatte des *reflexive turn* zum Vertreter eines ethnographischen Realismus zu erklären, da er – in Analogie zum Realismus als literarischem Darstellungsprinzip – die Darstellung einer Ganzheit anstrebt: die Präsentation eines fremden Kulturzusammen-hangs über die Schultern der Einheimischen, noch dazu gleichsam mit deren Augen. Dies führt zur paradoxen Situation einer Augenzeugen-schaft des Ethnographen «mit den Augen» der Einheimischen. Damit verschwindet alles Dialogische, das doch in der weiteren Theoriebildung (nicht nur im Anschluss an Michail Bachtin) für unverzichtbar gehalten wird, besonders im Diktum des Verhandelns kultureller Differenzen.

Verlangt ein dynamisiertes Verständnis von Textualität nicht auch ein dynamischeres Kulturverständnis? Im Kulturkonzept der interpreta-tiven Kulturanthropologie schwingt noch zu stark ein holistisches Kul-turkonzept mit, das ein Kultur- und Bedeutungsganzes unterstellt. Wenn diese Kritik auf Geertz' semiotisches Kulturkonzept noch zutreffen mag, so doch nicht unbedingt auf den *interpretive turn* insgesamt. Es wäre zu eindimensional, aus Geertz' Position ein durchgängig holistisches Kul-turkonzept abzuleiten und dieses dann festzuschreiben. Wenn man da-gegen einer eher praxistheoretischen Lesart im Verständnis von Texten folgt[61] und zusätzlich Geertz' spätere Äußerungen in seinem Buch «Welt in Stücken» heranzieht (wo er sich von einer Konsenstheorie von Kultur lossagt), dann muss man keineswegs im Holismusvorwurf stecken bleiben. Was die Politik der Textualität betrifft, so hat Geertz sein eigenes ursprüngliches Verständnis eines Kulturganzen angesichts der globalen Herausforderungen und Zersplitterungen von Textganzheiten mittlerweile selbst überwunden: «Angesichts der Stückhaftigkeit unserer Welt scheint die Auffassung von Kultur – *einer bestimmten* Kultur, *dieser* Kultur – als Konsens über grundlegende gemeinsame Werte kaum noch haltbar. Es sind im Gegenteil die Verwerfungen und Brüche, die heute die Landschaft der kollektiven Identitäten konturieren.»[62] Statt von Texten spricht Geertz neuerdings übrigens von Spurenlesen, Vernetzungen, Fäden, Feldern, Kräften.

Dennoch hat die Auseinandersetzung mit dem *interpretive turn* einen massiven «culture shift»[63] im Feld der Sozialwissenschaften eingeleitet. Auslöser hierfür ist nicht zuletzt das Unbehagen an der Übersteigerung von Kultur als Bedeutungssystem, das z. B. die Ethnologin Lila Abu-Lughod zu einem «Writing Against Culture»[64] motiviert hat, zum Vermeiden eines Kulturbegriffs, der Machtverhältnisse und kulturellen Wandel eher ausblendet.

### 3. KRITIK AM TEXTVERSTÄNDNIS

Auch der Textbegriff, der dem *interpretive turn* entspringt, geht schließlich verändert aus diesem hervor. Einerseits wurden fremdkulturelle Praktiken von Geertz noch in ein «klassisches» Textmodell hinein übersetzt, eben in das westliche Konzept vom schriftlich fixierten Text (während sich die balinesische Gesellschaft vor sich selbst eher theatralisch bzw. oral/mündlich darstellt). Auf diese Weise könnte der Ethnologe als auktorialer Erzähler etwas für das Archiv der «Weltliteratur» gerettet haben, was – wie die Bräuche der balinesischen Gesellschaft – durch die westliche Kultur bedroht zu sein scheint.[65] Andererseits verfängt sich die Vorstellung von «Kultur als Text» allzu leicht in den Netzen der Kultursemiotik. Denn sie blendet die Herstellungsbedingungen von Texten ebenso aus wie nicht textualisierbare Überschüsse des Kulturellen (Sinneswahrnehmungen, Geräusche, Gerüche, Stimmen) sowie die erheblichen materiellen Anteile von Kultur.

Im Durchgang durch den *interpretive turn* erscheint also dieser Textbegriff selbst als ein zu transformierender. Dabei wird das theoretische Programm von «Kultur als Text» nicht etwa abgelöst. Vielmehr wird es angereichert durch eine zunehmende Komplexität und Differenziertheit des Textbegriffs, wie er jetzt etwa in der Literaturwissenschaft angekommen ist, und zwar unter Berücksichtigung der Medientheorie. Dementsprechend wäre der Textbegriff im Anschluss an Geertz weiter zu differenzieren – einmal im Hinblick auf Textherstellung, Rezeption und (sozialen) Textgebrauch, sodann im Hinblick auf narrative Strukturen und mediale Voraussetzungen. Denn die Kulturwissenschaften haben es ja keineswegs nur mit Interpretationen zu tun, sondern auch mit Rezeptionsprozessen und Vorgängen medialer Vermittlung und Verbreitung. Mit derart ausgeweiteten Textdimensionen und einem medial überarbeiteten Textbegriff lässt sich dann durchaus weiter arbeiten – über ein Verständnis von Texten als Zugangspforten zur Bedeutungssphäre hinaus. Schließlich sollte auch deutlicher gefragt werden: Wer spricht im Text? Zu wem? Worüber? Wie sind die sozialen Umstände? Zur Beantwortung solcher Fragen müsste der Textbegriff allerdings neu aufgeladen werden, nicht zuletzt unter Mitwirkung der Textkonzepte anderer Disziplinen.[66]


## 4. DER *INTERPRETIVE TURN* IN EINZELNEN DISZIPLINEN

Von einem *turn* lässt sich erst dann sprechen, wenn er bei einer Vielzahl von Disziplinen angekommen ist und dort methodische Neuansätze anregt. Eine frühe Synthetisierung und Profilierung der interpretativen Wende findet man in dem Sammelband «The Interpretive Turn»[67]. Dieser ging aus einem Sommerseminar über «Interpretation and the Human Sciences» an der University of Santa Cruz von 1988 hervor, an dem auch Clifford Geertz teilgenommen hat. Die neue Interpretationsperspektive greift hier die Deutungs- oder eher Umdeutungsimpulse auf, die von der Philosophie aus auf die anderen Sozial- und Humanwissenschaften, aber auch auf die Naturwissenschaften übergegangen sind – nachdem sich die Philosophie von ihrem jahrhundertelangen *epistemological turn*

(Wende von der Metaphysik zur Grundlegung des Wissens) und dann auch von ihrem *linguistic turn* im 20. Jahrhundert gelöst hat. Denn entgegen der strukturalistischen Verselbständigung des Sprachsystems in der linguistischen Wende wurde die Aufmerksamkeit nun verstärkt auf Sprache als kommunikative Interaktion und entsprechend auf interpretative Handlungen in den Humanwissenschaften gelenkt. Doch wirklich durchschlagend wurde der *interpretive turn* erst, sobald er sich auch auf die *Naturwissenschaften* erstreckte und – wie bei Thomas S. Kuhn – in der Überzeugung kulminierte, es gebe kein kontextunabhängiges Set von Untersuchungskategorien und Forschungskonzepten. Vielmehr sei auch für die Naturwissenschaften eine hermeneutische Basis oder Paradigmenabhängigkeit[68] unhintergehbar.

Wie lässt sich nun mit den Ansätzen des *interpretive turn* konkret arbeiten? Ihre Anwendbarkeit erweist sich erst dann, wenn man einzelnen Fallbeispielen aus Disziplinen nachgeht, in denen der *interpretive turn* einen massiven Niederschlag gefunden hat. So ist zunächst erstaunlich, wie stark sich die interpretative Wende über die Metapher «Kultur als Text» verbreitet hat – von Sport als Text[69], Technik als Text[70], Landschaft als Text (in der Kulturgeographie)[71] bis hin zu Genetik als Text[72]. Nachhaltigere Ansätze findet man vor allem in der Literaturwissenschaft, in der Geschichtswissenschaft, der Soziologie und der Politikwissenschaft. Hier ist es die interpretative Wende, die nach wie vor ein festes Dach bildet für die grundlegende kulturwissenschaftliche Neuorientierung der einzelnen Disziplinen, allen Herausforderungen durch weitere *turns* zum Trotz. In einigen Fächern ist der *interpretive turn* sogar erst jetzt angekommen, noch dazu erstaunlicherweise gerade über die Kritik an «Kultur als Text». Eingefordert wird dabei einerseits eine Rückbindung der Textualität an soziale Praktiken, andererseits eine Öffnung des interpretativen Zugangs über seine Beschränkung auf ein Bedeutungssystem hinaus. So sind es widersprüchliche Konstellationen, ein Gegeneinander von Diskursen, Interpretationskonflikten und kulturinternen Differenzen, die nun verstärkt ins Blickfeld rücken.

Auch mit einer solchen Neufokussierung, die sich erst in der gegenwärtigen Kulturtheorie durchsetzen konnte, öffnet der interpretierende Ansatz die Augen für den interpretierenden Umgang der Menschen mit der Welt und die dadurch ermöglichte reflexive Distanznahme[73], nicht zuletzt für die Möglichkeit, Bedeutungsfragen in dynamischen Handlungs- und Interaktionssystemen selbst auszuarbeiten. Diese Perspektive wird dann im *performative turn*, teilweise gleichzeitig, weiter entfaltet. Alle Wissenschaften, die mit (Fremd-)Verstehen konfrontiert sind, werden jedenfalls durch den *interpretive turn* dazu gebracht, nicht den Weg ins Innere anzutreten, sondern die Ebene des Ausdrucks, der Darstellung, der symbolischen Verarbeitung ernst zu nehmen und sie darüber hinaus zum Ausgangspunkt der Untersuchung zu machen. Für die Psychologie bedeutet dieser Ansatz natürlich eine besondere Herausforderung. Doch abgesehen von Ansätzen der kulturenvergleichenden Psychologie hat die *Interpretative Psychologie*[74] den *interpretive turn* bis heute nicht ganz vollzogen. Denn der Versuch, Deuten oder Interpretieren als ein methodisch kontrolliertes wissenschaftliches Verfahren einzuführen, scheint hinter den immer noch vorherrschenden empirischen Untersuchungsmethoden herzuhinken.[75] Auch hier wird also wieder deutlich, dass ein *turn* erst dann Einzug in eine Disziplin hält, wenn auch entsprechende Methoden ausgebildet werden.

Selbst wenn das Aufgreifen des *interpretive turn* überwiegend gleichgesetzt wird mit dem Vollziehen einer kulturellen Wende überhaupt, gibt es doch auch gezieltere Anknüpfungsversuche an interpretative Methoden. So gilt vor allem das Verfahren der «dichten Beschreibung» als ein attraktiver methodischer Impuls. Birgit Griesecke etwa macht die Methode der «dichten Beschreibung» für die *Japanologie* fruchtbar. Dabei nutzt sie die metaphorischen Aufladungen und Zulassungen von Fiktionalität durch «dichte Beschreibung», ja überhaupt den «grundsätzlich unbefestigten Rahmen, in dem die (ethnographische) Beschreibung sich bewegt».[76] Gerade die metaphorischen Entfaltungen, die essayistische Bewegung und die flexiblen Querverbindungen von «dichten Beschreibungen» regen zu einer «Neubeschreibung» Japans an: vor allem im Hinblick auf die Fiktionalisierung bzw. «Erfindung» Japans als Schamkultur, als Theaterstaat und als «wrapping culture». Im Feld der «wrapping culture» etwa führt dies zu erstaunlichen Einsichten in die Bedeutungskomplexität der japanischen Verpackungskultur – bis hin zu einem «linguistic wrapping» und zu Tendenzen, wissenschaftlich-ethnographische Theorien und Befunde selbst durch «Ideenkleider»[77] zu verpacken. Entdeckt wird darüber hinaus das erhebliche Potenzial der «dichten Beschreibung» für den interkulturellen Vergleich, «insofern eines seiner Hauptanliegen ist, lokal beobachtete Phänomene nicht im forcierten Aufweis intrakultureller Kohärenz *ab*zudichten (wie in einigen Tendenzen des Japandiskurses – D. B.-M.), sondern sie zu einem interkulturellen und ‹impertinenten› Zwischenglied zu *ver*dichten, um so ein Spiel von Identität und Differenz in Gang zu bringen, aus dem, wenn die Beschreibung gelingt, keine der beteiligten Seiten unverändert hervorgehen wird.»[78] Dieses kulturenübergreifende, komparatistische Potenzial von «dichter Beschreibung» gälte es weiterzuentfalten. Vorarbeiten dazu sind aus den Blickwinkeln weiterer Disziplinen geleistet worden:

In den *Literaturwissenschaften* hat Geertz' Bezug auf eine «new philology» besonders stark gewirkt. Er hat eine anthropologische Wende in der Literaturwissenschaft[79] bzw. die Forschungsrichtung der Literarischen Anthropologie angeregt, die von Anfang an auf Gelenkstellen für interkulturelle Anschlussfähigkeit hingearbeitet hat. Mit diesem Horizont ist der Textbegriff in den Literaturwissenschaften so stark wie nie zuvor erweitert worden, bis hin zu offenen Texten, zu Texten, die sich mit Aufführungen überschneiden – was die Philologien insgesamt kulturwissenschaftlich geöffnet und dazu bereitgemacht hat, auch interkulturell verschiedene Verständnisweisen von «Text» anzuerkennen. Ein solcher Horizont der «offenen Texte» ist vor allem für die Erforschung der «unfesten Texte»[80] mittelalterlicher Literatur fruchtbar geworden. Aber auch in anderen Zusammenhängen wird der Text als symbolisches Gefüge aufgefasst, das Handlungen Bedeutungen verleiht, das selbst interpretierend wirkt und teilhat an gesellschaftlicher Selbstauslegung (das also nicht etwa nur rückgebunden bleibt an Sinngebung durch Autorintention). «Kultur als Text» zu verstehen bedeutet auch, Literatur in ihrer kulturellen Funktion aufzuwerten: als realitätsschaffendes Medium der Hervorbringung (und nicht nur der Ausgestaltung) von Bedeutungen.[81] Dabei bleiben Texte nicht bloße Objekte der Interpretation, sondern werden selbst zu Medien kultureller Selbstauslegung und Ausbildung handlungsorientierender Konzepte. Es kommt zu dem Versuch – wie ihn besonders Horst Turk unternimmt –, auch in literarischen Texten «die Ebene der Konstruktion von Praktiken» stärker zu beleuchten als nur diejenige der «Bedeutungskonstitution»[82].

Ansätze in ähnlicher Richtung finden sich – im Anschluss an Clifford Geertz – selbst im Hinblick auf theologische Texte.[83] In ausdrücklicher Rezeption des *interpretive turn* werden in der *Theologie* auch neutestamentliche Exegesen als «dichte Beschreibungen» gelesen und – ähnlich, wie dies für literarische Texte gilt – als verdichtete Formen ethnographischer Beschreibung verstanden, die eine «Methodenvielfalt»[84] herausfordern. Auch hier gilt es, nicht nur nach dem einen Textsinn zu suchen, sondern nach vielschichtigen Selbstinterpretationen innerhalb der Texte selbst. Phyllis Gorfain hat dies in ihrer Hamlet-Interpretation exemplarisch vorgeführt, indem sie die Aufführungsszenen im Hamlet-Stück selbst, das «Spiel im Spiel», als eine Selbstinterpretation des Dramas deutet, in der die Dramenhandlung in einem unabgeschlossenen Reflexions- und Interpretationsprozess kommentiert wird.[85] Hierbei wird weniger die eigene Bedeutung des Stücks exponiert als vielmehr der Prozess der Bedeutungskonstitution als solcher vor Augen geführt. Schon damit wird also der Textbegriff aufgebrochen: im Hinblick auf einen unabgeschlossenen Vorgang der Produktion von Bedeutungen, der aus verschiedenen kulturellen Blickwinkeln freilich immer weiter angereichert werden kann, wie dies etwa ein aufschlussreicher Text der Ethnologin Laura Bohannan mit dem Titel «Hamlet in the Bush»[86] demonstriert.

Auf die Spuren der Selbstausdeutung von Texten im Anschluss an Geertz begibt sich auch Gabriele Brandstetter mit ihrer Interpretation von Gottfried Kellers Novelle «Die Berlocken».[87] In der Erzählung selbst werden Deutungshorizonte für das Spannungsfeld des kolonialen Diskurses vermittelt. So wird die Begegnung zwischen europäischen und nichteuropäischen Protagonisten als koloniale Eroberung ausgestaltet, aber auch als Rückeroberung der Zeichen der eigenen Kultur, die im kulturellen Austausch verfremdet zurückkehren. Kultur ist eine Welt, in der Handlungen permanent in Zeichen übersetzt werden – und so sind es auch die Zeichen, ist es die Fremdheit der Zeichen im Kontext der unterschiedlichen Repräsentationssysteme, welche die vielleicht größte Herausforderung für die Kulturanalyse darstellen. Doch bei allen Versuchen, durch Interpretation literarischen oder kulturellen Bedeutungen auf die Spur zu kommen, bleibt das Fremde – dies ist eine Einsicht der interpretativen Wende – dennoch fruchtbar erhalten, und sei es auch nur als Erkenntnisimpuls der Verfremdung.

Im Umkreis der interpretativen Kulturanthropologie geht es also stets darum, sich auf Fremdheit einzulassen und somit auch nach Deutungshorizonten zu suchen, die in der Literatur, in Erzählungen, im Drama usw. selbst aufscheinen oder die – in der Untersuchung von gesellschaftlichen/sozialen Phänomenen – von den Mitgliedern einer (fremden) Gesellschaft selbst abgesteckt werden. Letztlich geht es also um die Verlagerung der Interpretationsinstanz und Interpretationsautorität. In diesem Sinn verhilft «dichte Beschreibung» von Literatur dazu, literarische Texte als Medien zu begreifen, die selbst verdichtete Formen ethnographischer Beschreibung und Kulturauslegung enthalten – welche die jeweilige Kultur in ihrer eigenen Begrifflichkeit, in ihrem eigenen Vokabular der Selbstauslegung zum Ausdruck bringen, z. B. in ihrem kulturspezifischen Verständnis von Person, Emotionalität, Statushierarchie: «Literatur als Text der Kultur»[88] oder noch praxisnäher ausgedrückt: «Kultur als Textur des Sozialen»[89].

Das bedeutungslastige Kulturverständnis des *interpretive turn* schlägt sich somit in einer Ethnologisierung von Literatur nieder. Diese Fokussierung hat zwar die Diskussion einer kulturwissenschaftlichen Literaturwissenschaft an Fällen literarischer Kulturbeschreibung veranschaulicht. Sie hat jedoch auch dazu geführt, dass diese Diskussion bis heute immer noch zu einseitig themenfixiert geführt wurde, zu stark in Richtung auf neue, ungewöhnliche Untersuchungsgegenstände der literaturwissenschaftlichen Analyse.[90] Ein anderer Entwicklungsstrang, der über kontextualisierende Bedeutungsanalysen hinaus eher an Vernetzungen «kultureller Texte» interessiert ist, könnte hier weiterführen. Gemeint ist eine «Kulturpoetik» im Sinne des *New Historicism*, wie sie vor allem von Ansätzen Stephen Greenblatts ausgegangen ist.[91]

«Kulturpoetik» leitet sich vom *interpretive turn* ab; sie demokratisiert aber gleichsam dessen Textverständnis, indem sie es vom Beiklang einer (europäischen) Kunstform befreit. Nicht von «Kultur als Text», sondern von «kulturellen Texten» ist hier die Rede. Auffällig ist die deutliche Entprivilegierung von Kunstwerken und literarischen Texten in ihrem dichten Zusammenspiel mit anderen «kulturellen Texten». Aber auch dabei – ganz im Sinne der interpretativen Wende – wird die Sphäre des Kulturellen von Kunst und Literatur auf Praktiken, Rituale, soziale Beziehungen usw. ausgedehnt. Solche weit gefassten «kulturellen Texte» werden aus ihrem wechselseitigen Austauschverhältnis heraus in ihrer Wirkung erschlossen – ähnlich wie bei mikrohistorischen Ansätzen in der Geschichtswissenschaft, in denen – so Hans Medick – verschiedene Quellen zum Zweck der Anreicherung von Erkenntnismöglichkeiten gezielt in eine Austausch- und Wechselbeziehung versetzt werden.[92] Der *interpretive turn* hat in diesen Fällen Entscheidendes bewirkt: die Ausweitung der Textbedeutung von mentalen, intentionalen Bedeutungszuschreibungen hin zur Positionalität von Texten innerhalb eines Netzwerks von Praktiken, deren Bestandteile die Texte sind, statt nur auf sie als Kontext bezogen zu sein, wie dies für den traditionellen Textbegriff gilt.[93] Kultur erweist sich als eine Konstellation von (kulturellen) Texten in ihrem Austauschverhältnis. So wird es möglich, Shakespeares Dramen mit Berichten aus den Kolonien der Neuen Welt oder mit religiösen Traktaten etwa zur Teufelsaustreibung in Beziehung zu setzen. Nicht mehr die aufs Ganze gerichtete Vorstellung von «Kultur als Text» ist hier prägend, sondern eine Dynamik «kultureller Texte», die teilhaben an der Modellierung von Gefühlen und an der Orientierung von Handeln.

Der *New Historicism* führt zu einer Dezentrierung des Textes und der Interpretation. Entscheidend hierfür ist der Impuls, bis an die Grenzen des Textes zu gehen, wo der Austausch mit anderen Texten stattfinden kann und wo zugleich auch Anschlüsse an die materielle Welt möglich werden. Während Geertz' zentripetale Interpretation auf der Suche nach Bedeutungszentren eher essenzialisierend versucht, aus Schlüsseltexten heraus ein «inneres Wesen» der Kultur zu verstehen,[94] findet man im *New Historicism* eine Aufwertung der Marginalität und Widersprüchlichkeit von Texten. Aufgewertet werden hier Austauschbeziehungen, Vermischungen und Verhandlungen – Kategorien also, die dann erst im weiteren Verlauf der kulturwissenschaftlichen Diskussion noch deutlicher in den Vordergrund rücken.

Zwar reicht die interpretative Wende auf der Ebene der ihr entsprechenden Kulturtheorie nicht so weit, dass sie – wie z. B. Michail Bachtin –

die Kategorien der Alterität und des «Othering» in den Interpretations-prozess einführt[95]. Ebenso wenig betont sie das Modell des Dialogischen und der polyphonen Erfahrung (Mehrdeutigkeit, Mehrstimmigkeit). Daher vergibt sie die Chance, Interpretation gezielt als eine Handlungsform auszuarbeiten, die für die Praxis interkultureller Auseinandersetzung in Anspruch genommen werden könnte. Doch auf der Ebene der «dichten Beschreibung» werden immerhin Wege für eine differenzierte Kultur-analyse gebahnt. Schließlich wird über die interpretative Wende ja keine allgemeine Theorie der Interpretation von Kultur aufgestellt, keine Theorie, welche Verallgemeinerungen vornimmt. Vielmehr sollen in-terpretationsoffene «Generalisierungen im Rahmen eines Einzelfalls»[96] ermöglicht werden. Verlangt wird also eine enge Bindung der Kultur-analyse an konkrete Einzelfälle, gar eine mikroskopische Arbeitsweise. Entsprechend wird es auch zunehmend für problematisch gehalten, die Analyse einer Kultur bzw. kultureller Phänomene an längst verselbstän-digten Leitbegriffen der Gesellschaftsuntersuchung wie etwa Moderni-sierung, Industrialisierung, Integration, aber auch Globalisierung auszu-richten. Fruchtbarer könnte es sein, nach Maßgabe empirischer Einzel-beobachtungen und ihrer zugleich interpretativen Tiefenbohrungen sol-che Generalisierungen immer wieder erneut zu überprüfen. Indem man versucht, ausgehend von Einzelfällen dennoch zu Generalisierungen zu kommen, ist dabei stets das Verhältnis von Einzeluntersuchung und übergreifendem Kontext zu überdenken. Hierbei wären folgende Fragen an wissenschaftliches Arbeiten nahe liegend: Von welchem Kontext ist jeweils die Rede? Welche Rahmungen werden eingeführt? Welche Aus-grenzungen werden vorgenommen? Welche Einheiten sind zugrunde gelegt? Auf welche Weise wird ein Zusammenhang der Kulturanalyse hergestellt? Welches sind die zentralen Analysebegriffe? Stammen sie aus der wissenschaftlichen Tradition, oder sind sie offen für «indigene» Begriffe der Untersuchungs«objekte»? Wodurch zeichnet sich die Dar-stellungsrhetorik aus?

Die *Geschichtswissenschaft* stellt sich solche Fragen erst, nachdem sie in den 1970er Jahren begann, sich von den großen Themen und den linearen «großen Erzählungen» abzuwenden und stattdessen eher vielschichtige Konstellationen und gleichzeitige historische Bedeutungs- und Ereignissstränge zu beleuchten. Ein solches kritisches Einschwenken in den *interpretive turn* zeigt sich schon früh an Robert Darntons historisch-anthropologischen Essays zu Fallstudien einer ethnologisch inspirierten Mentalitäts- und Kulturgeschichte Frankreichs im 18. Jahrhundert, hervorgegangen aus einem gemeinsamen Seminar mit Clifford Geertz.[97] Die Neuausrichtung liegt darin, «ein fremdes Bedeutungssystem aufzudecken»[98], ähnlich wie eine fremde Kultur, und sich etwa der Interpretation eines Katzenmassakers als eines fremdartigen Geschehens innerhalb der Handwerkerkultur in seiner rituellen Vielschichtigkeit anzunähern. Gegen das quantifizierende Übergewicht der Mentalitätsgeschichtsschreibung wird dabei das symbolische Element in sozialen Interaktionen wieder stärker gewichtet.[99] Methodisch steht hier der Versuch im Vordergrund, so weit wie möglich die Position und Sichtweise der historischen Subjekte einzunehmen und die Interpretation ausgehen zu lassen von auffällig rätselhaften Stellen in historischen Quellen.[100]

Konzeptuell jedoch ist der *interpretive turn* für die Geschichtswissenschaft am weitesten ausgelotet bei Hans Medick[101], Lynn Hunt, William Sewell Jr.[102], in Fallstudien dann auch in der Zeitschrift «Historische Anthropologie. Kultur – Gesellschaft – Alltag»[103], die im Zuge des *interpretive turn* gegründet wurde. Geschärft wird hier die Aufmerksamkeit auf Bedeutungs- und Textdimensionen, die stärker darauf verweisen, dass Wahrnehmungen, Sinnstiftungen und Selbstdeutungen der Subjekte mindestens so wichtige «Tatsachen» der Geschichte darstellen wie ihre sozioökonomische Lage oder ihre Zugehörigkeit zu Ständen, Schichten, Klassen.[104] Der *interpretive turn* in der Geschichtswissenschaft manifestiert sich besonders in der «Frage nach dem Wie, die immer auch die Frage nach Bedeutungen, Sinngebungsweisen und symbolischen Dimensionen ist.».[105] Sie führt zu einer Kette innerdisziplinärer Theorieentwicklungen: zu kulturgeschichtlichen Veränderungen der Sozialgeschichte, vor allem zur Alltags- und Mikrogeschichte und zur Historischen Anthropologie. Diese setzt gezielt auf einer solchen Ebene kultureller Selbstauslegungen und subjektiver Erfahrungen in der Geschichte an, ausgehend nicht zuletzt von Selbstzeugnissen der historischen Subjekte.[106] Hier wird freilich – über Geertz hinaus – ausdrücklich die soziale Hervorbringung und Veränderung kultureller Bedeutungen in historischen Konstellationen verfolgt, die von sozialen Spannungen und Widersprüchen geprägt sind. Mit Blick auf Globalisierungsprozesse verlangen diese Ansätze eine noch stärkere methodische Profilierung oder gar Revision der interpretativen Ansätze zu einer theoretisch fundierten Lokal- und Mikrogeschichte[107], die sich freilich heute wiederum dem Spannungsverhältnis mit Makroprozessen der Globalgeschichte aussetzen muss.

Für das Ernstnehmen der Textdimension, gerade auch in der Geschichtswissenschaft, sind Beispiele einer textwissenschaftlich vorgehenden *Geschlechterforschung* aufschlussreich, wie sie beispielsweise im Band «Text und Geschlecht. Mann und Frau in Eheschriften der frühen Neuzeit»[108] versammelt sind. Hiernach wird der Zusammenhang zwischen Texten (Predigten, Traktaten, Fürstenspiegel usw.) und Geschlechterverhältnissen nicht etwa dadurch gestiftet, dass die Bedeutung der sprachlichen Bezeichnungen von Geschlechterrollen aus der Realität abzuleiten sei, dass dem Zeichen Mann/Frau also ein Referent in der Wirklichkeit entspräche. Vielmehr ist die Geschlechterforschung zur Überzeugung gekommen, dass mit diesen sprachlichen Benennungen immer schon Zuschreibungen verbunden sind, ja geradezu eine Strategie der diskursiven Produktion von Realität – dass Sprache und Texte die geschlechtliche Realität zu weiten Teilen überhaupt erst entwerfen und schaffen und nicht etwa umgekehrt. Die hier nur angedeutete historische Sichtbarmachung der «‹Textualität› von Geschlecht»[109] warnt davor, vorschnell auf die Abbildfunktion der Sprache hereinzufallen, statt darauf zu achten, wie Sprache und Texte in ihrem symbolischen Entwurfspotenzial Wirklichkeit überhaupt erst hervorbringen und ausgestalten.

Dass die Welt sinnhaft aufgebaut ist, in Abhängigkeit von der Sprache als zeichen- und bedeutungsgenerierendem System, ist auch eine Einsicht der *Interpretativen Soziologie*: «das Hervorbringen von Beschreibungen sozialen Handelns unterliegt der hermeneutischen Aufgabe, die Bedeutungsrahmen zu durchdringen, die die Handelnden selbst für die Konstitution und Rekonstitution der sozialen Welt benutzen.»[110] So wären etwa auch Institutionen unter dem Aspekt verfestigter Bedeutungsinstanzen zu interpretieren. Wie die vor-interpretierte Welt zum Gegenstand einer Soziologie wird, die an den philosophischen Idealismus anknüpft und deshalb auch Mängel in ihrem Praxisbezug aufweist bzw. materielle Handlungsbedingungen und Machtvoraussetzungen ausblendet, zeigt Anthony Giddens in seiner Rekapitulation der Schulen der Interpretativen Soziologie. Dabei wird der *interpretive turn* auch hier nicht als ganz neuer *turn* enthüllt, sondern aus seinen Anschlüssen an vorliegende oder unterbrochene Traditionsstränge und Schulen heraus entwickelt.

Auch in der *Politikwissenschaft* ist die kulturwissenschaftliche Wende angekommen, freilich ziemlich spät, erst seit den 1990er Jahren. «Kultur» ergänzt fortan als neue Kategorie diejenige der «Gesellschaft»; kulturelle Codes, Deutungen und Auslegungen der Akteure durch Symbole, Sprache und Rituale werden als Grundzüge jeglichen Handelns erkannt, die das Feld der Politik durchziehen. Die Politikwissenschaft kann hier durchaus an Vorläufer aus den eigenen Reihen anknüpfen, etwa an Eric Voegelin und seine Position der Selbstauslegung von Gesellschaften, deren Analyse durch den Einsatz von verstehenden Methoden und Selbstinterpretation möglich sei. Besonders im Hinblick auf interdisziplinäre Anschlussfähigkeit sind hier neue Einsichten in die Bedeutung von Kultur und interpretativen Ansätzen für die ökonomische Analyse bemerkenswert, die auch zu einer Erweiterung von Spieltheorien und Rational-Choice-Konzeptionen führen.[111] Sehr früh für die Verhältnisse in der Politikwissenschaft findet man auch im Feld der «Internationalen Beziehungen» die Vorstellung von «textual politics of international relations»[112]. Das heißt, die Frage der diskursiven und textuellen Verfasstheit und damit auch die Produktion von Bedeutung werden in internationalen Beziehungen neu gesehen. Es entsteht ein textsensitives Politikverständnis, das die Repräsentationen und Textvermittlungen internationaler Politik (Rhetorik, Narrativität, Stil der historisch spezifischen Interpretationsskripte) in den Vordergrund rückt. Zu erwähnen wäre hier etwa die Rede von der Sicherheit, die einen Autoritäts- und Kontrolldiskurs repräsentiert, wie er vor allem die Kontrolle fremder Bedrohung durch die USA betrifft. Auch die Sportmetaphern als vorherrschende Repräsentationsformen auf dem Gebiet der Konfliktforschung, der Sicherheits- und Kriegspolitik sind ein Beispiel aus diesem Zusammenhang.[113] Die verschiedenen Ansätze zu *cultural turns* in der Politikwissenschaft werden wiederum für die kulturwissenschaftliche

Profilbildung bedeutsam. Denn sie können dazu beitragen, kulturwissenschaftliche Analysen stärker als bisher mit sozialen Prozessen, Akteuren, Interessen und Entscheidungen zu verschränken.[114] Damit wäre der Kulturalismusgefahr entgegenzuwirken, wie sie von der Übersteigerung des Textbegriffs herrührt.

## 5. DIE ZUSPITZUNG DES *INTERPRETATIVE TURN* ZU «CULTURAL CRITIQUE»

«Pushing contemporary interpretive anthropology toward a more politically and historically sensitive critical anthropology»[115] – mit diesem Programm haben die Ethnologen George Marcus und Michael Fischer versucht, den *interpretive turn* auf «cultural critique» hin zu profilieren. Dieser Akzent spitzte die systematische Neubestimmung der Ethnologie als einer kritischen, selbstreflexiven Fremdheitswissenschaft noch zu. Nicht mehr auf bloße *Area Studies* beschränkt, motivierte sie auch andere kulturwissenschaftliche Fächer zu einer interpretativen Neuorientierung. Vor allem ist es die Praxis des Fremdmachens, die als neues Erkenntnismittel sowie als Medium für Kulturkritik genutzt werden soll. Die interpretative Kulturanthropologie hat geradezu vorgemacht, wie die Einzeldisziplinen durch einen *interpretive turn* in ein interdisziplinäres Feld von «cultural critique»[116] hinein aufgebrochen werden können. Anknüpfend an die Tradition des amerikanischen Pragmatismus und an die Literaturtheorie eines Lionel Trilling wird hier ein Reflexionsfeld eröffnet, das vom Fremdmachen der eigenen Kultur aus eine moralische Kulturkritik ermöglicht und eine Anschlussfähigkeit der wissenschaftlichen Einstellungen an kritische moralische und politische Anliegen fordert: Als «interpretivists, self-declared and self-understood, we were interested in work that reached beyond the narrowed confines of a fixed and schematized ‹scientific method›, one that connected up with moral, political, and spiritual concerns.»[117] Allerdings wird ein solcher Ansatz zu «cultural critique» – gleichsam in einer Gabelung des Diskurses – erst unter dem Einfluss des Poststrukturalismus und Dekonstruktivismus noch deutlicher auf Machtverhältnisse hin formuliert und politisch zugespitzt. Dabei wird die Frage unumgehbar, wie die Macht von Repräsentationssystemen menschliches Handeln prägt und symbolische Ordnungen hervorbringt.[118]

Zur Beförderung von «cultural critique» sind in diesem Zusammenhang vor allem zwei Vorschläge, ja geradezu «Techniken»[119] bemerkenswert, die schon Marcus und Fischer betonen und die sich dann wie ein Leitfaden durch alle weiteren Richtungswechsel der kulturwissenschaftlichen Diskussion ziehen. Bahnbrechend ist einerseits die «Technik» einer *«defamiliarization by epistemological critique»*[120]. Sie regt dazu an, Einsichten, die in der Auseinandersetzung mit Fremderfahrungen von der Peripherie aus gewonnen werden, auf eine Kritik am eigenen, europäischen Denk- und Begriffsrahmen umzulenken: auf eine Kritik an utilitaristischen, materialistischen Denkvoraussetzungen (wie z. B. bei Marshall Sahlins in seinem Buch «Culture and Practical Reason» von 1976; dt. 1981[121]) oder auch auf eine Re-Vision westlicher Personenkonzepte. Neben solchen Rückbezügen auf die eigenen Konzeptualisierungen ermöglicht andererseits eine *«defamiliarization by cross-cultural juxtaposition»*[122] ein selbstkritisches Nebeneinanderhalten konkreter kultureller Befunde. Vorausgesetzt wird hier allerdings ein ethnographischer Blick für die eigenen kulturellen Vorannahmen auch in der wissenschaftlichen Arbeit. Ein frühes Exempel – so Marcus und Fischer – wäre Marcel Mauss' klassische Schrift «Die Gabe», «which uses comparative examples in order to pose questions about the moral reorganization of French (and capitalist) political economy».[123] Zwar wird durch solche Forderungen nach Defamiliarisierung die Moralisierungstendenz der Geertz'schen interpretativen Kulturanthropologie so zugespitzt bzw. politisiert, dass die ihr folgende kulturwissenschaftliche Forschung unter ein starkes normatives Vorzeichen rückte. Dieser Normativitätsanspruch haftet den Kulturwissenschaften bis heute an. Gleichzeitig jedoch findet man bereits hier – auf dem Feld des *interpretative turn* – die grundlegende Praxis des Kulturenvergleichs angelegt, wie sie die kulturwissenschaftliche Forschung in der Folge immer stärker benötigt, um einer globalisierten Welt gerecht zu werden.

Der *interpretive turn* hat mit seiner Schneise der «cultural critique» schon früh über die europäischen Untersuchungsgegenstände und europazentrierten Kategorien der Sozialwissenschaften hinausgewiesen – jedenfalls in George Marcus' und Michael Fischers Ansätzen. Aber auch Clifford Geertz hat diese interkulturelle Erweiterung hin zu einer «Entprovinzialisierung» außereuropäischer Stimmen in seiner Einleitung zu einem synthetisierenden Rückblick auf die «Schule» der Interpretativen Sozialforschung bereits ansatzweise formuliert: «Die Sozialwissenschaften sind zweifellos, was wir uns auch wünschen mögen oder für angemessen halten, eine immer noch überwiegend europäische und amerikanische Unternehmung, entsprungen aus und verortet in westlichen, aufklärerischen und, wie es manche behaupten würden, kolonialen Denkweisen. Deshalb haben wir ausdrücklich versucht, asiatische, afrikanische und lateinamerikanische – jedenfalls nicht westliche – Stimmen in die Diskussion zu bringen, um so die Dinge zu entprovinzialisieren.»[124] Diese Absichtserklärung befindet sich freilich in einem «retrospective preface», und ein solches neigt – ähnlich wie ein «second look» – zu Idealisierungen. Oft wird erst nachträglich herauspräpariert, was eigentlich schon im Keim hätte vorhanden sein sollen, ohne dass dies in der Frühzeit der *turns* jedoch schon explizit gemacht oder gar wirklich entfaltet worden wäre.

In der Zusammenschau jedenfalls wird deutlich, dass es erst der *interpretive turn* war, der die Kulturwissenschaften insgesamt zu einer Neubestimmung ihrer Gegenstände wie ihrer methodischen Ansätze gedrängt hat. So ergibt sich die anregende Paradoxie, dass der *interpretive turn* einerseits eine Grenzverwischung zwischen Sozial- und Naturwissenschaften befördert hat, wie sie gegenwärtig für eine erneute Annäherung zwischen Kultur- und Naturwissenschaften fruchtbar gemacht werden könnte, und zwar durchaus unter anderen Vorzeichen als denjenigen der Hirnforschung. Andererseits hat die interpretative Wende nahe gelegt, die Sozial- und Kulturwissenschaften bei aller Grenzverwischung doch in ihrem eigenen Begriffssystem getrennt zu halten von demjenigen der Naturwissenschaften. Denn es gilt, die Abhängigkeit ihrer Erkenntnisse von Werten, von Urteilen und Subjekten, vom Unbewussten und von der Geschichte als unabdingbare Erkenntnisvoraussetzung beizubehalten. Damit legen die Sozial- und Kulturwissenschaften die Besonderheit des Kulturellen als Erkenntnishaltung sowie als Forschungsgegenstand frei,

dessen eigene Interpretationen doch zugleich in den Interpretationszirkel der kulturellen Selbstauslegung einbezogen bleiben: «When we
try to understand the cultural world, we are dealing with interpretations
and interpretations of interpretations.»[125]

Dieser Interpretationszirkel mag in einen «interpretativen Universalismus»[126] münden, solange Objekte nur als Wirkungen von Interpretationen erscheinen und man fragen muss, ob es auch etwas jenseits
von Sprache, Text und Interpretation gibt.[127] Doch wenn man auch die
ethnologische bzw. wissenschaftliche Darstellung überhaupt als Interpretation von Interpretationen betrachtet, dann ist von da aus der Weg
nicht mehr weit zu einer Selbstreflexion des (ethnologischen) Schreibens, wie sie im *reflexive turn* geleistet wird. Doch wiederum gabelt sich
die interpretative Wende: einerseits zur Ausweitung der Textualitätskategorie auf die Ebene wissenschaftlicher Schreibpraxis, Textstruktur
und Repräsentation, andererseits zu performativen, noch praxisnäheren
Dynamisierungen.

Was den *interpretive turn* selbst betrifft, so hat er in seinen grenzüberschreitenden Wirkungen die kulturwissenschaftliche Diskussion zwar
vorangetrieben und durchzogen. Umso erstaunlicher ist es allerdings,
dass dabei gerade nicht der Begriff der Interpretation zum Leitbegriff gemacht wurde. Viel durchschlagender ist dagegen die Karriere der Schlüsselbegriffe Text und Textualität. Überhaupt ergibt sich ein interessanter
Befund: Der *interpretive turn* scheint allein mit seiner interpretativen
Schubkraft gleichsam in einer hermeneutischen Engführung stecken
zu bleiben. Erst als *textual turn* wird er in vielen weiteren Drehungen bis
heute weiter vollzogen. Denn erst die Ausarbeitung der Textkategorie in
Praxiszusammenhänge und Medienkontexte hinein hält die *interpretative
Wende* weiterhin lebendig.[128] Jedenfalls lässt sich Moritz Baßlers Einsicht
bestätigen, dass es der Textbegriff ist, der den Zusammenhang der kulturellen Gegenstände sicherstellt. Aufzugreifen wäre dann sein Vorschlag,
sich unter neuen Blickwinkeln «das Textualitäts-Theorem noch einmal
vorzunehmen und theoretisch und methodisch so weit wie möglich aus-
zureizen in der Hoffnung, künftiger kulturwissenschaftlicher Forschung
damit eine solide Basis anbieten zu können.»[129]

# ANMERKUNGEN

1  Zu den verschiedenen Richtungsänderungen in der Kulturanthropologie und ihrer Hervorbringung von *turns* vgl. auch Doris Bachmann-Medick: Kulturanthropologie, in: Ansgar Nünning/Vera Nünning (Hg.): Konzepte der Kulturwissenschaften. Theoretische Grundlagen – Ansätze – Perspektiven. Stuttgart, Weimar 2003, S. 86–107.

2  Clifford Geertz – manche nennen ihn auch den kulturwissenschaftlichen «Kirchenvater» (so Gerhart von Graevenitz: Literaturwissenschaft und Kulturwissenschaften. Eine Erwiderung (auf Walter Haug), in: Deutsche Vierteljahrsschrift für Literaturwissenschaft und Geistesgeschichte 73, 1 (1999), S. 94–115, hier S. 101) – war von 1970 bis 2000 Professor am Institute for Advanced Study in Princeton, School of Social Science. Als Ethnologe führte er Feldforschungen in Java, Indonesien, Bali und Marokko durch. Seine bekanntesten Bücher sind: The Interpretation of Cultures. Selected Essays (1973, erst 1983 ins Deutsche übersetzt); Local Knowledge. Further Essays in Interpretive Anthropology (1983); Negara. The Theatre State in Nineteenth-Century Bali (1980); Available Light. Anthropological Reflections on Philosophical Topics. Princeton 2000; Spurenlesen. Der Ethnologe und das Entgleiten der Fakten. München 1997.

3  In: ders.: Local Knowledge. Further Essays in Interpretive Anthropology. New York 1983, S. 19–35.

4  Vgl. Paul Rabinow/William M. Sullivan: The Interpretive Turn. A Second Look, in: dies. (Hg.): Interpretive Social Science. A Second Look. Berkeley, Los Angeles 1987, S. 1–30.

5  Vgl. Anthony Giddens: Interpretative Soziologie. Eine kritische Einführung. Frankfurt/M., New York 1984.

6  Ansätze hierzu finden sich in Volker Gottowiks ausführlicher Herleitung der interpretativen Anthropologie (Volker Gottowik: Konstruktionen des Anderen. Clifford Geertz und die Krise der ethnographischen Repräsentation. Berlin 1997, bes. Kap. 8.2.: «Vorgeschichte und Relevanz eines interpretativen Ansatzes», S. 209 ff.).

7  Martin Fuchs/Eberhard Berg: Phänomenologie der Differenz. Reflexionsstufen ethnographischer Repräsentation, in: Eberhard Berg/Martin Fuchs (Hg.): Kultur, soziale Praxis, Text. Die Krise der ethnographischen Repräsentation. Frankfurt/M. 1993, S. 11–108, hier S. 19.

8  Vgl. Richard Handler: An Interview with Clifford Geertz, in: Current Anthropology 32 (1991), S. 603–613, hier S. 608.

9  Ebd., S. 608.

10  Zum eklektizistischen Umfeld des *interpretive turn* vgl. George E. Marcus/Michael M. J. Fischer: Anthropology as Cultural Critique. An Experimental Moment in the Human Sciences. Chicago, London 1986, S. 25 f.

11 Handler: Interview, S. 609.

12 Ebd., S. 609.

13 Zur Kritik am Strukturalismus vgl. Paul Ricœur: Der Konflikt der Interpretationen. Bd. 2. Hermeneutik und Psychoanalyse. München 1974.

14 Handler: Interview, S. 607.

15 Rabinow/Sullivan: Interpretive Turn, S. 5.

16 Zur Emanzipation der Sozialwissenschaften vom Modell der Naturwissenschaften durch den *interpretive turn* vgl. Rabinow/Sullivan: Interpretive Turn, S. 2 ff.

17 Geertz: Blurred Genres, S. 22.

18 Ebd., S. 22.

19 Rabinow/Sullivan: Interpretive Turn, S. 5.

20 Geertz: Blurred Genres, S. 30.

21 Ebd., S. 23.

22 Ebd., S. 23.

23 Vgl. ebd., S. 30.

24 Ebd., S. 31.

25 Ebd., S. 30.

26 Clifford Geertz: Dichte Beschreibung. Bemerkungen zu einer deutenden Theorie von Kultur, in: ders.: Dichte Beschreibung. Beiträge zum Verstehen kultureller Systeme. Frankfurt/M. 1983, S. 7–43, hier S. 9.

27 Clifford Geertz: «Aus der Perspektive des Eingeborenen.» Zum Problem des ethnologischen Verstehens, in: ders.: Dichte Beschreibung, S. 289–309, hier S. 290.

28 Clifford Geertz: «From the Native's Point of View». On the Nature of Anthropological Understanding, in: ders.: Local Knowledge, S. 55–70, hier S. 56.

29 Geertz: Blurred Genres, S. 33.

30 Ebd., S. 32.

31 Geertz: Local Knowledge, Introduction, S. 3–16, hier S. 6.

32 Michaela Wolf: «‹Cultures› do not hold still for their portraits.» Kultureller Transfer als «Übersetzen zwischen Kulturen», in: Federico Celestini/Helga Mitterbauer (Hg.): *Ver*-rückte Kulturen. Zur Dynamik kultureller Transfers. Tübingen 2003, S. 85–98, hier S. 87.

33 Vgl. Edward W. Said: Kultur und Imperialismus. Einbildungskraft und Politik im Zeitalter der Macht. Frankfurt/M. 1994, S. 48 f., 92 f., 129 ff.

34 Geertz: Dichte Beschreibung, S. 14.

35 George E. Marcus/Dick Cushman: Ethnographies as Texts, in: Annual Review of Anthropology 11 (1982), S. 25–69, hier S. 37.

36 Vgl. Geertz: «Aus der Perspektive des Eingeborenen», S. 291.

37 Geertz: Dichte Beschreibung, S. 15.

38 Ausführlicher zur Kategorie der Lesbarkeit vgl. Doris Bachmann-Medick: Textualität in den Kultur- und Literaturwissenschaften. Grenzen und Herausforderungen,

in: dies. (Hg.): Kultur als Text. Die anthropologische Wende in der Literaturwissenschaft. 2. Aufl. Tübingen 2004, S. 298–338, hier bes. S. 314 ff. («Grenzen der Lesbarkeit»).

39 In: Geertz: Dichte Beschreibung, S. 202–260, hier S. 254.

40 Paul Ricœur: Der Text als Modell: hermeneutisches Verstehen, in: Walter L. Bühl (Hg.), Verstehende Soziologie. Grundzüge und Entwicklungstendenzen. München 1972, S. 252–283.

41 Rabinow/Sullivan: Interpretive Turn, S. 12.

42 Geertz: Blurred Genres, S. 31.

43 Ricœur: Text als Modell, S. 260.

44 Vgl. Giles Gunn: The Culture of Criticism and the Criticism of Culture. New York, Oxford 1987, S. 9.

45 Geertz: Deep Play, S. 263.

46 Ebd., S. 252.

47 Vgl. Gadi Algazi: Kulturkult und die Rekonstruktion von Handlungsrepertoires, in: L'Homme 11, 1 (2000), S. 105–119.

48 Victor W. Turner/Edward M. Bruner (Hg.): The Anthropology of Experience. Urbana, Chicago 1986.

49 Edward M. Bruner: Introduction. Experience and Its Expressions, in: Turner/Bruner (Hg.): Anthropology of Experience, S. 3–30, hier S. 9.

50 Geertz: Epilogue: Making Experiences, Authoring Selves, in: Turner/Bruner (Hg.): Anthropology of Experience, S. 373–380, hier S. 375.

51 Vgl. Irmtraud Stellrecht: Interpretative Ethnologie. Eine Orientierung, in: Thomas Schweizer u. a. (Hg.): Handbuch der Ethnologie (Festschrift für Ulla Johansen). Berlin 1993, S. 29–78, hier S. 50.

52 Vgl. Geertz: Deep Play, S. 247.

53 Ebd., S. 256.

54 Vincent Crapanzano: Das Dilemma des Hermes. Die verschleierte Unterwanderung der ethnographischen Beschreibung, in: Bachmann-Medick (Hg.): Kultur als Text, S. 161–193, hier S. 185.

55 Vgl. James Clifford: Über ethnographische Autorität, in: Berg/Fuchs (Hg.): Kultur, soziale Praxis, Text, S. 109–157.

56 Zur Kritik vgl. bes. Fuchs/Berg: Phänomenologie der Differenz, S. 55 ff.; Gadi Algazi: Kulturkult; Rolf Lindner: Konjunktur und Krise des Kulturkonzepts, in: Lutz Musner/Gotthart Wunberg (Hg.): Kulturwissenschaften. Forschung – Praxis – Positionen. Wien 2002, S. 69–87; zu den verschiedenen Positionen der Geertz-Kritik vgl. Bachmann-Medick: Textualität, bes. S. 308 ff. («Grenzen des Textmodells»).

57 Vgl. David R. Hiley/James F. Bohman/Richard Shusterman: Introduction. The Interpretive Turn, in: dies. (Hg.): The Interpretive Turn. Philosophy, Science, Culture. Ithaca, London 1991, S. 1–14, hier S. 11.

58 Vgl. Theodore R. Schatzki/Karin Knorr-Cetina/Eike von Savigny (Hg.): The Practice Turn in Contemporary Theory. London 2000; vgl. auch den jüngsten Konferenztitel: «Practical Turn in der Wissenschaftsgeschichte?» (MPI für Wissenschaftsgeschichte, Berlin).

59 Andreas Reckwitz: Die Transformation der Kulturtheorien. Zur Entwicklung eines Theorieprogramms. Weilerswist 2000, S. 606.

60 Geertz: Dichte Beschreibung, S. 26.

61 Vgl. z. B. Reckwitz: Transformation der Kulturtheorien, S. 606; vgl. auch Bachmann-Medick: Textualität, bes. S. 308 ff.

62 Clifford Geertz: Welt in Stücken. Kultur und Politik am Ende des 20. Jahrhunderts. Wien 1996, S. 73.

63 Geertz: Blurred Genres, S. 19.

64 Lila Abu-Lughod: Writing Against Culture, in: Richard G. Fox (Hg.): Recapturing Anthropology. Working in the Present. Santa Fe 1991, S. 137–162.

65 Vgl. Andreas Poltermann: Antikolonialer Universalismus. Johann Gottfried Herders Übersetzung und Sammlung fremder Volkslieder, in: Doris Bachmann-Medick (Hg.): Übersetzung als Repräsentation fremder Kulturen. Berlin 1997, S. 217–259, hier S. 230 ff. (Abschnitt «Übersetzung von Kulturen in klassische Texte»).

66 Ausführlicher zur Entwicklung der Textualitätsdiskussion in den Kulturwissenschaften siehe Doris Bachmann-Medick: Textualität, sowie dies.: Kultur als Text? Literatur- und Kulturwissenschaften jenseits des Textmodells, in: Ansgar Nünning/ Roy Sommer (Hg.): Kulturwissenschaftliche Literaturwissenschaft. Disziplinäre Ansätze – Theoretische Positionen – Transdisziplinäre Perspektiven. Tübingen 2004, S. 147–159.

67 Hiley/Bohman/Shusterman (Hg.): Interpretive Turn.

68 Vgl. Thomas S. Kuhn: The Natural and the Human Sciences, in: Hiley/Bohman/ Shusterman (Hg.): Interpretive Turn, S. 17–24, hier S. 22.

69 Vgl. z. B. Eberhard Hildenbrandt (Hg.): Sport als Kultursegment aus der Sicht der Semiotik. Hamburg 1997.

70 Vgl. Stefan Beck: Umgang mit Technik. Kulturelle Praxen und kulturwissenschaftliche Forschungskonzepte. Berlin 1997, S. 238–248.

71 Vgl. Donald W. Meining (Hg.): The Interpretation of Ordinary Landscapes. Oxford 1979; zu interpretativen Ansätzen in der Kulturgeographie vgl. Peter Jackson: Maps of Meaning. An Introduction to Cultural Geography. Boston, Sydney, Wellington 1989, S. 173.

72 Vgl. Sigrid Weigel: Der Text der Genetik. Metaphorik als Symptom ungeklärter Probleme wissenschaftlicher Konzepte, in: dies. (Hg.): Genealogie und Genetik. Schnittstellen zwischen Biologie und Kulturgeschichte. Berlin 2002, S. 223–246.

73 Vgl. Martin Fuchs: Der Verlust der Totalität. Die Anthropologie der Kultur, in: Heide Appelsmeyer/Elfriede Billmann-Mahecha (Hg.): Kulturwissenschaft. Felder

einer prozeßorientierten wissenschaftlichen Praxis. Weilerswist 2001, S. 18–53, hier S. 36.

74 Jürgen Straub: Psychologie und Kultur, Psychologie als Kulturwissenschaft, in: Appelsmeyer/Billmann-Mahecha (Hg.): Kulturwissenschaft, S. 125–167.

75 Jürgen Straub: Kulturwissenschaftliche Psychologie, in: Friedrich Jaeger/Jürgen Straub (Hg.): Handbuch der Kulturwissenschaften. Bd. 2. Stuttgart, Weimar 2004, S. 568–591, hier S. 572 f.

76 Birgit Griesecke: Japan *dicht* beschreiben. Produktive Fiktionalität in der ethnographischen Forschung. München 2001, S. 188.

77 Ebd., S. 187.

78 Ebd., S. 188.

79 Vgl. Bachmann-Medick (Hg.): Kultur als Text (vgl. dort die Auswahlbibliographie zur interpretativen Kulturanthropologie und Literaturanthropologie).

80 Barbara Sabel/André Bucher (Hg.): Der unfeste Text. Perspektiven auf einen literatur- und kulturwissenschaftlichen Leitbegriff. Würzburg 2001.

81 Vgl. Bachmann-Medick (Hg.): Kultur als Text, Einleitung, S. 7–64, bes. S. 26.

82 Horst Turk: Philologische Grenzgänge. Zum Cultural Turn in der Literatur. Würzburg 2003, S. 8.

83 Vgl. Christian Strecker: «Turn! Turn! Turn! To Everything There is a Season». Die Herausforderungen des cultural turn für die neutestamentliche Exegese, in: Wolfgang Stegemann (Hg.): Religion und Kultur. Aufbruch in eine neue Beziehung. Stuttgart 2003, S. 9–42.

84 Ebd., S. 37. Zu den Anstößen für eine kulturwissenschaftliche Wende in der Religionswissenschaft im Ausgang von Geertz vgl. Hans G. Kippenberg: Was sucht die Religionswissenschaft unter den Kulturwissenschaften? In: Appelsmeyer/Billmann-Mahecha (Hg.): Kulturwissenschaft, S. 240–275. Die Vorstellung von Religion als kulturellem (Symbol-)System hat die phänomenologische Religionsauffassung hinter sich gelassen und die Aufmerksamkeit auf die Transformation von Weltbildern in Praxisformen gelenkt (ebd., S. 257).

85 Vgl. Phyllis Gorfain: Spiel und die Unsicherheit des Wissens in Shakespeares «Hamlet», in: Bachmann-Medick (Hg.): Kultur als Text, S. 67–97.

86 Laura Bohannan: Hamlet in the Bush, in: Transatlantik (Oktober 1982), S. 41–45.

87 Gabriele Brandstetter: Fremde Zeichen. Zu Gottfried Kellers Novelle «Die Berlocken». Literaturwissenschaft als Kulturpoetik, in: Jahrbuch der deutschen Schillergesellschaft 43 (1999), S. 305–324.

88 Moritz Csáky/Richard Reichensperger (Hg.): Literatur als Text der Kultur. Wien 1999.

89 Lutz Musner: Kultur als Textur des Sozialen. Essays zum Stand der Kulturwissenschaften. Wien 2004.

90 Zur Themenlastigkeit vgl. Einleitung, S. 29–31.

91 Zu den Grundlagentexten des New Historicism vgl. Moritz Baßler: New Historicism. 2. Aufl. Tübingen 2002.

92 Vgl. Hans Medick: Mikro-Historie, in: Winfried Schulze (Hg.): Sozialgeschichte,
Alltagsgeschichte und Mikro-Historie. Göttingen 1994, S. 40–53.

93 Vgl. Claire Colebrook: New Literary Histories. New Historicism and Contemporary Criticism. Manchester, New York 1997, Abschnitt «Culture and Interpretation. Anthropology, Ethnography and Understanding», S. 66–89, bes. S. 75.

94 Geertz: Deep Play, S. 208.

95 Zu Bachtin in diesem Zusammenhang vgl. Gunn: Criticism of Culture, S. 133.

96 Geertz: Dichte Beschreibung, S. 37.

97 Robert Darnton: Das große Katzenmassaker. Streifzüge durch die französische
Kultur vor der Revolution. München, Wien 1989.

98 Ebd., S. 13.

99 Vgl. ebd., S. 293.

100 Vgl. ebd., S. 296.

101 Vgl. – besonders im Hinblick auf die Anwendbarkeit der «dichten Beschreibung»
in der Geschichtswissenschaft bzw. Historischen Anthropologie – Hans Medick:
«Missionare im Ruderboot»? Ethnologische Erkenntnisweisen als Herausforderung an die Sozialgeschichte, in: Alf Lüdtke (Hg.): Alltagsgeschichte. Zur Rekonstruktion historischer Erfahrungen und Lebensweisen. Frankfurt/M., New York
1989, S. 48–84, hier bes. S. 59 ff.; ders.: Mikro-Historie.

102 Hierzu vgl. Elizabeth A. Clark: History, Theory, Text. Historians and the Linguistic
Turn. Cambridge, London 2004, bes. S. 149–155 (Abschnitt «Geertzian Anthropology and the Historians»). Einen kritischen Überblick mit der eigenen Position
einer ausdrücklichen Einbettung des Textes in soziale Zusammenhänge findet
man in dem viel zitierten Essay «History, Historicism, and the Social Logic of the
Text» von Gabrielle M. Spiegel, in: dies.: The Past as Text. The Theory and Practice
of Medieval Historiography. Baltimore, London 1997, S. 3–28.

103 Erscheint seit 1993 im Böhlau Verlag, Köln, Weimar, Wien.

104 Vgl. Ute Daniel: Clio unter Kulturschock. Zu aktuellen Debatten in der Geschichtswissenschaft, in: Geschichte in Wissenschaft und Unterricht 48 (1997),
S. 200; hierzu auch Heidemarie Uhl: «Kultur» und/oder «Gesellschaft»? Zur
«kulturwissenschaftlichen Wende» in den Geschichtswissenschaften, in: Lutz
Musner/Gotthart Wunberg (Hg.): Kulturwissenschaften. Forschung – Praxis – Positionen. Wien 2002, S. 220–236, hier S. 230.

105 Ute Daniel: Geschichte schreiben nach der «kulturalistischen Wende», in: Archiv
für Sozialgeschichte 43 (2003), S. 576–599, hier S. 577.

106 Zu neueren Ansätzen der (nicht nur auf europäische Konzepte vom Selbst beschränkten) historischen Selbstzeugnisforschung vgl. Gabriele Jancke/Claudia
Ulbrich (Hg.): Vom Individuum zur Person. Neue Konzepte im Spannungsfeld

von Autobiographietheorie und Selbstzeugnisforschung. Göttingen 2005 (= Querelles. Jahrbuch für Frauen- und Geschlechterforschung 10 (2005)).

107 Zur Weiterentwicklung der Historischen Anthropologie vgl. Hans Medick: Quo vadis Historische Anthropologie? Geschichtsforschung zwischen Historischer Kulturwissenschaft und Mikro-Historie, in: Historische Anthropologie 9, 1 (2001), S. 78–92.

108 Rüdiger Schnell (Hg.): Text und Geschlecht. Mann und Frau in Eheschriften der frühen Neuzeit. Frankfurt/M. 1997.

109 Rüdiger Schnell: Text und Geschlecht. Eine Einleitung, ebd., S. 9–46, bes. S. 11 ff.

110 Anthony Giddens: Interpretative Soziologie. Eine kritische Einführung. Frankfurt/M., New York 1984, S. 191. Giddens bezieht sich allerdings nicht auf Geertz, sondern auf die Tradition der verstehenden Soziologie von Schütz über Gadamer bis hin zu Habermas. – Vgl. auch Gabriele Cappai: Kultur aus soziologischer Perspektive. Eine metatheoretische Betrachtung, in: Appelsmeyer/Billmann-Mahecha (Hg.): Kulturwissenschaft, S. 54–96.

111 Vgl. Frank Nullmeier: Interpretative Politikanalyse in der Theorienkonkurrenz, in: Andreas Reckwitz/Holger Sievert (Hg.): Interpretation, Konstruktion, Kultur. Ein Paradigmenwechsel in den Sozialwissenschaften. Opladen, Wiesbaden 1999, S. 219–238; vgl. auch Jakob Tanner: «Kultur» in den Wirtschaftswissenschaften und kulturwissenschaftliche Interpretationen ökonomischen Handelns, in: Friedrich Jaeger/Jörn Rüsen (Hg.): Handbuch der Kulturwissenschaften. Bd. 3. Stuttgart, Weimar 2004, S. 195–224.

112 James DerDerian/Michael J. Shapiro (Hg.): International/Intertextual Relations. Postmodern Readings of World Politics. New York 1989, S. xi. Zum «Cultural Turn» in der Politikwissenschaft insgesamt vgl. Birgit Schwelling (Hg.): Politikwissenschaft als Kulturwissenschaft. Theorien, Methoden, Problemstellungen. Wiesbaden 2004; vgl. Ursula Lehmkuhl: Entscheidungsprozesse in der internationalen Geschichte. Möglichkeiten und Grenzen einer kulturwissenschaftlichen Fundierung außenpolitischer Entscheidungsprozesse, in: Wilfried Loth/Jürgen Osterhammel (Hg.): Internationale Geschichte. Themen – Ergebnisse – Aussichten. München 2000, S. 187–207.

113 Michael J. Shapiro: Textualizing Global Politics, in: DerDerian/Shapiro (Hg.): International/Intertextual Relations, S. 11–22, bes. S. 12 f.

114 Vgl. Birgit Schwelling: Der kulturelle Blick auf politische Phänomene. Theorien, Methoden, Problemstellungen, in: dies. (Hg.): Politikwissenschaft als Kulturwissenschaft, S. 11–29, hier S. 27.

115 Marcus/Fischer: Anthropology as Cultural Critique, S. xii.

116 Vgl. Gunn: Culture of Criticism; vgl. auch Marcus/Fischer: Anthropology as Cultural Critique.

117 Clifford Geertz: Introduction. School Building. A Retrospective Preface, in: Joan

W. Scott/Debra Keates (Hg.): Schools of Thought. Twenty-Five Years of Interpretive Social Science. Princeton, Oxford 2001, S. 1–11, hier S. 8.

118 Vgl. Vincent P. Pecora: What Was Deconstruction? In: Contention. Debates in Society, Culture, and Science 1, 3 (1992), S. 59–79, hier S. 60. Pecora erwähnt, dass Jacques Derrida gleichzeitig mit der interpretativen Wende in seiner ersten US-amerikanischen Vorlesung bereits 1966 dekonstruktivistische Ansätze vorgestellt hat.

119 Vgl. Marcus/Fischer: Anthropology as Cultural Critique, S. 137.

120 Ebd., S. 137.

121 Marshall Sahlins: Kultur und praktische Vernunft (1981). Frankfurt/M. 1994.

122 Marcus/Fischer: Anthropology as Cultural Critique, S. 138.

123 Ebd., S. 157.

124 Geertz: Introduction. School Building, in: Scott/Keates (Hg.), Schools of Thought, S. 9 («since the social sciences are undoubtedly, whatever we might wish or think appropriate, still predominantly a European and American enterprise descended from and located within ‹Western›, ‹Enlightenment›, and, some would say, ‹colonial› modes of thought, we have tried, with some deliberateness, to bring Asian, African, and Latin American – ‹non-Western› – voices into the discussion, to deprovincialize things»).

125 Rabinow/Sullivan: Interpretive Turn, S. 7.

126 Vgl. Ruth Ronen: The Real as Limit to Interpretation, in: Semiotica 132/1/2 (2000), S. 121–135.

127 Vgl. die Positionen von Jonathan Culler (Beyond Interpretation, 1981); Umberto Eco (gegen interpretativen Universalismus); Stanley Fish (Bezug auf Interpretationsgemeinschaft).

128 Ansätze hierzu vgl. Bachmann-Medick: Textualität, S. 310 ff.; erste Gelenkstellen auch zum *translational turn* bei Andreas Poltermann (Hg.): Literaturkanon – Medienereignis – Kultureller Text. Formen interkultureller Kommunikation und Übersetzung. Berlin 1995.

129 Moritz Baßler u. a.: Kultur als Text?, in: KulturPoetik 2, 1 (2002), S. 102–113, hier S. 103.


# LITERATUR – EINE AUSWAHL

Algazi, Gadi: Kulturkult und die Rekonstruktion von Handlungsrepertoires, in: L'Homme, Europäische Zeitschrift für Feministische Geschichtswissenschaft 11, 1 (2000), S. 105–119.

Bachmann-Medick, Doris (Hg.): Kultur als Text. Die anthropologische Wende in der Literaturwissenschaft. 2. Aufl. Tübingen, Basel 2004.

Berg, Eberhard/Fuchs, Martin (Hg.): Kultur, soziale Praxis, Text. Die Krise der ethnographischen Repräsentation. Frankfurt/M. 1993.

Brandstetter, Gabriele: Fremde Zeichen. Zu Gottfried Kellers Novelle «Die Berlocken». Literaturwissenschaft als Kulturpoetik, in: Jahrbuch der deutschen Schillergesellschaft 43 (1999), S. 305–324.

Csáky, Moritz/Reichensperger, Richard (Hg.): Literatur als Text der Kultur. Wien 1999.

Dolgin, Janet L./Kemnitzer, David S./Schneider, David M. (Hg.): Symbolic Anthropology. A Reader in the Study of Symbols and Meanings. New York 1977.

Fischer, Michael M.: Interpretive Anthropology, in: Reviews in Anthropology 4, 4 (1977), S. 391–404.

Geertz, Clifford: Dichte Beschreibung. Beiträge zum Verstehen kultureller Systeme. Frankfurt/M. 1983.

Geertz, Clifford: Local Knowledge. Further Essays in Interpretive Anthropology. New York 1983.

Geertz, Clifford: Spurenlesen. Der Ethnologe und das Entgleiten der Fakten. München 1997.

Geertz, Clifford: Available Light. Anthropological Reflections on Philosophical Topics. Princeton 2000.

Giddens, Anthony: Interpretative Soziologie. Eine kritische Einführung. Frankfurt/M., New York 1984.

Gottowik, Volker: Konstruktionen des Anderen. Clifford Geertz und die Krise der ethnographischen Repräsentation. Berlin 1997.

Griesecke, Birgit: Japan *dicht* beschreiben. Produktive Fiktionalität in der ethnographischen Forschung. München 2001.

Gunn, Giles: The Culture of Criticism and the Criticism of Culture. New York, Oxford 1987.

Handler, Richard: An Interview with Clifford Geertz, in: Current Anthropology 32 (1991), S. 603–613.

Hiley, David R./Bohman, James F./Shusterman, Richard (Hg.): The Interpretive Turn. Philosophy, Science, Culture. Ithaca, London 1991.

Inglis, Fred: Clifford Geertz. Culture, Custom and Ethics. Cambridge 2000.

Kramer, Jürgen: Geertz im Kontext. Anmerkungen zur interpretativen Anthropologie eines *Merchant of Astonishment*, in: Anglistik 11, 1 (2000), S. 97–127.

Kumoll, Karsten: ‹From the Native's Point of View›? Kulturelle Globalisierung nach Clifford Geertz und Pierre Bourdieu. Bielefeld 2005.

Marcus, George E./Cushman, Dick: Ethnographies as Texts, in: Annual Review of Anthropology 11 (1982), S. 25–69.

Marcus, George E./Fischer, Michael M. J.: Anthropology as Cultural Critique. An Experimental Moment in the Human Sciences. Chicago, London 1986.

Medick, Hans: «Missionare im Ruderboot»? Ethnologische Erkenntnisweisen als Herausforderung an die Sozialgeschichte, in: Alf Lüdtke (Hg.): Alltagsgeschichte. Zur Rekonstruktion historischer Erfahrungen und Lebensweisen. Frankfurt/M., New York 1989, S. 48–84.

Musner, Lutz: Kultur als Textur des Sozialen. Essays zum Stand der Kulturwissenschaften. Wien 2004.

Ortner, Sherry B.: The Fate of «Culture». Geertz and Beyond. Berkeley 1999.

Ortner, Sherry B.: Theory in Anthropology Since the Sixties, in: Comparative Studies in Society and History 26 (1984), S. 126–166.

Rabinow, Paul/Sullivan, William M. (Hg.): Interpretive Social Science. Berkeley 1979.

Rabinow, Paul/Sullivan, William M. (Hg.): Interpretive Social Science. A Second Look. Berkeley 1987.

Reckwitz, Andreas/Sievert, Holger (Hg.): Interpretation, Konstruktion, Kultur. Ein Paradigmenwechsel in den Sozialwissenschaften. Opladen, Wiesbaden 1999.

Ricœur, Paul: Der Text als Modell: hermeneutisches Verstehen, in: Walter L. Bühl (Hg.): Verstehende Soziologie. Grundzüge und Entwicklungstendenzen. München 1972, S. 252–283 (auch in: Hans-Georg Gadamer/Gottfried Boehm [Hg.]: Seminar: Die Hermeneutik und die Wissenschaften. Frankfurt/M. 1985, S. 83–117).

Schlesier, Renate: Was ist Interpretation in den Kulturwissenschaften? In: Querelles. Jahrbuch für Frauen- und Geschlechterforschung 8 (2003), S. 29–49.

Schwanitz, Dietrich: Dichte Beschreibung, in: Jürgen Fohrmann/Harro Müller (Hg.): Systemtheorie der Literatur. München 1996, S. 276–291.

Scott, Joan W./Keates, Debra (Hg.): Schools of Thought. Twenty-Five Years of Interpretive Social Science. Princeton, Oxford 2001.

Shweder, Richard A./Good, Byron (Hg.): Geertz by His Colleagues. A Colloquium. Chicago 2005.

Spiegel, Gabrielle M.: History, Historicism, and the Social Logic of the Text, in: dies.: The Past as Text. The Theory and Practice of Medieval Historiography. Baltimore, London 1997, S. 3–28.

Steger, Florian (Hg.): Kultur – ein Netz von Bedeutungen. Analysen zur symbolischen Kulturanthropologie. Würzburg 2002.

Stellrecht, Irmtraud: Interpretative Ethnologie: Eine Orientierung, in: Thomas Schweizer/Margarete Schweizer/Waltraud Kokot (Hg.): Handbuch der Ethnologie (Festschrift für Ulla Johansen). Berlin 1993, S. 29–78.

Turner, Victor W./Bruner, Edward M. (Hg.): The Anthropology of Experience. Urbana, Chicago 1986.

Wiechens, Peter: Das Prinzip Überschreitung. Clifford Geertz und die Konstitution der *Interpretativen Anthropologie*. Münster (Diss.) 2000.

## 2. PERFORMATIVE TURN

Der *performative turn* lenkt die Aufmerksamkeit auf die Ausdrucksdimension von Handlungen und Handlungsereignissen bis hin zur sozialen Inszenierungskultur. Weder kulturelle Bedeutungszusammenhänge noch die Vorstellung von «Kultur als Text» stehen hier im Vordergrund, sondern die praktische Dimension der Herstellung kultureller Bedeutungen und Erfahrungen. Aus Ereignissen, Praktiken, materiellen Verkörperungen und medialen Ausgestaltungen werden die Hervorbringungs- und Veränderungsmomente des Kulturellen erschlossen. Doch nicht nur durch eine gesteigerte Aufmerksamkeit auf solche Aufführungs-, Darstellungs- und Inszenierungsaspekte, auf «Kultur als Performance», wird der *performative turn* zu einem Meilenstein für die kulturwissenschaftliche Diskussion. Richtungweisend ist auch sein spezifischer Beitrag einer kritischen Prozessanalyse.[1] Denn der «performative turn» ist eine weitere Neuorientierung, die sich grundsätzlich abwendet vom Leitbegriff der «Struktur» und hinwendet zur Leitvorstellung des sozialen «Prozesses»: «Performance is a paradigm of process»[2]. Auch wenn es sich hier ebenfalls um keinen Paradigmenwechsel im strengen Sinn handelt, wird mit Blick auf «Prozesse» die Strukturkritik des *interpretive turn* weitergeführt, ja sogar noch verstärkt: Beide Wenden setzen sich ausdrücklich von der strukturalistischen Methode ab, Symbolsysteme wie Mythen, Rituale, Verwandtschaften, Geschlechterverhältnisse usw. in binäre Oppositionen einzuzwängen. Diese kritische Absetzung zieht sich dann durch alle weiteren Wechsel der kulturwissenschaftlichen Neuorientierungen hindurch. Sie bestimmt bis heute die Kardinalkritik der Kulturwissenschaften am Binaritätsprinzip. Um auch solche Initialwirkungen des *performative turn* produktiv machen zu können, wäre ausdrücklich noch vor den «Performativierungsschüben» von Seiten der gegenwärtigen Theaterwissenschaften[3] anzusetzen.

Einen besonders anschlussfähigen Horizont bietet eine Vergegen-

wärtigung der Ritualanalysen aus dem «klassischen» Feld der Symbolischen Ethnologie. Hier finden sich fruchtbare Impulse für performative
Perspektiven einer transnationalen Kulturwissenschaft, wenngleich
ihr Schauplatz zunächst noch im Umkreis der interpretativen Kulturanthropologie liegt. Fortwirkungen des *interpretive turn* sind hier unübersehbar. Denn die interpretative Wende zielte zwar auf eine Hermeneutik
von Kultur, doch näherte sie sich kulturellen Bedeutungen, ausgehend
von öffentlich zugänglichen Inszenierungs- und Darstellungssphären.
Hieran knüpft die performative Neuorientierung an.

## 1. ENTSTEHUNGSKONTEXT UND HERAUSBILDUNG DES *PERFORMATIVE TURN*

Die Einseitigkeit des Textmodells und seiner Bedeutungslastigkeit im
*interpretive turn* haben dazu geführt, dass die Sozialwissenschaften seit
den 1970er Jahren immer stärker das Vokabular kultureller Performanz
aufgegriffen haben. Dieses speist sich aus ganz unterschiedlichen Quellen: nicht nur aus den Aufführungsmodellen des Theaters, aus den In-
szenierungskulturen von Kunst, Politik und Alltagsleben, sondern auch
aus ritualanalytischen Ansätzen in der Ethnologie sowie aus den Sprach-
verwendungsszenarien der pragmatischen Sprachphilosophie und der
Sprechakttheorie. Die Konzeptualisierung dieser performativen Begrifflichkeit reicht bis in die neueren Ansätze der *Genderstudies* und der aktuellen Medientheorien hinein. Doch schon Clifford Geertz spricht in seinem Schlüsselaufsatz «Blurred Genres» von dem «steadily broadening
stream of social analyses in which the drama analogy is (...) governing»[4].
Wird aber mit dem Aufkommen der Spiel- und Drama-Analogie die Herrschaft des Textes wirklich abgelöst? Der Ethnologe Dwight Conquergood
etwa behauptet: «The performance paradigm is an alternative to the
atemporal, decontextualized, flattening approach of text-positivism.»[5]
Doch kann man wirklich von einem «performance paradigm» sprechen,
das nun an die Stelle des Textparadigmas tritt? Conquergood ist keineswegs der Einzige, der hier einen klaren Umschwung vom Text- zum

Performance-Paradigma am Werk sieht; auch andere reden von einem «Paradigmenwechsel (...) von text- zu handlungsorientierten Betrachtungen»[6].

Ein solcher «Paradigmenwechsel» wird auch behauptet, wenn der *performative turn* in jüngster Zeit durch interdisziplinäre Forschungen zum Theatralitätskonzept eine spezifische Akzentuierung erhält. Wenn dabei «Kultur als Inszenierung»[7] überschätzt wird, wenn dabei Methoden entwickelt werden, «Kultur als Aufführung zu untersuchen»[8], dann wird hiermit vielleicht doch vorschnell ein Abschied vom Textmodell in den Kulturwissenschaften vollzogen: «Den Blick der Kulturwissenschaften, die sich so lange am Text-Paradigma orientiert haben, auf die Theatralität von Kultur zu lenken, heißt, sie für den Aufführungscharakter von Kultur zu sensibilisieren.»[9] Doch selbst wenn Aufführung zu einem neuen, innovativen Begriff der Kulturwissenschaften wird, bedeutet dies dann unweigerlich, den Textbegriff hinter sich zu lassen? Aus der Sicht der Theaterwissenschaft, die zwischen Textvorlagen und ihren Bühneninszenierungen bzw. Aufführungen klar unterscheidet, mag dies so erscheinen. Weniger strikt hingegen stellt sich dies aus der Perspektive der so genannten Symbolischen Ethnologie bzw. Vergleichenden Symbologie dar, die den *performative turn* allererst ins Rollen gebracht hat.

Mit einer strikten Grenzziehung zwischen textueller und performativer Wende macht man es sich jedenfalls zu leicht. Dabei übersieht man die vielschichtigen Überlappungen verschiedener *turns* auf ein und demselben intellektuellen Feld, die zu theoretisch besonders anregenden Mischformen führen. In diesem Fall ist es ein performativ erweitertes Textverständnis, das sich schon im *interpretive turn* aus der Vorstellung von «Kultur als Text» ergibt und das ausdrücklich an Darstellungsformen wie Festen, Karneval, Ritualen und anderen Handlungsformen ablesbar wird. Eine performative Perspektive zeigt sich auch in Geertz' Buch über Bali als Theaterstaat[10]. In der balinesischen Kultur sieht Geertz einen expressiven Grundzug der Stilisierung und Inszenierung am Werk, ein Denken in sozialen Rollen. Bali ist nicht nur ein Theaterstaat, sondern auch «ein Theater des Status, es wird Hierarchie inszeniert»[11]. Allerdings erzeugt auch diese Einsicht noch keineswegs einen umfassenderen *performative turn*. Denn der performative Befund bleibt hier noch auf ein Merkmal der interpretierten Kultur bezogen, auf ihre kulturelle Selbstauslegung durch expressive Darstellung und Stilisierung. Zu einem Wechsel der Forschungsperspektive hingegen kann erst ein eigenes performatives Analysevokabular führen, mit dem dann auch das Text- und Kulturverständnis selbst dynamisiert wird. Gerade unter diesem Vorzeichen bricht der *performance approach* der Symbolischen Ethnologie das holistische Verständnis von Kultur als geschlossenem Bedeutungssystem auf. Kultur erscheint vielmehr als ein bedeutungsoffener, performativer und dadurch auch veränderungsorientierter Prozess, der sich mit einem dezidierten Handlungs- und Inszenierungsvokabular erschließen lässt.

Es ist der deutlichere Handlungs- und Ereignisbezug, der nun – am Beispiel des Rituals und des «sozialen Dramas» – ins Blickfeld rückt. Dabei erweist sich die ethnologische Ritualanalyse allerdings nur als eine der Triebkräfte für die performative Wende. Sie selbst profitierte von der Popularität der *Ritual Studies* seit den 1970er Jahren, die den Ritualbegriff in kritischer Anknüpfung an die frühen Studien zur rituellen Ursprungstheorie des Theaters verbreiteten.[12] Doch der Nährboden für den *performative turn* ist weit vielschichtiger. Denn ein ebenso wichtiges Hauptgleis der performativen Theorieentwicklung bildet die Sprachphilosophie und hier besonders die handlungsbezogene Sprechakttheorie von John L. Austin.[13] Entscheidend ist deren besondere Verknüpfung von Sprechen und Handeln: In bestimmten Akten des Sprechens – so Austin – werden bestehende Sachverhalte nicht nur im Modus der Aussage wiedergegeben, sondern geradezu erschaffen. Sprechen und Handlungsvollzug fallen in performativen Äußerungen bzw. Sprechakten zusammen, z. B. im Versprechen, Befehlen, Taufen. Auch hier schon werden die Wirkungen sprachlicher Äußerungen an ihre (hier noch nicht genauer bestimmten) zeremoniellen oder rituellen Rahmenbedingungen rückgebunden. Austins Sprechakttheorie löst jedenfalls den *performative turn* entscheidend mit aus, indem ihr zunächst sprachbezogener Performanzbegriff seinerseits eine «kulturwissenschaftliche Wende» hin zu kultureller *performance*[14] erfährt. «Die kulturwissenschaftliche ‹Entdeckung des Performativen› liegt demnach darin, daß sich alle Äußerungen immer auch als Inszenierungen, das heißt *als Performances* betrachten lassen.»[15]

Unter diesem Inszenierungsaspekt kann die kulturwissenschaftliche Entdeckung des Performativen – besonders aus der Sicht der Theaterwissenschaften – noch an einen anderen Strang anknüpfen, der «Performativierungsschübe» auslöst: an die performative Wende in den Künsten selbst. Die Performance-Kunst der 1960er Jahre, Aktionskunst, Happenings und experimentelles Theater, geriert hier entscheidende Schauplätze einer «Entgrenzung der Künste», die den Aufführungscharakter des Ästhetischen betont und Ereignisse statt Werke[16] in Szene setzt. Anstöße zu einem *performative turn* gehen aber nicht nur von Kunst und Theorieentwicklung aus, sondern auch von der Alltagskultur.[17] Hier ist die in den 1970er Jahren ausgeprägte soziale Bewegung des *New Age* mit ihrer Aneignung religiöser Praktiken aus fremden Kulturen bemerkenswert. Zu wichtigen Wegbereitern gehört darüber hinaus die bis in die Gegenwart reichende Theatralisierung der Lebenswelten durch Medieninszenierungen und «Informationsvisualisierungen»[18] – bis hin zum Computer als «Bühne» für Internet-Auftritte.[19] Entscheidend ist hier das Phänomen der durchgreifenden Theatralisierung der gegenwärtigen Medien- und «Inszenierungsgesellschaft»[20]. Darauf verweisen die Darstellungsräume der Politik[21] ebenso wie die «Beobachtungs- und Inszenierungsgesellschaften», in denen sich die Subjekte nach dem Verlust fester Orientierungsvorgaben weitgehend durch Selbstinszenierung in ihrer Gruppenzugehörigkeit erkennbar machen müssen.[22] Solche ästhetischen und medialen Alltagsphänomene schaffen jedenfalls ein entsprechendes gesellschaftliches Bedingungsfeld, das nicht nur einen populärkulturellen Trend zur Performativität nahe legt, sondern gerade auch das Aufkommen eines theoretisch fokussierten *performative turn* begünstigt.

Es ist diese gemischte Konstellation zwischen alltagskulturellen Trends und einem Umschwenken der kulturwissenschaftlichen Theorieentwicklung im Horizont einer umfassenderen «postmodernen Wende»[23], welche schließlich den *performative turn* in eine vielgliedrige «spiral of performative turnings, conceptual flips»[24] ausdifferenziert. Und doch sollten die klaren Schneisen der Theorieentwicklung weiterhin auseinander gehalten werden. Schließlich laufen die Wegbereiter einer performativen Neuorientierung zunächst noch auf getrennten Gleisen und setzen je eigene Schwerpunkte. Die entsprechend «verschiedenen, durchaus gegenläufigen Lesarten»[25] der Performanz/Performance-Begriffe in Anthropologie, Sprechakttheorie, Theaterwissenschaften und Geschlechterforschung sowie in den Theorien zu Ritualisierungen und Alltagsinszenierungen erzeugen eben keine bruchlos gemischte «Gemengelage»[26]. Auch werden sie im *performative turn* nicht einfach gebündelt oder postmodern verwoben. Zwar ist es ein Verdienst der Theaterwissenschaften, die zunächst unverbundenen Stränge der sprechakttheoretischen Performativität (Austin) und der rituellen bzw. theatralen Performance (Victor Turner) zusammengeführt zu haben. Doch diese verschiedenen Theoriestränge einmal wirklich miteinander in Auseinandersetzung zu bringen – z. B. Austins unterschwelliges, aber ungeklärtes Ritualverständnis mit ritualanalytischen Ansätzen anzugehen und umgekehrt die ethnologischen und dramentheoretischen Ritualtheorien im Licht der Sprechakttheorie –, dies ist immer noch eine Leerstelle und wäre ein Desiderat der neueren Performativitätsforschung. Aber auch dann wäre gerade durch Nichtauflösung der jeweiligen gegenläufigen Lesarten das produktive Spannungsverhältnis aufrechtzuerhalten, das für einen umfassenderen *performative turn* bahnbrechend wird. Erst dadurch wird eine performative Erkenntniseinstellung wirksam, die über das engere Gebiet der Theatralitätsforschung hinausführt und dabei Sprache als Handlung und Kultur als Inszenierung beschreibbar macht. Inszenierungsdimensionen sozialer und gesellschaftlicher Praktiken überhaupt kommen in den Blick und werden aufgewertet. Das ausgedehnte Spektrum der performativen Aufmerksamkeit erstreckt sich von da aus auf die verschiedensten kulturwissenschaftlichen Gegenstandsfelder: auf «performance ‹beyond the established theatrical genres› onto a wider and rougher terrain that includes, among other things, ‹armed conflict and comestibles›.»[27]

Performanz, Performance und Performativität werden zu neuen kulturwissenschaftlichen Grundbegriffen[28]. Sie beziehen sich auf das Gemachtsein von Sprache und Wirklichkeit und dienen der Analyse von sozialen Selbstdarstellungen ebenso wie von Formen politischer Theatralität bis hin zu Schauplätzen militärischer Konflikte. Wie kann man mit Sprache Handlungen auslösen, wie wird Wirklichkeit produziert und in Szene gesetzt? Während sich die Textkategorie eher auf die Sedimentation von Bedeutungen richtet, geht es hier um die Frage, durch welche Handlungsvollzüge (kulturelle) Bedeutungen erzeugt werden: Die «bedeutungsprägende(n) Kraft menschlicher Handlungsweisen»[29] rückt neu in den Blick. Diese ausdrückliche Verknüpfung der Bedeutungskonstitution mit performativen Handlungsprozessen wird allerdings weit ausgelegt. Daher können auf ihrem Hintergrund wiederum die Performanz von Texten, ihre Leserrezeption oder auch ihre rituelle Ausarbeitung konkreter gefasst werden. Dies hat bereits Michail Bachtin vorgeschlagen, der mit seiner Theorie des Karnevals und des Dialogischen ebenfalls zu einem der Vorreiter des *performative turn* geworden ist. Ähnlich wie Austin hat auch er an einer spezifischen Weiterentwicklung des *linguistic turn* gearbeitet, welche die Sprache als abstraktes linguistisches System ablöst durch Sprache als historische Praxis.[30] Bachtin führt in diesem Zusammenhang die Kategorie des Konflikts, der Herausforderungen durch den Anderen (Otherness) und von daher die Instanz des kritischen Dialogs ein. Schon dieser frühe Ansatz hat mit Weitblick Wege geebnet, die später dann vom *performative turn* aus in den *postcolonial turn* hinüberführen. Dort zielen sie – wie bei Homi Bhabha – auf Performativität im Sinne einer kreativen, differenzbewussten Ausgestaltung von postkolonialer Repräsentation und Handlungsmacht. Dies führt sogar so weit, dass durch den *performative turn* das Tor aufgestoßen wird hin zu kulturellen Widerstandsäußerungen und -handlungen.[31]

Eine solche Politisierungsperspektive wird für die performative Wende aber erst dann offen gehalten, wenn man den Blick nicht – wie manche performativen Neuansätze[32] – auf die Hervorbringung von Bedeutungen durch Handeln verengt. Erst eine markante weitere Drehung des *performative turn* verweist auf ein viel wirkungsvolleres Potenzial: auf die Mobilisierungskraft sozialer Praktiken im Hinblick auf kulturelle *Veränderungs*prozesse. Veränderungsmomente ergeben sich bereits aus den Spielräumen der rituellen Praxis selbst, wie sie durch eine analytische Zergliederung des Rituals in seine spezifische Verlaufsform sichtbar werden. Deshalb wird die folgende Verknüpfung des *performative turn* mit der ethnologischen Ritualanalyse eine Perspektive stark machen, die auch in den bisher durchaus übergewichteten Anschlüssen an die sprachphilosophische Sprechakttheorie[33] noch zu wenig verfolgt wurde. Immerhin hat der Kulturanthropologe Victor Turner mit seiner ethnologischen Ritualanalyse den *performative turn* methodisch besonders weit greifend präzisiert. So hat er Performance als eine Ausdrucksform – in einer an Wilhelm Dilthey angelehnten «Ethnologie der Erfahrung»[34] – zwar an Erlebnisstrukturen rückgebunden, für deren Zugänglichkeit jedoch erst eine ganz spezifische eigene «Verlaufsstruktur» vorausgesetzt.[35]

## 2. DIE ETHNOLOGISCHE RITUALANALYSE ALS IMPULS FÜR DEN *PERFORMATIVE TURN*

Mit der Analyse der idealtypischen Verlaufsstruktur von Ritualen hat Turner ein neues Untersuchungsfeld erschlossen, das sich weit über traditionelle Ritualstudien hinaus erstreckt und Angelpunkte für kulturelle Innovationen freilegt. Seine genaue Analyse der rituellen Sequenzen ist nicht nur ritualtheoretisch, sondern auch kulturtheoretisch von großer Reichweite. Dies gilt zunächst für seine Differenzierung der Begrifflichkeit. Schließlich ist der Ritualbegriff – ähnlich wie der Kulturbegriff – längst inflatorisch abgenutzt. So wird er auf jegliche stereotype, standardisierte, stark formalisierte Handlung und wiederholbare Verhaltensabfolge angewendet. Bekanntlich spricht man von Essritualen, vom Ritual des Zähneputzens, von Vorlesungsritualen, Diskussionsritualen, Ins-Bett-geh-Ritualen. Doch handelt es sich hierbei wirklich um Rituale? Wie kann man Rituale von Zeremonien unterscheiden? Im klassischen ethnologischen Sinn sind Rituale Einfallstore für die sakrale Sphäre. Sie verkörpern eine sakrale Dimension in einer säkularen Umwelt – Rituale als das «Heilige», so hat es jedenfalls einer der Klassiker der Ritualtheorie formuliert, der französische Soziologe Emile Durkheim. Im *performance approach* wird das Rituelle über diese sakrale Sphäre hinaus konzeptuell erweitert. So spricht man auch von säkularen Ritualen[36], von Alltagsritualen (Erving Goffman) und von Ritualen als «sozialen Dramen» (Turner). Doch handelt es sich in diesen Fällen nicht eher um Zeremonien? Nein, solange für sie eine spezifische Ritualdefinition zutrifft: Rituale, so könnte man definieren, sind vom Nützlichkeitsprinzip des sozialen Lebens abgehoben. Sie sind symbolisch-expressive, kultische Handlungssequenzen, sakrale Zwischenphasen im Kontinuum des Alltagslebens oder mit kultureller Symbolik aufgeladene konventionalisierte symbolische Handlungsweisen. Eine solche Bedeutungsaufladung oder gar kulturelle Überdetermination fehlt hingegen bei Zeremonien. Und noch eine weitere Unterscheidung Turners ist hier einschlägig: «Ceremony *indicates*, ritual *transforms*»[37] oder – wie es weniger treffend in der deutschen Übersetzung heißt – «Eine Zeremonie ist *indikativisch*, ein Ritual *transformativ*»[38]. Zeremonien ändern also nichts, sie zeigen nur etwas an (z. B. den sozialen Status) und wirken als Zeichen. Rituale dagegen transformieren und verändern. Sie regeln Übergänge von einem Zustand in einen anderen. Das können Zustände ganzer Gesellschaften sein, wie etwa Jahreszeitenwechsel. Es können aber auch lebenszyklische Krisen und Übergänge zwischen Lebensabschnitten von Subjekten sein, wie etwa bei Adoleszenz-, Hochzeits- und Beerdigungsritualen im individuellen Sozialisationsprozess. Entscheidend ist jedoch, dass es sich bei Ritualen – nach Turner – immer um Initiations- und Übergangsphänomene handelt.

Zwar deckt Turners Ritualanalyse keineswegs alle rituellen Phänomene ab, und seine strikte, formalistische Unterscheidung zwischen Ritual und Zeremonie ist nicht immer haltbar. Doch sie zeichnet eine methodisch anregende Leitlinie für den Fortgang der performativen Wende auch in den anderen Wissenschaften. Denn hier wird ein konkretes methodisches Analyseinstrumentarium entwickelt, mit dem kulturell signifikante Handlungs- und Darstellungsabläufe aus verschiedenen Gesellschaften auf dem gemeinsamen Nenner ihrer Inszenierungsstruktur beschrieben werden können. Das Gegenstandsfeld, das sich hierbei eröffnet, ist freilich überschüssiger, als es die standardisierten, stark formalisierten, ja routinisierten Handlungsverläufe nahe legen, die bei allen Formen von Ritualen im Spiel sind. Als bloßes Gegenstandsfeld wird das Ritual im engeren Sinn gerade durch den performativen Blick aufgebrochen. Denn dieser macht ein kulturell entscheidendes Innovationspotenzial sichtbar: die transformativen Spielräume des Rituellen bzw. «Rituale als transformative Performanzen»[39]. So erweist sich der «rituelle Prozess», wie ihn Victor Turner an den Verlaufsstrukturen von Ritual und sozialem Drama ausarbeitet, zunächst nur als ein gegenständlich-empirisches Sprungbrett für einen viel weiter reichenden Versuch: Ziel ist, die konzeptuelle Linse der Performanz[40] zu schärfen und sie auch auf andere Untersuchungsfelder zu richten. Der Blick wird nun deutlich auf (kulturelle) Veränderung und Transformation gelenkt. Dieses Potenzial wird bis heute zugunsten des Inszenierungsaspekts immer noch viel zu wenig erkannt. Dabei wäre es durchaus fruchtbar zu machen für gegenwärtige Versuche, die Spielräume symbolischen Handelns in der entstehenden Weltgesellschaft auszuloten, mit denen Grenz- und Übergangserfahrungen von Individuen gestaltbar werden, aber eben auch Transformationsprozesse ganzer Gesellschaften – bis hin zu den Übergangsspannungen postkolonialer Situationen.

Die performative Wende zielt schließlich darauf, den pragmatischen Prozess der Symbolisierung selbst zu erfassen. Die Symbolanalyse wird ihrerseits dynamisiert. So reicht es nicht, Symbole allein als Bedeutungsträger wahrzunehmen – wie beim *interpretive turn* – oder einzelne Symbole auf ihre Bedeutung hin zu dechiffrieren. Erst ihre historischen Verwendungszusammenhänge, ihre Einbindungen in prozessuale Formen wie Ritual und soziales Drama, geben Einblicke in den Prozess der Symbolisierung selbst. Denn Rituale sind Inszenierungsmedien symbolischen Handelns, in denen Symbole ausgebildet und verändert werden. Doch erst eine Analyse der konkreten rituellen Verlaufsformen realisiert das gemeinsame Bemühen von Ethnographie, von Literatur- und Kulturwissenschaften: «die Symbole gewissermaßen in Bewegung einzufangen»[41].

Für diese dynamische performative Neuorientierung ist Victor Turner zweifellos eine Leit«figur» – jenseits aller personalisierenden Engführung. Ausgehend von den Ndembu, einem afrikanischen Stamm des nordwestlichen Sambia, hat Turner eine Symbol- und Ritualanalyse auf der Erfahrungsgrundlage konkreter Feldforschungen ausgearbeitet. Darüber hinaus erstreckt sich seine Vergleichende Symbologie auf die symbolischen Formen, rituellen Elemente und überhaupt auf die Inszenierungskultur moderner, komplexer Industriegesellschaften: «from the Ndembu to Broadway», wie es Edith Turner in ihrer kurzen Skizze einer intellektuellen Biographie ihres Mannes beschreibt.[42] Victor Turner, 1920 in Glasgow geboren und 1983 in den USA gestorben, lehrte seit 1963 in den USA (Cornell University/University of Chicago/University of Virginia). Als Sohn einer Schauspielerin hat er selbst in seinen letzten Jahren gleichsam eine theatralische Wende vollzogen. In Zusammenarbeit mit einem Drama Workshop in New York, geleitet von dem New Yorker Theaterwissenschaftler und zugleich Theaterdirektor Richard Schechner[43], entwickelte er seinen performativen Ansatz zu einer buchstäblichen «Aufführungsanthropologie» weiter: durch praktische Versuche, die beobachteten Rituale fremder Gesellschaften in seinen ethnologischen Seminaren regelrecht nachzuspielen. Feldforschungserfahrungen wurden dabei in Rollenspiele umgesetzt, um sie auszuagieren und durch eine derart nacherlebende Inszenierung fremde Erfahrungen gewissermaßen zu teilen. Hier ließe sich geradezu von einem *theatrical turn* in der Ethnographie sprechen.[44]

Diese extreme Mündung in einer theatralischen Wende entspricht durchaus Turners zugespitzter Analyse von Initiationsritualen. Turner leitet die aktive Rolle von Symbolen im sozialen Prozess eben nicht aus den «toten Hüllen»[45] von Strukturen ab, sondern aus der gesteigerten Erfahrung menschlicher Beziehungen, Gefühle und «Erlebnisstrukturen»[46] in rituellen Schwellenzuständen. Die Verhältnisse der afrikanischen Stammesgesellschaft sind hier nur ein Ausgangspunkt für seine vergleichende Übertragung und Anwendung auf ganz andere Zusammenhänge, seien es die Initiationsriten des Franziskanerordens oder auch diejenigen der Hippies der 1960er Jahre. Turners Symbol- und Ritualstudien geben damit Aufschluss über die soziale Inszenierungskultur, die in jeder Gesellschaft mehr oder weniger stark ausgeprägt ist. So verweisen sie zwar auf Anzeichen einer Re-Ritualisierung in modernen Industriegesellschaften, auf die Neubelebung von Initiations- und Übergangsriten oder zumindest von rituellen Restbeständen. Doch über diese Gegenstandsebene hinaus werden «Ritual» und «soziales Drama» – angeregt durch die *Anthropology of Performance*[47] – seit den 1970er/1980er Jahren zu neuen, theoretisch-konzeptionell angereicherten Analysekategorien[48] ausgearbeitet. Von einem *performative turn* kann man überhaupt erst sprechen, sobald der Ritualbegriff über das Gegenstandsfeld hinaus auf die Ebene einer Analysemethode übergreift.[49]

Gemeinsamer Nenner dieser «Wende» ist die Inszenierungsstruktur von Handlungen, wie sie sich etwa in Festen, Karneval, den Repräsentationsformen von Sport, Politik und Religion und nicht zuletzt in Drama und Theater niederschlägt und wie sie mit Hilfe des «performance approach» interpretiert werden kann.

## 3. Liminalität und kulturelle Innovation

### Ritual

Warum sind Rituale eigentlich notwendig? Sie regeln die mit gesellschaftlichen Übergängen und individuellen Statusänderungen verbundenen Irritationen und Herausforderungen, Gefährdungen oder gar Bedrohungen der sozialen Ordnung. Dass ihnen dies gelingt, könnte bereits an ihrer eigenen Verlaufsordnung liegen, an den Phasen des rituellen Prozesses selbst. Dies jedenfalls behauptet Turners bahnbrechende Ritualanalyse. Sie ist eine Neuinterpretation der Pionierarbeit des französischen Volkskundlers Arnold van Gennep von 1909[50] und greift dessen 3-Phasen-Schema auf:

1. *Trennungsriten (rites de séparation)* – hier werden die Novizen, Initianden aus dem gewohnten sozialen Umfeld herausgelöst, vom früheren Status getrennt, ja vorübergehend aus jeglichen sozialen Bindungen befreit.

2. *Schwellen-* bzw. *Umwandlungsriten (rites de marge)* – die Novizen werden in einen Schwebe- und Zwischenzustand versetzt, in dem sie eine Verbindung zur Sakralsphäre oder jedenfalls zu zentralen Normen und Symbolen einer Kultur herstellen.

3. *(Wieder-)Angliederungsriten (rites d'agrégation)* – sie integrieren die Subjekte wieder in eine neue, stabile gesellschaftliche Position.

Nicht in jedem Ritual sind alle drei Phasen gleichermaßen ausgeführt. So herrschen etwa in Hochzeitsritualen die Wiederangliederungsriten vor, in Beerdigungsritualen die Trennungsriten. In jedem Fall jedoch ist es die mittlere Ritualphase, die höchst symbolträchtige Grenz- und Übergangsphase der «Liminalität», die hier als ein herausgehobener Erfahrungszustand ausgewiesen wird und die noch dazu einen besonderen Akzent kultureller Relevanz erhält. Liminalität wird nicht nur zu einem performativen Grundbegriff, sondern erweist sich im weiteren Verlauf der kulturwissenschaftlichen Neuorientierungen, besonders im *postcolonial turn* und im *spatial turn*, geradezu als ein Schlüsselphänomen.

Vor allem an Initiationsriten zeigen sich die typischen liminalen Eigenschaften: Im Zustand der Liminalität sind die Novizen oft namenlos, geschlechtslos und aus ihren vorherigen sozialen Bindungen vorübergehend herausgelöst. Sie schweben in einer labilen Zwischenexistenz außerhalb der Sozialstruktur. So führt z. B. der Übergang zwischen einem niederen und einem höheren Status durch den Zustand einer solchen Statuslosigkeit. Diese Umwandlungsphase in wichtigen Übergangsprozessen bei Personen oder sozialen Gruppen verkörpert in allen Kulturen, auch in denen komplexer Industriegesellschaften, eine prekäre rituelle Schwelle, an der «die Vergangenheit für kurze Zeit negiert, aufgehoben oder beseitigt ist, die Zukunft aber noch nicht begonnen hat – einen Augenblick reiner Potentialität, in dem gleichsam alles im Gleichgewicht zittert.»[51] Es handelt sich um einen irritierenden Grenz- und Zwischenzustand des «betwixt-and-between», der mit der Ordnung individueller oder gesellschaftlicher Übergangssituationen wie Pubertät, Statusänderung, Stellenwechsel, Hochzeit, Schwangerschaft verknüpft ist. Dieser liminale Schwellenzustand, der oft sogar buchstäblich realisiert wird – durch Überschreiten einer Schwelle oder durch Ortswechsel –, zeichnet sich dadurch aus, dass er vorübergehend die gewohnten Alltagsregeln außer Kraft setzt und soziale Normen, Rollen und Symbole gleichsam neu zur Disposition stellt.

Liminalität ist eine Erfahrungs- und Handlungsform des kulturtheoretisch heute so hoch geschätzten «Dazwischen»: Vieldeutige Symbole bringen die Unbestimmtheit und Unsicherheit des Schwellenzustands zwischen zwei Lebensstadien zum Ausdruck, etwa durch die Konfrontation der Initianden mit Tod, Dunkelheit, Unsichtbarkeit, aber auch durch Konfrontation mit übermenschlichen, ebenfalls mehrdeutigen Kräften, Mythen, Dämonen, Göttern, Magie, Hexerei, Geistererscheinungen (vgl.

Hamlet). Solche Konfrontationen erzeugen aber keineswegs nur Angst und Entfremdung. Sie scheinen den Novizen/Initianden auch dazu zu zwingen, sich mit seiner kulturspezifischen Symbolwelt auseinander zu setzen. Bis dahin für selbstverständlich gehaltene Symbolkomplexe und vertraute soziale Grenzziehungen werden gesprengt und durch Verfremdung und Spiel in sich widersprüchlich gemacht. Turner bringt hierfür ein anschauliches Beispiel: «Setzt man ein Menschenhaupt auf den Körper eines Löwen, so denkt man an den menschlichen Kopf im abstrakten Sinne. Für einen entsprechend gebildeten Angehörigen einer bestimmten Kultur wird es womöglich zu einem Symbol für den Häuptlingsstatus; oder es repräsentiert die Seele im Unterschied zum Leib, den Intellekt im Kontrast zur rohen Gewalt oder auch ganz andere Dinge.»[52]

Kurzzeitig ergibt sich also in der Phase der Liminalität ein fruchtbarer Spielraum für eine «analytische Zerlegung der Kultur in Faktoren»[53], für eine kreative symbolische Umkehrung sozialer Eigenschaften oder gar für eine Dekonstruktion symbolischer Zuordnungen.[54] Die Nutzung solcher kultureller Spielräume ist dabei entscheidend. Sie soll Experiment, Spiel, Statusumkehr, Ironie und Entstellung ebenso freisetzen wie Innovation und veränderte Sinnerfahrung, gerade durch eine praktische Handhabung, ja Verwandlung von Symbolen: «Im Zustand der Liminalität werden neue Handlungsweisen, neue Kombinationen von Symbolen ausprobiert, die dann verworfen oder akzeptiert werden.»[55]

Solche Eingriffsmöglichkeiten in den Prozess kultureller Symbolisierungen aufgrund ihrer Spielräume für kulturelle Selbstinterpretation und Innovation sieht Turner besonders am Werk in so genannten liminoiden Genres komplexer Gesellschaften: in Theater, Literatur, Malerei, Musik oder anderen Bereichen anti-struktureller Handlungsfreiheit. Im Unterschied zur rituellen Liminalität sind diese nicht durch Pflicht, sondern durch freies Spiel gekennzeichnet. Auch wenn hier Turners Begrifflichkeit in ihrer Rezeption zuweilen verflacht worden ist, etwa in Anwendung auf die «‹liminoide› Welt der Börse»[56], bleibt doch festzuhalten, dass im Freiraum der liminoiden Genres gewohnte Symbolisierungsvorgänge besonders schonungslos herausgefordert oder gar gebrochen werden können.[57]

Erst Victor Turner ist es also (und noch nicht Arnold van Gennep), der das rituelle Stadium der Liminalität mit einem derartigen Vermögen zu kultureller Reflexion auflädt und diese Phase zu einer der bedeutendsten Triebkräfte für kulturelle Erfindung und Veränderung aufwertet. Damit wird eine wichtige Gegenposition zur strukturfunktionalistischen Ritualinterpretation markiert. Turner suchte geradezu nach einem Neugestaltungsimpuls für die Sozialwissenschaften, bevor diese «am strukturalistischen Weinstock verdorren»[58]: Rituale sind für Turner eben nicht gesellschaftsstabilisierend, haben keine passive Funktion. Ganz im Gegenteil, sie enthalten ein erhebliches kulturelles Veränderungspotenzial. Während es Geertz eher um eine Verdichtung von Bedeutungen geht und man dem *interpretive turn* geringere Anstöße für die Analyse gesellschaftlicher Veränderungen zutraut(e), kommt in Turners dynamischem Ritualmodell ausdrücklich die Wandlungsfähigkeit kultureller Bedeutungen ins Spiel. Verändert wird aber auch der Kulturbegriff selbst. Denn wie alle *cultural turns* in den Kulturwissenschaften löst auch der *performative turn* eine Modifikation des Kulturverständnisses aus. Über das Gegenstandsfeld der kulturellen Performanz/Performativität/performance hinaus wird die Untersuchung von «Kultur als Darstellung» («culture as performance»[59]) vorangetrieben. Ein neuer Zugang zu «Kultur» wird somit gerade dadurch ermöglicht, dass die gesellschaftliche Dimension der Darstellung und Inszenierung mit der Dynamik sozialer Handlungsverläufe verknüpft wird. Gerade eine solche Verschränkung wird neben dem «Ritual» auch am «sozialen Drama» ablesbar.

## Soziales Drama

Rituale sind Bestandteile sozialer Dramen, durch die gesellschaftliche Konflikte in eine gegliederte Verlaufsform eingebunden und inszeniert, zugleich jedoch auch reguliert werden. Konkrete Fallbeispiele für soziale Dramen sind Verwandtschaftskonflikte ebenso wie Konflikte der Herrschaftsnachfolge, der Statusumkehr, der Rebellion und Revolution und des Krieges. Das Wirkungsfeld sozialer Dramen bzw. das Anwendungsfeld der entsprechenden Analysekategorie reicht zudem in die meisten Schichten des Alltagslebens hinein: «Ich bin der Auffassung, daß die

Form des sozialen Dramas auf allen Ebenen der Sozialorganisation, vom Staat bis zur Familie, zu finden ist»[60], so Victor Turners Schlaglicht auf die von ihm unterstellte Allgemeingültigkeit des sozialen Dramas.[61]

Den Begriff des «sozialen Dramas» hat Turner offensichtlich spontan geprägt: «A new term was needed»[62], und ihn dann idealtypisch und in seiner festen und vollständigen Abfolgeordnung weiter entfaltet. Auch wenn dieser Begriff heute eher aus dem Blickfeld verschwunden ist[63], verkörpert er doch nach wie vor ein anregendes Konzept. Denn er betont die Konfliktbestimmtheit des sozialen Lebens und ist damit auf die Spannungskonstellationen der entstehenden Weltgesellschaft besser anwendbar als manche harmonistische Einstellung der Kulturhermeneutik. Dieses Konzept führt jedenfalls, jenseits einer bloßen Darstellungs- und Ausdrucksdimension, zu handhabbaren Strategien sozialer Auseinandersetzung und Krisenbewältigung. Am «sozialen Drama» zeigt sich, wie der *performative turn* der methodischen Tendenz, für die Analyse sozialen Handelns Rollenmodelle und Theateranalogien heranzuziehen, eine breitere Wirkung verschafft. So wird das Verlaufsmuster sozialer Dramen andeutungsweise auch an wissenschaftliche, ja innerdisziplinäre Auseinandersetzungen angelegt, etwa in einem Aufsatz zu den Widerständen traditioneller Forschungsansätze gegenüber der Herausbildung interpretativer, postmoderner Neuausrichtungen in der «consumer research»-Forschung.[64] In einem weiteren Horizont jedoch wird die Metapher des «sozialen Dramas», gerade angesichts ihrer methodischen Präzisierung, immer dann einsetzbar, wenn soziale Konflikte auf ihre Verlaufsform hin genauer in den Blick genommen werden sollen, besonders um Eingriffsmöglichkeiten für Konfliktbewältigungsstrategien ausfindig zu machen – ein konkreter Ansatz für neuere Versuche, die heutige Ritualdiskussion auf Strategien der «Krisenintervention»[65] hin zu profilieren und zu aktualisieren.

Kennzeichnend für den idealtypischen Ablauf sozialer Dramen, die von Machtkämpfen innerhalb von Gruppen bis hin zu Spannungen in internationalen Beziehungen reichen, sind vier Phasen:

1. *Bruch* (sozialer Normbruch, Regelverletzung, Gesetzesverstoß).
2. *Krise* (Ausweitung und Zuspitzung des Bruchs bis hin zum Wendepunkt).

3. *Bewältigung* (Konfliktlösungsstrategien durch Rechtsverfahren oder rituelle Akte, durch Schlichtungsmechanismen oder auch militärische Zwangsmittel).

4. *Reintegration* oder *endgültige Spaltung* (Versöhnung oder Anerkennung des unüberwindbaren Bruchs bzw. Scheidung).

Auch hier wiederum liegt der Angelpunkt in der prekären Liminalität der Bewältigungsphase. Selbst wenn es in empirischen Konfliktfällen nicht wirklich zu einer Bewältigung im Sinne von Versöhnung kommen sollte, lebt das soziale Drama als Modell – und das ist zugleich sein Problem – doch vom aristotelischen Konzept einer geschlossenen Handlung, das aus der Tragödientheorie stammt und auf Bühnendramen zugeschnitten ist. Dem dramatischen Verlauf wird damit nicht nur Rationalität, ja Selbstreflexivität unterstellt, sondern auch eine Vermittlung der Interessenkonflikte durch den Bezug auf gemeinsame übergeordnete Werte: «Ich neige dazu, das soziale Drama in seiner vollen formalen Entfaltung, seiner vollen Phasenstruktur, als einen Prozeß aufzufassen, der bestimmte, über viele Handelnde verteilte Werte und Ziele in ein (...) System gemeinsamer oder übereinstimmender Bedeutung verwandelt.»[66]

Wieweit lässt sich dann mit einem solchen Modell wirklich arbeiten, wenn es über kulturinterne Konfliktkonstellationen hinaus universalisiert und auf Spannungsfelder interkultureller Beziehungen übertragen wird? Wären etwa die Ereignisse des 11. September 2001 als «soziales Drama» interpretierbar? Wohl kaum, solange man Turners Grundbedingung ernst nimmt: die Rückbindung an ein zumindest vorübergehend akzeptiertes «System gemeinsamer Bedeutung». Im Hinblick auf die Krisenbewältigung in globalen Verhältnissen müssten also noch differenzbewusstere Modelle ausgearbeitet werden. Die fragmentierten Ritualverläufe und liminalen Brucherfahrungen globaler Lebensverhältnisse zwingen offensichtlich dazu, die starre Verlaufsstruktur von Turners Ritualschema überhaupt zu verlassen. Denn nicht erst für gegenwärtige Szenarien erweist sich Turners Ansatz als zu eng, um die Vielzahl auch der unstrukturierten rituellen Bestandteile, der Alltagsrituale und der politischen Ritualisierungen, in ihrer unübersehbaren performativen Wirkungskraft erfassen und analysieren zu können.

## 4. Der *PERFORMATIVE TURN* IN EINZELNEN DISZIPLINEN

Die ritualanalytische Ausrichtung markiert nicht nur in der Ethnologie, sondern auch in anderen Disziplinen eine performative Wende.[67] Diese legt – im Unterschied zum Textmodell – den Konstruktcharakter sozialer Praktiken ebenso frei wie ihren Ausgestaltungs«spielraum». Nicht die Aufführung von bereits Vorhandenem kommt hier ins Spiel, sondern die Herausbildung von Neuem durch performative Prozesse. Ein solcher performativer Spielraum – auch auf der Ebene der Erkenntnisgewinnung – rückt in den Naturwissenschaften vor allem im Zuge der so genannten *Science Studies* zunehmend in den Blick: als «performative(r) Untergrund naturwissenschaftlicher Objektivität»[68]. Performativität betrifft hier die Gestaltungsmöglichkeiten im Umgang mit Tatsachen und Gegenständen in Bezug auf einen gesellschaftlichen Gebrauchszusammenhang – gerade mit Hilfe eines weiten Technikverständnisses. Für die Kulturwissenschaften jedoch hat die performative Blicköffnung noch weiter reichende Konsequenzen. Sie führt zur Einsicht, dass ihre eigenen Forschungseinstellungen kulturelle Selbsthervorbringungen nicht nur beschreiben, sondern durchaus mit ihnen zusammenwirken. So entwickeln z. B. die Geschichtswissenschaften ein Selbstverständnis im Sinne von «doing history», indem sie «der produktiven, bedeutungskonstituierenden Kraft von menschlichen Handlungsweisen in der Geschichte nachspüren»[69] – ähnlich wie das «doing gender»[70] der Geschlechterforschung, die selbst das biologische Geschlecht noch für performativ gestaltbar hält. In der *Theologie* wird Turners Transformationsgedanke für eine «Transformationstheologie» fruchtbar gemacht, etwa in Form einer ritual- und liminalitätstheoretischen Exegese der Paulusbriefe mit ihrem ergiebigen Verwandlungsaspekt der «Damaskuserfahrung».[71] Und in der Literaturwissenschaft schließlich wird die «notion of literature as performative»[72] betont, womit literarische Texte auf ihre Handlungsimplikationen hin erschlossen werden.

Wieweit der *performative turn* in die *Literaturwissenschaften* hineinreicht, lässt sich einerseits aus der Perspektive der Sprachphilosophie nachzeichnen, so etwa in einer Fallstudie zu Kafka aus dem Feld der «literarischen Performanz»[73] oder in Jonathan Cullers Ausschreiten der Bandbreite des *performative turn* von Austins Sprechakttheorie über Jacques Derrida bis hin zu performativen Genderkonzepten von Judith Butler und zur *Queer Theory*. Ausgehend von Austins Betonung der kreativen Funktion von Sprache als Verkörperung von Handlungen rekapituliert Culler die Impulse für eine performative Neubestimmung von Literatur: «literary works seem to bring into being ideas, concepts, which they deploy»[74]. So wird in literarischen Texten etwa das Konzept der (romantischen) Liebe in konkreten Handlungszusammenhängen ausgestaltet.

Folgt man andererseits der ethnologischen Performance- und Ritualanalyse, dann lassen sich nicht nur die Kommunikationsstrukturen der mittelalterlichen und frühneuzeitlichen Literatur besser erschließen.[75] Vielmehr lässt sich der Bezug von Literatur zu sozialer Praxis noch fundierter beleuchten. So wären literarische Texte auf ihre rituellen Bestandteile hin zu untersuchen, die oft in fiktionalisierender Verfremdungsabsicht eine kritische Aufsprengung der rituellen Verlaufsordnung erkennen lassen. Besonders Entwicklungs- und Bildungsromane sind auf rituelle Strukturen hin neu zu lesen. Aber auch hier ist die Ritualkategorie nur ein Vehikel für eine interkulturelle Blicköffnung: Selbst das europäische Individuum – dies zeigt etwa Friedrich Kittlers Studie zu Goethes «Wilhelm Meister» – ist in rituelle Strukturen und kulturelle Codierungen eingebunden und von kollektiven Erfahrungsmustern geprägt. Im Vergleich mit Hopi-Ritualen der Pubertät und Initiation wird hier vorgeschlagen, sogar den westlichen Bildungsprozess, wie er in europäischen Entwicklungsromanen entfaltet wird, nicht als den höchst individuellen Bildungsweg aufzufassen, sondern als einen kulturspezifisch durchaus vorgeprägten gesellschaftlichen Sozialisationsprozess.[76] Die vermeintliche Sonderstellung des europäischen Individuums wird damit relativiert und kann von einem solchen Ansatz aus auch mit Konzepten von der Person und vom Selbst in anderen Kulturen vergleichbar gemacht werden.

*Bühnendramen* sind freilich besonders geeignet für ritualanalytisch fundierte performative Untersuchungen, so etwa die Dramen August Strindbergs, die in der Geschichte der innerdramatischen Reflexion und

Umgestaltung von Ritualen eine herausragende Stellung einnehmen. «Nach Damaskus» ist ein besonders aufschlussreiches Beispiel für die literarische Ausgestaltung eines vollen, liminalitätsreichen Übergangs- und Verwandlungsrituals.[77] Aber auch an Strindbergs «Traumspiel» lassen sich neue Einsichten gewinnen durch eine ritualanalytische Blick- erweiterung, gerade an einer Szene über das Scheitern eines Promotions- rituals, in der ganz unterschiedliche Rituale und Ritualfragmente kom- biniert und kontrastiert werden: Das akademische Drama verwandelt sich hier in ein liturgisches Geschehen, der Doktorkandidat wird als Opfer des Streits der Fakultäten in den Erlöser verwandelt, der die Dor- nenkrone statt den Lorbeerkranz erhält und damit in den Bereich des Opfer- und Märtyrerrituals und in die Symbolik der Christusnachfolge eintritt. In einer solch verzerrten Initiationsszene, wie sie typisch ist für literarische Ritualverarbeitung bis hin zu einer Ritualverstümmelung[78], scheint keine sinnvolle Wiederangliederung, keine stabile Identitäts- bildung mehr möglich.

Die Verarbeitung von Übergangsritualen in Dramen zeichnet sich dadurch aus, dass sie das lineare Abfolgeschema des rituellen Verlaufs zumeist durchbricht. Literatur reflektiert Rituale, markiert Entfremdun- gen und Entstellungen ritueller Orientierungsmuster, parodiert sie oder bringt sie als bloße Versatzstücke ins Spiel. Überwiegend richtet sich der Fokus gezielt auf herausgehobene Ritualphasen, und hier hauptsächlich auf die liminale Übergangsphase. Ein durchgehender Grundzug scheint zu sein, dass alle Rituale im Stadium der Liminalität belassen und stabile Bedeutungen außer Kraft gesetzt werden. Auf diese Weise werden Litera- tur und Drama selbst zu Medien einer Ritualkritik, von der aus ein Bogen geschlagen wird zur gesellschaftlichen Inszenierungskultur.

Für die Verknüpfung dieser performativen Sphären, in deren brei- tem Spektrum auch der Heidelberger Sonderforschungsbereich «Ri- tualdynamik»[79] arbeitet, hat nicht zuletzt die Perspektive der *Theater- wissenschaft* den Weg bereitet. Sie hat den *performative turn* besonders entschieden vorangetrieben. Für Erika Fischer-Lichte, herausragende Vertreterin einer performativen Theaterwissenschaft am Sonderfor- schungsbereich «Kulturen des Performativen» der FU Berlin, sind sogar zwei «performative turns» am Werk: zunächst ein darstellungs- und aufführungsbezogenes Selbstverständnis der europäischen Kultur um die Jahrhundertwende des 19./20. Jahrhunderts, dann der theoriegeleitete *performative turn* in den Geistes- und Sozialwissenschaften. Zum ersten, historischen *turn* bringt sie folgende These: «Die europäische Kultur hat im 20. Jahrhundert den Übergang von einer dominant textuellen zu einer überwiegend performativen Kultur vollzogen»[80]. Im 19. Jahrhundert bildete sich weitgehend eine typisch europäische, textuelle Kultur heraus, während zu Beginn des 20. Jahrhunderts performative Strömungen überwogen, z. B. durch Exotismus, Entdeckung primitiver Kulturen, Entfaltung einer Kultur des Leibes und der Körperlichkeit, durch Kunsttanz, körperlich-rhythmische Schauspielkunst, Theatralisierung des öffentlichen Lebens, Maifeiern, Arbeiterfeste, Sportfeste usw. Diese Dimensionen dringen entsprechend der zunehmenden Theatralisierung der Gesellschaft in das Kulturverständnis ein und reichen – so Fischer-Lichte – bis hin zur Wiederentdeckung des Rituellen in der postindustriellen Gesellschaft auf der Ebene von Sportwettkämpfen, politischer Inszenierung usw. Fischer-Lichte betrachtet den neueren, methodenbewussten *performative turn* in den Kulturwissenschaften seit den 1990er Jahren geradezu als Reaktion auf diese historische performative Wende[81]: Materialität, Medialität und die Herausbildungsdynamik von Kultur rücken ins Blickfeld und scheinen gar die Metapher von «Kultur als Text» abzulösen.[82]

Eine solche Parallelsetzung des historischen mit dem methodischen *performative turn* ist nicht unproblematisch. Denn die kulturwissenschaftliche Richtungsänderung ist keineswegs allein von einer zunehmend theatralisierten historisch-gesellschaftlichen Wirklichkeit abzuleiten. Vielmehr handelt es sich um eine neue Wahrnehmungs- und Analyseeinstellung, mit der die Gegenstände, Handlungen und kulturellen Prozesse überhaupt erst performativ betrachtet werden, auch wenn sie keineswegs theatralisiert sind – nicht zuletzt unter dem Aspekt ihrer Inszenierung und ihrer Aufführungsdimensionen. Turners ritualanalytischer Zugang zur *Performance* ist also weiter reichend. Denn er setzt systematischer an und ist gerade nicht inhaltlich auf bestimmte «Epochen» des Performativen festzulegen.

Wenn Erika Fischer-Lichte allerdings auf den methodischen *performa-*

*tive turn* um die Wende zum 21. Jahrhundert zu sprechen kommt, dann macht sie hierfür die Theaterwissenschaften im Unterschied zu den Textwissenschaften stark: «Die im Zuge des *linguistic turn* vor allem in den Textwissenschaften geprägten neuen Begriffe schienen gerade nicht geeignet, die besondere Performativität kultureller Prozesse und Phänomene zu fokussieren.»[83] Die Theaterwissenschaften treten hier vor allem seit den 1990er Jahren als Pioniere einer neuen Begrifflichkeit auf den Plan und beanspruchen geradezu den Status einer «Leitwissenschaft».[84] Mit ihrem Vokabular erweitern sie nicht nur den traditionellen Theaterbegriff, sondern auch den herkömmlichen ethnographischen Leitbegriff des Rituals. Der Herrschaft textwissenschaftlicher Termini halten sie ein Repertoire von Inszenierungsbegriffen entgegen: Performance, Aufführung, Darstellung, Inszenierung, Ausdruck, Wahrnehmung und Körper sowie Medialität. Damit können die Theaterwissenschaften ihre Anbindung an die Kultur- und Medienwissenschaften noch weiter untermauern, wie sie durch ihre eigene «sozialwissenschaftliche Wende»[85] qua Annäherung an die Ethnologie seit den 1960er Jahren bereits auf den Weg gebracht war.

Die Anwendung des ritualanalytischen Blicks und der neuen Begrifflichkeit auf die Interpretation von Literatur, Drama und Theater ist das Sprungbrett für einen weiter reichenden *performative turn*. Erkennbar und in Gang gesetzt wird dieser freilich erst, wenn die Leitkategorien von der Gegenstands- und Inhaltsebene übergehen in kulturelle Wahrnehmungskategorien (quer zu den Problemfeldern) oder in kulturwissenschaftliche Analysekategorien (quer zu den Disziplinen), ja wenn sie überhaupt in andere Bereiche übergreifen. Kulturwissenschaftlich und nicht nur theaterwissenschaftlich betrachtet, ist mit der Kategorie der Theatralität genau dies der Fall. Denn sie geht als «performativer Gestus»[86] in außertheatralische Bereiche sozialer Kommunikation und Identitätsbildung über und kann dort – wie bei Gerhard Neumann – als durchaus textbezogene «Praxis der Bedeutungsproduktion»[87] interpretiert werden: «Theatralität als generatives Element von Bedeutungsproduktion, so lautet die These, kann nicht losgelöst von Sprachlichkeit und Textualität konzipiert werden.»[88] Indem Theatralität somit als ein implizites Element des Textgeschehens aufgefasst und Sprache bzw. Text selbst für theatral gehalten werden, weil sie Bedeutungen inszenieren, wird die schon anfangs geäußerte These bestätigt: Text und Performanz müssen nicht etwa strikte Dichotomien der Kulturwissenschaften bleiben. In einem klaren Argument hebt Neumann sogar hervor, dass die Literaturwissenschaften von sich aus, also ohne Rückendeckung durch die Theaterwissenschaften, zur performativen Wende in den Kulturwissenschaften beitragen können. Denn sie demonstrieren die theatralischen Implikationen der Sprache bereits im literarischen Text: der «Text als ‹Bühne› sprachlicher Performanz».[89] Mit dieser Perspektive begreift Neumann den Theatralitätsbegriff «als erkenntnisstrategisches Muster selbst»[90], als Denkform und als disziplinenübergreifendes Diskurselement. So kann dieser Leitbegriff gerade als solcher mitwirken an der Weiterprofilierung der performativen Wende. Diese zeichnet sich ja gerade dadurch aus, dass verstärkt Produktionsweisen, Modelle, Wahrnehmungsformen und Vertextungshandlungen in den Vordergrund gerückt werden – «produktive Repertoires», die der Historiker Gadi Algazi in seiner kritischen Auseinandersetzung schon dem Textverständnis des *interpretive turn* entgegenhält.[91]

In diesem Sinn wird noch ein weiterer performativer Leitbegriff im Zwischenraum zwischen Literatur- und Theaterwissenschaften ausgeprägt: «Transgression».[92] Auch von «Transgression» ist ausdrücklich auf der Ebene «eines Wahrnehmungs-, Beschreibungs- und Verstehensmusters»[93] die Rede. Mit ihr wird eine Praxis der Überschreitung, der Entgrenzung, Karnevalisierung und Durchbrechung von Codes bezeichnet. So betrifft sie nicht allein das kreative «Überwechseln beispielsweise zwischen den Künsten, den Medien, den Diskursen, kulturellen Territorien oder Zeitläufen, nicht zuletzt als ein Flottieren zwischen den Sprachen und Geschlechtern»[94], z. B. durch symbolische Übergänge. Vielmehr betrifft «Transgression» geradezu eine performative «Überschreitung des legalisierten oder ritualisierten Geschehens»[95] innerhalb einer Gesellschaft selbst. Kulturwissenschaftlich entscheidend ist hierbei nicht nur der performative Überschuss, mit dem der Begriff der Transgression über die Textualisierung von Bedeutung hinausgreift. Innovativ ist vor allem der Versuch, geradezu einen Gegenbegriff zum Ritual ins Spiel zu bringen. Denn während Rituale ihren Sinn darin haben, dass sie repräsentative Übergänge disziplinierend gestalten, neigen Transgressionen viel stärker zu einem subversiven, inneren «Umfrisieren» herrschender Codes; immerhin verkörpern sie ein Wissen, «das außerhalb des normativen (aufgeklärten, vernünftigen, repräsentablen) Diskurses operiert».[96] Etwa durch Akte von Mimesis, durch Metaphorizität, aber auch durch Übersetzung könnten solche Transgressionen schließlich sogar einer Kulturtheorie der Grenzziehung und Grenzüberschreitung zum Durchbruch verhelfen, die gegen traditionelle dichotomische Wissensordnungen und gegen das ausschließlich über Vertextung zugängliche Wissen einer Kultur gerichtet ist.

In diesem von der Theatralitätskategorie eröffneten, eben auch körperlich-materialen sowie subversiven Performance- bzw. Transgressionshorizont ist im Bereich der *Genderstudies* auch die bekannte Performativitätstheorie von Judith Butler anzusiedeln. Unter diesem Vorzeichen einer Infragestellung von Geschlecht als biologischer Kategorie stellt sie den Körper in den Mittelpunkt. Butler bezieht sich ausdrücklich auf Turners Ritualstudien, um Geschlechterzugehörigkeit als Akt zu betrachten: Geschlechtliche Identität komme über den Körper nur durch «stilisierte Wiederholung von Akten»[97] zustande, durch einen «ritualisierten öffentlichen performativen Vollzug(s)»[98]. So wird der Körper entbiologisiert und als Ergebnis eines performativen Vorgangs des wiederholten und weitgehend unbewussten Zitierens von Geschlechternormen definiert. Ausgehend von der Geschlechterforschung und ihrer «performative theory of gender and sexuality»[99] seit den 1990er Jahren hat die Perspektive der Performativität die kulturwissenschaftliche Kritik und Neufassung des Identitätskonzepts insgesamt neu geprägt: Nicht von essenzialistischen Wesensbestimmungen einer in sich geschlossenen und eindeutigen Identität ist hier die Rede, sondern von Konstruktionen und performativen Konzepten der Identitätsbildung. Die performative Gendertheorie hat der kulturwissenschaftlichen Identitätskritik einen besonderen Schub gegeben. Denn sie hat gezeigt, wie die für stabil gehaltene (Geschlechts-)«Identität» durch Handeln, durch Wiederholungsakte, durch Einnehmen von Rollen und Zitieren von Geschlechternormen, ja durch Einbruchstellen von Subversion, zu Identitätsspielräumen und multiplen Identitäten aufgebrochen wird.

Was sich bei Butler noch leicht konzeptuell verflüchtigt, veranschaulicht dagegen ein Beispiel aus der *Geschichtswissenschaft*, in dem die Performanzperspektive einen neuen Blick auf Geschlechterverhältnisse ermöglicht: So werden in einem Aufsatz von Maren Möhring[100] über deutsche Nacktkultur bzw. über die Selbstinszenierung des eigenen Körpers nach dem Vorbild antiker Statuen in der frühen Nacktkultur-Bewegung am Anfang des 20. Jahrhunderts ebenfalls «Prozesse der Körperkonstitution als performative Vorgänge»[101] dargestellt. In Anlehnung an Judith Butler geht es hier um die Nachahmung eines vergeschlechtlichten Körpermodells, eines «idealen Körperschemas» (für Männer der Apoll, für Frauen die Venus) – allerdings zu dieser Zeit noch ganz im Dienst eines bipolaren Geschlechtersystems. Wie bei Butler wird hier Performativität in die ständige Wiederholung von Normen eingelassen, durch die eben auch das Geschlechtsspezifische erst geschaffen wird. Hierbei ist aber entscheidend, dass es bei dieser Performanz, bei dieser «Imitation der eigenen Idealisierungen» (Butler) im Bezug auf die antiken Statuen immer auch zu einem Spielraum kommt. Solche mimetische Nachahmung ermöglicht zugleich einen Veränderungsspielraum, eine Abweichung von normativen Vorgaben und deren Neuschaffung.

Auch andere geschichtswissenschaftliche Fallbeispiele machen deutlich, wie die Performanzperspektive zu einer neuen Sicht der Phänomene führt. So könnten gerade die materialen Forschungen aus dem Feld der mediävistischen Geschichts- und Literaturwissenschaft noch stärker genutzt werden für eine Erweiterung des Ritualverständnisses. Signifikant sind hierfür die Grenzen der Schriftlichkeit im Mittelalter, die Offenheit mittelalterlicher Texte, die erhebliche Bedeutung von Ritualen der Macht, von Unterwerfungsformen und rituellen Gesten der Herrschaftsinszenierung und Untertanenhuldigung, die Wirkungen von Ehre als Ansehen usw. Von hier aus sind Ritualvorstellungen entwickelt worden, die weder nur auf Theatralität noch nur auf Übergangsrituale zugeschnitten sind. Rituelles Handeln wird vielmehr als text- und praxisverknüpfendes Verhalten betrachtet, das schon durch bloße Wiederholungsketten von Handlungen, Gesten und Worten[102] bzw. aus einem zeichenhaften, körperlichen Bewegungsablauf heraus[103] ein Veränderungspotenzial gewinnt. So wird besonders in der Mittelalterforschung der weit reichende Versuch gemacht, den «performative turn» mit einer medienbewussten «Kulturgeschichte von Wahrnehmungserfahrungen»[104] zu verknüpfen: mit Stimme, Körperhaltungen und Visualität – womit bereits Gelenkstellen zum *iconic turn/pictorial turn* aufscheinen. Hierbei und in Forschungen zu Herrschaftszeremonien wird das Zeremonielle wieder stärker in den Umkreis des Rituellen einbezogen und aufgewertet: eben nicht nur als ornamentales Beiwerk, sondern geradezu als ein konstituierendes Moment der politisch-sozialen Ordnung.[105] Auch die Forschungen aus dem Sonderforschungsbereich «Symbolische Kommunikation und gesellschaftliche Wertesysteme vom Mittelalter bis zur Französischen Revolution»[106] in Münster betonen die konstituierende Rolle des symbolischen Handelns, des Rituellen, Zeremoniellen und des Performativen überhaupt[107] – freilich nicht mehr beschränkt auf die spezifischen performativen Eigenschaften vormoderner Untersuchungsgegenstände.

Bemerkenswerterweise finden sich ritualanalytische und performative Ansätze verstärkt auch im Feld der neueren Geschichte. So wird etwa die Todesstrafe in den USA um 1900[108] einerseits als eine moderne Form kultureller Performanz interpretiert, in der sich eine Kultur in ihren spezifischen Normen, Werten und Ordnungsvorstellungen reproduziert. Andererseits erscheint die Todesstrafe als eine Performanz von Modernität. Gerade durch die ausdrücklich untheatralisch gehaltene «Inszenierung zivilisierten Tötens»[109] bringt sie Modernität und Fortschrittlichkeit zum Ausdruck, indem der elektrische Stuhl eine vermeintliche Rationalisierung der Todesstrafe verkörpert. Am Beispiel dieser Inszenierungspraxis kann plausibel gemacht werden, «dass auch moderne Gesellschaften ihr Selbst- und Weltverständnis in Form ritueller Handlungen herstellen und vermitteln. Eine Produktion von Gemeinschaft in spezifischen, ritualisierten Handlungsmustern ist kein Spezifikum vormoderner Kulturen, wie die neuere Performance- und Ritualtheorie verdeutlicht.»[110]

Der *performative turn* bekräftigt hiermit das Bestreben, auch die Dichotomie zwischen vormodernen und modernen Gesellschaften aufzubrechen. Er zeigt, dass für eine vielseitig anwendbare performative Forschungsperspektive zwar Anstöße und Elemente der ethnologischen

Ritualtheorie nötig sind, dass aber ein starres Ritualkonzept nicht mehr ausreicht, um die verschiedenen Ausdrucksformen der symbolischen Kommunikation durch ritualisiertes Handeln zu erfassen.

## 5. Die Weiterentwicklung performativer Ansätze

Die theaterwissenschaftlichen Untersuchungsbegriffe wie Inszenierung, Aufführung, Performance, Körperausdruck usw. sind – im Unterschied zum Ritual – nicht an ausgeprägte Verlaufsstrukturen gebunden. Passen sie somit besser auf die Analyse heutiger Gesellschaften? Über Turners Ritualtheorie hinaus betonen gerade neuere Forschungsrichtungen, dass die lineare und in sich geschlossene Sequenzstruktur des Rituals kein ausreichendes Interpretationsmodell mehr abgibt. Verstärkt geht es darum, die kontrastiven, disparaten Handlungen und Gegen-Handlungen in durchaus vielschichtigen und gebrochenen Ritualverläufen zu beleuchten.[111] Vor allem im Zuge von Globalisierungserscheinungen kommt es zu einem Funktionswandel des Rituals.[112] Liminalität erweist sich in diesem Zusammenhang als ein höchst prekärer Zustand von Individuen, aber auch von ganzen Gesellschaften im Prozess ihrer Transformation, vor allem beim Übergang von kolonialen zu postkolonialen Gesellschaften und bei der Verarbeitung von Globalisierungserfahrungen. Dieses Spannungsfeld sozialer Transformationen, in dem traditionelle Ritualstrukturen aufgebrochen werden, in dem selbst die rituelle Dreigliederung instabil wird, da der Entwicklungsgang offen bleibt, ist ein brisantes Thema für Literatur, Drama und Theater vor allem in Ländern außerhalb Europas.[113] Hier wird Liminalität durchaus als konfliktreicher Übergang im Sinne einer räumlichen Passage reflektiert, etwa in Salman Rushdies Roman «The Ground Beneath Her Feet» als Durchbrechen einer «unsichtbare(n) Grenze»[114] am Himmel, wie sie der Protagonist Ormus Cama, ein indischer Popsänger, bei seiner Emigration auf dem Flug von Bombay nach England erlebt. Er wie die anderen Reisenden «kamen in den Westen und passierten die transformierenden Membrane am Him-

mel»[115]. Für solche «Reisende zwischen den Welten»[116], ja für Migrationssituationen überhaupt, ist das Stadium der Grenzerfahrung und Liminalität jedoch keine vorübergehende Übergangsphase. Es wird vielmehr zu
einem konfliktreichen Dauerzustand von «Verwerfungen»[117], der nicht
mehr zwingend durch Wiederangliederung abgelöst wird. Erst durch die
Linse des *performative turn* lassen sich solche Liminalitätsverzerrungen
der Migration erkennen: «the liminality of the modern world where
people are exposed to an unstructured or unfamiliar freedom, with no
clear or meaningful incorporation.»[118]

Auch wenn es in der entstehenden Weltgesellschaft keine rituellen
Sicherheiten mehr geben sollte – etwa in dem Sinn, dass man auf einen
verlässlichen rituellen Prozess und damit auch auf rituelle «Abschlüsse»
vertrauen könnte –, bietet Turners strukturierte Ritualanalyse doch eine
deutliche Anregung: Der *performative turn* ist ausdrücklich grenzüber-
schreitend und kulturenübergreifend noch weiter auszuarbeiten und
für kulturenvergleichende Untersuchungen nutzbar zu machen. Denn
Turner ging es nicht um einzelne, ganz bestimmte Rituale. Es ging ihm
um die Analyse ihrer allgemeinen, ja gleichsam idealtypischen Verlaufsstruktur und nicht zuletzt um die Entwicklung einer «cross-cultural typology of processual units»[119] wie Ritual und soziales Drama. Mit
seiner Methode der Ritualanalyse hat er ein Analyseinstrumentarium
an die Hand gegeben, mit dem auch die globalen Inszenierungszusam-
menhänge genauer analytisch erschlossen werden können. Schließlich
hat Turner unter dem Vorzeichen der Ritualstrukturierung schon selbst
darauf hingearbeitet, eine «neue transkulturelle kommunikative Syn-
these»[120] zu schaffen, die es ermöglicht, kulturelle Erfahrungen über
Kulturgrenzen hinweg miteinander zu vergleichen oder gar zu teilen.

Hierbei ist jedoch entscheidend, welcher Weichenstellung man folgt.
So hat Victor Turner selbst kurz vor seinem Tod noch eine andere, für
einen Ethnologen ganz unerwartete, neurobiologische Weichenstellung
angebahnt. Höchst umstritten, wie sie ist, wurde sie in der Ritual- und
Performanzforschung nicht weiterverfolgt, wenngleich sie gegenwärtig
wieder an Aktualität gewinnen könnte: Rituale – so Turner – sind Bestandteile des evolutionären Prozesses, und von hier aus könnte eine
performative Wende geradewegs auf einen neuen Dialog mit den Neu-

rowissenschaften zusteuern. Diesen Dialog hat Turner selbst durchaus angestoßen, mit Weitblick auf die Herausforderungen durch die Hirnforschung: «I am at least half convinced» – beteuert Turner in einem seiner letzten Essays «Body, Brain, and Culture» –, «that there can be genuine dialogue between neurology and culturology, since both take into account the capacity of the upper brain for adaptability, resilience, learning, and symbolizing (...)»[121]. Die performative Wende könnte von hier aus gesehen auch für die Hirnforschung neue Bedeutung gewinnen. Dabei wäre Turners Vorschlag aufzugreifen, auch das Gehirn im Sinne eines «liminal brain»[122] aus den hirnphysiologischen Determinismen zu befreien. In der gegenwärtigen Hirnforschung jedenfalls gibt es bereits Ansätze, in einer performativen Wende der Hirnforschung die neuronale Vernetzung mit Theatermodellen zu kombinieren, um über das «Schauspiel des Denkens» dem Funktionieren des Gehirns auf die Spur zu kommen.[123]

Angesichts der universaltheoretischen Ansprüche des sich abzeichnenden «neurobiological turn», die ja schon bei Turner problematisch sind, verliert man eines leicht aus dem Blick: Die Beschreibungs- und Analysekategorien selbst sind nicht neurobiologisch, sondern kulturspezifisch geprägt und werden ebenfalls kulturabhängig verwendet. Dennoch werden auch hier universalistische Vorannahmen gemacht. So hat der Religionsethnologe Talal Asad die Ausprägung eines universalistischen Ritualbegriffs mitsamt seinem spezifischen Verständnis von Religion und von der Konstitution eines essenziellen Selbst kritisiert. Der Terminus sei somit nicht bruchlos anwendbar etwa auf Ritualformen islamischer Gesellschaften.[124]

Von dieser Problemlage aus könnte noch eine andere Weichenstellung ins Auge gefasst werden: eine globale Öffnung der Performance-Kategorien selbst. Trotz der inhaltlichen und kulturspezifischen Restriktionen der performativen Begrifflichkeit zeigt hier die formale Verlaufsstruktur des Rituals ein großes Anregungspotenzial: Von ihr aus wird es möglich, die performative Praxis weitgehend als eine Kulturtechnik der Krisenbewältigung zu beleuchten, die in der entstehenden Weltgesellschaft immer wichtiger werden sollte. «Wenn nun Rituale als Interventionen immer mit der Bearbeitung von auch als potenziell angenommenen Differenzerfahrungen (Brüchen, Übergängen, Krisen) zu tun haben, so ist *Liminalität*, das Konstituieren, Erweitern und Verengen, Neudefinieren und Legitimieren von Grenzen ein weiterer wichtiger Gesichtspunkt.»[125] Die enge Verknüpfung von Ritual, Liminalität und Grenzerhaltung, aber auch Grenzüberschreitung bietet ein begriffliches und konzeptuelles Terrain, von dem aus Performanz auch als räumliches Phänomen erkannt werden kann.[126] Signifikant wird diese Dimension allerdings erst dann, wenn sich die kulturwissenschaftliche Diskussion insgesamt – wie im *spatial turn* – auf die räumlichen Bedingungen historischen, sozialen und politischen Handelns besinnt.

Diese Diskussionshorizonte im Feld des *performative turn* lassen vermuten, dass weniger die Kategorie des Rituals als vielmehr die Kategorien von Theatralität, Transgression und vor allem Liminalität auch zukünftig ein weites Anwendungsfeld haben. Sie werden zu Leitbegriffen für die kulturwissenschaftliche Analyse überlagerter Erfahrungswelten und fragmentierter Lebensweisen, die jedenfalls nicht mehr bruchlos in einen integrativen Kulturzusammenhang einzubinden sind. Für die Ethnologie sowie für die sozial- und kulturwissenschaftlichen Analysen hat dies deutliche Konsequenzen. Denn auch die vertrauten narrativen Bögen der kulturwissenschaftlichen Darstellung müssen aufgebrochen werden angesichts der zunehmenden Zersplitterung von Lebens- und Erfahrungszusammenhängen. Der Performance-Aspekt wird also notwendigerweise in die Inszenierung der wissenschaftlichen Texte selbst eindringen.[127] Dieser Aspekt hält dann durch den *reflexive turn* tatsächlich Einzug in die Politik der Forschungspraxis. Insbesondere durch James Clifford[128] wird hier die performative Wendung so weit gedehnt, dass sie bis zur Selbstreflexion wissenschaftlicher Forschung und Repräsentation vordringt: «No one writing today pushes the performance perspective so deeply into the politics of fieldwork and scholarly publication.»[129]

# ANMERKUNGEN

1 Vgl. Victor Turner: Process, System, and Symbol. Anthropological Synthesis, in: ders.: On the Edge of the Bush. Anthropology as Experience. Hg. Edith L. B. Turner. Tucson 1985, S. 151–173.

2 Richard Schechner: Victor Turner's Last Adventure, in: Victor Turner: The Anthropology of Performance. New York 1987, S. 7–20 (Vorwort), hier S. 8.

3 Von für den *performative turn* typischen «Performativierungsschüben» nicht nur in den Kulturwissenschaften, sondern in den Künsten und in der Gesellschaft selbst spricht eine Hauptvertreterin der Theaterwissenschaften: Erika Fischer-Lichte: Vom «Text» zur «Performance». Der «performative turn» in den Kulturwissenschaften, in: Georg Stanitzek/Wilhelm Voßkamp (Hg.): Schnittstelle. Medien und kulturelle Kommunikation. Köln 2001, S. 111–115, hier S. 113.

4 Clifford Geertz: Blurred Genres. The Refiguration of Social Thought, in: ders.: Local Knowledge. New York 1983, S. 19–35, hier S. 30.

5 Dwight Conquergood: Rethinking Ethnography. Towards a Critical Cultural Politics, in: Communication Monographs 58, 2 (1991), S. 179–194, hier S. 189.

6 Jürgen Martschukat/Steffen Patzold (Hg.): Geschichtswissenschaft und «performative turn». Eine Einführung in Fragestellungen, Konzepte und Literatur, in: dies. (Hg.): Geschichtswissenschaft und «performative turn». Ritual, Inszenierung und Performanz vom Mittelalter bis zur Neuzeit. Köln, Weimar, Wien 2003, S. 1–31, hier S. 2, auf Erika Fischer-Lichte verweisend.

7 Erika Fischer-Lichte: Einleitung, in: dies./Christian Horn/Sandra Umathum/Matthias Warstat (Hg.): Theatralität als Modell in den Kulturwissenschaften. Tübingen 2004, S. 7–26, hier S. 7.

8 Ebd., S. 9.

9 Ebd., S. 25.

10 Clifford Geertz: Negara. The Theatre State in Nineteenth-Century Bali. Princeton 1980.

11 Clifford Geertz: «Aus der Perspektive des Eingeborenen.» Zum Problem des ethnologischen Verstehens, in: ders.: Dichte Beschreibung. Beiträge zum Verstehen kultureller Systeme. Frankfurt/M. 1983, S. 289–309, hier S. 299.

12 Vgl. Ronald L. Grimes: Research in Ritual Studies. Metuchen 1985.

13 Vgl. John L. Austin: Zur Theorie der Sprechakte (1955). Stuttgart 1994.

14 Vgl. Uwe Wirth (Hg.): Performanz. Zwischen Sprachphilosophie und Kulturwissenschaften. Frankfurt/M. 2002, S. 9. In diesem Reader grundlegender Texte (mit ausführlicher Bibliographie) wird der *performative turn* dokumentiert; in der Einleitung werden die verschiedenen Stränge seiner wissenschaftsgeschichtlichen Gemengelage entfaltet (bes. S. 34 ff.). Ein ganzer Abschnitt ist überschrieben mit «Die ‹kulturwissenschaftliche Wende› des Performanzbegriffs» (S. 183).

15 Ebd., S. 39.

16 Hierzu vgl. Erika Fischer-Lichte: Ästhetik des Performativen. Frankfurt/M. 2004, S. 22 ff.; vgl. auch dies.: Grenzgänge und Tauschhandel. Auf dem Wege zu einer performativen Kultur, in: ebd., S. 277–300.

17 Vgl. David J. Krieger/Andréa Belliger: Einführung, in: Belliger/Krieger (Hg.): Ritualtheorien. Ein einführendes Handbuch. Opladen, Wiesbaden 1998, S. 7–33, hier S. 11 f. (Artikel zu verschiedensten gesellschaftlichen Ritualfeldern wie Fußball, Rechtsrituale, Frauenrituale usw. S. 265 ff.).

18 Zur performativen Wende in den «Informationsvisualisierungen» bzw. zur theatralen Form der heutigen Wissenspräsentation – in Anlehnung an die Gedächtnis-Theater der Frühen Neuzeit – vgl. Peter Matussek: Der Performative Turn. Wissen als Schauspiel, in: Monika Fleischmann/Ulrike Reinhard (Hg.): Digitale Transformationen. Heidelberg, Berlin 2004, S. 90–95.

19 Vgl. Brenda Laurel: Computers as Theatre. Reading 1991.

20 Vgl. Herbert Willems/Martin Jurga (Hg.): Inszenierungsgesellschaft. Ein einführendes Handbuch. Opladen, Wiesbaden 1998, bes. die Einleitung.

21 Thomas Meyer/Martina Kampmann: Politik als Theater. Die neue Macht der Darstellungskunst. Berlin 1998.

22 Vgl. Hans-Georg Soeffner: Die Ordnung der Rituale. Die Auslegung des Alltags 2. Frankfurt/M. 1995, S. 8 f.

23 Zu *performance* als «the unifying mode of the postmodern» vgl. Michel Benamou/ Charles Caramello (Hg.): Performance in Postmodern Culture. Madison 1977, S. 3.

24 Vgl. Dwight Conquergood: Poetics, Play, Process, and Power. The Performative Turn in Anthropology, in: Text and Performance Quarterly 9, 1 (1989), S. 82–88, hier S. 87.

25 Eckhard Schumacher: Performativität und Performance, in: Wirth (Hg.): Performanz, S. 383–402, hier S. 383.

26 Vgl. ebd., S. 383.

27 Della Pollock: Introduction. Making History Go, in: dies. (Hg.): Exceptional Spaces. Essays in Performance and History. Chapel Hill, London 1998, S. 1–45, hier S. 1.

28 Zur «performativen Wende in den Kulturwissenschaften» vgl. den Sammelband von Jens Kertscher/Dieter Mersch (Hg.): Performativität und Praxis. München 2003, Einleitung, S. 8; zur Schwierigkeit der Begriffsabgrenzung vgl. Joannes Snoek: Performance, Performativity, and Practice. Against Terminological Confusion in Ritual Studies, in: Christoph Wulf/Jörg Zirfas (Hg.): Rituelle Welten (Paragrana 12, 1/2 (2003), S. 78–87).

29 Martschukat/Patzold (Hg.): Geschichtswissenschaft und «performative turn», S. 31.

30 Vgl. Pollock: Exceptional Spaces, S. 22.

31 Vgl. ebd., S. 26; vgl. Kapitel 4 «Postcolonial Turn».

32 Etwa bei Martschukat/Patzold (Hg.): Geschichtswissenschaft und «performative turn», S. 10f.

33 Vgl. Uwe Wirth in seiner Einleitung zu ders. (Hg.): Performanz.

34 Vgl. den Sammelband von Victor W. Turner/Edward M. Bruner (Hg.): The Anthropology of Experience. Urbana, Chicago 1986.

35 Victor Turner: Einführung, in: ders.: Vom Ritual zum Theater. Der Ernst des menschlichen Spiels. Frankfurt/M., New York 1989, S. 7–27, hier S. 18.

36 Sally F. Moore/Barbara G. Myerhoff (Hg.): Secular Rituals. Assen 1977.

37 Victor Turner: Social Dramas and Stories About Them, in: ders.: From Ritual to Theatre. The Human Seriousness of Play. New York 1982, S. 61–88, hier S. 80.

38 Victor Turner: Soziale Dramen und Geschichten über sie, in: ders.: Vom Ritual zum Theater, S. 95–139, hier S. 128.

39 Vgl. Ursula Rao/Klaus-Peter Köpping: Die «performative Wende». Leben – Ritual – Theater, in: Köpping/Rao (Hg.): Im Rausch des Rituals. Gestaltung und Transformation der Wirklichkeit in körperlicher Performanz. Münster, Hamburg, London 2000, S. 1–31, hier S. 7 ff.

40 Vgl. Conquergood: Rethinking Ethnography, S. 187: «conceptual lens of performance».

41 Victor Turner: Das Liminale und das Liminoide in Spiel, «Fluß» und Ritual. Ein Essay zur vergleichenden Symbologie, in: ders.: Vom Ritual zum Theater, S. 28–94, hier S. 33.

42 Vgl. Edith Turner: Prologue. From the Ndembu to Broadway, in: Turner: On the Edge of the Bush, S. 1–15, bes. S. 10.

43 Vgl. Richard Schechner: Theater-Anthropologie. Spiel und Ritual im Kulturvergleich. Reinbek 1990.

44 Vgl. Victor Turner: Dramatisches Ritual – Rituelles Drama. Performative und reflexive Ethnologie, in: ders.: Vom Ritual zum Theater, S. 140–160.

45 Ebd., S. 144.

46 Turner: Das Liminale und das Liminoide, S. 99.

47 Vgl. Victor Turner: The Anthropology of Performance. New York 1987.

48 Zur neuen theoretisch-konzeptionellen Sicht des Rituals vgl. Belliger/Krieger (Hg.): Ritualtheorien.

49 Hierzu vgl. Catherine Bell: Ritual Theory, Ritual Practice. Oxford 1992, S. 14.

50 Vgl. Arnold van Gennep: Übergangsriten (Les rites de passage) (1909). Frankfurt/M., New York, Paris 1986 (Nachdruck 2005), zum 3-Phasen-Schema vgl. S. 21; zur Rezeption bei Turner vgl. ders.: Das Liminale und das Liminoide, S. 34 ff.

51 Turner: Das Liminale und das Liminoide, S. 69.

52 Victor Turner: «Betwixt-and-Between». The Liminal Period in Rites de Passage, in: ders.: The Forest of Symbols. Aspects of Ndembu Ritual. Ithaca, New York 1967, S. 93–111, hier S. 106 (Übers. D. B.-M.).

53  Turner: Das Liminale und das Liminoide, S. 42.

54  Vgl. ebd., S. 69.

55  Vgl. Victor Turner: Variations on a Thema of Liminality, in: Moore/Myerhoff (Hg.): Secular Rituals, S. 36–52, hier S. 40. Zum Aspekt der kulturellen Innovation qua Liminalität vgl. ders.: Das Liminale und das Liminoide, S. 85.

56  Heiner Goldinger: Rituale und Symbole der Börse. Eine Ethnographie. Münster 2002.

57  Ausführlicher hierzu vgl. Doris Bachmann-Medick: Kulturelle Spielräume. Drama und Theater im Licht ethnologischer Ritualforschung, in: dies. (Hg.): Kultur als Text. Die anthropologische Wende in der Literaturwissenschaft. 2. Aufl. Tübingen, Basel 2004, S. 98–121, hier S. 103 ff.

58  Eugene Rochberg-Halton: Nachwort, in: Victor Turner: Das Ritual. Struktur und Anti-Struktur. Frankfurt/M., New York 1989, S. 198–213, hier S. 209.

59  Vgl. Conquergood: Poetics, Play, Process, and Power, S. 82–95.

60  Turner: Dramatisches Ritual – Rituelles Drama, S. 144.

61  Zum Begriff des «sozialen Dramas» bei Turner vgl. ders.: Soziale Dramen und Geschichten über sie, in: ders.: Vom Ritual zum Theater, S. 95–139 und ebd., S. 144 ff. Mit Bezug auf Dilthey vgl. ders.: Experience and Performance. Towards a New Processual Anthropology, in: ders.: On the Edge of the Bush, S. 205–226, hier S. 214–221.

62  Edith Turner: Prologue, S. 5.

63  Dies bestätigt auch der Soziologe Jeffrey C. Alexander in seinem Aufsatz: Cultural Pragmatics. Social Performance Between Ritual and Strategy, in: Sociological Theory 22, 4 (2004), S. 527–573, hier S. 547.

64  Vgl. John F. Sherry: Postmodern Alternatives. The Interpretive Turn in Consumer Research, in: Thomas S. Robertson/Harold H. Kassarjian (Hg.): Handbook of Consumer Behavior. Englewood Cliffs 1991, S. 548–591, hier bes. S. 551 ff.

65  Corinna Caduff/Joanna Pfaff-Czarnecka (Hg.): Rituale heute. Theorie, Kontroversen, Entwürfe. 2. Aufl. Berlin 2001, Vorwort, S. 7–16, hier S. 16.

66  Turner: Soziale Dramen, S. 119.

67  Vgl. Conquergood: Poetics, Play, Process, and Power.

68  Vgl. Matthias Kroß: Performativität in den Naturwissenschaften, in: Jens Kertscher/ Dieter Mersch (Hg.): Performativität und Praxis. München 2003, S. 249–272, hier S. 254 f.

69  Martschukat/Patzold: Geschichtswissenschaft und «performative turn», S. 11.

70  Vgl. Hiltrud Bontrup (Hg.): Doing Gender. Das Konzept der sozialen Konstruktion von Geschlecht. Eine Bibliographie mit Einführung. Münster 1999.

71  Vgl. Christian Strecker: Die liminale Theologie des Paulus. Zugänge zur paulinischen Theologie aus kulturanthropologischer Perspektive. Göttingen 1999, S. 81; vgl. ders.: Performative Welten. Theoretische und analytische Erwägungen zur

Bedeutung von Performanzen am Beispiel der Jesusforschung und der Exorzismen Jesu (im Druck).

72 Zur performativen Neuinterpretation von Literatur – bis hin zu den performativen Impulsen des Dekonstruktivismus und der *Gender-* und *Queer-Studies* – vgl. Jonathan Culler: Philosophy and Literature. The Fortunes of the Performative, in: Poetics Today 21, 3 (2000), S. 503–519, hier S. 507.

73 Vgl. Sylvia Sasse: Performativität – Neuere deutsche Literatur, in: Claudia Benthien/ Hans Rudolf Velten (Hg.): Germanistik als Kulturwissenschaft. Eine Einführung in neue Theoriekonzepte. Reinbek 2002, S. 243–265.

74 Culler: Philosophy and Literature, S. 507.

75 Vgl. Hans Rudolf Velten: Performativität – Ältere deutsche Literatur, in: Benthien/ Velten (Hg.): Germanistik als Kulturwissenschaft, S. 217–242.

76 Friedrich Kittler: Über die Sozialisation Wilhelm Meisters, in: Gerhard Kaiser/ Friedrich A. Kittler (Hg.): Dichtung als Sozialisationsspiel. Studien zu Goethe und Gottfried Keller. Göttingen 1978, S. 13–124.

77 Ausführlich zu diesem Fallbeispiel vgl. Bachmann-Medick: Kulturelle Spielräume, S. 107–115.

78 Hierzu und zu weiteren Beispielen der Ritualverarbeitung in der Literatur, z. B. Shakespeare, vgl. ebd., mit entsprechenden Literaturverweisen.

79 Vgl. Dietrich Harth/Gerrit Jasper Schenk (Hg.): Ritualdynamik. Kulturübergreifende Studien zur Theorie und Geschichte rituellen Handelns. Heidelberg 2004.

80 Erika Fischer-Lichte: Theater als Modell für eine performative Kultur. Zum *performative turn* in der europäischen Kultur des 20. Jahrhunderts (Vortrag 28. 1. 2000). Saarbrücken o. J., S. 3.

81 Ebd., S. 21.

82 Ebd., S. 23.

83 Erika Fischer-Lichte: Performance, Inszenierung, Ritual. Zur Klärung kulturwissenschaftlicher Schlüsselbegriffe, in: Martschukat/Patzold (Hg.): Geschichtswissenschaft und «performative turn», S. 33–54, hier S. 53.

84 Vgl. Fischer-Lichte: Vom «Text» zur «Performance», S. 113.

85 Vgl. Christopher Balme: Einführung in die Theaterwissenschaft. 2. überarb. Aufl. Berlin 2001, S. 70.

86 Gerhard Neumann: Einleitung, in: ders./Caroline Pross/Gerald Wildgruber (Hg.): Szenographien. Theatralität als Kategorie der Literaturwissenschaft. Freiburg 2000, S. 11–32, hier S. 12.

87 Ebd., S. 13.

88 Ebd., S. 13.

89 Ebd., S. 15.

90 Ebd., S. 16.

91 Gadi Algazi: Kulturkult und die Rekonstruktion von Handlungsrepertoires, in: L'Homme 11, 1 (2000), S. 105–119.
92 Gerhard Neumann/Rainer Warning (Hg.): Transgressionen. Literatur als Ethnographie. Freiburg 2003.
93 Ebd., S. 11.
94 Ebd., S. 10.
95 Ebd., S. 10.
96 Ebd., S. 12.
97 Vgl. Judith Butler: Performative Akte und Geschlechterkonstitution. Phänomenologie und feministische Theorie, in: Wirth (Hg.): Performanz, S. 301–320, hier S. 302.
98 Ebd., S. 313.
99 Culler: Philosophy and Literature, S. 512.
100 Maren Möhring: Performanz und historische Mimesis. Die Nachahmung antiker Statuen in der deutschen Nacktkultur, 1890–1930, in: Martschukat/Patzold (Hg.): Geschichtswissenschaft und «performative turn», S. 255–285; als Monographie vgl. dies.: Marmorleiber. Körperbildung in der deutschen Nacktkultur (1890–1930). Köln, Weimar, Wien 2004.
101 Möhring: Performanz, S. 257.
102 Vgl. Gerd Althoff: Die Macht der Rituale. Symbol und Herrschaft im Mittelalter. Darmstadt 2003, bes. S. 13 f., S. 26.
103 Vgl. Horst Wenzel/Christina Lechtermann: Repräsentation und Kinästhetik. Teilhabe am Text oder die Verlebendigung der Worte, in: Paragrana. Internationale Zeitschrift für Historische Anthropologie 10 (2001), S. 191–214.
104 Vgl. ebd., S. 210.
105 Vgl. z. B. Gerrit Jasper Schenk: Zeremoniell und Politik. Herrschereinzüge im spätmittelalterlichen Reich. Köln 2002; für die Inszenierungsaspekte der Diplomatie im 19. Jahrhundert vgl. Johannes Paulmann: Pomp und Politik. Monarchenbegegnungen in Europa zwischen Ancien Régime und Erstem Weltkrieg. Paderborn, Wien 2000.
106 Vgl. das Forschungsprogramm unter http://www.uni-muenster.de/SFB496/forschung/forschungsprogramm-d.html.
107 Vgl. die Sammelrezension von Barbara Stollberg-Rilinger: Zeremoniell, Ritual, Symbol. Neue Forschungen zur symbolischen Kommunikation in Spätmittelalter und Früher Neuzeit, in: Zeitschrift für Historische Forschung 27 (2000), S. 389–405.
108 Jürgen Martschukat: «The duty of society». Todesstrafe als Performance der Modernität in den USA um 1900, in: ders./Patzold (Hg.): Geschichtswissenschaft und «performative turn», S. 229–253; vgl. Jürgen Martschukat: Inszeniertes Töten. Eine Geschichte der Todesstrafe vom 17. bis zum 19. Jahrhundert. Köln 2000.

109 Martschukat: «The duty of society», S. 244.

110 Ebd., S. 229.

111 Vgl. Richard P. Werbner: Ritual Passage, Sacred Journey. The Process and Organization of Religious Movement. Washington, Manchester 1989, S. 13, S. 139.

112 Vgl. Rainer E. Wiedenmann: Ritual und Sinntransformation. Ein Beitrag zur Semiotik soziokultureller Interpretationsprozesse. Berlin 1991.

113 Hierzu vgl. auch Langdon Elsbree: Ritual Passages and Narrative Structures. New York, Bern, Frankfurt/M. 1991, S. 1, S. 4.

114 Dt.: Salman Rushdie: Der Boden unter ihren Füßen. Roman. München 1999, S. 328.

115 Ebd., S. 539.

116 Ebd., S. 330.

117 Vgl. ebd., S. 542.

118 Elsbree: Ritual Passages, S. 136.

119 Turner: Process, System, and Symbol, S. 172.

120 Turner: Einführung, S. 26.

121 Victor Turner: Body, Brain, and Culture, in: ders., Anthropology of Performance, S. 156–178, hier S. 176 (auch in: ders.: On the Edge of the Bush, S. 249–273; vgl. ders.: The New Neurosociology, ebd., S. 275–289).

122 Schechner: Victor Turner's Last Adventure, S. 12.

123 Vgl. Bernard J. Baars: Das Schauspiel des Denkens. Neurowissenschaftliche Erkundungen. Stuttgart 1998.

124 Vgl. Talal Asad: Genealogies of Religion. Discipline and Reasons of Power in Christianity and Islam. Baltimore, London 1993 (darin bes. das Kapitel «Toward a Genealogy of the Concept of Ritual», S. 55–79).

125 Christoph Wulf/Jörg Zirfas: Performativität, Ritual und Gemeinschaft. Ein Beitrag aus erziehungswissenschaftlicher Sicht, in: Harth/Schenk (Hg.): Ritualdynamik, S. 73–93, hier S. 76.

126 Vgl. Erika Fischer-Lichte/Christian Horn/Sandra Umathum/Matthias Warstat (Hg.): Ritualität und Grenze. Tübingen, Basel 2003.

127 Vgl. Edward M. Bruner: Ethnography as Narrative, in: Turner/Bruner (Hg.): Anthropology of Experience, S. 139–155, hier S. 139.

128 Mit Verweis auf Turner vgl. James Clifford: The Predicament of Culture. Twentieth-Century Ethnography, Literature, and Art. Cambridge/Mass., London 1988, S. 49.

129 Conquergood: Poetics, Play, Process, and Power, S. 87.

# Literatur – eine Auswahl

Alexander, Jeffrey C./Giesen, Bernhard/Mast, Jason L. (Hg.): Social Performance. Symbolic Action, Cultural Pragmatics, and Ritual. Cambridge, New York 2006.

Althoff, Gerd: Die Macht der Rituale. Symbol und Herrschaft im Mittelalter. Darmstadt 2003.

Austin, John L.: Zur Theorie der Sprechakte (1955). Stuttgart 1994.

Baars, Bernard J.: Das Schauspiel des Denkens. Stuttgart 1998.

Bachmann-Medick, Doris: Kulturelle Spielräume. Drama und Theater im Licht ethnologischer Ritualforschung, in: dies. (Hg.): Kultur als Text. Die anthropologische Wende in der Literaturwissenschaft. 2. Aufl. Tübingen, Basel 2004, S. 98–121.

Balme, Christopher B.: Einführung in die Theaterwissenschaft. 2. überarb. Aufl. Berlin 2001.

Bell, Catherine: Ritual Theory, Ritual Practice. Oxford 1992.

Bell, Catherine: Ritual. Perspectives and Dimensions. New York, Oxford 1997.

Belliger, Andréa/Krieger, David J. (Hg.): Ritualtheorien. Ein einführendes Handbuch. Opladen, Wiesbaden 1998.

Benamou, Michel (Hg.): Performance in Postmodern Culture. Milwaukee 1977.

Butler, Judith: Performative Akte und Geschlechterkonstitution. Phänomenologie und feministische Theorie, in: Uwe Wirth (Hg.): Performanz. Zwischen Sprachphilosophie und Kulturwissenschaften. Frankfurt/M. 2002, S. 301–320.

Butler, Judith: Haß spricht. Zur Politik des Performativen. Berlin 1998.

Caduff, Corinna/Pfaff-Czarnecka, Joanna (Hg.): Rituale heute. Theorie, Kontroversen, Entwürfe. 2. Aufl. Berlin 2001.

Carlson, Marvin: Performance. A Critical Introduction. New York, London 1996.

Conquergood, Dwight: Poetics, Play, Process, and Power. The Performative Turn in Anthropology, in: Text and Performance Quarterly 9, 1 (1989), S. 82–88.

Culler, Jonathan: Philosophy and Literature. The Fortunes of the Performative, in: Poetics Today 21, 3 (2000), S. 503–519.

Elsbree, Langdon: Ritual Passages and Narrative Structures. New York, Bern, Frankfurt/M. 1991.

Fischer-Lichte, Erika: Theater als Modell für eine performative Kultur. Zum *performative turn* in der europäischen Kultur des 20. Jahrhunderts (Vortrag 28. 1. 2000). Saarbrücken o. J.

Fischer-Lichte, Erika: Ästhetik des Performativen. Frankfurt/M. 2004.

Fischer-Lichte, Erika/Horn, Christian/Umathum, Sandra (Hg.): Performativität und Ereignis. Tübingen 2003.

Fischer-Lichte, Erika/Horn, Christian/Umathum, Sandra/Warstat, Matthias (Hg.): Theatralität als Modell in den Kulturwissenschaften. Tübingen 2004.

Geertz, Clifford: Negara. Theatre State in Nineteenth-Century Bali. Princeton 1980.

Gennep, Arnold van: Übergangsriten (Les rites de passage) (1909). Frankfurt/M., New York, Paris 1986 (Nachdruck 2005).

Grimes, Ronald L.: Ritual Criticism. Case Studies in Its Practice, Essays on Its Theory. Columbia 1990.

Hart, Lynda/Phelan, Peggy (Hg.): Acting Out. Feminist Performances. Ann Arbor 1993.

Harth, Dietrich/Schenk, Gerrit Jasper (Hg.): Ritualdynamik. Kulturübergreifende Studien zur Theorie und Geschichte rituellen Handelns. Heidelberg 2004.

Henn, Alexander/Köpping, Klaus-Peter (Hg.): Rituals in an Unstable World. Embodiment – Hybridity – Identity. Münster, Hamburg u. a. 2005.

Jagger, Gill/Butler, Judith: Sexual Politics, Social Change and the Power of the Performative. London, New York 2005.

Janecke, Christian: Performance und Bild – Performance als Bild. Berlin 2003.

Kertscher, Jens/Mersch, Dieter (Hg.): Performativität und Praxis. München 2003.

Kolesch, Doris: Rollen, Rituale und Inszenierungen, in: Handbuch der Kulturwissenschaften. 3 Bde. Bd. 2: Paradigmen und Disziplinen. Hg. Friedrich Jaeger/Jürgen Straub. Stuttgart, Weimar 2004, S. 277–292.

Kreinath, Jens/Snoek, Jan/Stausberg, Michael (Hg.): Theorizing Rituals. Classical Topics, Theoretical Approaches, Analytical Concepts, Annotated Bibliography. Leiden 2004.

MacAloon, John J. (Hg.): Rite, Drama, Festival, Spectacle. Rehearsals Toward a Theory of Cultural Performance. Philadelphia 1984.

Martschukat, Jürgen/Patzold, Steffen (Hg.): Geschichtswissenschaft und «performative turn». Ritual, Inszenierung und Performanz vom Mittelalter bis zur Neuzeit. Köln, Weimar, Wien 2003.

Matussek, Peter: Der Performative Turn. Wissen als Schauspiel, in: Monika Fleischmann/Ulrike Reinhard (Hg.): Digitale Transformationen. Medienkunst als Schnittstelle von Kunst, Wissenschaft, Wirtschaft und Gesellschaft. Heidelberg 2004.

Meyer, Thomas/Kampmann, Martina: Politik als Theater. Die neue Macht der Darstellungskunst. Berlin 1998.

Möhring, Maren: Marmorleiber. Körperbildung in der deutschen Nacktkultur (1890–1930). Köln, Weimar, Wien 2004.

Muir, Edward: Ritual in Early Modern Europe. Cambridge 1997 (2003).

Neumann, Gerhard/Pross, Caroline/Wildgruber, Gerald (Hg.): Szenographien. Theatralität als Kategorie der Literaturwissenschaft. Freiburg 2000.

Neumann, Gerhard/Warning, Rainer (Hg.): Transgressionen. Literatur als Ethnographie. Freiburg 2003.

Paragrana. Internationale Zeitschrift für Historische Anthropologie 7, 1 (1998) «Kulturen des Performativen»; 10, 1 (2001) «Theorien des Performativen»; 12, 1/2 (2003) «Rituelle Welten».

Parker, Andrew/Kosofsky Sedgewick, Eve (Hg.): Performativity and Performance. New York, London 1995.

Parkin, David/Caplan, Lionel/Fisher, Humphrey (Hg.): The Politics of Cultural Performance. Oxford 1996.

Rao, Ursula/Köpping, Klaus-Peter: Die «performative Wende». Leben – Ritual – Theater, in: Köpping/Rao (Hg.): Im Rausch des Rituals. Gestaltung und Transformation der Wirklichkeit in körperlicher Performanz. Münster, Hamburg, London 2000, S. 1–31.

Reinelt, Janelle G./Roach, Joseph R. (Hg.): Critical Theory and Performance. Ann Arbor 1994.

Schechner, Richard: Theater-Anthropologie. Spiel und Ritual im Kulturvergleich. Reinbek 1990.

Soeffner, Hans-Georg: Die Ordnung der Rituale. Die Auslegung des Alltags 2. Frankfurt/M. 1995.

Soeffner, Hans-Georg/Tänzler, Dirk (Hg.): Figurative Politik. Zur Performanz der Macht in der modernen Gesellschaft. Opladen 2002.

Turner, Victor: Vom Ritual zum Theater. Der Ernst des menschlichen Spiels. Frankfurt/M. 1989.

Turner, Victor: Das Ritual. Struktur und Anti-Struktur. Frankfurt/M., New York (Nachdruck 2005).

Turner, Victor: The Anthropology of Performance. New York 1987 (mit Vorwort von Richard Schechner).

Willems, Herbert/Jurga, Martin (Hg.): Inszenierungsgesellschaft. Ein einführendes Handbuch. Opladen, Wiesbaden 1998.

Wirth, Uwe (Hg.): Performanz. Zwischen Sprachphilosophie und Kulturwissenschaften. Frankfurt/M. 2002.

Wulf, Christoph/Göhlich, Michael/Zirfas, Jörg (Hg.): Grundlagen des Performativen. Eine Einführung in die Zusammenhänge von Sprache, Macht und Handeln. Weinheim, München 2001.

# 3. Reflexive Turn/Literary Turn

Schon Clifford Geertz hat die Frage gestellt «Was macht der Ethnograph?» und sie scheinbar schlicht beantwortet: «er schreibt»[1]. Dies ist – wie trivial es auch klingt – eine Neuerung. Denn bis dahin war die Antwort wohl eher gewesen: «Er beobachtet, er hält fest, er analysiert.»[2] Das Schreiben als solches und die Manuskript- und Textherstellung sind lange Zeit eher ausgeblendet und deutlich unterschätzt worden. Dabei wirken die Art der Kulturbeschreibung, die Art, wie etwas dargestellt wird, sowie die Form des Textes selbst unweigerlich auf das Dargestellte ein. Dessen immer schon vorhandene Einschreibungen werden auch in der wissenschaftlichen Repräsentation nicht einfach abgebildet, sondern durchaus ausgeblendet, ergänzt, umgedeutet oder vertieft. Geertz geht in dieser Frage noch weiter: Ethnographische Schriften haben ja nicht nur – im Sinne des *interpretive turn* – den Status von Interpretationen zweiter Ordnung. Sie sind auch «Fiktionen»[3], und zwar im Sinne von etwas Gemachtem. Jede kulturelle Wahrnehmung und Darstellung ist vorgeprägt. Jedes wissenschaftliche Porträt fremder Kulturen ist von der spezifischen Rhetorik und von narrativen Traditionen der eigenen Kultur geleitet. Solche selbstreflexiven Einsichten in die Strukturen wissenschaftlicher «Darstellung» sind jedoch nicht vorschnell aus dem *linguistic turn* abzuleiten. Vielmehr gehen sie mit einer eigenständigen kulturwissenschaftlichen Neufokussierung einher – allerdings erst, nachdem der von Geertz zunächst ausgebreitete, übergroße Mantel der «Bedeutung» abgelegt war: Ein solches «reflexive turning»[4], wie es außerhalb des Hoheitsgebiets der Philosophie aufkam, konnte dann auch als *rhetorical turn* oder *literary turn* weiter ausgearbeitet werden.

Diese Rückwendung der Reflexion auf die eigenen Texte bedeutet eine strikte Abkehr vom Empirismus der (Feld-)Forschung und ist Kennzeichen einer umfassenderen postmodernen Wende. Die Einsicht, dass die Zersplitterung kultureller Lebenszusammenhänge keinen direkten

Zugang zu fremden Erfahrungszusammenhängen mehr zulässt, hat auch die Annahme einer Umsetzbarkeit von Erfahrungen in die Form eines Textes massiv in Frage gestellt. Diese Erkenntnis hat teil an der so genannten Krise der Repräsentation, die allerdings noch weit durchgreifender ist. Sie umfasst das poststrukturalistische Auseinanderfallen von Zeichen und Bezeichnetem ebenso wie die Einsicht in die Asymmetrie der Machtverhältnisse, die bei jeder Repräsentation des «Anderen» bzw. bei jeder Kulturbeschreibung im Spiel ist.

## 1. Entstehungskontext und Herausbildung des *reflexive turn*

Die Einsicht in die Machtbeziehungen von Repräsentationen hat sich nicht etwa nur im Zuge der Theorieentwicklung ergeben, vor allem durch Einflüsse des Poststrukturalismus und Dekonstruktivismus, insbesondere durch Michel Foucault. Sie entspringt auch einem komplexen wissenschaftspolitischen und politischen Umfeld. Einerseits rekurriert sie auf die kolonialistische Einbindung der Ethnographie, die sich bis auf die Darstellungsebene erstreckt: auf einen «Imperialismus» kultureller Repräsentation. Danach scheint in der Darstellung des Anderen immer auch eine mehr oder weniger versteckte Gewaltsamkeit der anthropologischen Verstehensbemühungen durch. Neben einer entsprechenden Kritik des kolonialistischen Diskurses hängt die ethnologische Repräsentationskritik andererseits mit dem «Zusammenbruch und der Neuverteilung kolonialer Macht in den Jahrzehnten nach 1950»[5] zusammen. Diese bis heute anhaltende Erschütterung des weltweiten Machtgefüges durch Entkolonisierung hat der Kritik am eurozentrischen Repräsentationsmonopol gerade von postkolonialer Seite aus Auftrieb gegeben – vor allem angesichts der zunehmenden Vorstöße von Gesellschaften außerhalb Europas, sich selbst zu repräsentieren. Aber auch innerhalb Europas und den USA hat die Repräsentationsdebatte mit der Frage der Repräsentierbarkeit bzw. Selbstrepräsentation von Minderheiten und ethnischen Gruppen ein brisantes politisches Konfliktfeld freigelegt. Es fordert bis heute dazu heraus, die Strategien des «Othering» – nämlich der weit verbreiteten Konstruktion der «Anderen» als ahistorische Wesen – kritisch zu überdenken.[6]

Was sich in den späten 1980er Jahren im weiteren Umfeld der interpretativen sowie der performativen Wende herausbildet, ist die so genannte *Writing Culture*-Debatte[7]. Sie richtet sich auf die Poetik und Politik kultureller Repräsentation. Ihr Ausgangspunkt war ein Forschungsseminar in Santa Fe, New Mexico, im Jahr 1984 zum Thema «The Making of Ethnographic Texts», initiiert durch den amerikanischen Literaturwissenschaftler und Kulturanthropologen James Clifford und zugänglich gemacht in einem wegweisenden Sammelband, den Clifford zusammen mit George Marcus herausgegeben hat: «Writing Culture. The Poetics and Politics of Ethnography»[8]. Clifford, Professor im History of Consciousness Department an der University of California, Santa Cruz, ist der Hauptprotagonist dieser selbstreflexiven Richtung, die als Meta-Anthropologie über die Ethnologie hinaus Fuß gefasst hat. Auch für die anderen Kulturwissenschaften hat sie den Blick geöffnet für eine kritische Revision der Traditionen und Konventionen, der rhetorischen Strategien und Machtimplikationen, die bei Kulturbeschreibungen in wissenschaftlichen Texten überhaupt eine unübersehbare Rolle spielen.

Im Zuge des *reflexive turn*, aber auch schon bei Geertz, ist das Vertrauen in objektive Repräsentierbarkeit – sei es fremder Kulturen oder anderer Menschen – durch wissenschaftliche Darstellung grundsätzlich erschüttert worden. Auch hierfür gibt es nicht nur eine Begründung in der Theorieentwicklung. Entscheidend ist vielmehr das veränderte politische Bedingungsgefüge angesichts zunehmend unüberschaubarer Vernetzungen und Globalisierungsherausforderungen: «Eine der Hauptannahmen, auf denen das Schreiben anthropologischer Texte noch bis gestern ruhte – daß nämlich seine Untersuchungsobjekte und sein Publikum nicht nur trennbar wären, sondern auch moralisch nicht zusammenhingen, daß man die ersteren zu beschreiben, aber nicht anzureden, die letzteren zu informieren, aber nicht einzubeziehen hätte –, hat sich ziemlich vollständig aufgelöst. Die Welt hat immer noch ihre Abteile, aber die Übergänge zwischen ihnen sind viel zahlreicher und viel weniger gut gesichert.»[9]

Der Abschied vom binären Prinzip der Gegensatzpaare: wir versus die Anderen, erscheint auf den ersten Blick als eine erneute Abkehr von trennenden, dichotomischen Differenzen überhaupt, wie sie durch den Strukturalismus noch methodisch-theoretisch gefestigt wurden. Bei näherem Hinsehen ist dieser Abschied in einer weltgesellschaftlichen Lage begründet, die gar keine voneinander getrennten Differenzen mehr kennt, sondern die aufgrund der globalen Vernetzungen gerade zusammenhängende Differenzen, ja ein ganzes «Spektrum durcheinandergemischter Unterschiede»[10] anerkennen muss. Schon Geertz' Ansätze zu einer selbstreflexiven Textanalyse, dann aber die noch profiliertere selbstreflexive und literarische Wende in der Ethnographie betreffen genau diese Umbruchsituation in der Ethnologie, in der die alten Vertrautheiten aufgehoben sind – und damit auch die Konventionen der ethnographischen Darstellung wie der wissenschaftlichen Darstellung überhaupt. Es sind also die realpolitischen Entwicklungen, die hier die Ethnologie dazu anstoßen, eine für die Kulturwissenschaften insgesamt wichtige Schneise gegen das eingerastete, aber problematische Prinzip dichotomischer Differenzbildung zu schlagen.

## (Selbst-)Reflexion des wissenschaftlichen Schreibens

Diese Ebene der epistemologischen Kritik entfaltet sich freilich erst durch eine sehr viel konkreter ansetzende Praxis: durch die Selbstreflexion des wissenschaftlichen Schreibens und durch eine darstellungskritische Textanalyse. Der herkömmliche Bezugspunkt der ethnologischen Forschung war die Beschreibung fremder Kulturen, und zwar auf der Grundlage von Feldforschung und teilnehmender Beobachtung. Jetzt dagegen wird erkannt, dass diese Praxis der Erkenntnisgewinnung nur einen Teil des Forschungsprozesses abdeckt. Zunehmend werden auch die ethnographischen Untersuchungsvorgänge, Schreibweisen und Texte als eigenständige Analysegegenstände herangezogen und für eine selbstkritische Reflexion der wissenschaftlichen Tätigkeit genutzt. Diese Selbstreflexion gilt nicht nur für die Ethnographie, sondern auch für andere Disziplinen, die mit Repräsentationen befasst sind bzw. in denen

Kulturbeschreibungen im weitesten Sinn verfasst werden, sei es durch Schreiben, durch Erzählen oder durch Abbilden. Die Ethnographie und die Kulturwissenschaften überhaupt sind geradezu «ins Netz des Schreibens verstrickt»[11]. So formuliert es James Clifford, in Anspielung auf Geertz' klassische Definition der Kultur als ein von Menschen «selbstgesponnenes Bedeutungsgewebe», in das diese zugleich «verstrickt» seien.[12] Der *reflexive turn* betrifft im Sinn einer selbstreflexiven Wendung also den Vorgang der ethnographischen, der kulturwissenschaftlichen, aber auch der literarischen Text- und Bedeutungsproduktion selbst. Ein solcher *reflexive turn* ist allein schon deshalb wichtig und interessant, weil er die Forschungstätigkeit in all ihren verschiedenen Dimensionen kritisch durchleuchtet, eben nicht nur das Schreiben, sondern bereits die Art der Begegnung mit fremden Kulturen, mit anderen Menschen, kurz: mit den Forschungs«objekten». Wie ist das zumeist hierarchische, einseitige Verhältnis zwischen Erkenntnissubjekt und Erkenntnisobjekt in den Kulturwissenschaften zu reflektieren, und wie, in welcher Darstellungsform, wäre angemessen über fremde und eigene Kulturen zu schreiben? Wie entstehen aus Erfahrungen bzw. aus empirischer Feldforschung schließlich Texte?

Bereits Clifford Geertz geht so weit, die Forschungsmethode der «teilnehmenden Beobachtung» dem Dilemma der «teilnehmenden Beschreibung» mit ihren literarischen Fallstricken zu unterwerfen.[13] Damit schwenkt er – wiederum in seiner Analyse der Anthropologen als Schriftsteller – ausdrücklich in die Richtung eines *reflexive turn* ein, die nun allerdings nicht mehr von ihm dominiert wird.[14] Dabei unterscheidet Geertz zwei Arten der ethnologischen Begegnung: die «Begegnung mit dem Anderen» und die «Begegnung mit dem Blatt Papier»[15]. Die ethnographischen Schriften der «Klassiker» wie Bronislaw Malinowski, Claude Lévi-Strauss, Edward E. Evans-Pritchard, Ruth Benedict werden zum ersten Mal auch in ihrer eigenen Textstruktur aufschlussreich und auf ihre Textbausteine hin untersucht: als romanartige Gebilde oder jedenfalls als Texte mit ausgeprägten rhetorischen oder gar literarischen Strategien. So spürt Geertz in Lévi-Strauss' Schrift «Traurige Tropen» die Nachwirkungen der Tradition des Symbolismus Baudelaires, Mallarmés und Rimbauds ebenso auf wie die Einflüsse der französischen Reiseliteratur. Dies reißt sogar seine eigene Analyse zu poetischen Bildern hin, zu Formulierungen wie etwa Lévi-Strauss' «mittlerweile berühmte Regenwald-Prosa – in der die dampfenden Metaphern herabtropfen, die von üppigen Bildern überwuchert und mit extravaganten Wortspielblüten geschmückt ist»[16]. Dass es sich nicht nur hier lohnt, wissenschaftliche Darstellungen auf ihre Kunstgriffe hin abzuklopfen, zeigt sich im Fall von Lévi-Strauss an der durchaus problematischen Verflechtung von Reisebericht, ethnographischer Studie, philosophischem Diskurs, reformistischem Traktat und literarischer Prosa. Während Geertz allerdings überwiegend noch die Wirkungsmacht von Stilformen und literarischen Ausdrucksformen in ethnographischen bzw. wissenschaftlichen Texten entlarvt, regt James Clifford darüber hinaus eine systematisch zugespitzte Fokussierung an: Er beginnt, wissenschaftliche (und literarische) Texte kritisch auf ihre Autoritätsformen und auf ihre oft versteckten Machtansprüche hin zu durchleuchten, und kategorisiert sie nach ihrem jeweiligen Autoritätsstatus.

## 2. Die Krise der Repräsentation

Bereits im Zuge des *linguistic turn* wurde erkannt, dass die Wirklichkeitserfahrungen selbst immer schon textuell vermittelt sind, dass Texte, Sprache und Zeichen jeglicher vermeintlich authentischen Kulturwahrnehmung vorgelagert sind. Darüber hinaus besteht die Gefahr, dass sich Signifikanten in Form von Zeichenketten verselbständigen und ihren Bezug zu historischer Erfahrung (als ihrem Signifikat) verlieren. Diese Einsicht führt zur viel beschworenen «Krise der Repräsentation»[17]. Einer der Stränge dieser «Krise» wird von der Semiotik und der Theorie der Postmoderne vertreten, die ebendiese Verselbständigung von Zeichen gegenüber dem Bezeichneten diagnostizieren. Dieser Krisenstrang läuft gleichsam parallel zur Entdeckung der performativen Macht der Medienwelten mit ihren Virtualisierungen.[18] Methodisch richtungweisender ist hingegen der Strang einer Repräsentationskritik, die stärker historisch und politisch argumentiert. Angriffspunkt der Kritik ist die Repräsentationspraxis selbst, d. h. die kategorialen, begrifflichen, sprachlichen und vor allem rhetorischen Voraussetzungen, die in wissenschaftliche Darstellungen und andere Arten von Kulturbeschreibungen einfließen oder dort gezielt strategisch eingesetzt werden. Die Krise der Repräsentation kommt hier im Auseinanderbrechen zwischen der Darstellung (als Konstruktion) und dem Dargestellten (als Wirklichkeitsreferenz) ebenso zum Ausdruck wie in der unvermeidlichen Teilhabe an jenem Machtverhältnis, in dem jeder Autor, jede Autorin gegenüber dem Dargestellten steht. Vor allem über die Rezeption von Foucaults Diskursanalyse wird die so thematisierte Krise der Repräsentation im *reflexive turn* als ein Problem der Machtabhängigkeit von Kulturbeschreibungen reflektiert. Beim Beschreiben fremder Kulturen aus der Sicht westlicher Wissenschaft kommen unweigerlich die kolonialen und postkolonialen Machtungleichheiten zur Geltung und eben oft auch zum Ausdruck. Inwieweit dieses Machtverhältnis durch die Art und Weise der Darstellung gesteuert oder gar relativiert werden kann, allein schon durch die Erzählhaltung, durch den Argumentationsaufbau und den narrativen Plot, ist eine skeptische Frage. Sie treibt die Repräsentationskritik schließlich so weit, das Konzept der Repräsentation als solches in den Sozial- und Kulturwissenschaften massiv in Frage zu stellen.

James Clifford knüpft an Geertz' Feststellung an, dass Ethnographien (und überhaupt wissenschaftliche Darstellungen) Fiktionen im Sinne von etwas Gemachtem seien. Er geht sogar so weit zu behaupten, sie seien geradezu Erfindungen, auf jeden Fall jedoch «Teilwahrheiten», «partial truths», so der Titel von Cliffords konzeptueller Einführung zum Band über «Writing Culture».[19] Doch warum nur «Halbwahrheiten»? In jeder wissenschaftlichen Darstellung beispielsweise von kulturellen Phänomenen werden Ausschließungen gemacht. So hat die interpretative Anthropologie weitgehend die sprachliche Verfasstheit der Realität ausgeblendet, die sie meinte objektiv beschreiben zu können. Von der sprachlichen Verfasstheit der wissenschaftlichen Darstellung ganz zu schweigen. Entsprechend wurden vor allem inkongruente, widersprüchliche Stimmen einer Kultur ausgeblendet, um ein möglichst kohärentes Bild dieser Kultur zu erzeugen. Immer jedoch bleibt dabei die Unzulänglichkeit kultureller Übersetzung erhalten, immer bleibt ein

Überschuss von Differenz in der Kulturbeschreibung, der sich nicht assimilieren lässt. George Marcus nennt dies «surplus difference»[20], der Einsicht folgend, «that difference can never be fully consumed, conquered, experienced (...)»[21]. Danach gibt es also keine endgültige, monologisch autorisierte Bedeutung, es gibt nur «partial knowledge»-Texte.[22]

Schon deshalb ist eine Form von (ethnographischer) Kulturübersetzung problematisch, welche die Repräsentation advokativ einsetzt, als ein Sprechen für den «Anderen». Schon deshalb rücken aber auch literarische Darstellungsmittel wie etwa narrative Strategien, Allegorien, Tropen und Metaphern in ein neues Licht. Sie erscheinen als bedeutungsschaffende Elemente, zumal sie – wie am Lévi-Strauss-Beispiel sichtbar wurde – ganz eigene Bedeutungsnuancen in die Kulturdarstellung hineinmischen. So kann Clifford behaupten, dass alle Darstellungen wahrer Zusammenhänge «durch machtvolle ‹Lügen› des Ausschlusses und der Rhetorik»[23] zustande kommen, allein schon dadurch, dass Geschichte, Machtverhältnisse und Diskurse in den eigenen Text hineinwirken, ohne dass der Autor selbst dies zu kontrollieren vermag. Ethnographische Wahrheiten sind also notgedrungen unvollständig. Und es ist fraglich, ob sich jemals diesem Dilemma entkommen lässt, das sich durch ein prekäres Spannungsfeld auftut: durch den Anspruch, soziale Realitäten über objektive Kulturanalysen zugänglich machen zu können, die aber durch den Duktus der Darstellung dann doch wieder verzerrt zu werden drohen. Schließlich führt allein die Wahl einer systematischen Fragestellung zu einem eingeschränkten Blickwinkel mit spezifischen Ausblendungen. Dieses Dilemma ist nur dadurch zu bewältigen, dass man sich stets bewusst bleibt, keine Gesamtbilder abgeben zu können und überhaupt nur Teilwahrheiten liefern zu können, bei denen nicht zuletzt die kulturelle Veränderungsdynamik stets mitgedacht wird. Dieses Bewusstsein fehlte einer Ethnographie, die sich am Modell einer realistischen Schreibweise mit ihrem Anspruch objektiver Kulturbeschreibung ausrichtete.

«‹Cultures› do not hold still for their portraits»[24], wie Clifford betont. Diese Einsicht klingt ausgesprochen postmodern. Sie entspricht nicht nur der Kritik am Holismus, sondern auch der generellen Ablehnung «großer Erzählungen», «Metaerzählungen» und Gesamtbilder. Außerdem verkörpert sie die Krise der Narrativität und überhaupt den Verlust des Vertrauens in große Theorien angesichts der zersplitterten Verhältnisse in einer globalisierten Welt. Daraus ließe sich – und das ist ein gezielter Anstoß des *reflexive turn* – durchaus eine positive Selbstverortung wissenschaftlicher Positionen entwickeln. Die Wissenschaftshistorikerin Donna Haraway jedenfalls hat dies aus feministischer Warte getan, indem sie den «partial view» selbstbewusst mit einem «situated knowledge»[25] verknüpft und damit eine Reflexivität an den Tag legt, die man mit George Marcus als «locational politics of reflexivity»[26] bezeichnen kann.

Dieses Problem der standortabhängigen, notwendig fragmentierten Kulturbeschreibung und die Krise der Repräsentation überhaupt sind besonders aufschlussreich in ihrer deutlichen historischen und epistemologischen Tiefenwirkung. Historisch ableitbar aus der asymmetrischen Beziehung zwischen Kolonisierern und Kolonisierten, wird das Repräsentationsdilemma auf epistemologischer Ebene durch eine Asymmetrie zwischen Erkennendem und Erkanntem bestärkt. Edward Said hat dies in seiner Orientalismuskritik deutlich gemacht: In der jahrhundertelangen dichotomischen Wahrnehmung des Orients konstruierte sich Europa ein Gegenbild, um sein eigenes Selbstverständnis zu profilieren. Dabei handelte es sich um eine hegemonial verzerrte Repräsentation, ja geradezu um die «Erfindung» einer fremden Kultur. Schließlich ging es – so Saids These – nicht etwa um eine Erkenntnis des Orients. In Wirklichkeit ging es um europäische Selbsterkenntnis im Weg über ein konstruiertes Gegenbild. Was bis heute anhält und in fast jeder Repräsentation aufscheint, ist die hier ausgebildete und über Jahrhunderte hinweg wirksame epistemologische Dichotomisierung: die strikte Entgegensetzung zwischen Selbst und Anderem, Eigenem und Fremdem, Europa und Orient. Damit liegt die Gefahr nahe, die Gegenpole zu essenzialisieren, wesensmäßige Differenzen zu unterstellen und solche Differenzzuschreibungen auch für ethnische Ausgrenzungen zu missbrauchen: Der Orient sei ganz anders als Europa und deshalb nur bedingt geeignet für einen Kulturenkontakt auf gleicher Ebene, so wurde im orientalistischen Diskurs argumentiert. Nicht *mit* dem anderen sprechen, sondern *für* den anderen sprechen wurde zu einem langlebigen

Prinzip der (einseitigen, hegemonialen) Repräsentation, das sich in der europäischen Repräsentationspraxis durchgesetzt hat.

Zwar «verwechselt» Said die Ebene des kolonialistischen Diskurses im 19. Jahrhundert mit der Ebene einer epistemologischen Diskurskritik – so jedenfalls Cliffords Kritik an Saids Orientalismusanalyse[27] – und verzerrt damit auch seinen eigenen Bezugspunkt: Foucaults Machtanalyse. Dennoch ist es gerade das epistemologische Rückverfolgen der bis heute umstrittenen Praktiken von Dichotomisierung und Essenzialisierung, das Clifford als bahnbrechend für einen *reflexive turn* betrachtet. Wissenschaftliche bzw. ethnographische Repräsentation, dies ist schon bei Said einschneidend deutlich geworden, hat mit Macht zu tun. Macht wird im *reflexive turn* zu einer neuen Kategorie der Kulturanthropologie und der Kulturwissenschaften überhaupt. An diesem Punkt erhält die Repräsentationskritik einen politischen Akzent. Sie betrifft die Macht kultureller Diskurssysteme ebenso wie die Macht, Repräsentationen zu beherrschen, zu steuern, zu manipulieren – wiederum besonders in einer Welt globalisierter und zirkulierender Repräsentationen, wie sie vor allem in den mächtigen Zeichen der Konsum- und Werbesphäre zum Vorschein kommen.

Die selbstreflexive Anthropologie hat sich zur Aufgabe gemacht, wissenschaftliche Repräsentationen sowohl auf solche politischen Bedingungen hin zu analysieren als auch auf die rhetorischen Mittel und Strategien, die bewusst oder unbewusst auf der Ebene der Darstellung eingesetzt werden. Geertz' Ausgangsfrage «Was macht der Ethnograph?» führt dann nicht nur auf die Antwort: «er schreibt». Sie wird vielmehr von Clifford durch weitere Fragen präzisiert: «Wer spricht? Wer schreibt? Wann und wo? Mit wem oder an wen? Unter welchen institutionellen und historischen Zwängen?»[28] Ein solches Fragenbündel zielt auf eine genauere Analyse der Darstellungsmuster und Diskursabhängigkeiten. Es entspringt der Erkenntnis, dass jede wissenschaftliche und vor allem sozialwissenschaftliche Darstellung als ein gesellschaftlich eingebettetes narratives Unternehmen der Textproduktion aufgefasst werden kann oder sogar muss. Und als solches spiegelt es unweigerlich das Problem von Machtausübung, nicht zuletzt auch im Medium von Autorschaft und Darstellungsautorität.

Mit der *Writing Culture*-Debatte rückt das Problem des Verstehens fremder Kulturen in den Hintergrund. Die Aufmerksamkeit richtet sich stattdessen auf das Problem ihrer Repräsentierbarkeit, ja auf die Frage der kulturellen Repräsentation überhaupt. Rekurriert wird dabei keineswegs auf eine Authentizität von Kulturen, die es zu repräsentieren gälte, sondern auf deren Teilhabe an «cross-cultural-representation» unter dem Vorzeichen interkultureller Überlappungen und Verflechtungen. Immerhin geht es um das weit reichende «Vorhaben interkultureller Repräsentation»[29]. Dies ist angesichts der weltweit zirkulierenden Repräsentationen von Waren, Bildern und Filmen in der Globalgesellschaft ein besonders wichtiges und noch immer uneingelöstes Vorhaben. Denn ihm fehlt weiterhin die entscheidende Wechselseitigkeit der Repräsentation. Ist interkulturelle Repräsentation angesichts der asymmetrischen Machtverhältnisse und der einseitigen Ausübung der Darstellungsautorität überhaupt zu realisieren? Als Konzept liefert sie zumindest den Maßstab für eine kritische Analyse schon bestehender oder auch möglicher, alternativer Ansätze der Kulturbeschreibung und im weitesten Sinn auch der Kulturvermittlung.

Diesen autoritätskritischen Horizont zu einem zentralen Impuls für die Selbstreflexion wissenschaftlicher Darstellungen zu machen, legt ein außerordentlich anregender, bahnbrechender Aufsatz von James Clifford nahe: «Über ethnographische Autorität». Clifford zeichnet in diesem bereits erwähnten Aufsatz die Vorgeschichte der gegenwärtigen «Krise der Autorität» nach. Er fordert dazu heraus, nicht nur ethnographische Texte, sondern auch die Texte anderer Disziplinen, ja sogar literarische Texte auf ihre «Autorität» hin abzuklopfen. Dabei rekonstruiert Clifford verschiedene Typen der Darstellungsautorität, angefangen vom Feldforschungsparadigma Malinowskis mit seinem Anspruch, aufgrund von Augenzeugenschaft «wahre» Darstellungen fremder Kulturen liefern zu können – woraus die verbreitete Form der «synthetischen Kulturbeschreibung»[30] hervorging. Diese hat jedoch den negativen Effekt, dass sie Kulturen außerhalb Europas eine eigene Geschichte abspricht und sie statisch festschreibt, bekräftigt durch das Stilmittel des «ethnographischen Präsens». Basierend auf der «Autorität der Beobachtung», mit ihrem Einsatz der «erlebten Rede» und mit ihren entsprechenden Zuschreibungen von Gedanken, Gefühlen und Motiven durch einen allwissenden Autor, Ethnographen oder Erzähler, folgt diese klassische ethnographische Kulturbeschreibung den Konventionen des realistischen Romans.

Der realistische, auktoriale Darstellungsanspruch, der hier am Werk ist und auf Objektivierung der Wirklichkeitswahrnehmung zielt, wird im *reflexive turn* ausdrücklich verlassen, ja dekonstruiert. Außerdem wird offen gelegt, wie sehr das Bild der Wirklichkeit selbst geradezu geprägt wird durch die Art und Weise ihrer Beschreibung – am deutlichsten durch den Kohärenzanspruch der ethnographischen Monographie. Auch noch die interpretative Kulturanthropologie, die den Text aus seinem diskursiven Umfeld herauslöst und ihn dann aus dem Feld mitnimmt, überlässt ihn schließlich der monologischen Auslegungsautorität des Wissenschaftlers: Der *interpretive turn* beruht auf der Ausschließung des Dialogs.[31] Diese Einsicht wird hier noch einmal bekräftigt, so wie es überhaupt durch den *reflexive turn* möglich wird, die kulturwissenschaftlichen Richtungswechsel selbst auf ihre eigene Autoritätsstruktur hin zu untersuchen. Hierfür, aber auch für die verschiedenen Varianten wissenschaftlicher Darstellung, lassen sich die fünf grundlegenden Autoritätsstile heranziehen, die Clifford unterscheidet: hegemoniale (kolonialistische), erfahrende (beobachtende), interpretierende, dialogische, polyphone (kollektive) Autorität.[32] Sie markieren zugleich einen entscheidenden Umschwung in den Kulturwissenschaften: Erfahrung und Interpretation werden immer deutlicher abgelöst durch neue Leitvorstellungen, fast sogar «Paradigmen» wie Diskurs, Dialog und Polyphonie.[33]

Für Clifford und überhaupt für den Fortgang des *reflexive turn* in den Kulturwissenschaften wird jetzt vor allem eine Frage zentral, die Edward Said in seiner Orientalismusanalyse noch ausgespart hatte. Während Saids markante Repräsentationskritik noch keine Alternativen oder mögliche Gegenbeispiele zur hegemonialen, monologischen Autorität angedeutet hat, kommt in jüngster Zeit hingegen die Frage auf, wie sich der Prozess der «Auflösung der monophonen Autorität»[34] wirksam Bahn brechen kann. Dieser Prozess könnte in neuen Repräsentationsformen bzw. in einer reflektierten Darstellungsautorität münden, wie sie sich neuerdings abzeichnen und auf mögliche Alternativen zu asymmetrischen Repräsentationen und dichotomischen Darstellungsbeziehungen hindeuten. Beispiel wäre hier eine dialogische Ethnologie, die gar nicht mehr repräsentieren will, sondern die nur noch – durch Interviews und eine Zurückhaltung des interpretierenden Subjekts – dialogische Konstellationen und Collagen liefert. Aber auch dieser *dialogical turn*, ein Unter*turn* der reflexiven Wende, vertreten durch Kevin Dwyer, Vincent Crapanzano, Stephen Tyler, Dennis Tedlock und andere[35], ist eine Illusion, selbst wenn hier nach Auswegen aus dem Dilemma der asymmetrischen Repräsentation gesucht wird. Die Protagonisten kehren sich vom Konzept der Repräsentation so weit wie möglich ab und ersetzen es durch das Prinzip der Evokation, das vom mimetischen Anspruch radikal befreien soll. Gefördert wird dieses Prinzip durch eine dialogische Anlage der Ethnographie, die sich an Michail Bachtins Prinzip der Heteroglossie in seinem Modell des polyphonen Romans anlehnt und eine entsprechende Vielstimmigkeit zum Leitfaden auch der wissenschaftlichen Textproduktion erhebt. Hierzu ein Beispiel, bei dem die Autorität der Darstellung auf mehrere Personen verteilt wird: Kevin Dwyer, «Moroccan Dialogues. Anthropology in Question»[36]. In diesem Buch werden Gespräche mit Informanten direkt wiedergegeben, um zu zeigen, wie sich die zu beschreibenden Wirklichkeiten und Bedeutungen überhaupt erst herausbilden im Verlauf der Gesprächsverhandlungen zwischen Ethnographen und Informanten. An die Stelle einer einseitigen Repräsentation von Kulturen treten hier «ausgehandelte(n) Wirklichkeiten»[37]. Was dabei von Dwyer im Zuge eines *dialogical turn* ans Licht gebracht wird, sind die Brüche der Feldforschung und die dabei immer unvollkommenen Möglichkeiten der Selbstkontrolle des Ethnographen.

Und doch bleibt das Problem der Kontrollmacht auch im Dialog bestehen. Denn es ist stets der Autor oder die Autorin, welche die Zügel in der Hand behält, Regie führt und den Dialog nach eigenen Schwerpunkten auswählen und wiedergeben kann. Auch die Dialogelemente bleiben immer noch Repräsentationen von Dialog: «Es spielt keine Rolle, wie monologisch, dialogisch und polyphon ihre Form ist, die Texte sind in jedem Fall hierarchische Arrangements von Diskursen.»[38] Die lebendige

Vielschichtigkeit der verschiedenen Dialogstränge in oft mehrdeutigen und sich überschneidenden Dialogsituationen können sie jedenfalls nicht einfangen. Karl-Heinz Kohl, der die Probleme und Fallstricke der «dialogischen Wende» offen legt, hat hier den bis heute noch zu wenig weiterverfolgten Vorschlag gemacht, den dialogischen Ansatz bei aller Problematik in eine bestimmte Richtung weiterzudenken: als ein Verfahren zur Abgrenzung unterschiedlicher Positionen und damit als «ein erster Schritt zu einer Anthropologie des Mißverstehens»[39]. Dies wäre einer der Auswege aus der Verstehensfixierung sowie aus der Repräsentationsfixierung der Ethnographie und der Kulturwissenschaften überhaupt.

Welche weiteren Alternativen zur Repräsentation und welche Auswege aus deren Krise gäbe es noch? Grundsätzlich ist durch die *Writing Culture*-Debatte eine experimentelle Schreibweise angeregt worden, die Anekdoten, persönliche Erlebnisse und *bricolage*-Techniken in wissenschaftlichen Texten salonfähig gemacht hat. Der radikalste und provozierendste Vertreter der reflexiven Wende ist hier sicherlich der amerikanische Anthropologe Stephen Tyler mit seinem Vorschlag, das Prinzip der Repräsentation ausdrücklich durch das Prinzip der Evokation zu ersetzen. Der Verlust des Vertrauens in Repräsentation bedeutet für ihn «das Ende der Deskription»[40] – das Scheitern der westlichen Ideologie von objektiver Deskription[41], die doch zugleich ein bestimmtes Repertoire von Schlüsselbegriffen und tropologischen Konventionen beschwört und damit komplexe Handlungsabläufe durch ihre Beschreibung notgedrungen verzerrt: «Wenn aus Handlungen Worte werden, so nehmen sie stets die Form einer narrativen Sequenz an, die jeweils parallele, simultane oder multiple Perspektiven verdrängt.»[42] Diese Gewalttätigkeit der Repräsentation fordert die postmoderne Ethnographie, für die Tyler plädiert, zu einem experimentellen Schreiben und zu neuen fragmentarischen und allegorischen Darstellungsformen heraus: «Die eigentliche Bedeutung dieser Ersetzung der Repräsentation durch Evokation liegt in der Befreiung der Ethnographie von aller Mimesis und der ganzen obsoleten wissenschaftlichen Rhetorik, die stets Objekte, Fakten, Deskriptionen, Induktionen, Generalisierungen, Verifikationen, Experimente und dergleichen mehr mit sich führt (...).»[43]

Mit einem solchen Plädoyer für eine nicht synthetisierende Evokation mündet die reflexive Wende leicht in der Sackgasse einer radikalen Utopie. Denn sie stellt sich der Skepsis gegenüber dem referenziellen Diskurs der Kulturwissenschaften dann nur noch auf einer Meta-Ebene der Forschungsreflexion. Offener hingegen erweist sich die kritische Perspektive, wenn sie den Weg bereitet für eine Selbstwahrnehmung des Begriffsinventars westlicher Wissenschaft in seiner kulturellen Besonderheit. Clifford selbst hat mit einer ähnlichen Stoßrichtung den «ethnographischen Surrealismus»[44] stark gemacht. Gemeint ist eine spielerische, verfremdende Praxis der Zerlegung von Kultur, eine semiotische Decodierung, die in der Fragmentarisierung der globalen, postmodernen Welt[45] ihr Wirklichkeitskorrelat hat. Ziel ist eine Entauthentifizierung kultureller Vertrautheiten und die begriffskritische Erweiterung gewohnter Kategorien. Eine ähnliche Praxis blieb bei Victor Turner und im Verlauf des *performative turn* noch der liminalen Ritualphase zugeordnet und damit überwiegend im Ritualschema gebunden. Hier hingegen läuft das Experimentieren mit der Darstellungsautorität auf eine umfassendere Strategie der Defamiliarisierung hinaus. Sie reagiert auf die zunehmende Auflösung kultureller Bedeutungszusammenhänge mit neuen Erzähl- und Darstellungsweisen, mit veränderten Repräsentationsformen, die eher auf heraufziehende Spannungsfelder als auf bestehende Kulturzusammenhänge zugeschnitten sind. Hiermit jedenfalls tut sich ein weit gespannter Horizont auf, der den Autoritätsfokus gezielt in die (kultur-)politische Sphäre hineinragen lässt. Eine solche Ausweitung kulminiert in einer Leitfrage, die schließlich zu einem Brennpunkt postkolonialer Theorie aufrückt: «Who has the authority to speak for a group's identity or authenticity?»[46]

Zwar bleibt immer noch unklar, in welchen konkreten Alternativen auf der Darstellungsebene eine «geteilte» und «verteilte» Autorität zum Ausdruck kommen könnte und ob die kritische Forderung nach «pluraler Autorschaft» nicht doch Utopie bleiben wird. Was jedoch methodisch in Gang gesetzt worden ist, ist eine Pluralisierung der Untersuchungsperspektiven ebenso wie der Stimmen im Text. Eine solche Pluralisierung öffnet den Blick für die Mehrstimmigkeit von Kulturen und Diskursen: für heterogene und widersprüchliche, für unterdrückte, «subkulturelle»

Einzeldiskurse innerhalb der sozialen Kommunikation selbst, seien dies die Diskurse der Geschlechter, der Frauen oder das Nicht-Beobachtbare in einer Gesellschaft – eben für die dem Kohärenzanspruch der Kulturbeschreibung entgegenstehenden eigenen Stimmen und Dissonanzen einer Kultur.

## 3. DER *REFLEXIVE/RHETORICAL/LITERARY TURN* IN EINZELNEN DISZIPLINEN

Es sind Fragen der Autorschaft und Autorität, des Metapherngebrauchs, der Narration und der Erzählstrategien, die von der selbstreflexiven Ethnologie weiterhin aufgegriffen werden. Sie bleiben allerdings nicht nur auf ethnographische Texte beschränkt, sondern verhelfen dazu, auch andere Bereiche ethnographischer Repräsentation, etwa die Ausstellung fremder Kulturen in (ethnographischen) Museen, darstellungskritisch zu erschließen.[47] Zudem rücken diese Leitfragen über die Grenzen der selbstreflexiven Ethnologie hinaus auch ins Blickfeld anderer Wissenschaften – die repräsentationskritische Aufarbeitung der positivistischen Tradition in der Archivwissenschaft[48] ist hier nur die Spitze eines Eisbergs. Dabei kommt es nun zu dem interessanten Phänomen, dass die Ethnologie zum ersten Mal als Leitdisziplin abgelöst zu werden scheint von der Literaturwissenschaft, indem sie selbst einen *literary turn* oder *rhetorical turn* durchmacht. So wird inzwischen nicht nur nach den rhetorischen Strategien und Stilmitteln (wie erlebte Rede, zeitloses ethnographisches Präsens, Eröffnungsgeschichten, Plots usw.) gefragt, die von literarischen Darstellungsmitteln Gebrauch machen (wie Ironie, Metaphern, Tropen, Allegorien). Auch der Gesamtduktus der wissenschaftlichen Texte wird auf den Prüfstein gestellt, seien diese nach dem Modell realistischer Romane oder philosophischer Reflexionen gestaltet.[49] An einer entscheidenden Aufgabe kommt man nun nicht mehr vorbei: dass auch wissenschaftliche Texte immer lokalisiert werden müssen in einem Umfeld bereits existierender Repräsentationen, narrativer Vorlagen, intertextueller Bezüge und rhetorischer Konventionen. In diesem rhetorisch-intertextuellen Beziehungsgefüge wird plausibel, dass der *reflexive turn* in der philosophischen und wissenschaftstheoretischen Reflexion auch *rhetorical turn* genannt wird.[50] Das Augenmerk richtet sich hier auf die Rhetorik wissenschaftlicher Untersuchungen in den verschiedensten Disziplinen. So wird der *reflexive turn* z. B. praktiziert, indem ethnologische Klassiker der Darstellung des Islam (Clifford Geertz, Ernest Gellner, Fatima Mernissi, Akbar Ahmed) auf ihre Repräsentationsstrukturen, ihren Autoritätsstatus und ihre rhetorischen Überzeugungsstrategien hin untersucht werden.[51]

Repräsentationskritische Ansätze reichen über die Kulturwissenschaften hinaus selbst bis zur Analyse der narrativen (eben nicht nur empirischen) Dimensionen der *Ökonomie*.[52] Und in den *Science Studies* erzeugen sie die Einsicht, dass auch in den Naturwissenschaften argumentative Strukturen mit rhetorischen Erfindungen, Überzeugungsstrategien und Ausdrucksformen verknüpft sind. Dem spezifischen Verhältnis zwischen Erkenntnisgewinnung, narrativer Darstellung und rhetorischer Überzeugung nachzugehen, dies ist der spezifische Fokus des aufkommenden «rhetoric of inquiry movement»[53] – einer «Bewegung», die ihren Ausgangspunkt bereits in Thomas S. Kuhns Buch «Die Struktur wissenschaftlicher Revolutionen» genommen hat: «virtually all scholarly discourse is rhetorical in the sense that issues need to be named and framed, facts interpreted and conclusions justified.»[54] Die Repräsentationsreflexion in den Naturwissenschaften und in der Wissenschaftsgeschichte geht indes so weit, über die Zeichenorientierung hinaus auf eine «praxisorientierte Repräsentationsanalyse» hinzuarbeiten, der es «um die experimentellen und instrumentellen, die pragmatischen und diskursiven Aspekte wissenschaftlicher Symbolproduktion, um Repräsentation als eine kulturelle Tätigkeit»[55] geht. Nicht mehr von Repräsentationen als Abbildern ist hier die Rede, sondern von Repräsentation als «Transportphänomen» (Bruno Latour)[56], als «Speicherung, Umschreibung und Übersetzung» (z. B. von genetischen Informationen in der Vorstellung von «Leben als Text»)[57]. Da hierbei Räume des Wissens exploriert werden, kommt es zu Überschneidungen mit dem *spatial turn* sowie mit dem *iconic turn*, wenn visuelle Repräsentationsformen in den Naturwissenschaften in den Vordergrund rücken.

Ein Versuch, über den *rhetorical turn* – durch Unterscheidung zwischen guter und weniger guter wissenschaftlicher Narration – einen rhetorischen Relativismus zu vermeiden[58], bleibt jedoch prekär. Dafür sorgt bereits der generelle Ausgangspunkt dieser rhetorischen Wende: die Dekonstruktion objektivistischer Vorannahmen.[59] Mit solcher Objektivismuskritik bestätigt der *reflexive* oder *rhetorical turn* allerdings nicht nur den allgemeinen Primat der Sprache unter dem Vorzeichen eines *linguistic turn*. Vielmehr werden sehr viel konkreter die literarischen Strategien, Metaphern, Plots und literarischen Genres beleuchtet, die jeglicher kultureller Wahrnehmung und jeder Kulturbeschreibung, ja allen wissenschaftlichen Untersuchungsprozessen vorgelagert sind. Hier wird der *reflexive turn* geradezu zum *literary turn*. Denn er fordert die Einbeziehung literarischer Kategorien ebenso, wie er sich literaturwissenschaftliche Untersuchungsansätze zu Eigen macht. Ein solcher *literary turn* bezieht sich allerdings nur auf die Textstruktur. Er bedeutet nicht etwa eine Literarisierung von Wirklichkeit, auch wenn er den Konstruktcharakter von Wirklichkeit erkennt. Doch auch auf der Ebene der Texte wird der Blick darauf gelenkt, wie diese auf den Eindruck von Glaubwürdigkeit hin gestaltet werden. So legt der *reflexive turn* nahe, Texte daraufhin zu untersuchen, inwieweit sie, paradoxerweise gerade um Glaubwürdigkeit zu erzeugen, auf fiktive Elemente, literarische und rhetorische Strategien zurückgreifen. Ein Beispielfall wären hier die Arbeiten des amerikanischen Geschichtstheoretikers Hayden White, an dem der *linguistic turn* oder auch die postmoderne Wende in der *Geschichtswissenschaft* immer wieder – undifferenziert – festgemacht wird. Dabei ist es doch viel eher der *reflexive turn*, in den sich der *linguistic turn* entfaltet hat und der sich hier an seinen Vertretern Hayden White, aber auch Lionel Gossman, Dominick LaCapra, Michel de Certeau und Paul Ricœur zeigen lässt.[60] Hayden White lehrt ebenso wie James Clifford im History of Consciousness Program der University of California in Santa Cruz. Doch schon vor der *Writing Culture*-Debatte hat er den Pfad der Rhetorik und der Literaturtheorie beschritten.

Auf welche Weise, so fragt Hayden White, konstruieren Historiker Geschichte, indem sie diese schriftlich fixieren? Gefragt wird hier nach der sprachlichen Konstitution der Geschichtsdarstellungen, nach ihren

Narrativitätsstrukturen und *emplotments*, die eingesetzt werden, um reale historische Ereignisse mit Sinn auszustatten. Denn bei aller Faktentreue ist die Geschichtsschreibung – so White – durch erhebliche metaphorische Vorentscheidungen und tropische Figuren geprägt. Es geht ihr darum, «einer Ereignisfolge eine Plotstruktur zu verleihen, so daß sich ihr Charakter als verstehbarer Prozeß durch ihre Anordnung als *eine Geschichte von ganz bestimmter Art* (...) offenbart», so Hayden White in seinem Buch «Auch Klio dichtet oder Die Fiktion des Faktischen».[61] Eine Plotstruktur hat beispielsweise die Form einer Tragödie, einer Komödie, eines Epos, einer Romanze oder einer Satire[62]: «Das Bereitstellen einer Plotstruktur, um der erzählerischen Darstellung dessen, ‹was in der Vergangenheit geschehen ist›, die Eigenschaften eines verstehbaren Entwicklungsprozesses ähnlich dem Aufbau eines Dramas oder eines Romans zu verleihen, ist ein Element in der historischen Interpretation der Vergangenheit.»[63] Auf jeden Fall folgt auch die Geschichtsschreibung nicht einfach der Abfolge gesellschaftlicher, kultureller und politischer Sachverhalte. Vielmehr bleibt sie – wie es Reinhart Koselleck in seiner Einführung zu Hayden White ausdrückt – eingespannt in einen «Abfolgezwang der Metaphernsprache»[64], in ein tropologisches Schema, das den Diskurs des jeweiligen wissenschaftlichen Textes organisiert. Entsprechend sind auch realistische Geschichtsdarstellungen von Metapher, Metonymie, Synekdoche und Ironie gesteuert. In seinem Hauptwerk «Metahistory. Die historische Einbildungskraft im 19. Jahrhundert in Europa» (1973; dt. 1991) beschreibt Hayden White entlang dieser Tropen den Vorgang der narrativen Modellierung von Ereignisfolgen, vor allem am Beispiel der klassischen Historiographien des 19. Jahrhunderts. Ähnlich wie bei der ethnographischen Selbstreflexion der Repräsentation wird auch hier die Grenze zur Literatur überschritten. Die Unterscheidung zwischen Dichtung und Geschichtsschreibung wird verwischt und ein *literary turn* dadurch vollzogen, dass wissenschaftliche Objektivität dekonstruiert und das poetische Element in der Geschichtsschreibung freigelegt wird.

Die rhetorische Analyse unterschiedlicher Historiographien in Hayden Whites «Metahistory» treibt den *reflexive turn* in Gestalt eines *literary turn* oder gar *narrative turn* voran. Denn ähnlich wie in der

Metaethnographie deckt sie die Standortgebundenheit wissenschaftlicher Darstellungen ebenso auf wie ihre Anteile an Erfindung, Fiktion und partieller Wahrheit. Wie schon die Kulturdarstellung wird auch die Geschichtsschreibung auf ihren Konstruktcharakter und ihre Bedeutungszuschreibungen hin durchleuchtet. Die entsprechende Dekonstruktion der sprachlichen Vorstrukturierung hat vor allem den Sinn, die Überzeugungskraft klassischer Historiographien und ihre Wirkung gerade als realistische Zeugnisse aus den impliziten poetischen Strategien heraus zu erklären. Darüber hinaus begründet sie eine durchgreifende, bis heute anhaltende Skepsis an «großen Erzählungen» sowie an weit gespannten Kulturdarstellungen oder Epochenentwürfen. Sogar in der *Literatur* selbst findet sich eine Repräsentationskritik der Geschichtsschreibung, etwa in Julian Barnes' Roman «A History of the World in $10^{1}/_{2}$ Chapters»[65]. Hier werden die totalisierenden Geschichtssynthesen im fiktiven Gewand ironisiert, während sie Hayden White auf theoretische Weise dekonstruiert.

Solche fiktionalen Geschichtsreflexionen der Gegenwartsliteratur bekräftigen in weiteren Brechungen die Beiträge der fiktionalisierenden Geschichtsschreibung zum *reflexive turn* – so auch Hayden Whites Aufdeckung der verschiedenen historiographischen Schreibstile. An diesen Beiträgen zeigt sich, wie unsinnig es ist, wissenschaftliche Texte nur einem einzigen Diskurstyp zuzuordnen.[66] Gerade angesichts der erheblichen darstellerischen Variationsbreite wird eine wesentliche Eigenschaft kulturwissenschaftlicher Forschung überhaupt zum Vorschein gebracht. Zugleich jedoch werden von der Geschichtswissenschaft auch die Grenzen dieser darstellerischen Variationsmöglichkeiten reflektiert. Denn Geschichtsschreibung (wie die Anthropologie auch) ist – neben ihren rhetorischen und fiktionalen Elementen – auf einen Realitätsbezug verpflichtet, auf Orte, Institutionen, Praktiken, worauf etwa Michel de Certeau und Paul Rabinow bestehen.[67] Und auch dann noch bleibt die Frage: Wie weit reicht die historiographische Beschreibungssprache im Hinblick auf die Repräsentationsfähigkeit, ja überhaupt Darstellbarkeit und sprachliche Sinnzuschreibung der (unaussprechlichen, kaum darstellbaren) Holocaust-Erfahrungen?[68] Besonders hier stößt zugleich der *linguistic turn* in der Geschichtswissenschaft an seine Grenzen[69], solange er sich nicht öffnet für Selbst-Zeugnisse der historischen Subjekte, welche die textuellen Fixierungen der wissenschaftlichen Vergangenheitsrepräsentation erschüttern.

Neben der Geschichtswissenschaft profitieren auch die *Literaturwissenschaften* und hier besonders die Komparatistik von der Repräsentationskritik, indem sie den *literary turn* gleichsam auf sich selbst zurückwenden und ihr Textkorpus von ästhetischen Texten auf andere Textsorten und kulturelle Manifestationen hin erweitern.[70] Die Literaturanalyse richtet sich etwa darauf, wie Autorität mit kulturspezifischer Repräsentation verknüpft ist, so Robert Weimann in seiner Studie zum Zusammenwirken frühneuzeitlicher Religions- und Literaturdiskurse: «Authority and Representation in Early Modern Discourse»[71]. Die europäischen Weltbildkonstruktionen – so seine These – wurden weitgehend durch Formen der Repräsentation autorisiert, die auf Eroberung und moderne Weltbeherrschung zugeschnitten waren. Hervorgebracht wurden sie durch ein autoritatives Selbst, das sich durch Verinnerlichung von Autorität selbst vergewissert und damit eine neue Kompetenz auch zu literarischer, fiktionaler Repräsentation gewonnen hat. Neben einer solchen Historisierung der Autorität des europäischen Subjekts sowie der europäischen Kultur und Literatur könnte die Literaturwissenschaft künftig noch stärker auch das interkulturelle Potenzial literarischer und kultureller Autorität ausloten.[72] Bisher fehlt der Versuch, Autorität als eine Leitkategorie kultureller und interkultureller Repräsentation zu erschließen. Es mangelt an Ansätzen, welche von Autorität als einer Organisationsform literarischer Darstellung sprechen, als einer Repräsentationsstrategie, über die ein literarischer Text an übergreifenden Diskursformationen teilhat (wie im Fall des Orientalismus mit seiner Autorität der kolonialistischen Aneignung). Dabei wird in der Literaturwissenschaft doch zunehmend die Vermittlung zwischen verschiedenen Sprachen und Kulturen als ein besonders wichtiger Problembereich erkannt, in dem die «Krise der Autorität» Platz greift. Vor allem der Überlegenheitsanspruch der Europäer gegenüber anderen Kulturen wird hier in Frage gestellt, wie er sich jahrhundertelang auf die europäische Repräsentationstechnologie der Schrift stützen konnte.[73]

Auch für diesen Problemzusammenhang kann die Einsicht der

*Writing Culture*-Debatte genutzt werden, dass sich Kulturen selbst artikulieren, indem sie eigene Codes und Repräsentationen ausbilden, profilieren, ja überdeterminiert zur Geltung bringen und machtvoll durchsetzen. Dies hat insbesondere die *Übersetzungswissenschaft* vor einem allzu starken Vertrauen in die traditionelle Repräsentationstheorie von Sprache gewarnt. Betrachtet man Übersetzung als Repräsentation fremder Kulturen[74], dann unterstellt man nicht mehr länger die Perspektive einer möglichst originalgetreuen Vermittlung eines authentischen Ursprungstextes. Was heute im Zusammenhang der neueren, postkolonialen Literaturen der Welt als Problem in den Vordergrund rückt, ist nicht nur die Notwendigkeit einer Kanonerweiterung und einer damit einhergehenden Deplatzierung der europäischen ästhetischen Wertungs- und Definitionsautorität. Es ist vielmehr auch die Machtkomponente der Übersetzung, nicht zuletzt aufgrund der ungleichen Zugangschancen zum literarischen Weltmarkt und der daran geknüpften Verfügungsgewalt über die Kategorien und Mittel der Repräsentation.[75] Der kulturpolitische Bedingungsrahmen des europäischen Übersetzungsmonopols erhält somit neue Aufmerksamkeit: «In creating coherent and transparent texts and subjects, translation participates – across a range of discourses – in the *fixing* of colonized cultures, making them seem static and unchanging rather than historically constructed.»[76] Auf Machtverhältnisse, Stereotypen, Ungleichheiten der Sprachen, Bedeutungszuschreibungen, die sich in den Übersetzungsvorgang hineinmischen, richtet sich hier die selbstreflexive Wende. Erkennbar wird dabei nicht zuletzt, wie stark Übersetzungsprozesse durch die Übermacht von Fremdbildern gesteuert sein können. Ein Beispiel hierfür ist die Übersetzungspraxis des indischen Schriftstellers und Nobelpreisträgers Rabindranath Tagore, der unter dem Druck stand, seine eigenen Gedichte vom Bengali ins Englische hinein zu übersetzen, mit der Folge, dass er sie «spiritualisiert», sie also dem vorherrschenden europäischen Fremdbild von indischer Lyrik anpasst. Sind also nicht auch literarische Übersetzungen von einer Repräsentationsautorität geprägt, von einer Verfügungsmacht über Sprachen und Kulturen?

Ähnliche Fragen richten sich nun auch auf die Autorität, die in der *Literatur* selbst ausgeübt wird, z.B. durch einen allwissenden Erzähler,

durch die Kontrollfunktion der «erlebten Rede» sowie durch eine «ethnographische Subjektivität»[77] der literarischen Figuren, der Erzähler oder
der Schriftsteller selbst. Auch hierfür lieferte Edward Said einen konzeptuellen Rahmen, um die «Schemata der Erzählerautorität»[78] im Kontext
des Kolonialdiskurses – am Beispiel von Joseph Conrads Roman «Heart
of Darkness» – analysieren zu können. Darüber hinaus bietet sich von
Hubert Fichtes ethnopoetischen Kulturbeschreibungen[79] bis hin zu den
Ausgestaltungen des Autoritäts- und Repräsentationsproblems in postkolonialer Literatur, etwa im Roman «Mr. Cruso, Mrs. Barton und Mr.
Foe»[80] des südafrikanischen Nobelpreisträgers J. M. Coetzee, ein breites
Spektrum literarischer Fallbeispiele, die noch keineswegs ausreichend
auf diese Frage der Repräsentationskritik hin erschlossen worden sind.

Repräsentationskritik bildet eine Hauptrichtung in der bisherigen
Rezeption des *reflexive turn* und der *Writing Culture*-Debatte. Sie scheint
jedoch immer noch zu stark auf die Fallstricke des Textualismus fixiert
zu sein. Immerhin finden sich im Feld der *Visuellen Anthropologie* und
der *Medienethnologie* durchaus Ansätze zu einer «Picturing Culture-
Debatte»[81], welche die Projektionen europäischer Bildkonzepte bei der
Fremdrepräsentation durch Fotos und (Dokumentar-)Filme[82] repräsentationskritisch aufdecken. Europäische Visualisierungspraktiken bei der
bildlichen Konstruktion anderer Kulturen werden jedenfalls nicht selten
durch ganz andere, «pathische» oder in Besessenheitspraktiken einge-
bundene Bildverständnisse herausgefordert.[83] Jenseits des Textualismus
deuten sich hier aufschlussreiche Anschlussmöglichkeiten an den *iconic
turn* an. Eine andere wichtige Dimension, welche die textuellen Probleme der (Fremd-)Darstellung übersteigt, ist jedoch noch massiver ausgeblendet worden: nämlich die Betonung der Vielstimmigkeit, die (ausgehend von Michail Bachtin) auch die Wirkungsmacht des Akustischen
erkennen und reflektieren könnte. Eine stärkere Berücksichtigung des
Akustischen bereits im Prozess der (ethnographischen) Erkenntnisgewinnung könnte dazu verhelfen, den Horizont der Evokation konzeptuell weiterzuentfalten. Herausgefordert und in Frage gestellt wird damit
das vorherrschende Prinzip der Repräsentation mit ihrem mimetischen
Anspruch, nur das Beobachtete, Gesehene als Grundlage der Kulturbeschreibung abzubilden. Die Einsicht, dass die Zeit der realistischen

Repräsentation nicht nur vorbei ist, sondern auch im Dienst einer Ideologie der Macht steht, führt zwar zu einem Experimentieren mit neuen Darstellungsformen. Doch deren Vertextung sollte sich künftig nicht mehr nur von der Beobachtung ableiten, sondern sich stärker auf das Gesprochene und Gehörte hin öffnen: «It will be a text to read not with the eyes alone, but with the ear (...)»[84]. Vielstimmigkeit und Evokation werden hier bereits zu Übergangsbegriffen, die den *reflexive turn* auf eine Art «acustic turn» hin öffnen könnten.[85] Erste Ansätze zur Erforschung von «Hearing Culture» werden vor allem auf dem Gebiet der *Musikethnologie* gemacht und in ein ganz neues Forschungsfeld der *Sound Studies* hineinplatziert.[86]

## 4. KRITIKPUNKTE UND PROFILIERUNGSPERSPEKTIVEN

Schon in der *Writing Culture*-Debatte selbst hat sich ansatzweise eine Erweiterung des Problemfelds auf ein nicht nur verbales Spektrum von Repräsentationsformen angebahnt. Würde es weiterverfolgt, dann rückten wichtige Dimensionen in den Blick, die auch in der Kritik des *pictorial/iconic turn* wieder aufgegriffen werden könnten.[87] Die neuen «akustischen» Begleitbegriffe der Evokation anstelle von Repräsentation entfalten dann die bisher viel zu wenig diskutierte Kritik des Visualismus, wie sie vor allem James Clifford in seiner Einleitung «Halbe Wahrheiten»[88] und Stephen Tyler mit seiner Kritik an der «visuellen Hegemonie» geäußert haben. Das visuelle Prinzip hat sich als eine durchaus verengte Wahrnehmungsform schon in der Leitmethode bzw. -metapher der «teilnehmenden Beobachtung» niedergeschlagen. Vor allem aber hat es als hartnäckige Erkenntnishaltung (nicht nur) die Ethnographie bis heute dominiert, schon deshalb, weil «in den westlichen Schriftkulturen die Wahrheit des Gesichtssinns über die Evidenzen des Klangs und des Gesprächs, des Tastens, Riechens und Schmeckens herrscht».[89] Ebendiese nicht-visuellen Kategorien wurden in der Ethnologie und in anderen Kulturwissenschaften aber weitgehend ausgeblendet und bisher erst unzureichend als Analysekategorien zur Sprache gebracht.[90] Gerade sie sind es jedoch, die quer zu allen Neuorientierungen eine übergreifende Achse legen könnten: für eine neuartige Form der Kulturanalyse, welche verstärkt mit einem Ensemble kultureller Wahrnehmungsbegriffe arbeitet. In diesem Sinn ist James Cliffords Bemerkung ausgesprochen weit reichend und anschlussfähig, weit über den *reflexive turn* hinaus: «Sobald Kulturen nicht mehr visuell präfiguriert werden – als Objekte, Theater, Texte –, wird es möglich, an eine kulturelle Poetik zu denken, die ein Zusammenspiel von Stimmen, von plazierten Äußerungen ist.»[91] Diese Bemerkung kann auch für die weiteren kulturwissenschaftlichen Richtungswechsel im Gedächtnis behalten werden. Denn auch diese zielen im weitesten Sinn auf eine «kulturelle Poetik», laufen dabei jedoch immer wieder in die textuellen oder auch visuellen Engführungen hinein. Auch in der reflexiven Wende selbst ist es bisher nur bei einem kleinen Aufflackern der viel umfassender konzipierten, aber dann doch allzu schnell im Keim erstickten Visualisierungskritik geblieben. Dabei hätte diese – wenn man sie nach dem *iconic turn* wieder aufgreifen würde – durchaus das Potenzial, einen neuen «Paradigmenwechsel» einzuläuten.

Auch wenn die Rezeption des *reflexive turn* in den einzelnen Wissenschaften bisher also unter einem eher einseitigen Repräsentationsverständnis verlaufen ist, ja die ethnologische *Writing Culture*-Debatte inzwischen sogar für beendet erklärt wird[92], sind ihre selbstreflexiven und repräsentationskritischen Anstöße weiterhin wirksam. Dass sie nicht überall leicht Fuß fassen, mag daran liegen, dass sich die reflexive Wende angesichts ihrer Metaorientierung verglichen mit den anderen kulturwissenschaftlichen Richtungswechseln nicht so deutlich als eine explizite Neufokussierung niedergeschlagen hat. Eher wurde hier zu wissenschaftlicher Selbstkritik aufgerufen. Diese bildet neben der Skepsis gegenüber einer Metareflexion, die sich von der Empirie abwendet, ein weiteres Verunsicherungsmoment, das erklären könnte, warum der *reflexive turn* zurückhaltender angeeignet und ausgearbeitet wurde. Schließlich wird hier in erster Linie dekonstruiert und eben nicht, wie bei anderen *turns*, mit positiven Anreizen zu methodischen wie inhaltlichen Neufokussierungen gelockt. Ein Ausweichverhalten liegt da nahe, besteht doch

die Gefahr, dass am Ende die jeweils eigene disziplinäre Autorität untergraben wird. Genau auf diese Ebene zielt massive Kritik. So markiert der
Anthropologe Paul Rabinow «einen interessanten blinden Fleck»: Cliffords «Verweigerung der Selbstreflexion».[93] Auch Steven Sangren äußert
den Vorwurf, dass der *reflexive turn* auf eine wenig selbstreflexive Weise
vollzogen werde und die gewonnenen Einsichten nicht einmal auf die
eigene Rhetorik und den Autoritätsanspruch der kritischen, meta-theo-
retischen Texte selbst rückbezogen würden. Diese Aufgabe übernimmt
dann Sangren selbst, indem er die millenaristische Rhetorik und das Sen-
dungsbewusstsein dieser Texte aufdeckt: «deconstructing the rhetoric
of the deconstruction of the rhetoric of anthropology»[94]. Neben dieser
Meta-Metaebene exponiert er auch die Rite-de-passage-Funktion der
selbstreflexiven Theorie angesichts ihrer Überzeugung, eine gleichsam
geläuterte «Wiedergeburt» der Ethnologie vorantreiben zu können.

Doch bei aller Kritik: Als ein Meta-*Turn* ist der *reflexive turn* deshalb
weiterführend, weil er die anderen Wenden, ja «Wenden» überhaupt,
in Frage zu stellen vermag. Denn er stellt das Vokabular und Instrumentarium bereit, mit dem die Autorität von Diskursen und *turns* selbst zu
unterhöhlen ist.[95] Allerdings wäre auch ein solcher «reflexive cultural
criticism»[96] wiederum Zielscheibe der Kritik, insofern er seine Auto-
ritäts- und Repräsentationskritik überwiegend auf (autonome) Texte
fixiert, ohne sie an die Autoritätsstrukturen der gesellschaftlichen und
wissenschaftspolitischen Institutionen rückzubinden.[97] Hier wäre es an
der Zeit, die Autorität ganzer Wissenschaftsdiskurse, z. B. der Naturwissenschaften versus Kulturwissenschaften, einmal genauer kritisch in
den Blick zu nehmen. Damit müsste dann freilich die Ebene der selbstreflexiven Textualität verlassen werden.

In einer anderen Richtung allerdings hat der *reflexive turn* eine erhebliche Reichweite angenommen, indem er Wege für ein neues Kulturverständnis bahnt. Kultur erscheint in seinem Horizont nicht mehr als ein
objektivierbarer, einheitlicher Behälter von Symbolen und Bedeutungen. Kultur gilt vielmehr als ein dynamisches Beziehungsgeflecht von
Kommunikationspraktiken und Repräsentationen, durch deren Darstel-
lungsdynamik sie überhaupt erst Gestalt annimmt. So sind auch kulturelle Objekte nicht einfach gegeben, sondern kommen erst durch (symbo-

lische) Interaktion, durch ein «Othering» zustande, wie es gerade durch die Art der Repräsentation geprägt wird. «Othering» wird zu einer lang anhaltenden Leitvorstellung, die immer wieder Kritik auslöst. Bisher ist «der/die Andere» weitgehend objektiviert worden. Er oder sie selbst als Subjekt, das sich eigenständig äußert und eigenmächtig handelt, kam kaum zur Sprache. Vor allem wurden fremde Kulturen – aus der Perspektive der hegemonialen europäischen Wissenschaft – üblicherweise auf der Zeitachse zurückversetzt. Statt sie in der Zeitgenossenschaft wahrzunehmen, wurden sie eher als zeit- und geschichtslos dargestellt, was durch die vorherrschende Darstellungsweise im ethnographischen Präsens stilistisch noch verstärkt wird. «Denial of coevalness» nennt dies Johannes Fabian in seinem wichtigen Buch «Time and the Other. How Anthropology Makes its Object»[98], zuerst erschienen bereits 1983, aber immer noch äußerst aktuell, nicht zuletzt angesichts der Kritik an Dualismen und Dichotomien, wie sie mit dem «Othering» einhergehen.

*Turns* bahnen Wege, mit solchen Dualismen und Dichotomien umzugehen: sie erst herauszuarbeiten, dann aber auch zu überwinden. Im *interpretive turn* war es der Versuch, den Dualismus Gesellschaft – Kultur zu überwinden, wonach Kultur nur als Gewand der sozialen Verhältnisse galt.[99] Die entsprechende Rückbindung des Kulturbegriffs an soziale Praktiken hat sich zwar zu einer Zeit ereignet, die den traditionellen Dichotomien wie Selbst – Anderer, wild – zivilisiert den Rücken kehrt. Das Prinzip der Dichotomisierung als solches wurde jedoch noch nicht in Frage gestellt, ebenso wenig wie die Tendenz zur Essenzialisierung und zu Authentizitätsbehauptungen. Erst der *reflexive turn* hat hier grundsätzlicher angesetzt, indem er eine Umbruchachse produktiv gemacht hat: den Umbruch vom Verlust der traditionellen Dichotomien zur Herausbildung eines geschärften Bewusstseins für kulturelle Differenzen: «‹Cultural› difference is no longer a stable, exotic otherness; self-other relations are matters of power and rhetoric rather than of essence. A whole structure of expectations about authenticity in culture and in art is thrown in doubt.»[100] Genau diese Schneise der Dichotomienkritik und des Anti-Essenzialismus wird im *postcolonial turn* weiterverfolgt und radikalisiert.

Solche Dimensionen der Dichotomienkritik wie auch der Repräsentationskritik bewirken entscheidende Weichenstellungen für eine neue Selbstlegitimation der Kulturwissenschaften entlang ihrer besonderen Erkenntnisweisen, Wahrnehmungs- und Darstellungspraktiken. Doch erst, indem die selbstkritische Perspektive auch den *reflexive turn* als solchen erfasst, kann dies zur Ausbildung konkreterer Forschungseinstellungen beitragen. Die deutlichsten Anstöße hierzu gibt die Kritik an der *Writing Culture*, der als einer Meta-Anthropologie vorgeworfen wird, sich über die Basis der empirischen (Feld-)Forschung hinwegzusetzen. Hier wird auch der Vorwurf geäußert, die Ethnographie (und eben auch die anderen Wissenschaften, die selbstreflexiv werden) verlören mit der reflexiven Wende ihren eigentlichen Gegenstandsbereich immer mehr, ja sie würden in Literaturwissenschaft aufgelöst, wohingegen der Literaturwissenschaft mitunter vorgeworfen wird, sie würde in Kulturwissenschaft aufgehen.[101] Diese skeptischen Begleiterscheinungen des «genre blurring» sind vielleicht nicht so schwer zu gewichten wie eine andere konkretisierende Achse, die eine kritische Weiterprofilierung der reflexiven Wende eröffnet:

Es ist die Genderperspektive, die – wie bei den meisten anderen Orientierungswechseln auch – wiederum erst im Nachhinein ins Spiel kommt, interessanterweise erst über ihre Anklage, von Anfang an explizit ausgeschlossen worden zu sein. In der Tat rechtfertigt James Clifford in seiner Einleitung zum «Writing Culture»-Band den Ausschluss von Anthropologinnen damit, dass sie eher an feministischen Texten in Bezug auf ihre Inhalte interessiert seien, nicht jedoch in Bezug auf ihre (Schreib-)Form: «Der Feminismus hatte nicht viel zur theoretischen Analyse ethnographischer Texte als Texte beigetragen.»[102] Anthropologinnen – und dies gilt auch für indigene Anthropologen – hätten keine konzeptuellen Vorschläge geliefert, weder zum Problem der ethnographischen Textualität noch zu Grundlagenreflexionen ethnologischer Kategorien oder kulturwissenschaftlicher Theoriebildung. Dies kann nur heftigen Widerspruch herausfordern.[103] So haben Ethnologinnen – z.B. Lila Abu-Lughod und Marilyn Strathern – daraufhin betont, dass gerade von der feministischen Theorie auch konzeptuell viel geleistet wurde und wird, um die scheinbare Gegebenheit von (europäischem) Selbst und (nicht-europäischem) Anderen und ihre Polarisierung in Frage zu stellen – wie sie in der Repräsentationskritik der *Writing Culture*-Debatte ja immer noch vorausgesetzt wird. Abu-Lughod erwähnt hier die so genannten «halfies», besonders indische Intellektuelle, die in den USA lehren, sodass sie das «Andere» zum großen Teil als ihr Selbst erfahren.[104] Noch genderorientierter betonen Ruth Behar und Deborah Gordon in ihrem Buch «Women Writing Culture»[105], dass künftig keine Debatte über kulturelle Repräsentation mehr möglich sein solle, ohne die Rolle von Frauen dabei ausdrücklich zu berücksichtigen.

Der Ausschluss von Theoretikerinnen ebenso wie die Tendenz zur Geschlechtsblindheit der kulturwissenschaftlichen Theoriebildung überhaupt legen also eine Vermutung nahe, die für den *reflexive turn* zugespitzt gilt, aber auch für andere *turns* in Anschlag gebracht werden könnte: Indem die ethnologische Selbstkritik auf «white male anthropologists» beschränkt bleibt, soll möglicherweise sichergestellt werden, dass die bisher bestimmenden Gruppen des Diskurses auch weiterhin die Fäden in der Hand behalten[106] – noch dazu in einer Zeit, in der die Ethnologie ohnehin nicht mehr die volle Kontrolle über die Repräsentation fremder Kulturen innehat. Mittlerweile jedoch ist die Frage von *Gender* im Zusammenhang einer selbstreflexiven Repräsentation nicht mehr aus der kulturwissenschaftlichen Diskussion wegzudenken. Hier kommen zwei Argumentationsstränge zusammen. Zum einen wird die grundsätzliche, vermeintliche Geschlechtsneutralität in den Kulturwissenschaften und das Festhalten der *turns* in männlicher, angeblich stärker theorieerprobter Hand mehr als bisher problematisiert, wie dies etwa Rey Chow in einer epistemologischen Kritik ins Licht gerückt hat.[107] Zum andern ist bereits die konventionelle Binärstruktur der Repräsentation, besonders das Auseinanderhalten von Original und Kopie, ein zentrales Analogiemoment für die Binärstruktur von Männlichkeit und Weiblichkeit. Doch erst aus der Genderperspektive heraus wird betont, dass diese binäre Struktur auch ein hierarchisches Verhältnis impliziert. Bei Repräsentation steht eines für etwas anderes, macht das andere (z. B. die Frau) zum Zeichen. Dies gilt nicht nur in ästhetischer Hinsicht, sondern vor allem auch in politischer Hinsicht: Eine Problematisierung von Repräsentation unter dem Genderaspekt verstärkt die Einsicht in die Macht der Repräsentation, in das Problem des Sprechens *für* andere (advokative

Repräsentation); sie bestärkt aber auch die Entwicklung zunehmender Selbstermächtigung («agency») und Selbstrepräsentation. Besonders deutlich diskutiert wird dieser Zusammenhang gegenwärtig am Extremfall einer gendergeprägten Politik der Repräsentation: am Fall der Pornographie und ihrer Repräsentation von Frauen als Sexualobjekte.[108]

Das Problem der Repräsentation von Geschlechterverhältnissen wird noch schärfer kontextualisiert und mit Fragen von Ethnizität und sozialer Klassenzugehörigkeit verknüpft; auch der Machtaspekt wird noch stärker politisiert und radikalisiert, wenn man den *reflexive turn* bis an seine Ränder treibt und seine Überlappungen mit dem *postcolonial turn* freilegt. Denn die selbstreflexive Wende hat durchaus noch die Neigung, binneneuropäisch zu bleiben – wie sich etwa bei Hayden White zeigt – und damit in eine europäische Selbstbespiegelung der eigenen Darstellungsweisen und Texte zu münden. Dagegen – gleichsam als Übergang zum *postcolonial turn* – löst Robert Young in seinem Buch «White Mythologies. Writing History and the West» (1990) das europäische universalistische Projekt der Geschichtsschreibung von einer Warte außerhalb Europas in ein Netzwerk durchaus widersprüchlicher Geschichten auf.[109] Diese beugen sich keineswegs einem einzigen westlichen Schema – auch nicht dem Interpretationsschema der marxistischen Theorie, die aufgebrochen werden musste hin zu antikolonialen Diskursen der Befreiungsbewegungen außerhalb Europas.[110] Zugleich ist hier die selbstreflexive/rhetorische/literarische Wende am Werk, insofern erkannt wird, wie historische Texte und bestimmte Diskurse, wie etwa der Orientalismus, nicht nur Wissen generieren, sondern die Realität, die sie beschreiben, als Repräsentation selbst mitkonstruieren.[111] Dass hier sogar ganze «Repräsentationsmaschinen»[112] ausgefahren werden, die in einem kulturspezifischen, diskursstrukturierenden «Repräsentationssystem» ihren Ort haben, zeigt neben Stephen Greenblatt auch Tzvetan Todorov.[113] Beide wenden ihre Repräsentationskritik kritisch-historisch auf die Untersuchungsobjekte selbst zurück, besonders auf Entdeckungsszenarien, Kulturenkontakte und Reisebeschreibungen. Damit wird der *reflexive turn* aus den Sackgassen der abgehobenen metawissenschaftlichen Reflexion hinausgeführt.[114] Am Beispiel der diskursiven Autorität von Reiseliteratur werden die Herrschaftspraktiken und die Etablierung einer europäischen historischen Autorität durch den Einsatz spezifischer Darstellungsstrategien aufgezeigt: Repräsentationen und die Macht der umfassenden europäischen «Repräsentationsmaschine» waren es und sind es vielleicht noch immer, die zu großen Teilen den Kontakt der Europäer mit der außereuropäischen Welt steuernd vermitteln. Vorherrschend sind dabei allerdings Hegemonialansprüche, welche gerade eine Wechselseitigkeit, einen Austausch von Repräsentationen verhindern.[115]

Verfolgt man den hier beschrittenen Weg in ein Spannungsfeld der Repräsentationen zwischen Europa und den Ländern außerhalb Europas, so gelangt man unweigerlich auf die Ebene konkreter Kontakte und Beziehungen zwischen europäischen und außereuropäischen Welten, wie sie dann im *postcolonial turn* und seinem Konzept der «entangled histories» in den Vordergrund rücken. Schließlich – so lautet das Fazit von Martin Fuchs und Eberhard Berg in ihrem konzeptuellen Beitrag «Phänomenologie der Differenz. Reflexionsstufen ethnographischer Repräsentation» – bleiben alle Versuche einer alternativen Repräsentationsweise beschränkt, solange «wir nicht unsere Tradition der Repräsentation der Konfrontation mit anderen Repräsentationstraditionen aussetzen.»[116]

## ANMERKUNGEN

1 Clifford Geertz: Dichte Beschreibung. Bemerkungen zu einer deutenden Theorie von Kultur, in: ders.: Dichte Beschreibung. Beiträge zum Verstehen kultureller Systeme. Frankfurt/M. 1983, S. 7–43, hier S. 28.

2 Ebd., S. 29.

3 Ebd., S. 23.

4 Vgl. P. Steven Sangren: Rhetoric and the Authority of Ethnography. «Postmodernism» and the Social Reproduction of Texts, in: Current Anthropology 29, 3 (1988), S. 405–435, hier S. 405 f. («»the ‹reflexive turning› of the anthropological gaze toward anthropology itself»).

5 James Clifford: Über ethnographische Autorität, in: Eberhard Berg/Martin Fuchs (Hg.): Kultur, soziale Praxis, Text. Die Krise der ethnographischen Repräsentation. Frankfurt/M. 1993, S. 109–157, hier S. 110. Zur wissenschaftspolitischen Verortung des *reflexive turn* vgl. auch Lorraine Nencel/Peter Pels (Hg.): Constructing Knowledge. Authority and Critique in Social Science. London, Newbury Park, New Delhi 1991.

6 Hierzu vgl. Karl-Heinz Kohl: Dialogische Anthropologie – eine Illusion? In: Iris Därmann/Christoph Jamme (Hg.): Fremderfahrung und Repräsentation. Weilerswist 2002, S. 209–225, hier S. 209.

7 Hierzu vgl. Doris Bachmann-Medick: «Writing Culture» – ein Diskurs zwischen Ethnologie und Literaturwissenschaft, in: Kea. Zeitschrift für Kulturwissenschaften 4 (1992), S. 1–20.

8 Berkeley, Los Angeles, London 1986.

9 Clifford Geertz: Die künstlichen Wilden. Der Anthropologe als Schriftsteller (1988). München 1990, S. 129.

10 Ebd., S. 142.

11 Clifford: Über ethnographische Autorität, S. 114.

12 Vgl. Geertz: Dichte Beschreibung, S. 9.

13 Vgl. Geertz: Die künstlichen Wilden, S. 85.

14 Zur nicht gering zu schätzenden Rolle von Clifford Geertz für die *Writing Culture*-Debatte vgl. Volker Gottowik: Zwischen dichter und dünner Beschreibung. Clifford Geertz' Beitrag zur Writing Culture-Debatte, in: Iris Därmann/Christoph Jamme (Hg.): Theorien, Konzepte und Autoren der Kulturwissenschaften. München 2007.

15 Geertz: Die künstlichen Wilden, S. 18.

16 Ebd., S. 35.

17 Vgl. u. a. das Kapitel «A Crisis of Representation in the Human Sciences», in: George E. Marcus/Michael M. J. Fischer (Hg.): Anthropology as Cultural Critique. An Experimental Moment in the Human Sciences. Chicago, London 1986, S. 7–16; von Seiten der Philosophie vgl. Silja Freudenberger/Hans Jörg Sandkühler (Hg.): Repräsentation, Krise der Repräsentation, Paradigmenwechsel. Ein Forschungsprogramm in Philosophie und Wissenschaften. Frankfurt/M. u. a. 2003.

18 Für diese semiotische Richtung vgl. die Beiträge in: Winfried Nöth/Christina Ljungberg (Hg.): The Crisis of Representation: Semiotic Foundations and Manifestations in Culture and the Media (= Special Issue von Semiotica 143, 1/4 (2003), bes. Einleitung, S. 3).

19 Clifford: Introduction. Partial Truths, in: ders./Marcus (Hg.): Writing Culture, S. 1–26, hier S. 6 (dt.: Halbe Wahrheiten, in: Gabriele Rippl (Hg.): Unbeschreiblich weiblich. Texte zur feministischen Anthropologie. Frankfurt/M. 1993, S. 104–135).

20 George E. Marcus: On Ideologies of Reflexivity in Contemporary Efforts to Remake the Human Sciences (1994), in: ders.: Ethnography Through Thick and Thin. Princeton 1998, S. 181–202, hier S. 186.

21 Ebd., S. 186.

22 Vgl. ebd., S. 189.

23 Vgl. Clifford: Halbe Wahrheiten, S. 7.

24 Clifford: Introduction. Partial Truths, S. 10.

25 Donna Haraway: Situated Knowledges. The Science Question in Feminism and the Privilege of Partial Perspective, in: Feminist Studies 14, 3 (1988), S. 575–599.

26 Marcus: On Ideologies of Reflexivity, S. 201.

27 James Clifford: On Orientalism, in: ders.: The Predicament of Culture. Twentieth-Century Ethnography, Literature, and Art. Cambridge/Mass., London 1988, S. 255–276, hier S. 268.

28 Vgl. Clifford: Halbe Wahrheiten, S. 118.

29 Clifford: Über ethnographische Autorität, S. 110.

30 Vgl. ebd., S. 120.

31 Vgl. ebd., S. 138.

32 Vgl. ebd., S. 151.

33 Vgl. ebd., S. 135.

34 Ebd., S. 147.

35 Programmatische Texte für den *dialogical turn* findet man in dem bahnbrechenden Sammelband von Berg/Fuchs (Hg.): Kultur, soziale Praxis, Text; vgl. auch Thomas Reinhardt: Jenseits der Schrift. Dialogische Anthropologie nach der Postmoderne. Frankfurt/M. 2000.

36 Baltimore, London 1982.

37 Clifford: Halbe Wahrheiten, S. 120.

38 Ebd., S. 123.

39 Vgl. Kohl: Dialogische Anthropologie, S. 225.

40 Stephen A. Tyler: Das Unaussprechliche. Ethnographie, Diskurs und Rhetorik in der postmodernen Welt. München 1991, S. 85.

41 Vgl. ebd., S. 86.

42 Ebd., S. 89; vgl. James Clifford: Über ethnographische Allegorie, in: Berg/Fuchs (Hg.): Kultur, soziale Praxis, Text, S. 200–239.

43 Tyler: Das Unaussprechliche, S. 198.

44 James Clifford: On Ethnographic Surrealism, in: ders.: Predicament of Culture, S. 117–151.

45 Vgl. ebd., S. 120, S. 129.

46 Clifford: Introduction: The Pure Products Go Crazy, in: ders.: Predicament of Culture, S. 1–17, hier S. 8.

47 Aus der Fülle der Publikationen hierzu vgl. – mit Anklängen an den «Writing-Culture»-Band schon im Titel – Ivan Karp/Steven D. Lavine (Hg.): Exhibiting Cultures. The Poetics and Politics of Museum Display. Washington 1997; außerdem Sharon Macdonald: The Museum as Mirror. Ethnographic Reflections, in: Allison James/Jenny Hockey/Andrew Dawson (Hg.): After Writing Culture. Epistemology and Praxis in Contemporary Anthropology. London, New York 1997, S. 161–176; vgl. auch James Clifford: Museums as Contact Zones, in: ders.: Routes. Travel and Translation in the Late Twentieth Century. Cambridge/Mass., London 1997, S. 188–219;

für den deutschen Kontext vgl. H. Glen Penny: Objects of Culture. Ethnology and Ethnographic Museums in Imperial Germany. Chapel Hill 2002.

48 Vgl. Elisabeth Kaplan: «Many Paths to Partial Truths». Archives, Anthropology, and the Power of Representation, in: Archival Science 2 (2002), S. 209–220, S. 216: «understanding archives as the problematic representations they are» – im Kontext von Wissensproduktion und Machtverhältnissen.

49 Zur Literarizität kulturanthropologischer Texte vgl. George E. Marcus/Dick Cushman: Ethnographies as Texts, in: Annual Review of Anthropology 11 (1982), S. 25–69; auch die gründliche Untersuchung von Volker Gottowik: Konstruktionen des Anderen. Clifford Geertz und die Krise der ethnographischen Repräsentation. Berlin 1997, bes. S. 206 ff.; sowie den Sammelband von Marc Manganaro (Hg.): Modernist Anthropology. From Fieldwork to Text. Princeton 1990.

50 Zum «rhetorical turn» – auch in Bezug auf die Sozialwissenschaften – vgl. Richard Harvey Brown (Hg.): Writing the Social Text. Poetics and Politics in Social Science Discourse. New York 1992, S. ix, sowie ders.: Poetics, Politics, and Truth. An Invitation to Rhetorical Analysis, in: ebd., S. 3–8; vgl. Julie Thompson Klein: Text/Context. The Rhetoric of the Social Sciences, in: ebd., S. 9–27.

51 Daniel Martin Varisco: Islam Obscured. The Rhetoric of Anthropological Representation. New York, Houndmills 2005, S. 3: «I offer here a critique of the rhetoric of representing Islam in the texts of Geertz, Gellner, Mernissi, and Ahmed.»

52 Hierzu vgl. Donald M. McCloskey: The Rhetoric of Economics. Madison 1985.

53 Zum *rhetorical turn* in den verschiedensten Disziplinen vgl. Herbert W. Simons (Hg.): The Rhetorical Turn. Invention and Persuasion in the Conduct of Inquiry. Chicago, London 1990, hier S. 8; vgl. auch den Sammelband von Brown (Hg.): Writing the Social Text, S. ix: «Not only do we view society as a text, but we see scientific texts themselves as rhetorical constructions.»

54 Herbert W. Simons: Introduction. The Rhetoric of Inquiry as an Intellectual Movement, in: ders. (Hg.): Rhetorical Turn, S. 1–31, hier S. 9.

55 Hans-Jörg Rheinberger/Bettina Wahrig-Schmidt/Michael Hagner: Räume des Wissens: Repräsentation, Codierung, Spur, in: dies. (Hg.): Räume des Wissens. Repräsentation, Codierung, Spur. Berlin 1997, S. 7–21, hier S. 11; darin vgl. auch Michael Hagner: Zwei Anmerkungen zur Repräsentation in der Wissenschaftsgeschichte, S. 340–355.

56 Rheinberger/Wahrig-Schmidt/Hagner: Räume des Wissens, S. 17.

57 Ebd., S. 17.

58 Hierzu vgl. Simons: Introduction, S. 19.

59 Vgl. ebd., S. 1.

60 Zum *reflexive turn* in der Geschichtswissenschaft vgl. die Aufsätze in: Keith Jenkins (Hg.): The Postmodern History Reader. London, New York 1997; zur Verankerung im *linguistic turn* vgl. Elizabeth A. Clark: History, Theory, Text. Historians and the

Linguistic Turn. Cambridge/Mass., London 2004; vgl. die Einleitung des vorliegenden Buchs, S. 35 f., 39.

61  Hayden White: Auch Klio dichtet oder Die Fiktion des Faktischen. Studien zur Tropologie des historischen Diskurses. Stuttgart 1986.

62  Hayden White: Interpretation und Geschichte, in: ebd., S. 64–100, hier S. 81.

63  Ebd., S. 82.

64  Reinhart Koselleck: Einführung, in: ebd., S. 1–6, hier S. 6.

65  New York 1990.

66  Vgl. White: Metahistory, S. 556.

67  Michel de Certeau: Das Schreiben der Geschichte. Frankfurt/M., New York, Paris 1991, bes. S. 64: «In den historischen Diskurs kehrt daher die Erforschung der Wirklichkeit zurück»; in ähnlicher Stoßrichtung vgl. die Kritik an einer übersteigerten Metaposition auf dem Gebiet der reflexiven Ethnologie bei Paul Rabinow: Repräsentationen sind soziale Tatsachen. Modernität und Post-Modernität in der Anthropologie, in: Rippl (Hg.): Unbeschreiblich weiblich, S. 136–173, hier S. 157: «Wenn wir versuchen, gesellschaftliche Referentialität auszuschalten, werden andere Referenten den frei gewordenen Platz einnehmen.»

68  Vgl. Saul Friedlander (Hg.): Probing the Limits of Representation. Nazism and the «Final Solution». Cambridge 1992.

69  Vgl. Frank R. Ankersmit: Historical Representation. Stanford 2001, bes. S. 160 ff.

70  Ein literaturwissenschaftliches Beispiel, das auf die Repräsentationsdebatte anspielt und auf den *reflexive turn* bezogen ist, wäre Michaela Holdenried: Künstliche Horizonte. Alterität in literarischen Repräsentationen Südamerikas. Berlin 2004.

71  Baltimore 1996; vgl. auch Bryan Reynolds/William N. West (Hg.): Rematerializing Shakespeare. Authority and Representation on the Early Modern English Stage. Houndmills 2005.

72  Ansätze finden sich in: Jürgen Fohrmann/Ingrid Kasten/Eva Neuland (Hg.): Autorität der/in Sprache, Literatur, Neuen Medien. Vorträge des Bonner Germanistentags 1997. 2 Bde. Bielefeld 2000.

73  Hierzu vgl. Tzvetan Todorov: Die Eroberung Amerikas. Das Problem des Anderen. Frankfurt/M. 1985.

74  Vgl. den Sammelband von Doris Bachmann-Medick (Hg.): Übersetzung als Repräsentation fremder Kulturen. Berlin 1997.

75  Vgl. Kapitel 5 «Translational Turn».

76  Tejaswini Niranjana: Siting Translation. History, Post-Structuralism, and the Colonial Context. Berkeley, Los Angeles, Oxford 1992, S. 3.

77  Vgl. – besonders am Beispiel von Joseph Conrads «Heart of Darkness» – James Clifford: Über ethnographische Selbststilisierung. Conrad und Malinowski, in: Doris Bachmann-Medick (Hg.): Kultur als Text. Die anthropologische Wende in der Literaturwissenschaft. 2. Aufl. Tübingen, Basel 2004, S. 194–225.

78 Edward W. Said: Kultur und Imperialismus. Einbildungskraft und Politik im Zeitalter der Macht. Frankfurt/M. 1994, S. 116.

79 Hierzu vgl. Peter Braun/Manfred Weinberg (Hg.): Ethno/Graphie. Reiseformen des
Wissens. Tübingen 2002.

80 München 1986; zur Frage der Repräsentationsautorität vgl. hier Matthew Green-
field: Coetzee's *Foe* and Wittgenstein's *Philosophical Investigations*. Confession, Authority, and Private Languages, in: The Journal of Narrative Technique 25, 3 (1995),
S. 223–237, hier S. 225: Coetzee schreibt «stories in which the narrator begins with
certainty, authority, and a belief in a stable identity and then loses all of these in a
proliferation of selves and voices.»

81 Hierzu vgl. Iris Därmann: Ethnologie, in: Klaus Sachs-Hombach (Hg.): Bildwis-
senschaft. Disziplinen, Themen, Methoden. Frankfurt/M. 2005, S. 174–184, bes.
S. 176 ff., mit Bezug auf James R. Ryan: Picturing Empire. Photography and the
Visualization of the British Empire. London 1997.

82 Eine empirische Studie zur Überprüfung der eigenen Forschungshandlungen am
Beispiel des Dokumentarfilmens mit ihren interpretierenden Vorannahmen – eine
Fallstudie für «empirische Reflexivität» (S. 98 ff.) zur Aufdeckung ihrer darstel-
lungsrhetorischen Strategien – findet sich bei Elisabeth Mohn: Filming Culture.
Spielarten des Dokumentierens nach der Repräsentationskrise. Stuttgart 2002.

83 Iris Därmann: Obsessive Bilder in Bewegung oder Pikturale (Fremd-)darstellungen
in europäischer, fremd- und interkultureller Sicht, in: Paideuma. Mitteilungen zur
Kulturkunde 50 (2004), S. 59–78, bes. S. 66 ff.

84 Stephen A. Tyler: Post-Modern Ethnography. From Document of the Occult to
Occult Document, in: Clifford/Marcus (Hg.): Writing Culture, S. 122–140, hier
S. 136.

85 Diese Perspektive lässt sich anknüpfen an eine Neuinterpretation von Vielstimmigkeit unter dem Vorzeichen einer Neubewertung von Stimme statt Text bei Reinhart
Meyer-Kalkus: Stimme und Sprechkünste im 20. Jahrhundert. Berlin 2001, besonders Kapitel 3: «Theorie der Vielstimmigkeit erzählender Texte (Michail Bachtin)»,
S. 135–142.

86 Vgl. Veit Erlmann (Hg.): Hearing Cultures. Essays on Sound, Listening and Modernity. Oxford, New York 2004; Michael Bull/Les Back (Hg.): Auditory Culture Reader.
Oxford, New York 2003.

87 Hierzu vgl. Kapitel 7 «Iconic Turn», S. 364 f.

88 Clifford: Halbe Wahrheiten.

89 Ebd., S. 116 (zur Visualismuskritik Walter J. Ongs).

90 Ansätze gibt es von Seiten der Volkskunde, vgl. Regina Bendix: Symbols and Sound,
Senses and Sentiment. Notizen zu einer Ethnographie des (Zu-)Hörens, in: Rolf
Wilhelm Brednich/Heinz Schmitt (Hg.): Symbole. Zur Bedeutung von Zeichen in
der Kultur. Münster, New York 1997, S. 42–67.

91 Clifford: Halbe Wahrheiten, S. 117.

92 Von einer weitgehend abgeschlossenen ethnologischen *Writing Culture*-Debatte ohne Perspektive einer über sie hinausgehenden selbstreflexiven Wende geht der «Rückblick» von Volker Gottowik aus (ders.: Zwischen dichter und dünner Beschreibung).

93 Rabinow: Repräsentationen sind soziale Tatsachen, S. 158f.

94 Sangren: Rhetoric and the Authority, S. 409.

95 Diese Anwendung des *reflexive turn* auf das kulturwissenschaftliche Vokabular und auf die Erklärung des Auf und Ab der Neuorientierungen bzw. die Hochkonjunktur und Ablösung von Leitbegriffen selbst betont auch Edward M. Bruner: Ethnography of Narrative, in: Victor W. Turner/Edward M. Bruner (Hg.): The Anthropology of Experience. Urbana, Chicago 1986, S. 139–155, hier S. 139f.

96 Vgl. Sangren: Rhetoric and the Authority, S. 424.

97 Vgl. ebd., S. 424: «Finally, if ethnography aspires to become a kind of ‹reflexive› cultural criticism, as I believe it can and should, it must honestly and relentlessly locate its object not only in the texts it produces but dialectically in the social institutions in which anthropological careers as well as texts are produced and reproduced.»

98 New York 1983 (2002).

99 Vgl. hierzu Marshall Sahlins: Two or Three Things That I Know About Culture, in: Journal of the Royal Anthropological Institute (N. S.) 5, 3 (1999), S. 399–421, hier S. 400.

100 Clifford: Introduction: The Pure Products Go Crazy, S. 14.

101 Vgl. die von Wolfgang Barner initiierte und über drei Jahrgänge geführte Debatte «Kommt der Literaturwissenschaft ihr Gegenstand abhanden?». In: Jahrbuch der deutschen Schillergesellschaft 42 (1998), 43 (1999), 44 (2000).

102 Clifford: Halbe Wahrheiten, S. 20; vgl. – kritisch dazu – den Sammelband von James/Hockey/Dawson (Hg.): After Writing Culture.

103 Zu den verschiedenen Positionen dieses Widerspruchs und zur «Abwertung des Feminismus zugunsten des Postmodernismus» (S. 215) in diesem Zusammenhang vgl. Frances E. Mascia-Lees/Patricia Sharpe/Colleen Ballerino Cohen: Die postmoderne Wende in der Anthropologie. Vorbehalte aus feministischer Sicht, in: Rippl (Hg.): Unbeschreiblich weiblich, S. 209–242.

104 Lila Abu-Lughod: Writing Against Culture, in: Richard G. Fox (Hg.): Recapturing Anthropology. Working in the Present. Santa Fe 1991, S. 137–162.

105 Ruth, Behar/Deborah, Gordon A. (Hg.): Women Writing Culture. Berkeley 1995, S. xii.

106 Vgl. Martin Fuchs: Der Verlust der Totalität. Die Anthropologie der Kultur, in: Heide Appelsmeyer/Elfriede Billmann-Mahecha (Hg.): Kulturwissenschaft. Felder

einer prozeßorientierten wissenschaftlichen Praxis. Weilerswist 2001, S. 18–53, hier S. 27.

107 Rey Chow: Gender and Representation, in: Elisabeth Bronfen/Misha Kavka (Hg.): Feminist Consequences. Theory for the New Century. New York 2000, S. 38–57.

108 Hierzu vgl. ebd., S. 41.

109 Vgl. Robert J. C. Young: White Mythologies. Writing History and the West (1990). 2. Aufl. London, New York 2004, S. 2 f.

110 Ebd., S. 6 f. Zum politischen Umfeld des Übergangs zum *postcolonial turn* vgl. die neue Einl. von Young zur 2. Aufl. der *White Mythologies* Revisited, ebd., S. 1–31.

111 Vgl. ebd., S. 168.

112 Stephen Greenblatt: Wunderbare Besitztümer. Die Erfindung des Fremden: Reisende und Entdecker. Berlin 1994, S. 183.

113 Todorov: Eroberung Amerikas.

114 Vgl. auch Robert Weimann (Hg.): Ränder der Moderne. Repräsentation und Alterität im (post)kolonialen Diskurs. Frankfurt/M. 1997.

115 Vgl. Greenblatt: Wunderbare Besitztümer, S. 184 ff.

116 Fuchs/Berg, in: Berg/Fuchs (Hg.): Kultur, soziale Praxis, Text, Einleitung, S. 11–108, hier S. 96.

# LITERATUR – EINE AUSWAHL

Abu-Lughod, Lila: Writing Against Culture, in: Richard G. Fox (Hg.): Recapturing Anthropology. Working in the Present. Santa Fe 1991, S. 137–162.

Ankersmit, Frank R.: Historical Representation. Stanford 2002.

Bachmann-Medick, Doris: «Writing Culture» – ein Diskurs zwischen Ethnologie und Literaturwissenschaft, in: Kea. Zeitschrift für Kulturwissenschaften 4 (1992), S. 1–20.

Bachmann-Medick, Doris (Hg.): Übersetzung als Repräsentation fremder Kulturen. Berlin 1997.

Behar, Ruth/Gordon, Deborah A. (Hg.): Women Writing Culture. Berkeley 1995.

Berg, Eberhard/Fuchs, Martin (Hg.): Kultur, soziale Praxis, Text. Die Krise der ethnographischen Repräsentation. Frankfurt/M. 1993.

Borsò, Vittoria/Kann, Christoph (Hg.): Geschichtsdarstellung. Medien, Methoden, Strategien. Köln, Wien, Weimar 2005.

Brown, Richard Harvey (Hg.): Writing the Social Text. Poetics and Politics in Social Science Discourse. New York 1992.

Chow, Rey: Gender and Representation, in: Elisabeth Bronfen/Misha Kavka (Hg.): Feminist Consequences. Theory for the New Century. New York 2000, S. 38–57.

Clark, Elizabeth A.: History, Theory, Text. Historians and the Linguistic Turn. Cambridge/Mass., London 2004.

Clifford, James: The Predicament of Culture. Twentieth-Century Ethnography, Literature, and Art. Cambridge/Mass., London 1988.

Clifford, James: Über ethnographische Autorität, in: Eberhard Berg/Martin Fuchs (Hg.): Kultur, soziale Praxis, Text. Die Krise der ethnographischen Repräsentation. Frankfurt/M. 1993, S. 109–157.

Clifford, James: Routes. Travel and Translation in the Late Twentieth Century. Cambridge/Mass., London 1997.

Clifford, James/Marcus, George E. (Hg.): Writing Culture. The Poetics and Politics of Ethnography. Berkeley, Los Angeles, London 1986.

Crapanzano, Vincent: Hermes' Dilemma and Hamlet's Desire. On the Epistemology of Interpretation. Cambridge/Mass., London 1992.

Därmann, Iris/Jamme, Christoph (Hg.): Fremderfahrung und Repräsentation. Weilerswist 2002.

Dressel, Gert/Rathmayr, Bernhard (Hg.): Mensch – Gesellschaft – Wissenschaft. Versuche einer Reflexiven Historischen Anthropologie. Innsbruck 1999.

Fabian, Johannes: Time and the Other. How Anthropology Makes Its Object. New York 1983.

Geertz, Clifford: Die künstlichen Wilden. Der Anthropologe als Schriftsteller. München, Wien 1988.

Gottowik, Volker: Zwischen dichter und dünner Beschreibung. Clifford Geertz' Beitrag zur Writing Culture-Debatte, in: Iris Därmann/Christoph Jamme (Hg.): Theorien, Konzepte und Autoren der Kulturwissenschaften. München 2006.

Hornbacher, Annette: Zuschreibung und Befremden. Postmoderne Repräsentationskrise und verkörpertes Wissen im balinesischen Theater. Berlin 2005.

James, Allison/Hockey, Jenny/Dawson, Andrew (Hg.): After Writing Culture. Epistemology and Praxis in Contemporary Anthropology. London, New York 1997.

Karp, Ivan/Lavine, Steven D. (Hg.): Exhibiting Cultures. The Poetics and Politics of Museum Display. Washington 1997.

Manganaro, Marc (Hg.): Modernist Anthropology. From Fieldwork to Text. Princeton 1990.

Marcus, George E./Cushman, Dick: Ethnographies as Texts, in: Annual Review of Anthropology 11 (1982), S. 25–69.

Marcus, George E./Fischer, Michael M. J.: Anthropology as Cultural Critique. An Experimental Moment in the Human Sciences. Chicago, London 1986.

Rheinberger, Hans-Jörg/Hagner, Michael/Wahrig-Schmidt, Bettina (Hg.): Räume des Wissens. Repräsentation, Codierung, Spur. Berlin 1997.

Rippl, Gabriele (Hg.): Unbeschreiblich weiblich. Texte zur feministischen Anthropologie. Frankfurt/M. 1993.

Sangren, Steven P.: Rhetoric and the Authority of Ethnography. ‹Post-Modernism› and the Social Reproduction of Texts, in: Current Anthropology 29, 3 (1988), S. 405–435.

Simons, Herbert W. (Hg.): The Rhetorical Turn. Invention and Persuasion in the Conduct of Inquiry. Chicago, London 1990.

Tyler, Stephen A.: The Unspeakable. Discourse, Dialogue, and Rhetoric in the Postmodern World. Madison 1987 (dt.: Das Unaussprechliche. Ethnographie, Diskurs und Rhetorik in der postmodernen Welt. München 1991).

Varisco, Daniel Martin: Islam Obscured. The Rhetoric of Anthropological Representation. New York, Houndmills 2005.

White, Hayden: Metahistory. Die historische Einbildungskraft im 19. Jahrhundert in Europa (1973). Frankfurt/M. 1991.

White, Hayden: Auch Klio dichtet oder Die Fiktion des Faktischen. Studien zur Tropologie des historischen Diskurses. Stuttgart 1986.

Young, Robert J. C.: White Mythologies. Writing History and the West (1990). 2. Aufl. London, New York, 2004.

# 4. Postcolonial Turn

Die erhebliche Reichweite, aber auch die Problematik des *postcolonial turn* gehen bereits aus dem Begriff des «Postkolonialen» hervor. Dieser Ausdruck führt zwei Bedeutungsstränge zusammen, die ein anhaltendes Spannungsverhältnis erzeugen: Als eine kritische historische Kategorie bezeichnet «postkolonial» einerseits die nachhaltige Prägung der globalen Situation durch Kolonialismus, Dekolonisierung und neokolonialistische Tendenzen. Andererseits wird über diese historische Verortung hinaus eine diskurskritische Kulturtheorie auf den Weg gebracht, die im Zeichen von *Postcolonial Studies* eurozentrische Wissensordnungen und Repräsentationssysteme ins Visier nimmt.

Zunächst bezieht sich «postkolonial» auf die Phase der Dekolonisierung nach 1945. Hier hat das Präfix «post-» noch eine periodisierende, chronologische Bedeutung. Sie verweist auf die Auflösung der europäischen Kolonialreiche und auf das veränderte Selbstverständnis der zur Unabhängigkeit gelangten Gesellschaften, die sich aus der Verarbeitung der Kolonisierung heraus neu formierten, auch angesichts der Erfahrung von Gewalt, wie sie in der kolonialen Beziehung involviert ist.[1] Postkolonialismus ist hier noch gleichbedeutend mit dem Kampf um Unabhängigkeit von kolonialer Herrschaft (Dekolonisierung). Zugleich betrifft er aber das Entstehen neuer, neokolonialer Abhängigkeiten.[2] Der historische Begriff im Sinne von post-independence ist also nicht mehr angemessen, wenn damit eine lineare Entwicklung unterstellt wird. Denn die Situation ist mittlerweile komplexer geworden. Unübersehbar sind die Nachwirkungen des Imperialismus, die in den unabhängig gewordenen Nationen im Fortbestehen kolonialistischer Denk- und Handlungsweisen zum Ausdruck kommen. Ein komplexeres Verständnis des Postkolonialen wird zudem von den multikulturellen Gesellschaften in Europa selbst herausgefordert, nicht zuletzt durch ihre vielschichtigen Migrationsverhältnisse. Daher werden die *Postcolonial Studies* auch immer relevanter für Länder (wie etwa Deutschland), die erst durch sie die kolonialen Bestandteile ihrer eigenen Geschichte entdecken.[3]

Entscheidend wird an dieser Stelle die erstaunliche Bedeutungsveränderung des Begriffs «postkolonial» mit dem Aufkommen der *Postcolonial Studies* in den 1980er Jahren. Hier ändert sich der Terminus von einem imperialismuskritischen historischen Epochenbegriff zu einem politisch-programmatischen und diskurskritischen Begriff. Ebendiese Begriffszuspitzung ist gemeint, wenn man von postkolonialer Wende spricht. «Post» ist nun nicht mehr gleichbedeutend mit «nach» bzw. mit dem Ende des Kolonialismus. Vielmehr wird damit das Weiterwirken kolonialistischer Strukturen in anderen Formen bezeichnet, nicht zuletzt im kulturellen und ökonomischen Gewand.[4] Entsprechend ändert sich auch das Gegenstandsfeld: In einem durchaus widersprüchlichen Spannungsverhältnis entfaltet sich die postkoloniale Perspektive weit hinaus über Kulturen der so genannten Dritten Welt bzw. der Gesellschaften, die den Kolonialismus unmittelbar erlebt haben. Sie bekräftigt zwar ein neues nationales Selbstbewusstsein in den früheren Kolonialgesellschaften, überwindet aber zugleich diese Beschränkung auf Nationen und Staaten zugunsten eines weiter reichenden kulturkritischen Programms.

Denn dem postkolonialen Projekt geht es nicht primär darum, die Auswirkungen des Kolonialismus auf die außereuropäischen Staaten bis in die Gegenwart hinein zu untersuchen. Eher sind kritische Analysekategorien zu entwickeln, mit denen die anhaltende und weiterhin problematische Konstruktion des «Anderen» («Othering») aufgearbeitet werden kann. Die diskursprägende Gewalt hegemonialer Kulturen wird dabei ebenso beleuchtet wie die zunehmend eigenständige Selbstrepräsentation bisher marginalisierter Gesellschaften, ethnischer Gruppen und Literaturen. Postkolonial wird somit zu einem systematischen, politisch aufgeladenen Begriff, der in enger Verbindung mit Ethnizität, Klasse und Geschlecht verwendet wird. Doch erst sein Umschwenken zu einer grundsätzlichen Kritik an der modernen Wissensordnung und am universalisierenden Herrschaftsdiskurs des westlichen Rationalismus bringt den Durchbruch zu einem *postcolonial turn* in den Kulturwissenschaften.

# 1. ENTSTEHUNGSKONTEXT UND HERAUSBILDUNG DES *POSTCOLONIAL TURN*

Die Entfaltung der postkolonialen Wende ist keineswegs das Ergebnis einer autonomen Theorieentwicklung. Denn sie ist deutlich eingelassen in ein politisch-ökonomisches Umfeld zu einer Zeit anti- und neokolonialistischer Verschärfungen im Ausgang des Kalten Kriegs und im Gefolge einer neuen Weltordnung mit den USA an der Spitze, wodurch ein erheblicher Anpassungsdruck der postkolonialen Staaten an die Erfordernisse des globalen Kapitalismus erzeugt wurde.[5] Besonders in diesem Umfeld konnte der *postcolonial turn* Fuß fassen, zumal er der Ökonomielastigkeit der vorherrschenden Entwicklungs- und Globalisierungsdiskussion die Notwendigkeit einer kulturellen Fokussierung entgegenhielt.

Für die Entstehungsgeschichte des *postcolonial turn* ist jedoch weiter auszuholen.[6] Sie ist durch zwei Generationen mit je eigenen Ausrichtungen geprägt. Die erste Generation deckt sich mit der Phase der Dekolonisierung und dem Aufkommen einer politischen anti-kolonialen Widerstandsbewegung auf der Basis der jeweiligen nationalen Unabhängigkeits- und Befreiungskämpfe. Diese politisch-aktivistische Ausgangssituation hat die postkoloniale Bewegung begründet. Robert Youngs fundierte Geschichte des Postkolonialismus[7] hält sie auch für die heutige Diskussion noch lebendig. Eine solche Vergegenwärtigung ist angesichts des weiterlebenden Kolonialismus bzw. Neokolonialismus nahe liegend. Und doch verblasste sie zunehmend, je mehr die politisch-ökonomischen marxistischen Erklärungsansätze der ersten Generation postkolonialer Theoretiker in kulturalistischen, ja dekonstruktivistischen Selbstbezüglichkeiten verloren gingen. Dementsprechend sind auch die Gründergestalten dann bald von der Forschung vernachlässigt worden[8], nicht zuletzt wegen ihrer national und ethnisch aufgeladenen Positionen bis hin zu ihrem «anti-rassistischen Rassismus»[9], wie er vor allem die Négritude-Bewegung und den Pan-Afrikanismus der 1930er/1940er Jahre gekennzeichnet hat. Zu den führenden Intellektuellen, die noch unmittelbar in dieses postkoloniale Erfahrungsumfeld selbst eingebunden waren, gehören u. a. Aimé Césaire, Léopold Sédar Senghor, Albert Memmi und C. L. R. James, aber auch der in Martinique geborene Frantz Fanon (1925–1961), der als Psychiater am Befreiungskampf der französischen Kolonie Algerien teilnahm.[10] Vom marxistischen Standpunkt aus richtete er die Aufmerksamkeit erstaunlicherweise auf subjektive Wahrnehmungen der postkolonialen Verhältnisse, um von da aus eine radikale Kolonialismuskritik zu entwerfen.[11] An die psychoanalytische Dimension seines einflussreichsten Buchs «Die Verdammten dieser Erde» (1961) konnten später Edward Said und Homi Bhabha anschließen.

Fanons Frage nach der Konstitution einer neuen, «kulturellen Identität» des postkolonialen Subjekts und seine Entdeckung des Faktors «Kultur» als Produktivkraft läuteten geradezu einen «cultural turn» innerhalb des *postcolonial turn* selbst ein. Darauf verweist auch Robert Young mit seiner Kapitelüberschrift «The Cultural Turn: *Négritude*»[12], um von hier aus eine historische Verknüpfung der beiden Hauptstränge der postkolonialen Theorie zu leisten. Bereits an diesem Angelpunkt verortet Young nämlich den entscheidenden Umschwung der postkolonialen Wende von ihren historisch-politischen Ansätzen hin zu einer poststrukturalistisch geprägten kulturell-epistemologischen Ausarbeitung. Schließlich hatten schon die anti-kolonialen Intellektuellen der Dritten Welt – besonders über die Vermittlungsfigur Jean-Paul Sartres – teil an der gemeinsamen Genealogie von Postkolonialismus und Poststrukturalismus.[13]

Von diesem Entstehungskontext aus gewinnt der *postcolonial turn* seine besondere Zugkraft. Denn gerade durch sein Umschwenken von der historisch-politischen auf die diskursive Ebene prägt er die Entwicklung der kulturwissenschaftlichen Neuorientierungen insgesamt: So führt er nicht nur dazu, dass postkoloniale Erfahrungszusammenhänge politisierend in westliche Universitäten hineinwirken; zugleich setzt er auch eine selbstkritische «Deplatzierung» des europäischen Theoriediskurses in Gang. Erst unter dieser Voraussetzung konnte sich die postkoloniale Reflexion überhaupt als eine Wende herausbilden, ausgehend von der Einsicht, dass koloniale Macht nicht nur ökonomisch, sondern auch diskursiv über das (westliche) Wissenssystem ausgeübt wurde und noch immer wird. Das westliche Wissenssystem blieb schließlich auch nach der Dekolonisation als «Erbe» wirksam. Es stellte gleichsam die Waffen der westlichen Theorie, mit denen zugleich gegen deren eigene

Hegemonialität angekämpft werden konnte. Die «indigene» postkoloniale Kritik der ersten Generation und die antikolonialen Diskurse der 1970er und frühen 1980er Jahre – deshalb diese Paradoxie – konnten also leicht in eine Selbstreflexion der westlichen Theorie überspringen.

Das beste Zeugnis hierfür ist ein entscheidender Gründungstext des *postcolonial turn*: «Orientalism»[14] (1978). Dieses Buch von Edward Said (1935–2003) – einem Palästinenser, der in den USA lebte und an der University of Columbia in New York als Vergleichender Literaturwissenschaftler lehrte – betrifft nur auf den ersten Blick die Geschichte der Erforschung, Vermittlung und des Schreibens über den Orient. Zugleich führt das Beispiel des Orientalismus vor Augen, wie die postkoloniale Kritik in ihrem eigenen Feld zu einer kulturwissenschaftlichen Wende umschlägt und die Orientalismusanalyse zu einem forschungsleitenden «konzeptuellen Paradigma» entfaltet: «Es war vor allem die Vorstellung des Orientalismus als eines *Diskurses* im allgemeinen Sinn, welche die Schöpfung eines übergreifenden konzeptuellen Paradigmas gestattete. Mit diesem wurde es möglich, die besondere kulturelle Form kolonialer und imperialer Ideologien zu untersuchen, die den Orientalismus als kritisches Konzept schließlich so erfolgreich machte, dass er ein gänzlich neues Feld (kultur-)wissenschaftlicher Untersuchung begründete.»[15] Eine derart «paradigmatische» Erschließung eines ganz neuen Forschungsfelds führt weit über die Orientforschung hinaus. Sie folgt Saids Leitperspektive, die er in seiner Theorie des kolonialen Diskurses mit Bezug auf Michel Foucault verfolgt: dem Anstoß, Wissen und Macht in engster Verknüpfung zu betrachten.

Wie schon im *reflexive turn* stehen also die komplexen Vorzeichen jeglicher Produktion von Wissen über die «Anderen» zur Debatte, Fragen kolonialer und postkolonialer Repräsentation und im Fall des Orientalismus gar die westliche Projektion von Vorstellungen über den Orient zum Zweck der Etablierung eines hegemonialen europäischen Herrschaftsdiskurses. Hier ist es die binäre westliche Ordnungshierarchie des Wissens selbst, die als vorherrschendes «Paradigma» kritisch ins Visier genommen wird. Mit solcher Fokussierung löst sich die postkoloniale Kritik von ihrer historischen Entstehungssituation; sie wird verallgemeinert. Denn sie motiviert dazu, die kritische Analyse auf jegliche Beziehungen zu richten, die von ungleichen Machtverhältnissen geprägt waren und sind. So kommt es schon bei Said zu einem *postcolonial turn*, der sich durch seine kulturell-diskursive Ausrichtung als eine grundlegende Repräsentationskritik von den anfänglichen marxistisch-ökonomistischen Zugängen verabschiedet.

Von Saids Gründungstext «Orientalism» aus entfaltet sich dann das «Dreigestirn», ja die «Heilige Dreifaltigkeit» («Holy Trinity»)[16] der Leitfiguren des *postcolonial turn*: Edward W. Said, Gayatri Chakravorty Spivak und Homi K. Bhabha. Deren Ansätze geben der weit verzweigten postkolonialen Diskussion, die mittlerweile in einer Vielzahl von Readern zugänglich ist[17], ihre eigentümliche kulturell-diskursive und epistemologische Prägung. Hatte die erste Generation noch eher im Fahrwasser marxistischer Ansätze vor allem entwicklungstheoretische Anliegen verfolgt, wurden solche dann in dieser zweiten Generation durch überwiegend postmoderne Ansätze abgelöst[18]: Das postkoloniale Fortschrittsvokabular von Befreiungsbewegung und antikolonialem Widerstand blieb nun hinter einem neuen Differenzdiskurs zurück. Zwischen der ersten und zweiten Generation liegt also eine Art *linguistic turn* innerhalb der postkolonialen Theorie selbst. War zunächst noch das politische Engagement im Zusammenhang der postkolonialen Befreiungsbewegungen die entscheidende Triebkraft, wird es dann zunehmend der Diskurs, der als Konstitutionsmoment des Kolonialismus erkannt wird.

Es ist vor allem die Weiterentwicklung des *linguistic turn* durch den Dekonstruktivismus, der diese zweite Entwicklungsetappe des Postkolonialismus seit den 1990er Jahren beflügelt hat. Damit ist die postkoloniale Reflexion längst in den Metropolen angekommen, wo sie auch am deutlichsten zur Entfaltung gebracht wird. Man könnte sogar behaupten, diese Version des *postcolonial turn* sei geradezu auf dem Boden der westlichen Gesellschaften entwickelt worden[19] – nicht zuletzt, um deren zunehmend multikulturelle Durchdringung auf ihr Differenz- und Partizipationspotenzial hin zu überdenken. Immerhin ist auch der diskursnahe *postcolonial turn* – durchaus anschlussfähig an die repräsentationskritischen Impulse des *reflexive turn* – von der Machtabhängigkeit kultureller Repräsentationen ebenso überzeugt wie von der Bedeutung diskursiver Macht. Seine argumentative Säule ist das dekonstruktivistische Konzept der Differenz im Sinne Jacques Derridas.[20] Für Derrida – wie schon für Ferdinand de Saussures Einsicht, dass sprachliche Systeme aus Differenzen bestehen – gibt es keinen Ursprung, keine originäre Wahrheit, sondern nur ein unendliches Spiel von Differenzen und Widersprüchen. Dass hier mit Differenzen gerade keine Wesensunterschiede markiert werden sollen, dies folgt aus Derridas Kritik am westlichen metaphysischen Denken, das seinerseits Wesensunterstellungen macht und dazu binäre Entgegensetzungen nutzt. So wird die «Identität» des Einen erst durch das ausgeschlossene «Andere» konstituiert. Durch diese Denkform der traditionellen westlichen Metaphysik werden feste, durchaus gewaltsame Hierarchien verankert (aktiv/passiv, Kultur/Natur, männlich/weiblich usw.), die sich jedoch als angreifbare eurozentrische Konstrukte erweisen. Als algerischer Jude selbst von postkolonialer Erfahrung betroffen, dekonstruiert Derrida dieses System von Wissen und Repräsentation vom Standpunkt der davon Ausgeschlossenen. Dekonstruktion selbst – so Robert Young – entpuppt sich geradezu als ein Verfahren intellektueller Dekolonisation: «Dekonstruktion ist selbst zu einer Form kultureller und intellektueller Dekolonisierung geworden, denn sie eröffnete die zweigleisige Absicht, die rationale Methode unabhängig zu machen von ihrer universalen Wahrheit.»[21] Die Dekonstruktion der polaren Entgegensetzungen setzt Zwischenräume von Differenzen frei (différance), die schon im Subjekt selbst verankert sind: als Differenz zwischen dem sprechenden Subjekt und dem gesprochenen, der Sprache unterworfenen oder gar namenlosen Subjekt.

Hieran schließt die postkoloniale Theorie mit ihrer eigenen Dekonstruktion des westlichen Wissens- und Repräsentationssystems an, dies allerdings in einer erfahrungsgesättigteren Weise und mit einem stärker historisch-politischen Akzent als in Derridas Philosophie. Der «dekonstruktivistische Postkolonialismus»[22] hat trotz seiner Verankerung im akademischen Diskurs der Metropolen das postkoloniale Subjekt im Visier: von seinem Schweigen (und Zum-Schweigen-Gebrachtsein) hin zu seiner (sprachlichen und politischen) Selbstartikulation, von seinem Getriebenwerden hin zu seiner Mobilität zwischen den Kulturen – entsprechend der lebensweltlichen Erfahrung der Migration mit ihrer Überlagerung verschiedener Zugehörigkeiten und Lebenswelten.

Der Versuch, Derridas Dekonstruktivismus postkolonial zuzuspitzen und feministisch umzudeuten, findet sich vor allem bei einer Hauptvertreterin des *postcolonial turn*: bei der indisch-amerikanischen Literaturwissenschaftlerin Gayatri Spivak, die selbst Derridas «Grammatologie» ins Englische übersetzte und damit die US-amerikanische Derrida-Rezeption in Gang gebracht hat.[23] In einem ihrer bekanntesten Essays «Can the Subaltern Speak?»[24] von 1985 beleuchtet sie am Beispiel der Witwenverbrennung (Sati) in Indien die doppelte Unterdrückung der südasiatischen Frau, die sowohl Opfer der einheimischen patriarchalischen Situation als auch Opfer des westlichen Imperialismus sei. Beispielhaft fragt dieser Aufsatz nach der Kompetenz, der Artikulationsfähigkeit und Selbstrepräsentation, ja nach der Handlungsmächtigkeit («agency») des postkolonialen Subjekts – angesichts seiner kolonialen Vereinnahmung und seiner «Differenz»konstruktion eben nicht als einem eigenmächtigen Handlungssubjekt, sondern als dem «Anderen», als Objekt des europäischen Diskurses. Die Ausführungen erschöpfen sich freilich nicht in der Skizzierung eines postkolonialen Subjekts, das nicht für sich sprechen kann, da es nur in der (subalternen) Differenz existiert, ja dessen Identität geradezu in dieser Differenz besteht. Sie münden darüber hinaus in der nachdrücklichen, anhaltenden und für den europäischen Wissenschaftshabitus provozierenden Frage: Welche Diskurse können die Erfahrungen der Subalternen so repräsentieren, dass ihnen zugehört wird und dass sie auch gehört werden?

Die Frage nach der Repräsentation kommt nicht von ungefähr. Immerhin ist es die Literaturwissenschaft, die den *postcolonial turn* ausgelöst hat. Am Anfang steht hier nicht etwa die postkoloniale Theorie. Der Theorieimpuls geht eher von postkolonialen Schreibweisen aus: von den neueren (außereuropäischen) Literaturen der Welt[25] sowie daran anschließend auch von der Literaturwissenschaft.[26] So ist in der Kette der *turns* ein markanter Wechsel der Leitwissenschaft auffällig, wie er sich schon im *literary turn* ankündigte: Die Literaturwissenschaft ist es, die hier die Ethnologie ablöst. Schließlich sind es in erster Linie literarische Texte, die maßgeblich waren für die Entwicklung einer neuen Selbstrepräsentation der unabhängigen Nationen. Dies gilt auch für Drama, Theater, Film und andere populäre Darstellungsgenres, die allerdings im Verlauf des Diskurses immer stärker durch die Theorie an den Rand gedrängt wurden.[27] Solche Genres kultureller Repräsentation machen zugänglich, wie koloniale Erfahrungen symbolisch verarbeitet werden. In diesen Medien, vor allem in der Sprache, haben sich am deutlichsten Formen von Widerständigkeit, Selbstermächtigung und «agency» von Seiten der postkolonialen Nationen und Subjekte herausgebildet.

Die konkrete (literaturwissenschaftliche) Textarbeit wird folglich zu einem wichtigen Impuls für eine an Texten und Selbstartikulationen ausgerichtete Kulturtheorie. Viel stärker als beim hermeneutischen *interpretive turn* wird hier der Textbegriff politisiert und zu einer Politik der Textproduktion und der Textualität, ja auch der übergreifenden Diskursformationen entfaltet. Und da der Ablösungsprozess vom Kolonialismus noch keineswegs vorbei ist, wird die postkoloniale Wende nicht im Rückblick gespurt. Vielmehr bringt sie die Entwicklung neuer Analysebegriffe auf den Weg, die interne Widersprüche, kulturelle Zwischenräume und gespaltene Erfahrungen der postkolonialen Subjekte ausloten sollen: Rewriting, Hybridität, Differenz, Dritter Raum, Identität.

## 2. EIGENSCHAFTEN UND SCHLÜSSELBEGRIFFE DES *POSTCOLONIAL TURN*

Ähnlich wie die anderen kulturwissenschaftlichen Neuorientierungen konnte sich auch der *postcolonial turn* erst dann durchsetzen, als seine Forschungsansätze auf weitere Ebenen übergriffen: sobald er also nicht nur historisch lokalisiert blieb – auf dem Feld der Kolonialismuskritik –, sondern so verallgemeinert wurde, dass er die Machtstrukturen des Westens überhaupt in Frage stellte. Zum ersten Mal in der Geschichte der neueren kulturwissenschaftlichen Richtungen und Richtungswechsel verschob sich nun ausdrücklich die eurozentrische Blickachse: weg vom Westen, hin zu nichtwestlichen Kulturen, die – bisher marginalisiert – jetzt ins Zentrum rücken. Dies löste ohne Zweifel ein konzeptuelles Remapping der wissenschaftlichen Landkarte bzw. der Theorielandschaft selbst aus. Doch gleichzeitig wurde ein solches Re-mapping wiederum eingemeindet in die europäisch geprägte Wissenschaftssprache und in die europäischen Organisationsformen von Wissenschaft; es wurde von den Kompetenzansprüchen westlicher Theorie aufgesogen.

Trotz solcher Vereinnahmung wird der *postcolonial turn* bisher nicht immer konsequent genug genutzt, um neue Methoden zu entwickeln; oft bleibt er stecken in einer Erkenntnishaltung, die sich nur sehr pauschal zur Aufmerksamkeit auf die postkoloniale «Situation» verpflichtet. Dabei fordert diese Situation, die heute von Migration, Diaspora und Exil bestimmt ist, altbekannte historische Kategorien wie Identität, Nation, Gesellschaft, Staatsbürger gerade massiv heraus und stellt sie in Frage.[28] Die multiplen Verfassungen und Situationen der globalen Subjekte verlangen für die Analyse jedenfalls neue Horizonte und Leitbegriffe.[29]

## Writing Back (Re-writing)/Re-mapping/Kanonkritik

Die herkömmlichen europäischen Analysekategorien sind auf eine autonome Kultur- und Literaturproduktion zugeschnitten. Sie stoßen an ihre Grenzen, wenn sie Asymmetrien zwischen Zentrum und Peripherie, Erfahrungen von Kolonialismus und eigenständige Äußerungsformen marginalisierter Kulturen und Literaturen ausloten sollen. Diese zentrale postkoloniale Einsicht entspringt dem Blickwinkel außereuropäischer literarischer Texte. Sie betrifft aber auch die postkoloniale Theorie insgesamt. Schon angesichts europäischer Gattungsabgrenzungen, Periodisierungen und Kanonbildungen erweist sich die beanspruchte universelle Autorität europäischer Kategorien und Theorien als fragwürdig. Denn diese sind nur schwer anwendbar auf narrative Strukturen, die Oralität einbeziehen, auf zirkelhafte statt lineare Strukturen der Handlungs- und Charakterentwicklung[30], wie beispielhaft in Salman Rushdies Roman «Mitternachtskinder». Europäische Sprachstandards und Maßstäbe ästhetischer Wertung werden fragwürdig angesichts außereuropäischer Allegorien und Formen von Ironie, Diskontinuitäten und synkretistischen Darstellungsformen, ihrem Einschluss von Laut, Stimme, Geräusch und Rhythmus, aber auch ihrem Einblenden unübersetzter Wörter in Texte, die bereits durch ihr Themenfeld von Exil und Diaspora aus dem herkömmlichen europäischen Motivspektrum ausbrechen. Fragwürdig ist allerdings auch der Habitus, mit dem dann Literaturen aus so unterschiedlichen Ländern wie Indien, Afrika, der Karibik, aber auch aus Nordamerika und Kanada, Australien, Neuseeland und Irland zu postkolonialen Literaturen vereinheitlicht werden. Damit verknüpft ist die Tendenz, trotz aller Kanonkritik doch wiederum einen Kanon postkolonialer Autoren und Autorinnen aufzustellen. Dazu gehören die afrikanischen Nobelpreisträger für Literatur Wole Soyinka, Nagib Mahfus, Nadine Gordimer, J. M. Coetzee ebenso wie die Schriftsteller(innen) Chinua Achebe, Ben Okri, Margaret Atwood, Keri Hulme, Toni Morrison, Salman Rushdie, Anundhati Roy, Anita Desai, Hanif Kureishi, Michael Ondaatje, Derek Walcott, Jamaica Kincaid und andere.[31]

Was hier an Gemeinsamkeiten ausgemacht werden kann, sind postkoloniale Selbstverortungen dieser neuen (englischsprachigen bis hin zu frankophonen) Literaturen, die dann auch in der Literaturwissenschaft einen *postcolonial turn* anregen: durch Ablösung der so genannten *Commonwealth Literature*. Diese bezeichnete bis in die 1980er Jahre hinein parallel zu den traditionellen Entwicklungs- und Dritte-Welt-Theorien auch in der Literaturwissenschaft eine neue Kategorie literarischer Texte außerhalb Europas bzw. aus den ehemaligen Kolonien. Wenn jetzt hingegen von «postcolonial literature» die Rede ist, dann bedeutet dies nicht etwa einen bloßen Etikettenwechsel, sondern eine Einstellungsänderung: weg von der trennenden, ausgrenzenden, marginalisierenden Haltung gegenüber *Commonwealth Literature*, hin zur Einsicht in Überlappungen zwischen Zentren und Peripherien, jenseits festgeschriebener Differenzen.[32] Entsprechend janusköpfig gilt es nun, einerseits die imperialistischen Verstrickungen der Literatur des europäischen Kanons (der Kolonialzeit) aufzudecken, andererseits der literarischen Selbstrepräsentation postkolonialer Gesellschaften außerhalb Europas gerecht zu werden.[33]

In diesem Horizont verlagerten sich die Schwerpunkte in der gegenwärtigen Weltliteraturdiskussion.[34] Abgekehrt von der eurozentrischen Kanonorientierung der traditionellen Weltliteraturdiskussion, war diese anfangs noch auf die «indigene» Bedeutung der Literaturen für die jeweiligen nationalen Emanzipationskontexte zugeschnitten, etwa in Fredric Jamesons viel diskutiertem und kritisiertem Aufsatz «Third World Literature» (1986)[35]. Doch zunehmend verschob sich der Blickwinkel dann auf eine von der Peripherie ausgehende Re-Definition von Weltliteratur. Auch wenn hier fortdauernde nationale Bestrebungen nicht unterschätzt werden sollten, ändert sich doch ihre Positionierung in Richtung auf transnationale Literaturbeziehungen und literarische Weltbezüge.[36] Die aufkommenden neueren Literaturen der Welt sind in ihrer textübergreifenden Bedeutung zum ersten Mal durch die drei australischen Anglisten Bill Ashcroft, Gareth Griffiths und Helen Tiffin in ihrer Pionierarbeit «The Empire Writes Back» (1989) theoretisch erfasst worden. Ihre literarischen Strategien, gegen den imperialistischen Diskurs gewendet, werden hier systematisch dargestellt, und zwar ausgehend von Salman Rushdies Diktum eines «Writing Back to the Center»: Re-writing (Writing Back) erweist sich auch jenseits der Literatur als eine der wichtigsten kulturellen Äußerungsformen postkolonialer Akteure.

Solche narrativen Strategien eines Re-writing europäischer Klassiker durch die neueren Literaturen der Welt «deplatzieren» das europäische Definitionsmonopol von Weltliteratur, indem sie die kolonialistischen Implikationen der europäischen Literatur aufdecken, zuspitzen und umschreiben. Sie richten sich nicht nur auf Shakespeare-Dramen, allen voran «The Tempest»[37] (Lamming/Shakespeare; Césaire/Shakespeare), sondern führt auch zu weiteren bekannten «Paaren» wie Coetzee/Defoe, Rhys/Brontë, Achebe/Conrad, Borges/Kafka und anderen. In diesen Zusammenhang gehört auch die Aneignung und das Umschreiben der imperial eingebundenen Literaturgattung klassischer antiker Epen durch den karibischen Schriftsteller Derek Walcott und seine postkoloniale Odyssee «Omeros» (1990)[38] – eine selbstreflexive Geschichte der Karibik im klassischen Gewand. Dieses Umschreiben von Schlüsseltexten europäischer Klassiker durch Aufladen mit historischen, postkolonialen Erfahrungen deplatziert und relativiert die universalen Ansprüche und hegemonialen Durchsetzungspraktiken eines westlichen Literatur- und Wissenskanons. Es kehrt aber auch die Hierarchie der Figuren um und lässt postkoloniale subalterne Subjekte wieder handlungsmächtig und sprachfähig werden.[39] So wird in indischen Romanen die imperiale Weltverkehrssprache Englisch verfremdet, Tropen von Nation, Identität, Modernisierung usw. werden in Frage gestellt und mit indischen Mythen,

Traditionen und Praktiken der Oralität vermischt. Auch das «rotten English»[40] des ermordeten nigerianischen Schriftstellers Ken Saro-Wiwa ist ein Fall sprachlicher Entkolonisierung.[41] Eingelassen in eine umfassendere diskursive Praxis postkolonialer Gegendiskurse werden hier zwar Autorität und Wahrheitsanspruch von Hegemonialdiskursen unterhöhlt, deren narrative und rhetorische Instrumente jedoch weiterhin verwendet. Auch wenn diese «geteilte Rhetorik» subversiv umgenutzt wird, erweist sich die Strategie des Writing Back keineswegs nur als oppositionelles Zurückschreiben, sondern als eine weit komplexere Praxis transnationaler Intertextualität.[42]

Diese literarisch-kulturelle Unabhängigkeitsstrategie führt zu einer zusätzlichen konzeptuellen Drehung: zum Versuch, die Position zwischen den Kulturen für ein kritisches Re-mapping, für eine Umkartierung zwischen Zentrum und Peripherie zu nutzen und damit die polarisierte Hierarchie der Räume mit ihrer ungleichen Machtverteilung in Frage zu stellen. Die kulturelle «Verortung» literarischer Texte kann dann so weit gehen, dass sie eine «imaginäre Geographie» entfaltet. Dies zeigt der karibische Roman «Texaco» von Patrick Chamoiseau, in dem die Kreolisierung der karibischen Kulturenvermischung zum Bezugspunkt einer eigenen Kartographie wird, die sich gegen die (französischen) Raumansprüche mit ihrer «westlichen Logik» und «urbanen Grammatik» richtet.[43]

Die postkoloniale Wende in der Literatur selbst hat somit in ihren eigenen Texten eine kulturwissenschaftliche Theoretisierung ausgelöst, deren literarische Ausgestaltung dann auch für andere kulturwissenschaftliche Wenden fruchtbar wird. Trotz jüngster Ansätze zu einem engagierten «ethical turn»[44] in postkolonialen Texten sind hier Rushdies Äußerungen zum Aufkommen eines dezidiert postkolonialen Romans als einer transkulturellen, dezentrierten «hybriden» Mischform weiterhin aufschlussreich.[45] Theoretisch informiert, führt Rushdie in den meisten seiner Texte hybride Situationen bzw. den Vorgang der Hybridisierung von Kulturen und kulturellen Texten vor Augen.[46] So fragt er in seinem Roman «Der Boden unter ihren Füßen»: «Was, wenn das Ganze – Heimat, Verwandtschaft, der ganze Krempel – nichts als die größte, wahrhaftig globale, jahrhundertealte Gehirnwäsche ist?»[47] An anderer Stelle redet er davon, dass «der Westen von Anfang an in Bombay war, im unreinen, alten Bombay, wo sich Westen, Osten, Norden und Süden so innig vermischt hatten wie Rühreier (...).»[48] Und in «Die Satanischen Verse» betreibt er aktiv eine Hybridisierung und Vermischung von literarischen und religiösen Texten – eine Fusion, die auch religiöse Schlüsseltexte als «kulturelle Texte» ausweist und sie damit in ihrem Status als «heilige Texte» relativiert. Die Antwort der Fatwa auf solch kritische Hybridität zeigt deren politische Brisanz.


## HYBRIDITÄT

Hybridität ist ein postkolonialer Leitbegriff, der eine durchaus zweifelhafte Herkunft hat. Ursprünglich stammt er aus der Biologie des 19. Jahrhunderts und bezog sich dort auf die Kreuzung zwischen verschiedenen Arten, aus der dann eine dritte, hybride Spezies entsteht.[49] Bei der Übernahme in die Evolutions- und Kulturtheorie war er also rassistisch belastet und diskriminierte Menschen gemischter Rasse. Dieser abwertende Begriff kam bereits durch Michail Bachtins Konzept der Vielstimmigkeit und des Karnevalesken in Bewegung; erstaunlich aufgewertet und positiv besetzt wird er dann besonders in der postkolonialen Theorie.[50] Seitdem bezeichnet Hybridität die Fruchtbarkeit kultureller Vermischungen jenseits kultureller Reinheit. Biologische Identität und ethnische Herkunft sind für das kulturelle Verständnis und Selbstverständnis nicht mehr entscheidend, sondern eher «place» und «displacement», ja die «Verortung der Kultur», wie sie Homi Bhabha in seinem gleichnamigen Buch ausgehend von der Kategorie der Hybridität behauptet.[51] Mit Anklängen an den *spatial turn* wird hier gefragt: Wo findet Kultur jeweils statt? Wie sind gerade nichthomogene Konstellationen, in sich widersprüchliche Traditionsüberlagerungen und Ungleichzeitigkeiten für kulturelle Artikulationen zu nutzen? Wie können von da aus neue Formen des Lokal-, Kultur- und Geschichtsbewusstseins entwickelt werden, die nicht in einem linearen modernisierungstheoretischen Leitschema befangen bleiben?

Im Horizont solcher Fragen erweist sich Hybridität als ein Gegenkonzept zur Postulierung einer «Leitkultur», ja überhaupt zu den Leitbegriffen multikultureller Gesellschaften wie Akkulturation, Integration, Assimilation usw. Stattdessen wird das wechselseitige Ineinanderwirken verschiedener, auch antagonistischer Kulturen und Teilkulturen betont. Entsprechend aufgewertet werden Praktiken der Kreolisierung und des Synkretismus ebenso wie bisher vernachlässigte Orte kultureller Produktion. Verknüpft mit einer postkolonialen Verschiebung der Zentrum-Peripherie-Achse wird hier eine neue Auffassung von kultureller Dynamik vertreten. Statt diese im Zentrum kultureller Bedeutungssysteme anzusiedeln, wie noch beim *interpretive turn* und seiner kulturellen Konsensannahme, werden eher Ränder, Grenz- und Überlappungszonen sowie «Zwischenräume» für kulturell produktiv gehalten. Als besonders fruchtbar gelten «displacements» durch weltweite Vernetzungen und Interdependenzen, routes statt roots, wie es James Clifford in seinem Buch «Routes»[52] mit einem markanten Wortspiel ausdrückt. Kulturen werden liminal produziert, werden von ihren Grenzen bzw. von Grenzsituationen aus gestaltet. Verortung bezieht sich bezeichnenderweise auf grenzüberschreitende Wanderungsbewegungen, auf multiple Stimmen statt auf einen «Container» vermeintlicher kultureller Authentizität, die sich entlang fester Traditionslinien selbst vergewissert. Doch was ist daran hybrid? Elisabeth Bronfen hat es prägnant formuliert: «*Hybrid* ist alles, was sich einer Vermischung von Traditionslinien oder von Signifikantenketten verdankt, was unterschiedliche Diskurse und Technologien verknüpft, was durch Techniken der *collage*, des *samplings*, des Bastelns zustandegekommen ist.»[53]

Auslöser für diese Aufwertung des Hybriditätsbegriffs ist wiederum Edward Saids Schlüsseltext «Orientalismus» gewesen. In Anknüpfung an Frantz Fanon, dessen Kritik sich vor allem auf die psychischen Folgen des bipolaren Denkmusters der weißen Herrschaftsdiskurse richtete, zeigt Said die kulturellen und epistemologischen Auswirkungen dieses Denkmusters: Die orientalistische Projektion eines Gegenbilds zu Europa diente nicht etwa zum Einblick in die orientalischen Kulturen selbst, sondern in erster Linie zur Selbstprofilierung der eigenen europäischen Kultur. In seinem späteren Buch «Kultur und Imperialismus»[54] versucht Said, diese Gegenpoligkeit durch eine gleichsam methodische

Hybridisierung selbst zu unterlaufen. In den Blick kommen nun «ungleichzeitige» Konstellationen und Wechselbeziehungen, kulturelle Prozesse von Nachahmung, Aneignung und Verfremdung, Ähnlichkeit, Austausch und Konflikt – und damit bereits die hybride Ambivalenz der kolonialen Beziehungen selbst, also keineswegs nur ein einseitiges Herrschaftsverhältnis zwischen Kolonialisten und Kolonisierten.

Im Anschluss an Said wird das postkoloniale Hybriditätskonzept erst ausgiebig entfaltet – wenn auch äußerst abstrakt und schwer zugänglich – durch den indisch-amerikanischen Literaturwissenschaftler und Kulturtheoretiker Homi Bhabha, der seit einigen Jahren in Chicago lehrt.[55] Der Hybriditätsbegriff wird nun zu einem wichtigen Scharnier, das über die historische Ausgangssituation hinaus den *postcolonial turn* gewissermaßen epistemologisch qualifiziert: als einen Prozess des Umschlagens von der historischen Beschreibungsebene auf eine programmatisch-systematische Analyseebene. Der Begriff der Hybridität selbst ist es, der hier von einem empirisch-historisch verankerten Beschreibungsbegriff zu einem epistemologischen Konzeptbegriff übergeht. Vom Begriff des Multikulturalismus etwa unterscheidet er sich dadurch, dass er nicht auf kulturelle Diversität, sondern auf kulturelle Differenz zugeschnitten ist.[56] Statt bloße Pluralität auf der Basis von Zuschreibungen und kulturellen Bedeutungsvorgaben zu behaupten, gibt er vielmehr den Ambivalenzen von Kulturen auf der Basis von Handeln und Intervention auch in der Analyse verstärkt Raum. Gerade die Aufladung solcher historisch-sozialer Handlungszusammenhänge mit Prozessen der Signifikation und der kulturellen Codierung schafft eine «Hybridität», die den «*Äußerungs*prozeß von Kultur»[57] offen legt: Kulturelle Selbstbehauptungen und Konzeptualisierungen, von denen auch die sozialen und historischen Praktiken geleitet sind, sind verhandelbar. Damit ist – im Unterschied zu den Überzeugungen des *interpretive turn* – nicht etwa die Annäherung an einen identitätsstiftenden kulturellen Bedeutungskonsens gemeint, sondern ein unabgeschlossener Prozess des Aushandelns und der Neueinschreibungen durch die Überschneidung verschiedener, oft widersprüchlicher Diskurse.

Unter dem Vorzeichen von «Hybridität» sollen konstruktive Überlappungs- und Überschneidungsphänomene ausgemacht werden. Mit dieser Perspektive – so der methodische Akzent – lassen sich mono-lithische Differenzkategorien wie *race*, *class*, *gender*, die mittlerweile fast gebetsmühlenhaft ins kulturwissenschaftliche Credo einstimmen, reformulieren. Auch diese Kategorien stehen zur Disposition, wenn die Verortung von Kultur weder auf solche Identitätsschubladen noch auf feste Traditionszusammenhänge zurückgeführt wird, sondern auf die Veränderungsspielräume von Zwischenpositionen: «Dieser zwischen-räumliche Übergang zwischen festen Identifikationen eröffnet die Mög-lichkeit einer kulturellen Hybridität, in der es einen Platz für Differenz ohne eine übernommene oder verordnete Hierarchie gibt.»[58] Hybridität gilt hier nicht einfach als Vermischungsverhältnis, sondern wird als Übersetzungssituation, als Überschreitung und In-between-space, als Zwischenraum, als «activity of displacement»[59] genauer und anstößiger gefasst. Über bloße Vermischung hinaus ist hier das Ziel, eine Verortung sich verändernder Positionen von Subjekten zu finden, die in der Artiku-lation kultureller Differenzen aufbricht und dabei eindeutige Differenz-mauern wie Ethnizität, Klasse, Geschlecht sprengt.[60] Gerade von Bhabha wird Hybridität somit ein subversives Potenzial zuerkannt, für das ent-scheidend ist, von wo aus gesprochen (und gehandelt) wird.

Denn für Homi Bhabha «the subaltern can speak»! Bhabha bleibt also nicht bei der kritischen Festschreibung des postkolonialen Subjekts in ein passives Objekt gegenüber westlicher diskursiver Dominanz stehen, auch nicht bei der Feststellung solcher Dichotomien. Migranten, Künst-ler und Intellektuelle verkörpern vielmehr gerade Hybridität, insofern sie sich kosmopolitisch zwischen den Kulturen bewegen und ihre mehr-fache Zugehörigkeit produktiv machen bzw. kreativ entfalten können sollen: «Wieder ist es der – in den kulturellen Zwischenräumen entste-hende – Raum der Intervention, der kreative Erfindung in die Existenz einführt.»[61] Wenn somit aus der kulturellen Mehrfachzugehörigkeit die Zugriffsmöglichkeit auf verschiedenste Referenzsysteme abgeleitet wird, dann ist es nicht verwunderlich, dass diese Theorie auch für eine Erfindung europäischer Intellektueller gehalten worden ist, die im Dienst westlicher Integrationskraft und kapitalistischer Pluralisierung steht. Denn wo bleibt in Bhabhas Konzeptualisierung der unübersehbare Leidensdruck durch Migrationserfahrungen? An Bhabha ist in dieser

Hinsicht zu Recht vielfach kritisiert worden, dass er nur die produktive Seite von Hybridität fruchtbar mache[62], die Möglichkeiten für eine «Neuschaffung des Selbst»[63]. Sicher können Künstler und Intellektuelle sehr viel leichter als Flüchtlinge, Arbeiter und Asylsuchende ihre komplexen existenziellen Grenzsituationen für kreative Übersetzungen und Transformationen nutzen. Damit können sie dazu beitragen, verfestigte Vorurteile aufzubrechen und soziale Gegensätze nach ethnischer bzw. nationaler Zugehörigkeit, Klasse oder Geschlecht zu überwinden. Das Innovationsvermögen der Liminalität kommt auch in solchen Grenzsituationen des Übergangs (von einem kulturellen Zusammenhang in einen anderen) ins Spiel. Doch im Unterschied zum rituellen Schema, wie es im *performative turn* ausgearbeitet wurde, ist diese Form von Liminalität kein vorübergehender transitorischer Prozess, der zur Wiedereingliederung in einen neuen Status führt. Vielmehr erzeugt die vielschichtige Gebrochenheit postkolonialer Verfassungen und Migrationssituationen eine auf Dauer gestellte Liminalität, bei der in den meisten Fällen gerade keine endgültige Angliederung oder Rückkehr mehr stattfindet.

Bhabhas Hybriditätsbegriff ist also durchaus umstritten. Er stellt sich zu wenig dem weltweiten Phänomen, dass Hybridisierungsansätze durch Nationalismus und religiösen Fundamentalismus bedroht werden; auch weiterhin bestehende Machtbeziehungen und soziale wie ökonomische Ungleichheiten werden damit allzu leicht verwischt. Und doch wurde der Begriff der Hybridität für den *postcolonial turn* ausgesprochen wichtig. Er trug dazu bei, die kritischen epistemologischen Anstöße der postkolonialen Neuorientierung auf die Ebene einer allgemeineren systematischen Kulturtheorie überzuleiten, die alle Disziplinen nachdrücklich auf die Analyse (kultureller) Differenzen anstelle von Identitäten verpflichtet. Dieser Horizont steht für ein Gegenkonzept zu essenzialisierenden Vorstellungen von Kultur, Nation, Individuum, Religion, Ethnizität, welche leicht für Abgrenzungen, ja Ausgrenzungen ethnisch «Anderer» missbraucht werden können – nicht zuletzt auch für weltpolitische Feindbildproduktionen nach dem Modell des «clash of civilizations» (Samuel Huntington) und seiner Vorstellung von Kulturen als gegeneinander abgeschotteten Käfigen. Das Hybridisierungskonzept dagegen markiert Gelenkstellen für die

Verflüssigung solcher Antagonismen, ohne sie indes aufzuheben. Statt Differenzen wesensmäßig festzuschreiben, gilt es, sie anzuerkennen, sie allerdings in ihren Bedingungen von Ungleichheit zu erkennen und sie doch immer wieder neu auszuhandeln: «Kultur impliziert Differenz, doch die Differenzen sind nicht mehr, wenn man so will, taxonomisch; sie sind interaktiv und brechen sich gegenseitig.»[64] In der postkolonialen Kulturtheorie werden somit keine essenziellen Differenzen vorausgesetzt, sondern die Interaktionsoffenheit derselben als «negotiation», als Verhandlung von Differenzen betont. Sollte man also fortan den neu geprägten Begriff der «Transdifferenz»[65] verwenden, um jeglichen Einzwängungen ins bipolare System zu entgehen? Die Infragestellung symbolischer Differenzzuschreibungen aus der Perspektive eigener Differenzbehauptungen von Minderheiten erzeugt jedenfalls einen Spannungsraum, in dem gerade die konfliktreiche Auseinandersetzung mit fremden Bedeutungen Neues erzeugen kann.

Diese zumeist emphatisch behauptete, bei Bhabha aber zugleich abstrakt, ungenau und universalistisch entfaltete Hybriditätskategorie müsste allerdings noch stärker konkretisiert und in ihren unterschiedlichen kulturspezifischen Ausprägungen lokalisiert werden, wenn sie mehr sein will als ein bloßer Schirmbegriff.[66] Auch in diesem Sinn haben Ausführungen des in Mexiko lebenden argentinischen Kulturtheoretikers Néstor García Canclini eine lateinamerikanische Hybriditätsdiskussion angeregt.[67] Sie ist auf die kulturell «hybride» Situation Lateinamerikas zwischen Tradition, Modernisierung und Demokratisierung zugeschnitten und setzt sich durchaus ab von frankophonen (karibischen) Selbstbeschreibungen mit ihren vergleichbaren Konzepten von *métissage* und *créolisation*.[68] Um den postkolonialen Leitbegriff der Hybridität über die Selbstbeschreibung «gemischter Kulturen» hinaus noch für weitere Anwendungsfelder methodisch zu profilieren, wäre das utopische oder gar zur «Romantisierung»[69] neigende Konzept Bhabhas mit Handlungsträgern, mit Funktionen, Institutionen, Absichten usw. zu verknüpfen. Ein soziologischer Anwendungsversuch von Jan Nederveen Pieterse macht etwa konkrete regionalspezifische Hybridbildungen für eine «hybridisierende»[70] statt homogenisierende Globalisierungsforschung fruchtbar, indem er das Nebeneinander «ungleichzeitiger» Akteure und

Organisationen und ihre konkreten Verhaltensweisen in Grenzräumen (z. B. in ökonomischen Sonderzonen, Steueroasen, Forschungsstationen) aufzeigt.[71] Bemerkenswert ist weiterhin ein Versuch, die Hybriditäts-kategorie auf die Position der Latinos in den USA anzuwenden, auf ihre Grenz- und Diasporakultur mit ihren hybriden Ausdrucksformen, etwa dem Hip-Hop und seinem Wandel von einer subkulturellen lokalen Artikulationsform der Latinos bis hin zu einer dominierenden Form der US-amerikanischen Popmusik.[72]

## DRITTER RAUM

Hybridisierung bedeutet vor allem in methodischer Hinsicht das Aus-loten eines Dritten Raums («third space»): eines «Schwellenraum(s) zwischen den Identitätsbestimmungen»[73]. Ein solcher dritter Raum des «In-between» hat zwei Dimensionen. Einerseits wird das «Dazwischen-treten des Dritten Raums»[74] zu einer Interpretationsmethode gemacht, die gegen Dichotomien, gegen binäre Kategorisierungen einschreitet. Keine Synthetisierung zwischen zwei bestehenden, festen Räumen, Polen oder Positionen ist damit gemeint, sondern die Forderung, immer schon unreine, gemischte Ausgangslagen vorauszusetzen – Hybridität als immer schon «Dritter Raum» einer Gleichzeitigkeit von Ungleichzei-tigem: «But for me the importance of hybridity is not to be able to trace two original moments from which the third emerges, rather hybridity to me is the ‹third space› which enables other positions to emerge.»[75] Dies bedeutet, dass ein und dieselben Zeichen immer wieder neu interpretiert, überlagert, gegenläufig angeeignet und umgedeutet werden: «So, for in-stance, postcoloniality is open to the contingent and hybrid articulations of the sacred-in-the-secular, psychic fantasy as part of social rationality, the archaic within the contemporaneous.»[76]

Für die Forschungspraxis bedeuten solche handlungswirksamen Gegenläufigkeiten und Umprägungen eine tief greifende Erschütterung ihrer konventionellen, festen Untersuchungseinheiten. Auf diesen Kon-text ist auch die Rede von einer geradezu «epistemologischen Wende» rückzubeziehen, bei der «die Untersuchungseinheiten der jeweiligen (...)

Disziplin kontingent werden, wenn die Unterscheidungen von innen und außen, von national und international, von lokal und global, von Wir und den Anderen sich verwischen.»[77] Der Konzeptualisierungshorizont des «Dritten Raums» erstreckt sich bis hinein in solche Bereiche; zusätzlich lässt er sich anreichern durch seine erstaunlichen Begriffs- und Konzeptüberschneidungen mit anderen Theorien, die alle am gleichen Strang ziehen und die auch von Seiten des *spatial turn* die Durchsetzungskraft und das Potenzial der postkolonialen Konzepte noch befördern. So hat der amerikanische Stadtplaner und Geograph Edward Soja den Begriff «thirdspace» geprägt, allerdings im Sinn eines Orts, an dem reale und imaginäre Örtlichkeiten zugleich präsent sind, etwa durch Ballungen der Imagination in Megastädten wie Los Angeles. Henri Lefebvres Theorie von «other spaces» gehört ebenso in diese Theoriesynergie wie bell hooks' «margin» und Michel Foucaults «hétérotopies». Im Licht derart ähnlicher Begriffe und Konzepte könnte auch der postkoloniale Leitbegriff des «third space» über seinen emphatischen Entwurf hinaus noch weiter operationalisiert und veranschaulicht werden. Er wird dann zu einer Leitkategorie transnationaler Spannungsfelder zwischen lokalen, regionalen und globalen Prozessen, die auch für eine «Soziologie der Zwischenräume»[78] in Anspruch genommen werden kann.

Wie wichtig eine solche Untermauerung wäre, zeigt der weit greifende Anspruch des «third space»-Konzepts, den Kulturbegriff selbst nachhaltig zu verändern. Kultur gilt nicht mehr länger als Bedeutungssystem oder Behälter von Traditionszuschreibungen, sondern als in sich widersprüchliche Überlagerung verschiedener, konfliktreich ineinander wirkender Ansprüche, Artikulationen, Selbstverständnisse und abgedrängter Diskursbereiche. Ein solches Kulturkonzept bringt nicht nur Verschwiegenes und Unbewusstes innerhalb von Kulturen ans Licht. Sein größtes Potenzial hat es auf der Ebene interkultureller Beziehungen. Denn es legt die Suche nach hybriden Überlappungsräumen, nach «Kontaktzonen» und Gelenkstellen für eine Verflüssigung von Differenzen geradezu nahe. Dies setzt jedoch voraus, dass hybride Räume nicht als bloße Vermischungsräume betrachtet werden, sondern unter Berücksichtigung von Differenzen und Konflikten als konkrete Übersetzungsräume genutzt bzw. auf Übersetzungsprozesse hin ausgelotet werden. Eine darauf zugespitzte Interpretation gibt gleichsam Bhabhas postkolonialem Konzept des «third space» eine Drehung hin zu einer methodischen Profilierung des *postcolonial turn*. Denn für die Kulturwissenschaften ist entscheidend, wieweit solche dritten Räume über bloße Denkfiguren und metaphorische Verwendungen hinaus zu Analysekategorien entfaltet werden können, die den praktisch wirksamen Interaktions- und Konflikträumen im Kulturenkontakt gerecht werden. Der Soziologe Pieterse bringt es auf den Punkt: «Überdies ist Hybridbildung ein Faktor in der Umgestaltung von sozialen Räumen.»[79]

In diese Richtung weist bereits die zweite Dimension des «third space»-Konzepts: die nicht nur konzeptuell, sondern auch räumlich fundierte Vorstellung eines Kontaktraums, eines Vermischungsraums, eines Zwischen- und Überlappungsraums von Grenzzonen und Grenzsituationen. Gemeint ist ein Ort der Auseinandersetzung in und zwischen Kulturen, in dem Grenzziehungen (z. B. zwischen Eigenem und Fremdem) destabilisiert werden können. Denn ein solcher dritter Raum entsteht nicht etwa zwischen zwei reinen, unvermischten Zonen. Vielmehr kennzeichnet er eine kulturelle Verfassung, die überhaupt keine reinen, unvermischten Zonen enthält, sondern aus Überlagerungen in sich widersprüchlicher und differenter Schichten einer Kultur besteht. Bhabha geht hier so weit, Kultur überhaupt als Übersetzung zu behaupten: «Kultur als Überlebensstrategie ist sowohl transnational als auch translational.»[80] Damit wird die seit dem *interpretive turn* verbreitete Metapher von Kultur als Text gleichsam dezentriert: Bedeutung scheint nicht mehr primär im kulturellen Zentrum zu entstehen, sondern in Spaces-in-between, von denen aus die dominante Kultur auch subversiv unterlaufen werden kann.[81]

Methodisch kann diese Einsicht dazu genutzt werden, Alteritätsmomente stärker zu gewichten als Identitätsmomente, auch stärker als bloße Vermischungen. Hybridisierung als Übersetzungsprozess ist vielmehr mit der Aufforderung verbunden, Alteritätsmomente in scheinbar feste Bedeutungskomplexe einzuschleusen, um damit abgedrängte Erfahrungs- und Diskursbereiche ans Licht bringen zu können. So liegt der methodische Impuls des *postcolonial turn* darin, sich eben nicht auf vorgegebene Identitäten oder kulturelle Ganzheiten zu berufen, sondern dem

Konstruktcharakter nachzugehen, feste Einheiten – auch Kulturen – zu dekonstruieren, aufzuzeigen, wie Kulturen in sich mehrschichtig, widersprüchlich und unrein, da von Gegendiskursen durchzogen sind.

## Identität

Dieses «translationale» Kulturverständnis erstreckt sich auch auf einen weiteren zentralen Begriff, der im *postcolonial turn* einer kritischen Revision unterzogen wird: Identität. Nicht nur von einer Krise der Repräsentation – wie im *reflexive turn* – ist hier die Rede, sondern von einer Krise der Identität.[82] Die Identitätsdefinition geschah lange Zeit im Rekurs auf Ursprung, Wesen und Einheit, jetzt wird eher Bruch, Übergang, Überlagerung, Transformation und Heimatlosigkeit betont. Diese Umstellung von Identität auf Differenz[83] hat dazu geführt, auch kulturelle Identitätsbildung als Artikulation von Differenzen neu zu sehen. Kulturelle und politische Identität werden überhaupt erst durch einen Prozess der Alterisierung herausgebildet, durch Einschalten einer Alteritätsperspektive, die das Selbst verfremdet und als Anderes erkennt. Hier geht es – so Bhabha – «um die performative Natur differentieller Identitäten».[84] Gerade durch die Vorstellung eines Dritten Raums sei das Dilemma der Dichotomie und der durch sie bewirkten Festschreibung von Identität zu überwinden. Diese Vorstellung eignet sich schon deshalb, weil in der gegenwärtigen Welt durch Massenmigration und globale Zeichenzirkulation eine dichotomische Entgegensetzung von Europa und Außereuropa keineswegs mehr haltbar ist.[85] Kulturelle Zeichen «lassen heute das, was früher als dritte Welt woanders lokalisiert, ausgegrenzt und in seiner Realität verdrängt werden konnte, inmitten des Eigenen wiederkehren.»[86] Zugleich jedoch geht es darum, sich selbst als Anderes, auch «Fremd»bestimmtes zu verstehen. Ein neues Selbstverständnis entsteht, das weiter und weltweit anschlussfähiger ist als die Konzeption des autonomen europäischen Individuums: «Das Subjekt ist Knoten- und Kreuzungspunkt der Sprachen, Ordnungen, Diskurse, Systeme wie auch der Wahrnehmungen, Begehren, Emotionen, Bewußtseinsprozesse, die es durchziehen.»[87] Somit zeigt sich Hybridität nicht erst zwischen den (verschiedenen) Kulturen, sondern bereits als innere Differenzierung einer Kultur, ja der Subjekte selbst.

Eine solche postkoloniale Identitätskritik ist ein engagierter Beitrag zu einer Infragestellung des Identitätsbegriffs überhaupt, wie sie sich in den neueren Kulturwissenschaften durchgesetzt hat. Entsprungen ist sie aus der poststrukturalistischen Abwendung von Essenzialisierungen. Allerdings hat der aufkommende Anti-Essenzialismus auch seine problematische Seite, insofern er die Ablösung des akademischen Postkolonialismus von der politischen Handlungsebene befördert. Je mehr sich der *postcolonial turn* ausbildet, desto mehr wächst die Gefahr, dass mit der Dekonstruktion traditioneller Substanzkategorien auch die Bedeutung des kollektiven Gedächtnisses von Gemeinschaften für ihren Anspruch auf kulturelle Identität unterschätzt und ins Hybride aufgelöst wird. Dieses Problem ist ein Anstoß für Gayatri Spivaks Konzept eines «strategischen Essenzialismus». Ihre eigene Kritik am Essenzialismus der *Subaltern Studies* bürstet sie damit gegen den Strich, indem sie das subalterne Bewusstsein als eine Form von «strategic essentialism» umdefiniert: Ähnlich wie Karl Marx das Klassenbewusstsein strategisch einsetzte, ist hier ein Identitätsbewusstsein der Subalternen strategisch zu unterstellen, um eine Perspektivenverlagerung vom Unterlegenen zum Subjekt der Geschichte zu erreichen: «It is in this spirit that I read *Subaltern Studies* against its grain and suggest that its own subalternity in claiming a *positive* subject-position for the subaltern might be reinscribed as a strategy for our times.»[88]

## 3. DER *POSTCOLONIAL TURN* IN EINZELNEN DISZIPLINEN

Aus dieser Vermischung der Ebenen von Theorie und politisch-emanzipatorischer Handlungsmacht entspringt die durchgreifende Verbreitungsenergie, zugleich aber auch die Problematik des *postcolonial turn*. Sicher ist es eine seiner Haupterrungenschaften, dass er mehr als andere kulturwissenschaftliche Wenden eine globale Vernetzung von

Schriftstellern und Intellektuellen zustande gebracht hat und geradezu in eine neue, transkulturelle «Disziplin» eingegangen ist[89], mit eigenen Zeitschriften wie *Interventions, Journal of Postcolonial Writing, Postcolonial Studies* oder dem Online-Journal *Postcolonial Text*. Durch diese transkulturellen Impulse wurden die Kulturwissenschaften mehr als bisher auf die kulturellen Aspekte der Dekolonisierung und des Neokolonialismus aufmerksam gemacht, von denen sie selbst betroffen sind – aber auch auf die Notwendigkeit einer kulturkritischen Revision hegemonialer Universalisierungsansprüche und binärer Strukturen auf der Ebene ihres eigenen Wissenssystems. Von einem *turn* kann man jedoch erst deshalb sprechen, weil er mittlerweile auch in den einzelnen Disziplinen angekommen ist. Und diese haben den postkolonialen Analyserahmen entscheidend über seinen Dekolonisierungskontext hinaus erweitert, sodass er umfassender anwendbar wird, etwa auf sehr frühe historische Formen von Kolonien, Imperien und Hegemonialbeziehungen. Nicht zufällig wird dies von der *Theologie* hervorgehoben, der die postkoloniale Theorie – besonders für die (feministische) Bibelforschung[90] – ein konfessionell übergreifendes Analyseinstrumentarium an die Hand gibt.[91] Damit sind Fragen des «Ursprungs» des frühen Christentums und der «Essenzialität» von Religion sowie universalistische Grundannahmen der eigenen hermeneutischen Verfahren kritisch zu beleuchten, aber auch die Rolle der Bibel für die koloniale Imagination, das Zusammenwirken von (nicht nur christlichen) religiösen Praktiken und der Konstitution des Imperium Romanum. Zum Untersuchungsgegenstand werden zudem Einflussnahmen auf theologische Diskurse in außereuropäischen Gesellschaften auch jenseits der Missionsgeschichte sowie die Problematik des Kanons theologischer Texte.[92] Von solchen theologischen und teilweise auch religionsvergleichenden Ansätzen aus könnte vielleicht einer erstaunlichen, zunehmend problematischen Tendenz entgegengesteuert werden: dass nämlich im Feld der postkolonialen Theorie selbst die Bedeutung und Triebkraft des Religiösen bisher auffällig untergewichtet worden ist.[93] Auch an anderen Disziplinen könnte sich zeigen, wie diese den *postcolonial turn* aufgreifen und dabei zugleich den Defiziten dieser Wende entgegentreten. Die weite Verbreitung des *postcolonial turn* in den verschiedensten Disziplinen[94] müsste dazu allerdings noch mehr bieten als einen bloßen «door-opening effect»[95] hin zu Kanonöffnungen, ethnischer Sensibilisierung und globaler Positionierung der jeweiligen Disziplinen, der dann oft nur in einem Jargon von Mantrabegriffen mündet.

Wie konkrete empirische Studien hier weiterführen können, zeigen die *Literaturwissenschaften*, wenn sie bei ihrer Kanonöffnung außereuropäische Literaturen einbeziehen und sich dabei durchaus mit anderen Vorstellungen von Literatur auseinander setzen müssen, z. B. mit deren Einbettung in rituelle Verwendungszusammenhänge, in orale Erzählungen, in akustische Aufführungen usw. Am fruchtbarsten sind disziplinenverankerte Ansätze, die aus dem postkolonialen Problemhorizont und Instrumentarium heraus konkrete methodische Analyseimpulse gewinnen, um etwa literarische Texte auf hybride Phänomene und literarische Alteritätsstrategien hin zu untersuchen.[96] Ein Versuch, die synkretistische, stimmendurchkreuzte Dichtung Heinrich Heines mit postkolonialen Fragestellungen zu konfrontieren, führt hier zur Entdeckung auch historischer Formen von kultureller Hybridisierung.[97] In weiteren Fallstudien werden postkoloniale Lektüremodelle ebenfalls explizit auf die (kanonisierte) deutsche Literatur angewendet.[98] Neben der Ausweitung des Gegenstandsfelds geht es dabei vor allem um den Ertrag neuer Analysekategorien und methodischer Zugänge, mit denen Lese- und Schreibstrategien zwischen den Kulturen auszuloten sind – so z. B. um die Perspektivenüberkreuzung «transkultureller Lektüren» bei der Interpretation deutscher Literatur aus afrikanischen Perspektiven und umgekehrt.[99] Auch die entstehende postkoloniale Erzählforschung nutzt den *postcolonial turn*, indem sie ihre formalen Kategorien erweitert und narrative Strategien der Inszenierung postkolonialer Identitäten einbezieht: imagologische Topoi, offene oder geschlossene Perspektivenstrukturen, die Macht der Erzählerinstanz, multiperspektivisches Erzählen, Figurenkonstellationen, Raumkonstrukte und Grenzüberschreitungen bis hin zu sprachlicher Dekolonisierung.[100]

Besonders anregend bleibt allerdings Edward Saids eigener Versuch, literarische Texte aus ihrem vermeintlichen Autonomiestatus herauszulösen und sie in ihrer Verflechtung mit dem imperialistischen Unternehmen neu zu bestimmen. Dafür macht er das Konzept eines «kontrapunktische(n) Lesen(s)»[101] (contrapuntal reading) stark. Danach werden etwa englische Romane wie Jane Austens «Mansfield Park», Joseph Conrads «Heart of Darkness» oder Rudyard Kiplings «Kim» neu gelesen auf dem (oft ausgeblendeten) Hintergrund indischer oder karibischer Verhältnisse von Kolonialismus und Sklaverei. Was bedeutet es – so lässt sich dann fragen –, «wenn ein Autor beispielsweise darlegt, daß eine koloniale Zuckerplantage wichtig für die Aufrechterhaltung eines besonderen Lebensstiles in England ist»[102]? Eine solche Lektüreform verkörpert eine interpretierende Zusammenschau, die der Hybridität von Kulturen angemessen ist. Said hat sie mit gleichsam topographischer Aufmerksamkeit seiner «vergleichende(n) Literaturwissenschaft des Imperialismus»[103] zugrunde gelegt: «Das heißt, wir müssen in der Lage sein, Erfahrungen gemeinsam zu interpretieren, die diskrepant sind und jeweils ihre eigene Gewichtung und Entwicklungsgeschwindigkeit haben (...) die allesamt koexistieren und mit anderen interagieren.»[104] Sogar deutsche Romane können «kontrapunktisch» gelesen werden, etwa Wilhelm Raabes «Stopfkuchen» auf dem Hintergrund der ausgeblendeten Kolonialerfahrungen, die hier aber zugleich Textbedingung und Folie der Unheimlichkeit der deutschen «Heimat» sind.[105] Die kontrapunktische Lesart reicht so weit, dass auch Schlüsseltexte aus Herrschaftsdiskursen – interessanterweise selbst in der Theologie[106] – mit marginalisierten, ausgeblendeten Texten zusammengelesen werden können. So deutet schon Saids Lektürekonzept die Perspektive verflochtener Geschichten an, wie sie gegenwärtig auch in neueren Ansätzen zur Globalgeschichte eine wichtige Rolle spielt.

Die Gleichzeitigkeit dieser diskrepanten Geschichten ließe sich noch dazu mit den Instrumentarien des *translational turn* entfalten. Immerhin ist es aufschlussreich, wie literarische Genres aus dem kulturellen Kanon herausgelöst und ähnlich wie *traveling concepts* beispielsweise auf die karibisch-englische Beziehungsachse übertragen werden. Solche Prozesse von interkultureller postkolonialer Intertextualität untersucht Tobias Döring in einer anglistischen Fallstudie. Ausgehend von karibischen Romanen mit ihren Palimpsesten und Traditionserfindungen ist dies zugleich ein disziplinär gesättigter Versuch, den am *postcolonial turn* immer wieder vermissten lokalen Spezifizierungen auf die Spur zu kommen.[107]

Zugleich haben die interkulturellen Überkreuzlektüren, wie Said betont, einen ausdrücklichen Kontextbezug, womit die Repräsentationskritik, gleichsam in Weiterführung des *reflexive turn*, einen politischen Akzent erhält: Die kulturelle und die politische Sphäre werden in enge wechselseitige Verknüpfung gebracht[108] – durchaus mit Folgen für den weiteren Verlauf der kulturwissenschaftlichen Neuorientierungen.

Die hier noch behandelte Ebene postkolonialer Untersuchungsgegenstände im engeren Sinn wird freilich mehr und mehr verlassen, je stärker aus den (postkolonialen) Theorieeinstellungen – wie es für einen *turn* üblich ist – ein methodisches Instrumentarium herauspräpariert wird, das dann auch auf andere Untersuchungsgegenstände anwendbar wird. So finden postkoloniale Ansätze auch in einer *Vergleichenden Literaturwissenschaft* Gehör, welche die literarische Verarbeitung postkolonialer Migrationsverhältnisse in Europa[109] und besonders in Deutschland untersucht. Es mag ein erstes Anzeichen sein, wenn nach der Erkundung der «Dritten Welt» in Reiseberichten deutschsprachiger Gegenwartsautorinnen und -autoren und ihrem zunehmend «postkolonialen Blick» gefragt wird.[110] Doch viel markanter erscheint dann das Feld der Migrationsliteratur. Denn dort wird die Gespaltenheit der sprachlichen und kulturellen Zugehörigkeiten z.B. in der deutsch-türkischen Literatur als eine hybride Situation deutbar.[111] Außerdem hat die postkoloniale Perspektive bewirkt, dass nun nicht mehr von Ausländerliteratur gesprochen wird, sondern dass Migrant(inn)enliteratur als deutsche Literatur anerkannt und damit in den Kanon der deutschsprachigen Gegenwartsliteratur einbezogen wird. Nationale Kulturen und Literaturen – so die Einsicht – werden zunehmend aus dem Blickwinkel von Minderheiten hergestellt. Dies gilt auch für die «hybride» Außenseiter-«Identität» jüdischer Schriftsteller(innen) der dritten Generation in Deutschland aus dem Blickwinkel ihrer Romane.[112]

Eine ebenfalls durchaus unkonventionelle Rückspiegelung postkolonialer Analysekategorien auf europäische Verhältnisse deckt weitere postkoloniale Konstellationen innerhalb Europas auf: Ob diese nun in einer Interpretation des «Balkanismus» als europäischem Orientalismus zutage treten oder auch in einer Interpretation des Habsburger Reichs als einem Kolonialreich – ihre historische Marginalisierung osteuropäischer Staaten angesichts hegemonialer Herrschaftsverhältnisse und Ungleichheiten könnte bis zur gegenwärtigen Osterweiterung Europas hinein Nachwirkungen haben. In diesem Sinn hat etwa der Sammelband «Eigene und andere Fremde. ‹Postkoloniale› Konflikte im europäischen Kontext»[113] die postkoloniale Wende in einer markanten Drehung mit Bezug auf innereuropäische Forschungstraditionen neu positioniert. Zugleich wird damit am konkreten Fall gezeigt, wie notwendig es ist, die Machtdimension als eine zentrale Analysekategorie endlich auch in den deutschsprachigen Kulturwissenschaften stärker zu berücksichtigen. Diese zentrale Analysedimension ist also nicht nur den *Übersetzungswissenschaften* zu überlassen, die ihren *postcolonial turn* – interessanterweise auch am Fallbeispiel der Übersetzungspraktiken im plurikulturellen, ja postkolonialen Raum der Habsburgmonarchie[114] – gerade mit Blick auf die Machtasymmetrien in Übersetzungsbeziehungen vollziehen[115]: Anknüpfend an die Übersetzungsdimension des Postkolonialismus selbst (Kultur als Übersetzung) wird Übersetzung im Kontext des Kolonialismus betrachtet und herausgestellt, wie Vorstellung und Praxis von Kulturübersetzung vom westlichen Denken dominiert sind.

Ebenfalls mit Aufmerksamkeit auf Machtungleichheiten führt der *postcolonial turn* in der *Geschichtswissenschaft* zu einer Erschütterung der Totalisierungsansätze des westlichen Historismus[116], seiner linearen Fortschrittsgeschichte und seiner Meistererzählung von der weltumspannenden europäischen Moderne. Diese hat in der Geschichtsschreibung vor allem die andauernde Ausschließung nichteuropäischer Kulturen aus dem Gang der Geschichte durch die Unterstellung von «Völkern ohne Geschichte»[117] fortgesetzt. Mit postkolonialen Impulsen kommen in den 1970er Jahren neue Vorstellungen über eine nicht mehr von Europa dominierte Geschichtsschreibung auf: die *Subaltern Studies* im Kontext südasiatischer Geschichtswissenschaft, wie sie in zehn Bänden zur südasiatischen Geschichte zwischen 1982 und 1999 dokumentiert sind (unter anderen von Ranajit Guha herausgegeben). Dipesh Chakrabarty mit seinen Herausforderungen zu einem «Provincializing Europe»[118] ist hier ebenso einschlägig wie Gyan Prakash, der eine besonders konzise Darstellung des *postcolonial turn* gerade auch in Bezug auf die Geschichtsschreibung gegeben hat.[119] Seit den 1980er Jahren hat

sich diese Bewegung hauptsächlich in Australien und in den USA leben-
der und lehrender Indien-Historiker weiter etabliert. Zweierlei wird beabsichtigt: einerseits eine Geschichtsschreibung, welche die Geschichte
des europäischen Zentrums notwendig verknüpft sieht mit der Geschichte der nichteuropäischen Peripherie, andererseits eine Geschichtsschreibung aus der Sicht und in den eigenen Termini der Angehörigen
dieser Peripherie selbst – als eine eigene Art der Geschichtsschreibung
jenseits eurozentrischer essenzialisierender Kategorien wie Religiosität,
Unterentwicklung, Armut, Nation, Öffentlichkeit–Privatheit usw. Es
geht darum, die historische Meistererzählung, die Europa ins Zentrum
gesetzt hat, in Frage zu stellen oder gar durch alternative Geschichtsdarstellungen abzulösen. Kritisiert wurde an dieser Richtung freilich ihre
Neigung, die Authentizität der indischen Kultur zu behaupten.

Für die Geschichtsschreibung Europas sind postkoloniale Perspektiven in verschiedenen Feldern fruchtbar gemacht worden. So sind sie
in die Erforschung vormoderner kolonialer Situationen, etwa des rö-
mischen Kolonialismus, eingeflossen.[120] Vor allem profilieren sie eine
Aufmerksamkeit, die sich neuerdings auf die Aufarbeitung auch der
deutschen Kolonialgeschichte richtet. Wenn hier der (deutsche) Na-
tionalstaat bzw. das Kaiserreich in seinen kolonialen und weltgeschicht-
lichen Verflechtungen dargestellt werden, dann geschieht dies freilich
nicht immer mit postkolonialem Blick. Dieser kommt erst dann ins
Spiel, wenn eine transnationale Perspektive zur gleichsam «kontrapunktischen» Zusammenschau von Kolonien und Metropolen führt, wenn
Fragen der Nationen- und Identitätsbildung ebenso behandelt werden
wie die Konstruktion und Inszenierung ethnischer und geschlechts-
bezogener Differenzen[121] – aber auch Grenzüberschreitungen durch kolonialistische und orientalistische Imaginationen und ihr Weiterwirken
in der deutschen Geschichte.[122] Statt jedoch nur Fremdbilder und bloße
Alteritätskonstruktionen ins Auge zu fassen, wird mit postkolonialen
Perspektiven in der Geschichtswissenschaft vielmehr nach den konkreten Verflechtungen und Vermittlungshandlungen männlicher und
weiblicher Akteure gefragt: Kolonialbeamter, Unternehmer, Lokalpoliti-
ker, Wissenschaftler, Übersetzer, Institutionen usw.[123]

Der *postcolonial turn* ist da besonders weit reichend, wo er den historischen Untersuchungshorizont selbst transnational öffnet und gerade solchen Interaktionsverflechtungen nachgeht. Dies geschieht auch in einem Sammelband zur postkolonialen Wende in der Geschichtswissenschaft von Sebastian Conrad und Shalini Randeria, der Weltgeschichte «hybridisiert», sie also nicht mehr nur als «europäischen Diffusionsprozeß»[124] begreift. Er weist über Saids Dogma hinaus, dass alle europäische Wahrnehmung des Außereuropäischen Projektion sei, dass es nur um westliche Wissensproduktion ginge, die als Herrschaftsinstrument eingesetzt würde. Längst aber geht es nicht mehr nur um Wissen und Macht, wie noch bei Said, der das binäre Denken massiv in Frage stellte, aber keine Alternative dazu anbieten konnte. Seine Rede von «ineinander verflochtenen Geschichten»[125] war dennoch ein richtungweisender Ansatz auf der Methodenebene. Er wird jetzt weiterentwickelt zu einer Sichtweise, die nach praktischen Vernetzungen und Verschränkungen zwischen Europa und der außereuropäischen Welt fragt, nach «entangled histories», «connected histories», «verflochtenen Modernen», Beziehungsgeschichten.[126]

Doch wie können solche verflochtenen Geschichten überhaupt analytisch erfasst werden, wenn sich die modernen europäischen Kategorien wie Bürger, Staat, Individuum, Subjekt, Demokratie, wissenschaftliche Rationalität, die Unterscheidung privat/öffentlich so hartnäckig halten, dass sich auch die postkolonialen Sozial- und Kulturwissenschaften ihrer bedienen müssen – selbst dann noch, wenn es um die Beschreibung der südasiatischen Moderne geht? Die europäischen Kategorien – so Chakrabarty – sind inadäquat, aber unhintergehbar.[127] Ihre Dezentrierung und Provinzialisierung hat gerade da anzusetzen, wo z. B. das Auseinanderklaffen von Geschichte als westlichem Code und Geschichte als (subalterner) Erfahrung und Erinnerung ins Auge springt. Dies betrifft auch die Kluft zwischen dem westlichen Konzept des modernen Individuums und einem modernen indischen Subjekt wie etwa einer bengalischen Witwe, die dem Zwangssystem von sozialer Erniedrigung und familiärer Gewalt ausgeliefert ist. Hier stoßen die Kategorien europäischer Subjektkonstitution und das auf ihnen basierende Modell von Modernität an ihre Grenzen. Solche kategorialen Ungleichheiten sind mit zu bedenken bei allen Vorschlägen, jenseits des europäischen Paradigmas verflochtene

Geschichten zu untersuchen und darzustellen, sei es etwa in Bezug auf deren Repräsentation in Museen oder auch durch die Erforschung transatlantischer Sklaverei.[128] Reicht hier der *postcolonial turn* so weit, dass er auch imstande ist, die westliche Theoriesprache durch nichteuropäische Konzepte aufzubrechen? Auch Vorschläge, den ostasiatischen Konfuzianismus als nicht mehr auf das individualistische Unternehmermodell beschränkte Alternative zum globalen Kapitalismus aufzubauen, müssen sich dieser Frage stellen.[129]

Wenngleich also von einer Reziprozität der Beziehungen noch immer kaum die Rede sein kann, gibt es doch fruchtbare Ansätze zu transnationaler Geschichtsschreibung, die nicht mehr länger um eine westliche autarke Geschichte kreisen, sondern die europäische Entwicklung in wechselseitige Interaktionsbeziehungen zwischen den Kulturen[130] und in eine Vielzahl von Erinnerungsgeschichten einbinden: «The dissolution of ‹History› as a universal descriptor, and the emergence of ‹histories› or ‹memory cultures›, as local, competing descriptors, can be seen as positive for postcolonial cultures.»[131] Der *postcolonial turn* hat ein Umdenken bewirkt, indem er solche lokalen Geschichten als unverzichtbaren Bestandteil der Austauschprozesse in globalen Geschichtsverläufen sichtbar gemacht hat.

Derartige Verknüpfungen werden gegenwärtig auch in der *Wissenschaftsgeschichte* verfolgt. Auch hier hat der *postcolonial turn* die Untersuchungsrichtung umgekehrt. So wird nun ausdrücklich danach gefragt, wie die Wissenschaftsentwicklung in Europa nicht aus sich selbst heraus vorangetrieben wurde, sondern wie sie im Zuge der europäischen Expansion von eigenständigen nichteuropäischen, z.B. chinesischen Wissenschafts- und Technologietraditionen aus beeinflusst worden ist.[132] Warum konnten die modernen Wissenschaften ausgerechnet in Europa aufkommen? Schon mit dieser Frage wird auf die Notwendigkeit verwiesen, den Aneignungen und dem Austausch des mittelalterlichen und frühneuzeitlichen Wissens im europäisch-islamischen Europa stärker nachzugehen. Das Bekenntnis zu «anti-eurocentric comparative ethnoscience studies»[133] ist hierzu nur ein erster Schritt. Konkrete Untersuchungen sind jedenfalls rückverwiesen auf die Reflexion von Unterschieden im Wissenschaftsverständnis selbst, auf «empirical knowledge systems of other cultures»[134] – und diese könnten die weit verbreitete These von der Einheit der Wissenschaft erschüttern.

Eine postkoloniale Wissenschafts- und Technikgeschichte bereichert jedenfalls die Kulturwissenschaften einerseits dadurch, dass sie dem Kulturalismus des *postcolonial turn* in dessen Übersteigerung der Repräsentationssphäre entgegenwirkt. Andererseits wird auch ihre Betonung transnationaler ungleicher, aber wechselseitiger Wissenschaftstransfers[135] zu einem der Fundamente für eine Neufassung der Methode des Kulturenvergleichs: Statt eines systematischen Kulturenvergleichs, der allzu leicht im Globalvergleich mündet, werden hier eher fragmentarisch ansetzende Vergleiche unternommen. Für diese ist charakteristisch, dass sie an kleineren Vergleichseinheiten ansetzen, die sich aus der Beziehungsgeschichte zwischen diesen zu vergleichenden Kulturen selbst gewinnen lassen. Noch offen hingegen ist eine Frage, die zweifellos durch den *postcolonial turn* angeregt worden ist: Wieweit lässt sich eine transkulturelle Begrifflichkeit finden, mit der die «entangled histories» so repräsentiert werden, dass sie nicht nur in eurozentrischer Wissenschaftssprache zum Ausdruck kommen?

Auf dieser Ebene überdenkt auch die (interkulturelle) *Philosophie* universalistische Wissenschaftsbegriffe und Konzepte, besonders im Bereich von Menschenrechten und Moralität. Eine wichtige Rolle spielt hierbei die Berücksichtigung von Ideologien, kulturspezifischen Wissenskonzepten und Problemen der Indigenisierung philosophischer Kategorien.[136] Von philosophischer Seite aus sticht allerdings ins Auge, wie begriffslastig oder gar «cross-categorical»[137] die Reflexion transkultureller Beziehungen und transkulturellen Vergleichens gegenwärtig angelegt ist. Dabei wäre dem Dilemma, westlichen Begriffen hierbei nicht entkommen zu können, vielleicht aussichtsreicher zu begegnen, wenn man die postkoloniale Linse einmal verstärkt auf performative Achsen zwischen den Kulturen lenkt:

So ist bemerkenswert, dass – wie in der *Kunstgeschichte* – auch Kunstausstellungen eine postkoloniale Perspektive eingeleitet haben. Besonders die Kritik an der Ausstellung «Primitivism and Modern Art» 1984 in New York bis hin zur *documenta 11* mit ihrem ausdrücklich postkolonialen Problemhorizont[138] haben neue Ansätze für die Untersuchung der Verflechtungen von Kunst und kolonialistischer Expansion mit ihren rassistischen Implikationen auf den Weg gebracht. Entstanden sind dabei Entwürfe gegenläufiger Kartographien einer globalen Kultur, die entlang veränderter Themen nichteuropäischer Kunst wie Migration und Globalisierung, Inklusion und Exklusion gezeichnet werden.[139] Die Kritik an der Universalisierung des europäischen Kunstkanons und seinem autonomen Kunstverständnis mündet jedenfalls in der Möglichkeit einer postkolonialen Ästhetik, die eben «nicht von dem europäischen Werkbegriff, sondern von der transkulturellen Zirkulation der Objekte»[140] ausgeht.

Auf der hier angedeuteten Ebene der (ästhetischen) Performanz werden durch den *postcolonial turn* neue ästhetische Formen und nicht selten ein grundverschiedenes Verständnis von Kunst, Literatur und Theater ans Licht gebracht. Dies setzt sich fort in der postkolonialen Wende der *Theaterwissenschaft*. Hier scheinen auf den ersten Blick nur neue – synkretistische – Formen außereuropäischen Theaters in den Blick zu kommen, also nur ein erweitertes Gegenstandsfeld in Ergänzung zum europäischen Theater. Dann jedoch zeigt sich auch auf diesem Gebiet die methodische Herausforderung: Die ästhetischen Kriterien müssen erst gewonnen werden aus interaktiven, auch rituellen Praktiken kultureller Performanz. So setzt sich etwa Christopher Balme ausgiebig mit «indigenen» Theorien des theatralischen Synkretismus auseinander, von indischen bis karibischen, südafrikanischen und australischen – Wole Soyinkas Theateressay «The Fourth Stage» unter Bezugnahme auf die Yoruba-Mythologie und andere rituelle Rahmungen in Nigeria ist dabei nur ein Beispiel von vielen.[141] Der *postcolonial turn* motiviert in diesem Fall dazu, sich genau einzulassen auf fremde Theaterformen mit ihren eigenen Kategorien (von Synkretismus, Oralität und Liminalität), und wird damit anregend für eine interkulturelle Öffnung auch des *performative turn*. Diese betrifft dann auch andere performative Genres wie den postkolonialen Film[142] oder den kolonialen und postkolonialen Sport, der zu einem eminent wichtigen Untersuchungsfeld der postkolonialen Wende geworden ist. So ist am Beispiel von Kricket als einem «imperial game»[143] gezeigt worden, wie ein englisches Herrschaftsinstrument zum Medium antikolonialer, emanzipatorischer Aneignung werden konnte.[144]

Ein derart weit gefasstes performatives Kulturverständnis verdanken die *Postcolonial Studies* nicht zuletzt der *Ethnologie*, die sich ihrerseits postkolonial geöffnet hat, wie bereits die Debatte um Ausstellungen fremder Kulturen in ethnologischen Museen zeigt.[145] Zunächst gab es jedoch weniger eine postkoloniale Wende in der Ethnologie als eine postkoloniale Kritik des Fachs selbst, seiner kolonialen Verstrickungen und seiner eigenen Fortführung kolonialistischer Strukturen in der Darstellung fremder Kulturen. Mittlerweile aber hat auch hier der *postcolonial turn* zu einer «multi-sited ethnography»[146] geführt, deren neue Themenfelder ausdrücklich im Kontext «postkolonialer Transformationen»[147] angesiedelt sind: Globalisierung und Migration[148], Diaspora[149] und hybride Räume[150] werden hier aus Akteursperspektiven, aus den deterritorialisierten Erfahrungen von Migrantengruppen sowie über neue Raumbeziehungen transnationaler Vernetzung erschlossen. Ethnologische Beiträge sind wiederum für die *Postcolonial Studies* unverzichtbar, weil sie mit disziplinärer Kompetenz ethnische und länderspezifische kulturelle Abweichungen postkolonialer und globaler Entwicklungen aufzeigen. Damit wird eine genauere Lokalisierung des *postcolonial turn* möglich, ähnlich wie dies durch konkrete lokale Fallstudien etwa zum Umgang mit postkolonialen Stadtentwicklungen in Asien geleistet wird.[151]

Auch für die *Geographie*[152] wurde zunächst die Entdeckung der «Komplizenschaft» mit dem Kolonialismus zum kritischen Anstoß für eine Aneignung postkolonialer Untersuchungsperspektiven: «the ‹postcolonial turn› (...) constitutes the latest epistemological shift (...).»[153] Ob es sich nun wirklich um den jüngsten *turn* handelt oder nicht – jedenfalls wird versucht, die konzeptuelle Linse der postkolonialen Theorie, ihre Infragestellungen intellektueller Kolonialisierung und ihre Gegenentwürfe nicht polarisierender Third Spaces zu übernehmen, sie darüber hinaus aber auch empirisch zu untermauern. Denn globale Erfahrungen werden nicht nur in Dritten Räumen konzeptuell erfasst, sondern auch an konkreten, kolonial geprägten empirischen Orten und Landschaften durch besondere materielle Praktiken und Raumbeziehungen verarbeitet und verändert.[154] Von da aus sind Wege gespurt, den vorherrschenden Textualismus des *postcolonial turn* zu überwinden.

Bisher freilich nicht überwunden wurde die bedenkliche Geschlechtsblindheit in allen Disziplinen, die sich dem *postcolonial turn* anschließen. Dabei kann dieser selbst durchaus von den *Genderstudies* profitieren, zumal beide am gleichen Strang ziehen: historisch gesehen an der Feststellung einer Schlüsselallianz zwischen Gender und Imperialismus in Bezug auf die Marginalisierung des/der «Anderen»[155], epistemologisch gesehen im Bemühen um die Aufhebung von Dichotomien und binären Systemen, wie etwa der Mann-Frau-Polarität mit ihren hierarchischen Untertönen. Andererseits bringt der *postcolonial turn* auch für die Genderstudies durchaus kritische Impulse: Kritisiert wird die westliche Universalisierung der Genderstudies, die dazu geführt hat, Frauen weltweit als eine homogene (unterdrückte) Gruppe zu verallgemeinern.[156] Gegenüber Frauen aus der Dritten Welt – so die Kritik von Chandra Mohanty, Rey Chow, Trinh Minh-ha, bell hooks und anderen – würden westlicher Feminismus und Genderstudies einen eher hegemonialen Status einnehmen, indem sie die Dritte-Welt-Frauen als homogene, machtlose Gruppe konstruieren. Frauen würden als monolithische Gruppe in ihrem objektiven Status, zumeist als Opfer, festgeschrieben. Dagegen wehren sich feministische Ansätze außerhalb Europas mit dem Argument, die diskursive Kategorie «Frau» und «Geschlecht» würde hier mit der historisch-politischen Begriffsbedeutung in ihren kulturspezifischen Unterschieden verwechselt. Dadurch würde den Frauen historische und politische «agency»[157] abgesprochen, aber auch das Vermögen, ihre eigene (lokale) Verortung zur Selbstdefinition und Selbstrepräsentation zu nutzen. Die Kritik am westlichen Feminismus läuft auf die Unterstellung hinaus, dass dieser die Festschreibung von Dritte-Welt-Frauen in ihrer Machtlosigkeit (und in ihrem Objektstatus) braucht, um ihr eigenes diskursives Selbstverständnis als autonome Subjekte zu profilieren, ähnlich wie im Fall des Orientalismus. Die sich herausbildenden transnationalen Genderstudies sind durch diese postkolonialen Impulse herausgefordert, nach Anschlussstellen[158] zu suchen, d. h. nach dezentrierten Erkenntnisstandpunkten[159]. Auch die beschleunigte Zirkulation zentraler «traveling theories» bzw. Analysekategorien wie *«raceclassgender* etc. in der Frauen- und Geschlechterforschung»[160] wäre hierbei zu überdenken. Transnationale Geschlechterforschung ist zudem auf einen kritischen Problemhorizont verwiesen, der Aufmerksamkeit auf geschlechtsspezifische Dimensionen der Konstruktionen des «Anderen» fordert – bis hin zur Konstruktion von weißen und anderen Männlichkeiten[161], wie sie wiederum aus dem Blickwinkel theoretisch informierter postkolonialer literarischer Texte besonders bereichert wird.[162]


## 4. KRITISCHE ANSTÖSSE FÜR DEN *POSTCOLONIAL TURN*

Besonders die Diskrepanzen im aufkommenden Projekt transnationaler *Genderstudies* stoßen die Frage an: Wer sind eigentlich die Träger(innen) der postkolonialen Theorie? Ist es ein Projekt kultureller Eliten? Jedenfalls sind es intellektuelle Migranten und Migrantinnen, die an den westlichen Universitäten angekommen und erfolgreich sind, so genannte Halfies[163] mit «Bindestrich-Identitäten» – indisch-amerikanischen wie bei Gayatri Spivak, Homi Bhabha, Ashis Nandy, Dispesh Chakrabarty, Veena Das, Salman Rushdie und anderen, afrikanisch-amerikanischen wie bei Ngugi wa Thiong'o, Kwame A. Appiah, Achille Mbembe, karibisch-englischen wie bei Stuart Hall usw. Durch sie ist Postkolonialismus zu einer Disziplin des akademischen Star-Systems aufgerückt. Gerade hier aber neigt der *postcolonial turn* auch dazu, in eine Sackgasse zu laufen, sobald er sich zum Jargon verdünnt und in Selbstreferenzialität und Beschwörungsformeln mündet.[164] Für ihn besteht diese Gefahr sicher mehr als für andere kulturwissenschaftliche Neuorientierungen. Denn der Fokus des *postcolonial turn* ist äußerst mehrdeutig, zumal er den Spagat zwischen einem kulturwissenschaftlichen Theorieansatz und einer Praxis kulturell-politischer Artikulation bewältigen muss. Daher neigt er einerseits dazu, eigene Forschungseinstellungen normativ aufzuladen und emphatisch zu übersteigern. Andererseits tendiert er zu «metakritischen Spekulationen», statt diese in empirischen Fallstudien mit lokalen politischen, ökonomischen und kulturellen Befunden zu verknüpfen[165]. Widerstand und Unterdrückung würden nur auf diskursiver Ebene wahrgenommen, so kritisieren Benita Parry und vor allem Aijaz Ahmad[166] aus einem klassisch marxistischen, politisch-ökonomischen Blickwinkel.

Dieser Kulturalismusvorwurf, wie er für die Kulturwissenschaften insgesamt erhoben wird, gilt in besonderem Maß für die postkoloniale Wende. Denn deren Fixierung auf Diskurssysteme führt langfristig zur Ausblendung ökonomischer Bedingungen, auch zur Ausblendung sozialer Gewalt zugunsten epistemologischer Gewalt.[167] Das kulturell-theoretische Übergewicht des *postcolonial turn* bewirkt damit eine Schief-lage in der Analyse, die den Postkolonialismus als kritisches Projekt entschärft[168] und – wie es Benita Parry ausdrückt – eine «indifference to social explanation»[169] erzeugt. Gegen solche kulturalistischen Verkür-zungen einer kolonialistischen Diskursanalyse fordern Parry und andere eine neue Aufmerksamkeit für Herrschafts-und Ausbeutungsverhält-nisse, für soziale Widerstandspraktiken usw.[170], nicht zuletzt auch für die Entdeckung räumlicher Materialität[171], wie sie immerhin auch die Entstehung des *spatial turn* befördert hat.

Die Kritik am Postkolonialismus betrifft aber nicht nur den Verlust an historischer Positionierung und Materialität. Sie bezieht sich auch auf seine Positionierung im Globalisierungshorizont. Aus diesem Argu-mentationsfeld entspringt gegenwärtig die Frage, ob nicht der kritische Postkolonialismus im Begriff ist, in einen neuen intellektuellen Neoko-lonialismus überzugehen, indem er sich zu nahtlos in die Dynamik des globalen Kapitalismus einfügt und den ursprünglich kritischen post-kolonialen Impetus neutralisiert. Darauf deutet auch der Befund, dass kulturelle Differenz mittlerweile leicht konsumierbar geworden ist, integriert – so die These von Graham Huggan – in die globale Zirkula-tion von Waren und Ideen. Die Anerkennung des «kulturell Anderen» bleibe hier zwar erhalten, werde aber zum Markenzeichen einer «global alterity industry in which the commodified signs of cultural otherness become a currency to be negotiated and traded by metropolitan interest groups»[172]. In ebendiesem globalen Szenario verortet vor allem Arif Dirlik den postkolonialen Diskurs. Aufschlussreich hierfür ist sein zen-traler Aufsatz «The Postcolonial Aura. Third World Criticism in the Age of Global Capitalism» (1994).[173] Danach erweist sich auch der *postcolonial turn* als Effekt der globalen Ausbreitung postkolonialer Epistemologie. Gerade dadurch aber werden die lokalen und historischen Differenzen zwischen den jeweiligen postkolonialen Verhältnissen verwischt, die für den Postkolonialismus so entscheidend sind.[174] Der *postcolonial turn* – so behauptet Dirlik – verläuft also durchaus in denselben Bahnen wie der transnationale Kapitalismus. Dafür spricht sicherlich, dass die postkoloniale Wende die erste kulturwissenschaftliche Neuausrichtung ist, die sich von vornherein nicht nur interdisziplinär ausbreitet, sondern auch international, ja global, dass sie zum *turn* überhaupt erst durch ihre globale Verbreitung wird. Sie hat wesentlich dazu beigetragen, dass die Kulturwissenschaften immer noch weiter internationalisiert und als intellektuelle Bewegung globalisiert werden. Ist sie damit eine kritische Parallelantwort auf die neuen Erfordernisse der ökonomischen Globalisierung? Jedenfalls scheint die postkoloniale Wende bei all ihrer kritischen Ausrichtung, etwa durch ihr Re-mapping von Zentrum und Peripherie, immer noch fest in den Händen der europäischen Theoriezentren zu bleiben.[175] Dies – so Dirlik, der als einer der wenigen eine solche Parallelentwicklung betont und kritisiert – entspricht vollständig den Transformationen des post-nationalstaatlichen globalen Kapitalismus. «Postkolonialismus» werde zum Anzeichen für die Verfassung der Intelligenz in ihrer «Komplizenschaft» mit dem globalen Kapitalismus.[176]

Auch wenn es manche Stimmen geben sollte, die von Ermüdungserscheinungen des *postcolonial turn* sprechen und es von daher an der Zeit halten, «to move beyond postcolonialism»[177], ist hier doch eines festzuhalten: Für die postkolonialen Ansätze ist die Gefahr besonders groß, von der Globalisierungsforschung geschluckt zu werden und somit auch die Analyse postkolonialer Ungleichheit für die Annahme einer weltumspannenden Globalisierungsdynamik zu opfern. Ernst zu nehmen sind von daher Vorschläge, den *postcolonial turn* globalisierungskritisch zu öffnen, ihn auf die kritische Teilhabe am Globalisierungsprozess hin zu profilieren[178] – wobei sich dann vielleicht sogar die problematische Schere zwischen (welt-)politischen Entscheidungen (etwa denen zum Irakkrieg oder zum War on terrorism) und der postkolonialen Alteritäts- und Differenzforschung verringern ließe.

Der *postcolonial turn*, der ohnehin an die Globalisierungsdiskussion angrenzt, könnte somit durchaus anschlussfähig gemacht bzw. weiter gewendet werden hin zu einer methodisch profilierten kritischen Analyse kultureller Globalisierung. Andere kulturwissenschaftliche Neuorientierungen und neue theoretische Koordinaten wären hierfür heranzuziehen. Nicht nur das Konzept des «Empire» (Michael Hardt/Antonio Negri), das über das Imperialismusparadigma hinausweist und nicht mehr im Zentrismus befangen bleibt[179], wäre hier zu bedenken. Was sich abzeichnet, sind auch Ansätze, die den *postcolonial turn* weitertreiben in Richtung auf «glokal» verortete Interpretation (auch von literarischen Texten) – z. B. durch Einziehen einer Achse von Globalität und Lokalität in die kolonial-postkoloniale Beziehung.[180] Erwähnt sei ferner Ulrich Becks Vorschlag eines «methodologischen Kosmopolitismus», der ausdrücklich das *«post-colonial moment»*[181] umfasst, indem er das Einbeziehen der ausgeschlossenen Anderen in das eigene Selbstverständnis als einen unverzichtbaren Reflexionshorizont der Globalisierungsforschung fordert.[182] Ansätze einer «new imperial history»[183] bieten weitere Koordinaten, indem sie die fortbestehende Bedeutung von Nationalstaatlichkeit nach dem «imperial turn» hinterfragen und unter diesem Vorzeichen eine Neukonzeptualisierung von *Area Studies* und «kultureller Globalisierung» vorschlagen. Eine globale Transformation des *postcolonial turn* selbst deutet sich schließlich auch dort an, wo postkoloniale Handlungsstrategien in veränderten Anwendungskontexten, z. B. in der Konsumsphäre, verfolgt werden.[184]

Solche und andere mögliche Wendungen des *postcolonial turn* selbst legen nahe, den Leitbegriff der Hybridität noch weiter systematisch zu entfalten, sodass er die mit der Globalisierung selbst einhergehenden Hybridisierungsprozesse ebenso umfasst wie transkulturelle mediale Beziehungen.[185] Der Gefahr des *postcolonial turn*, sich in der Metasprache seiner eigenen Theorie zu verfangen, könnte entgegengewirkt werden, indem gerade durch Einbeziehen der Analyseachse Globalität – Lokalität mit ihren Asymmetrien wiederum konkrete Vermittlungs- und Aushandlungsprozesse in den Blick gerückt werden. Methodische Aufschlüsse hierzu ergeben sich über eine neue Aufmerksamkeit auf die Übersetzungskategorie als einem aufkommenden Grundbegriff der Kultur- und Sozialwissenschaften.

# ANMERKUNGEN

1 Vgl. Achille Mbembe: On the Postcolony. Berkeley, Los Angeles, London 2001, S. 102.

2 Zum mehrdeutigen Begriffshorizont vgl. Eberhard Kreutzer: Theoretische Grundlagen postkolonialer Literaturkritik, in: Ansgar Nünning (Hg.): Literaturwissenschaftliche Theorien, Modelle und Methoden. Eine Einführung. Trier 1995, S. 199–213, bes. S. 200 f.

3 Auch auf diesen Kontext bezieht sich die erste konzise, sehr klar und verständlich geschriebene deutschsprachige Einführung, die auch kritische Einschätzungen wagt: María do Mar Castro Varela/Nikita Dhawan: Postkoloniale Theorie. Eine kritische Einführung. Bielefeld 2005.

4 Hierzu vgl. Kwame Anthony Appiah: Is the Post- in Postmodernism the Post- in Postcolonial? In: Critical Inquiry 17, 2 (1991), S. 336–357.

5 Zu den politisch-ökonomischen Entstehungsgrundlagen des *postcolonial turn* siehe Neil Lazarus: The Global Dispensation Since 1949, in: ders. (Hg.): The Cambridge Companion to Postcolonial Literary Studies. Cambridge 2004, S. 19–39, hier S. 37.

6 Aufschlussreich für die historische Entwicklung des postkolonialen Diskurses ist die kommentierte chronologische, nichtalphabetische Bibliographie von Dieter Riemenschneider (Hg.): Postcolonial Theory: The Emergence of a Critical Discourse. A Selected and Annotated Bibliography. Tübingen 2004.

7 Vgl. Robert J. C. Young: Postcolonialism. An Historical Introduction. Oxford 2001; eine detaillierte politische Entstehungsgeschichte seit den 1960er Jahren findet sich auch im neuen Vorwort zur 2. Auflage seines Buchs White Mythologies. Writing History and the West (1990). London, New York 2004.

8 Hierzu vgl. Patrick Williams/Laura Chrisman (Hg.): Colonial Discourse and Post-Colonial Theory. A Reader. Hemel Hempstead 1993, Introduction, S. 14.

9 Vgl. Young: Postcolonialism, S. 266.

10 Ausführlicher zu Frantz Fanon vgl. ebd., S. 274–299.

11 Hierzu vgl. Kreutzer: Theoretische Grundlagen postkolonialer Literaturkritik, S. 202.

12 Young: Postcolonialism, S. 265 ff.

13 Hierzu – besonders zur Rolle von Sartre – vgl. Simon Gikandi: Poststructuralism and Postcolonial Discourse, in: Lazarus (Hg.): Cambridge Companion to Postcolonial Literary Studies, S. 97–119, hier S. 100.

14 Edward W. Said: Orientalism. Western Conceptions of the Orient (1978). Reprint, mit neuem Nachwort. London 1995.

15 Young: Postcolonialism, S. 384 (Übersetzung von D. B.-M.).

16 Vgl. Robert Young: Colonial Desire. Hybridity in Theory, Culture and Race. London, New York 1995, S. 163.

17 Vgl. besonders Gregory Castle (Hg.): Postcolonial Discourses. A Reader. Oxford 2001; Diana Brydon (Hg.): Postcolonialism. Critical Concepts in Literary and Cultural Studies. 5 Bde. London, New York 2000; Henry Schwarz/Sangeeta Ray (Hg.): A Companion to Postcolonial Studies. Oxford 2000; Bill Ashcroft/Gareth Griffiths/Helen Tiffin (Hg.): The Post-Colonial Studies Reader. London, New York 1995; Padmini Mongia (Hg.): Contemporary Postcolonial Theory. A Reader. London, New York 1996.

18 Zur Überlappung und Abgrenzung zwischen postkolonial und postmodern vgl. Ian Adam/Helen Tiffin (Hg.): Past the Last Post. Theorizing Post-Colonialism and Post-Modernism. Calgary 1990.

19 Zur Situierung der postkolonialen Theorie in den Metropolen und der westlichen Theorielandschaft vgl. Leela Gandhi: Postcolonial Theory. A Critical Introduction. Edinburgh 1998, S. 23 f.

20 Zum Verhältnis von Postkolonialismus und Dekonstruktivismus vgl. den Überblicksartikel von Erhard Reckwitz: Postcolonially Ever After. Bemerkungen zum Stand der Postkolonialismustheorie, in: Anglia 118, 1 (2000), S. 1–41, hier S. 25 ff.

21 Young: Postcolonialism, S. 421 (Übers. von D. B.-M.).

22 Vgl. Reckwitz: Postcolonially Ever After, S. 29.

23 Einführend zu Grundpositionen Spivaks vgl. Castro Varela/Dhawan: Postkoloniale Theorie, S. 55–81.

24 Vgl. Gayatri Chakravorty Spivak: Can the Subaltern Speak? Zuerst in: Wedge 7/8 (1985), repr. in: Cary Nelson/Lawrence Grossberg (Hg.): Marxism and the Interpretation of Culture. London 1988, S. 271–315 sowie in: Williams/Chrisman (Hg.): Colonial Discourse; ausführlich zu diesem Schlüsselaufsatz vgl. Castro Varela/Dhawan: Postkoloniale Theorie, S. 68 ff.

25 Vgl. Bruce King (Hg.): Literatures of the World in English. London 1974. Zur Ablösung der Commonwealth-Literaturen durch neuere Literaturen der Welt vgl. Dennis Walder: Post-Colonial Literatures in English. History, Language, Theory. Oxford 1998, S. 64 ff.; Eugene Benson/L. W. Conolly (Hg.): Encyclopedia of Post-Colonial Literatures in English. 3 Bde. 2. Aufl. London, New York 2005.

26 Vgl. die bahnbrechende Zusammenfassung des postkolonialen Projekts bei Bill Ashcroft/Gareth Griffiths/Helen Tiffin: The Empire Writes Back. Theory and Practice in Post-Colonial Literatures. London 1989.

27 Kritisch zum Ausschluss derartiger postkolonialer Genres aus Readern vgl. Simon Featherstone: Postcolonial Cultures. Edinburgh 2005, S. 29 f. Featherstone widmet im Gegenzug dazu diesen Ausdrucksformen (Musik, Tanz, Sport, Kricket, Football) mehrere Kapitel, S. 68 ff.

28 Zu Schlüsselbegriffen und Hauptvertreter(inne)n des *postcolonial turn* vgl. John C. Hawley (Hg.): Encyclopedia of Postcolonial Studies. Westport, London 2001.

29 Hierzu vgl. Alfred J. López: Posts and Pasts. A Theory of Postcolonialism. Albany 2001, S. 7.

30 Vgl. Ashcroft/Griffiths/Tiffin: Empire Writes Back, S. 183.

31 Vgl. Bruce King (Hg.): New National and Post-Colonial Literatures. An Introduction. Oxford 1996.

32 Zu diesem Wandel vgl. Graham Huggan: Conclusion. Thinking at the Margins. Postcolonial Studies at the Millennium, in: ders.: The Postcolonial Exotic. Marketing the Margins. London, New York 2001, S. 228–264, hier S. 231 ff.

33 Zu dieser Unterscheidung vgl. Kreutzer: Theoretische Grundlagen postkolonialer Literaturkritik, S. 201.

34 Vgl. Doris Bachmann-Medick: Multikultur oder kulturelle Differenzen? Neue Konzepte von Weltliteratur und Übersetzung in postkolonialer Perspektive, in: dies. (Hg.): Kultur als Text. Die anthropologische Wende in der Literaturwissenschaft. 2. Aufl. Tübingen, Basel 2004, S. 262–296; dies.: Weltsprache der Literatur, in: Jahrbuch der deutschen Schillergesellschaft 42 (1998), S. 463–469.

35 Fredric Jameson: Third-World Literature in the Era of Multinational Capitalism, in: Social Text 15 (1986), S. 65–88; schärfste Kritik kommt von Aijaz Ahmad: In Theory. Classes, Nations, Literatures. London, New York 1992, S. 95–122.

36 Eine beispielhafte Untersuchung für diesen Wandel bietet Hans-Jürgen Lüsebrink: Zentrum und Peripherie. Kulturhegemonie und Kanonwandel in (post-)kolonialen frankophonen Kulturen Afrikas und Amerikas, in: Renate von Heydebrand (Hg.): Kanon, Macht, Kultur. Theoretische, historische und soziale Aspekte ästhetischer Kanonbildungen. Stuttgart, Weimar 1998, S. 230–245.

37 Vgl. Ania Loomba/Martin Orkin (Hg.): Postcolonial Shakespeares. London 1998.

38 Hierzu vgl. Tobias Döring: Carribean-English Passages. Intertextuality in a Postcolonial Tradition. London, New York 2002, S. 169 ff.

39 Hierzu vgl. Ashcroft/Griffiths/Tiffin: Empire Writes Back, S. 189.

40 Vgl. Michael North: Ken Saro-Wiwa's Sozaboy. The Politics of «Rotten English», in: Public Culture 13, 1 (2001), S. 97–112.

41 Zur bis auf die Ebene der Sprache reichenden Entkolonisierung vgl. das Manifest des Nigerianers Ngugi wa Thiong'o: Decolonizing the Mind. The Politics of Language in African Literature (1986). Repr. Oxford 2005.

42 Hierzu vgl. Döring: Caribbean-English Passages, S. 13 ff.

43 Ausführlicher hierzu vgl. Doris Bachmann-Medick: Texte zwischen den Kulturen. Ein Ausflug in «postkoloniale Landkarten», in: Hartmut Böhme/Klaus R. Scherpe (Hg.): Literatur und Kulturwissenschaften. Positionen, Theorien, Modelle. Reinbek 1996, S. 60–77.

44 Hierzu vgl. Doris Feldmann: Beyond Difference? Recent Developments in Postcolonial and Gender Studies, in: Ansgar Nünning/Jürgen Schlaeger (Hg.): Anglistik heute. Trier 2006, S. 7–27, bes. S. 13 ff.

45 Salman Rushdie: Zur Verteidigung des Romans, in: Neue Rundschau 108, 2 (1997), S. 115–125.

46 Zur Darstellung von Hybridität bei Rushdie, u.a. als einem historischen Prinzip palimpsestartiger Überschreibungen, vgl. Sabine Schülting: Peeling Off History in Salman Rushdie's *The Moor's Last Sigh*, in: Monika Fludernik (Hg.): Hybridity and Postcolonialism. Twentieth-Century Indian Literature. Tübingen 1998, S. 239–260.

47 Salman Rushdie: Der Boden unter ihren Füßen. Roman. München 1999, S. 230.

48 Ebd., S. 126.

49 Zur historischen Entwicklung und Karriere des Hybriditäts-Begriffs vgl. Young: Colonial Desire.

50 Zur Begriffsgeschichte vgl. den Überblicksartikel von Paul Goetsch: Funktionen von «Hybridität» in der postkolonialen Theorie, in: Literatur in Wissenschaft und Unterricht 30, 2 (1997), S. 135–145.

51 Homi K. Bhabha: Die Verortung der Kultur. Tübingen 2000.

52 James Clifford: Routes. Travel and Translation in the Late Twentieth Century. Cambridge/Mass., London 1997.

53 Elisabeth Bronfen/Benjamin Marius: Hybride Kulturen. Einleitung zur anglo-amerikanischen Multikulturalismusdebatte, in: dies. (Hg.): Hybride Kulturen. Tübingen 1997, S. 1–29, hier S. 14.

54 Edward W. Said: Kultur und Imperialismus. Einbildungskraft und Politik im Zeitalter der Macht. Frankfurt/M. 1994.

55 Eine Analyse des Bhabha'schen Hybriditätsbegriffs findet sich bei Monika Fludernik: The Constitution of Hybridity. Postcolonial Interventions, in: dies. (Hg.): Hybridity and Postcolonialism, S. 19–53; zur Konzeptsituierung in einem weiteren Kontext vgl. Kien Nghi Ha: Kolonial – rassistisch – subversiv – postmodern. Hybridität bei Homi Bhabha und in der deutschsprachigen Rezeption, in: Rebekka Habermas/ Rebekka von Mallinckrodt (Hg.): Interkultureller Transfer und nationaler Eigensinn. Europäische und anglo-amerikanische Positionen der Kulturwissenschaften. Göttingen 2004, S. 53–69.

56 Zu dieser Unterscheidung vgl. Bhabha: Verortung der Kultur, S. 51 f.

57 Ebd., S. 51.

58 Ebd., S. 5.

59 Jonathan Rutherford: The Third Space. Interview with Homi Bhabha, in: ders. (Hg.): Identity. Community, Culture, Difference. London 1990, S. 207–221, hier S. 210.

60 Vgl. Pnina Werbner/Tariq Modood (Hg.): Debating Cultural Hybridity. Multi-Cultural Identities and the Politics of Anti-Racism. London, New Jersey 1997.

61 Bhabha: Verortung der Kultur, S. 12.

62 Die Kritik an Bhabha aus den verschiedensten Positionen heraus ist ausführlich dargelegt bei Castro Varela/Dhawan: Postkoloniale Theorie, S. 100–109 («Bhabha im Kreuzfeuer der Kritik»).

63  Bhabha: Verortung der Kultur, S. 13.

64  Arjun Appadurai: Global Ethnoscapes. Notes and Queries for a Transnational An-
    thropology, in: Richard G. Fox (Hg.): Recapturing Anthropology. Working in the
    Present. Santa Fe 1991, S. 191–210, hier S. 205 (Übers. von D. B.-M.).

65  Vgl. Helmbrecht Breinig/Jürgen Gebhardt/Klaus Lösch (Hg.): Multiculturalism
    in Contemporary Societies. Perspectives on Difference and Transdifference. Er-
    langen 2002, bes. Einleitung, S. 22 ff.; Lars Allolio-Näcke/Britta Kalscheuer/Arne
    Manzeschke (Hg.): Differenzen anders denken. Bausteine zu einer Kulturtheorie
    der Transdifferenz. Frankfurt/M., New York 2005.

66  Vgl. den Versuch, postkoloniale Theorie und Alltagspraxis zusammenzuführen
    durch eine konkrete Empirisierung des Hybriditäts- und Differenzbegriffs im Feld
    deutsch-türkischer Migrant(inn)en in Deutschland bei Kien Nghi Ha: Ethnizität
    und Migration. Münster 1999; für die Anwendung des postkolonialen Diskurses
    auf den deutschen Kontext vgl. auch Hito Steyerl/Encarnación Gutiérrez Rod-
    riguez (Hg.): Spricht die Subalterne deutsch? Migration und postkoloniale Kritik.
    Münster 2003.

67  Néstor García Canclini: Hybrid Cultures. Strategies for Entering and Leaving Mo-
    dernity. Minneapolis, London 1995.

68  Vgl. Edouard Glissant: Poétique de la relation. Paris 1990; zur Begriffsgeschichte
    der verschiedenen «hybriden» Konzepte besonders im Umfeld des lateiname-
    rikanischen Synkretismus (als notwendige Ergänzung zum anglophonen Überge-
    wicht der Postkolonialismus- und Hybriditätsdiskussion) vgl. den informativen
    Überblick von Natascha Ueckmann: Mestizaje, Hibridación, Créolisation, Trans-
    culturación. Kontroversen zur Kulturmoderne, in: Christiane Solte-Gresser/Karen
    Struve/Natascha Ueckmann (Hg.): Von der Wirklichkeit zur Wissenschaft. Ak-
    tuelle Forschungsmethoden in den Sprach-, Literatur- und Kulturwissenschaften.
    Münster u. a. 2005, S. 227–252.

69  David Theo Goldberg: Heterogeneity and Hybridity. Colonial Legacy, Postcolonial
    Heresy, in: Schwarz/Ray (Hg.): Companion to Postcolonial Studies, S. 72–86, hier
    S. 80.

70  Jan Nederveen Pieterse: Der Melange-Effekt. Globalisierung im Plural, in: Ulrich
    Beck (Hg.): Perspektiven der Weltgesellschaft. Frankfurt/M. 1998, S. 87–124, S. 117.

71  Ebd., bes. S. 94 ff.

72  Vgl. Harald Zapf: The Theoretical Discourse of Hybridity and the Postcolonial
    Time-Space of the Americas, in: Zeitschrift für Anglistik und Amerikanistik 47, 4
    (1999), S. 302–310.

73  Bhabha: Verortung der Kultur, S. 5; vgl. Kapitel 6 «Spatial Turn», S. 297 ff.

74  Ebd., S. 56.

75  Bhabha, in: Rutherford: Third Space, S. 211.

76  Homi Bhabha und John Comaroff: Speaking of Postcoloniality, in the Continous

Present. A Conversation, in: David Theo Goldberg/Ato Quayson (Hg.): Relocating Postcolonialism. Oxford 2002, S. 15–46, hier S. 24.

77  Vgl. Ulrich Beck: Der kosmopolitische Blick oder: Krieg ist Frieden. Frankfurt/M. 2004, S. 29.

78  Pieterse: Melange-Effekt, S. 120.

79  Ebd., S. 120.

80  Bhabha: Verortung der Kultur, S. 257.

81  Zum Übersetzungspotenzial des Dritten Raums vgl. Doris Bachmann-Medick: Dritter Raum. Annäherungen an ein Medium kultureller Übersetzung und Kartierung, in: Claudia Breger/Tobias Döring (Hg.): Figuren der/des Dritten. Erkundungen kultureller Zwischenräume. Amsterdam, Atlanta 1998, S. 19–36; Michaela Wolf: The *Third Space* in Postcolonial Representation, in: Sherry Simon/Paul St-Pierre (Hg.): Changing the Terms. Translating in the Postcolonial Era. Ottawa 2000, S. 127–145, hier S. 137 ff., S. 142: «The translator is no longer a mediator between two different poles, but her/his activities are inscribed in cultural overlappings which imply difference.» Vgl. Sherry Simon: Translation, Postcolonialism and Cultural Studies, in: Meta 42, 2 (1997), S. 462–477.

82  Vgl. López: Posts and Pasts, S. 12.

83  Bronfen/Marius: Hybride Kulturen, S. 8.

84  Bhabha: Verortung der Kultur, S. 327.

85  Bronfen/Marius: Hybride Kulturen, S. 6.

86  Ebd., S. 6.

87  Ebd., S. 4.

88  Gayatri C. Spivak: Subaltern Studies. Deconstructing Historiography (1985), in: Donna Landry/Gerald MacLean (Hg.): The Spivak Reader. Selected Works of Gayatri Chakravorty Spivak. New York, London 1999, S. 203–235, S. 217, zum Konzept des «strategic essentialism» ebd., bes. S. 204 und S. 214. Vgl. auch Spivak: In Other Worlds. Essays in Cultural Politics. New York, London 1987, S. 46–76, S. 197–221 und dies.: The Post-Colonial Critic. Interviews, Strategies, Dialogues. New York 1990, S. 25–49.

89  Zur Verbreitung des *postcolonial turn* in den verschiedenen Disziplinen unter dem Aspekt des «postkolonialen Theoriemarkts» (S. 228) vgl. Huggan: Postcolonial Exotic, S. 250; hierzu auch Frank Schulze-Engler: Ecxeptionalist Temptations – Disciplinary Constraints. Postcolonial Theory and Criticism, in: European Journal of English Studies 6, 3 (2002), S. 289–305, hier S. 299 f.

90  Caroline Vander Stichele/Todd Penner (Hg.): Her Master's Tools? Feminist and Postcolonial Engagements of Historical-Critical Discourse. Atlanta 2005; vgl. Musa W. Dube: Postcolonial Feminist Interpretation of the Bible. St. Louis 2000.

91  Vgl. den Überblick über verschiedene postkoloniale Anwendungsfelder in der Theologie bei R. S. Sugirtharajah: Postcolonial Reconfigurations. An Alternative Way of Reading the Bible and Doing Theology. London 2003.

92 Z.B. John W. Marshall: Postcolonialism and the Practice of History, in: Vander Stichele/Penner (Hg.): Her Master's Tools, S. 93–108, hier S. 98; Sugirtharajah: Postcolonial Reconfigurations, S. 3.

93 Sugirtharajah: Postcolonial Reconfigurations, S. 157 ff.

94 Verschiedene Artikel zum *postcolonial turn* in einzelnen Disziplinen finden sich bei Brydon (Hg.): Postcolonialism, Bd. 5, S. 1902–2056.

95 Schulze-Engler: Exceptionalist Temptations, S. 303.

96 Vgl. Christof Hamann/Cornelia Sieber (Hg.): Räume der Hybridität. Postkoloniale Konzepte in Theorie und Literatur. Hildesheim, Zürich, New York 2002; Fludernik (Hg.): Hybridity and Postcolonialism; Oliver Lubrich: Das Schwinden der Differenz. Postkoloniale Poetiken. Bielefeld 2004.

97 Vgl. Ute Gerhard: Multikulturelle Polyphonie bei Heinrich Heine – Der *Romanzero* gelesen im Archiv kultureller Hybridisierung, in: Hamann/Sieber (Hg.): Räume der Hybridität, S. 199–211.

98 Vgl. Axel Dunker (Hg.): (Post-)Kolonialismus und Deutsche Literatur. Impulse der angloamerikanischen Literatur- und Kulturtheorie. Bielefeld 2005.

99 M. Moustapha Diallo/Dirk Göttsche (Hg.): Interkulturelle Texturen. Afrika und Deutschland im Reflexionsmedium der Literatur. Bielefeld 2003, S. 14.

100 Vgl. Hanne Birk/Birgit Neumann: Go-between. Postkoloniale Erzähltheorie, in: Ansgar Nünning/Vera Nünning (Hg.): Neue Ansätze in der Erzähltheorie. Trier 2002, S. 115–152.

101 Vgl. Said: Kultur und Imperialismus, S. 112, bes. auch S. 92.

102 Ebd., S. 112.

103 Ebd., S. 55; zum topographischen Aspekt vgl. Kapitel 6 «Spatial Turn», S. 294 f.

104 Ebd., S. 71.

105 Vgl. Axel Dunker: «Gehe aus dem Kasten». Modell einer postkolonialen Lektüre kanonischer deutschsprachiger Texte des 19. Jahrhunderts am Beispiel von Wilhelm Raabes Roman *Stopfkuchen*, in: ders. (Hg.): (Post-)Kolonialismus und Deutsche Literatur, S. 147–160.

106 Zur «kontrapunktischen» Lesart in der Theologie vgl. Sugirtharajah: Postcolonial Reconfigurations, S. 16.

107 Zur ausdrücklichen Anwendung von «contrapuntal reading» vgl. Döring: Caribbean-English Passages, S. 13.

108 Vgl. Said: Kultur und Imperialismus, S. 99.

109 Z.B. Gisela Brinker-Gabler/Sidonie Smith (Hg.): Writing New Identities. Gender, Nation, and Immigration in Contemporary Europe. Minneapolis, London 1997.

110 Vgl. hierzu die Arbeiten von Paul Michael Lützeler, z.B. ders.: Der postkoloniale Blick. Deutschsprachige Autoren berichten aus der Dritten Welt, in: Neue Rundschau, S. 54–69; ders.: Schriftsteller und «Dritte Welt». Studien zum postkolonialen Blick. Tübingen 1998; interessanterweise deutet Lützeler dieses post-

kolonial inspirierte Hineingehen in die konkreten kulturell-politischen Räume der «Dritten Welt» als Ausdruck eines «spatial turn», in: ders.: Erfahrung und postkolonialer Blick. Zu Romanen von Timm, Born und Grass, in: Dunker (Hg.): (Post-)Kolonialismus und Deutsche Literatur, S. 219–250, bes. S. 219 ff.

111 Vgl. Hiltrud Arens: «Kulturelle Hybridität» in der deutschen Minoritätenliteratur der achtziger Jahre. Tübingen 2000; Thomas Wägenbaur: Kulturelle Identität oder Hybridität? Aysel Özakins *Die blaue Maske* und das Projekt interkultureller Dynamik, in: Maria Moog-Grünewald (Hg.): Kanon und Theorie. Heidelberg 1997, S. 22–47.

112 Todd Herzog: Hybrids and *Mischlinge*. Translating Anglo-American Cultural Theory into German, in: The German Quarterly 70, 1 (1997), S. 1–17.

113 Wolfgang Müller-Funk/Birgit Wagner (Hg.): Eigene und andere Fremde. «Postkoloniale» Konflikte im europäischen Kontext. Wien 2005.

114 Vgl. Michaela Wolf: Die vielsprachige Seele Kakaniens. Translation als soziale und kulturelle Praxis in der Habsburgermonarchie 1848 bis 1918. Unveröffentlichte Habilitationsschrift. Graz 2005.

115 Vgl. Maria Tymoczko/Edwin Gentzler (Hg.): Translation and Power. Amherst, Boston 2002; Tejaswini Niranjana: Siting Translation. History, Post-Structuralism, and the Colonial Context. Berkeley, Los Angeles, Oxford 1992; Susan Bassnett/ Harish Trivedi (Hg.): Post-Colonial Translation. Theory and Practice. London, New York 1999; Douglas Robinson: Translation and Empire. Postcolonial Theories Explained. Manchester 1998; Bo Petterson: The Postcolonial Turn in Literary Translation Studies. Theoretical Frameworks Reviewed (online zugänglich unter http://www.uqtr.ca/AE/vol_4/petter.htm).

116 Vgl. Elizabeth A. Clark: History, Theory, Text. Historians and the Linguistic Turn. Cambridge/Mass., London 2004, S. 181.

117 Vgl. Eric R. Wolf: Die Völker ohne Geschichte. Europa und die andere Welt seit 1400. Frankfurt/M., New York 1986.

118 Dipesh Chakrabarty: Provincializing Europe. Postcolonial Thought and Historical Difference. Princeton, Oxford 2000.

119 Vgl. Gyan Prakash: Postcolonial Criticism and Indian Historiography, in: Social Text 31/31 (1992), S. 8–19; ders.: Subaltern Studies as Postcolonial Criticism, in: The American Historical Review 99, 5 (1994), S. 1475–1490.

120 Vgl. Jane Webster: Roman Imperialism and the ‹Post Imperial Age›, in: Jane Webster/Nicholas J. Cooper (Hg.): Roman Imperialism. Post-Colonial Perspectives. Leicester 1991.

121 Vgl. Birte Kundrus (Hg.): Phantasiereiche. Zur Kulturgeschichte des deutschen Kolonialismus. Frankfurt/M., New York 2003, Einleitung von dies.: Die Kolonien – «Kinder des Gefühls und der Phantasie», S. 7–18, hier S. 8 ff.

122 Wichtige Anstöße für diese Fragestellungen gingen aus von Sara Friedrichs-

meyer/Sara Lennox/Susanne Zantop (Hg.): The Imperialist Imagination. German Colonialism and Its Legacy. Ann Arbor 1998, und Susanne Zantop: Kolonialphantasien im vorkolonialen Deutschland, 1770–1870. Berlin 1998.

123 Vgl. Sebastian Conrad/Jürgen Osterhammel (Hg.): Das Kaiserreich transnational. Deutschland in der Welt 1871–1914. Göttingen 2004, zur Anregung durch die *Postcolonial Studies* S. 16 ff.

124 Vgl. Sebastian Conrad/Shalini Randeria (Hg.): Jenseits des Eurozentrismus. Postkoloniale Perspektiven in den Geschichts- und Kulturwissenschaften. Frankfurt/M. 2002, S. 25.

125 Said: Kultur und Imperialismus, S. 104.

126 Pionierarbeit zu diesen Konzepten hat Shalini Randeria geleistet, z. B. dies.: Geteilte Geschichten und verwobene Moderne, in: Jörn Rüsen u. a. (Hg.): Zukunftsentwürfe. Ideen für eine Kultur der Veränderung. Frankfurt/M, New York 1999, S. 87–96.

127 Chakrabarty: Provincializing Europe, S. 6.

128 Hierzu vgl. Featherstone: Postcolonial Cultures, S. 176 ff.

129 Vgl. Arif Dirlik: The Postcolonial Aura. Boulder 1998.

130 Vgl. Monica Juneja: Debatte zum «Postkolonialismus» (aus Anlass des Sammelbandes *Jenseits des Eurozentrismus* von Sebastian Conrad und Shalini Randeria), in: Werkstatt Geschichte 34 (2003), S. 88–96.

131 Featherstone: Postcolonial Cultures, S. 169.

132 Hierzu vgl. Sandra Harding: Postcolonial Science and Technology Studies. A Space for New Questions, in: Brydon (Hg.): Postcolonialism, Bd. 5, S. 2041–2056; auch in: dies.: Is Science Multicultural? Postcolonialism, Feminism, and Epistemologies. Indiana 1998, S. 23–38.

133 Harding: Postcolonial Science, S. 2051.

134 Zur Problemlage von «multicultural and postcolonial science and technology studies» (S. 50) vgl. Sandra Harding: A World of Sciences, in: Robert Figueroa/dies. (Hg.): Science and Other Cultures. Issues in Philosophies of Science and Technology. New York, London 2003, S. 49–69, hier S. 63.

135 Vgl. Itty Abraham: The Contradictory Spaces of Postcolonial Techno-Science, in: Economic and Political Weekly, 21. Januar 2006, S. 210–217.

136 Vgl. Herta Nagl-Docekal/Franz M. Wimmer (Hg.): Postkoloniales Philosophieren: Afrika. Wien, München 1992, bes. die Einleitung, S. 7, S. 12 f.

137 Chakrabarty: Provincializing Europe, S. 83.

138 Vgl. Okwui Enwezor: Die Black Box, in: Documenta 11_Plattform 5: Ausstellungskatalog. Kassel 8. Juni – 15. September 2002. Ostfildern-Rult 2002, S. 42 ff.

139 Peter Weibel (Hg.): Inklusion/Exklusion. Versuch einer neuen Kartographie der Kunst im Zeitalter von Postkolonialismus und globaler Migration. Ausstellungskatalog. Graz 1997.

140 Viktoria Schmidt-Linsenhoff: Postkolonialismus, in: Ulrich Pfisterer (Hg.): Metzler
Lexikon Kunstwissenschaft. Ideen, Methoden, Begriffe. Stuttgart, Weimar 2003,
S. 278–282, hier S. 281.

141 Vgl. Christopher B. Balme: Decolonizing the Stage. Theatrical Syncretism and
Post-Colonial Drama. Oxford 1999, S. 42.

142 Guido Rings/Rikki Morgan-Tamosunas (Hg.): European Cinema: Inside Out.
Images of the Self and the Other in Postcolonial European Film. Heidelberg 2003;
Niti Sampat-Patel: Postcolonial Masquerades. Culture and Politics in Literature,
Film, Video, and Photography. New York 2001; Dina Sherzer (Hg.): Cinema, Colo-
nialism, Postcolonialism. Perspectives from the French and Francophone Worlds.
Austin 1996.

143 Brian Stoddart/Keith A. P. Sandiford (Hg.): The Imperial Game. Cricket, Culture
and Society. Manchester, New York 1998.

144 Hierzu vgl. Ramachandra Guha: Politik im Spiel. Cricket und Kolonialismus in
Indien, in: Historische Anthropologie 4, 2 (1996), S. 157–173; vgl. Featherstone:
Postcolonial Cultures, S. 76; vgl. auch Jennifer Hargreaves: Heroines of Sport. The
Politics of Difference and Identity. London, New York 2000; aber auch schon die
in eine Autobiographie gekleidete Kricket-Studie des postkolonialen karibischen
Theoretikers der ersten Stunde C. L. R. James: Beyond a Boundary. New York
1963.

145 Ausgehend von Ivan Karp/Steven D. Lavine (Hg.): Exhibiting Cultures. The Poetics
and Politics of Museum Display. Washington, London 1991.

146 Vgl. George E. Marcus: Ethnography in/of the World System. The Emergence of
Multi-Sited Ethnography, in: Annual Review of Anthropology 24 (1995), S. 95–
117.

147 Anna-Maria Brandstetter/Dieter Neubert (Hg.): Postkoloniale Transformation in
Afrika. Zur Neubestimmung der Soziologie der Dekolonisation. Münster 2002.

148 Vgl. Arjun Appadurai: Modernity at Large. Cultural Dimensions of Globalization.
Minneapolis, London 1996; vgl. Brigitta Hauser-Schäublin/Ulrich Braukämper
(Hg.): Ethnologie der Globalisierung. Perspektiven kultureller Verflechtungen.
Berlin 2002.

149 James Clifford: Diaspora, in: Current Anthropology 9, 3 (1994), S. 302–338.

150 Ulf Hannerz: Transnational Connections. Culture, People, Places. New York 1996.

151 Vgl. John Phillips/Wei-Wei Yeo/Ryan Bishop (Hg.): Postcolonial Urbanism. South-
east Asian Cities and Global Processes. New York, London 2003.

152 Alison Blunt/Cheryl McEwan (Hg.): Postcolonial Geographies. New York, London
2002.

153 Lindsay J. Proudfoot/Michael M. Roche (Hg.): (Dis)Placing Empire. Renegotiating
British Colonial Geographies. Hampshire 2005, S. 1; vgl. auch Julia Lossau: Die
Politik der Verortung. Eine postkoloniale Reise zu einer anderen Geographie der

Welt. Bielefeld 2002; Alison Blunt/Gilian Rose (Hg.): Writing Women and Space. Colonial and Postcolonial Geographies. New York 1994; James R. Ryan: Postcolonial Geographies, in: James S. Duncan/Nuala C. Johnson/Richard H. Schein (Hg.): A Companion to Cultural Geography. Oxford 2004, S. 469–484; allgemeiner auch Simon Naylor/James Ryan/Ian Cook/David Crouch (Hg.): Cultural Turns/Geographical Turns. Perspectives of Cultural Geography. Essex 2000.

154 Vgl. Proudfoot/Roche (Hg.): (Dis)Placing Empire, S. 3 f.; vgl. Blunt/McEwan (Hg.): Postcolonial Geographies.

155 Vgl. Anne McClintock: Imperial Leather. Race, Gender and Sexuality in the Colonial Contest. New York, London 1995; vgl. dies./Aamir Mufti/Ella Shohat (Hg.): Dangerous Liaisons. Gender, Nation, and Postcolonial Perspectives. Minneapolis, London 1997; Sara Mills: Gender and Colonial Space. Manchester 2005.

156 Einen breiten Überblick über die Genderperspektiven des *postcolonial turn* und die postkolonialen Herausforderungen für die Genderforschung bietet Gaby Dietze: Postcolonial Theory, in: Christina von Braun/Inge Stephan (Hg.): Gender@Wissen. Ein Handbuch der Gender-Theorien. Köln, Weimar, Wien 2005, S. 304–324.

157 Vgl. den für diese Frage «klassischen» Aufsatz von Chandra Talpade Mohanty: Under Western Eyes. Feminist Scholarship and Colonial Discourses, in: McClintock/Mufti/Shohat (Hg.): Dangerous Liaisons, S. 255–277 (dt. Aus westlicher Sicht. Feministische Theorie und koloniale Diskurse, in: Beiträge zur feministischen Theorie und Praxis 23 (1988), S. 149–162).

158 Vgl. Inderpal Grewal/Caren Kaplan (Hg.): Scattered Hegemonies. Postmodernity and Transnational Feminist Practices. Minneapolis 1997.

159 Vgl. Dietze: Postcolonial Theory, S. 320.

160 Vgl. Gudrun-Axeli Knapp: Traveling Theories. Anmerkungen zur neueren Diskussion über «Race, Class, and Gender», in: Österreichische Zeitschrift für Geschichtswissenschaften 16, 1 (2005), S. 88–110, hier S. 95.

161 Vgl. Graduiertenkolleg «Identität und Differenz» der Universität Trier (Hg.): Ethnizität und Geschlecht. (Post-)koloniale Verhandlungen in Geschichte, Kunst und Medien. Köln, Weimar, Wien 2005; einschlägig ist auch das Themenheft «Whiteness» von L'Homme 16, 2 (2005).

162 Besonders aufschlussreich für die Konstruktion von «whiteness» innerhalb der Literatur – am Beispiel der Selbstdarstellung postkolonialer weißer Siedler in Australien – ist der Roman von David Malouf: Remembering Babylon. London 1993 (dt. Jenseits von Babylon. Wien 1996).

163 Abu-Lughod: Writing Against Culture, S. 141.

164 Zu dieser Kritik vgl. Huggan: Postcolonial Exotic, S. 258.

165 Dies hält Benita Parry für eine Aufgabe der *Postcolonial Studies*, dies.: The Institutionalization of Postcolonial Studies, in: Lazarus (Hg.): Cambridge Companion to Postcolonial Literary Studies, S. 66–80, hier S. 80.

166  Aijaz Ahmad: In Theory. Classes, Nations, Literatures. London, New York 1992.
167  Hierzu vgl. ebd., S. 74 f.
168  Vgl. ebd., S. 20.
169  Vgl. Parry: Institutionalization of Postcolonial Studies, S. 74.
170  Vgl. die Aufsatzsammlung von Benita Parry: Postcolonial Studies. A Materialist Critique. London, New York 2004, S. 6; die Notwendigkeit, Materialität wieder einzubeziehen, wird ebenso betont in der kulturalismuskritischen Einleitung des Readers von Laura Chrisman/Benita Parry (Hg.): Postcolonial Theory and Criticism. Cambridge 2000.
171  Vgl. z. B. E. San Juan, Jr.: Beyond Postcolonial Theory. Houndmills, London 1998, S. 16 ff.
172  Huggan: Conclusion, in: ders.: Postcolonial Exotic, S. 259.
173  In: Dirlik: The Postcolonial Aura. Third World Criticism in the Age of Global Capitalism. Boulder 1998, S. 52–83.
174  Vgl. Featherstone: Postcolonial Cultures, S. 10.
175  Vgl. Dirlik: Postcolonial Aura, S. 52.
176  Vgl. ebd., S. 54; hierzu vgl. Featherstone: Postcolonial Cultures, S. 13.
177  Von solchen Stimmen setzen sich ab David Jefferess/Julie McGenogal/Sabine Milz: Introduction: The Politics of Postcoloniality, in: Postcolonial Text 2, 1 (2006), S. 1–8, hier bes. S. 1.
178  Ebd.
179  Hierzu vgl. Parry: Postcolonial Studies, S. 93.
180  Dieter Riemenschneider zeigt dies an seiner Interpretation des Romans *Riot* des Inders Shashi Tharoor, in: ders.: Glocality and Its (Dis)contents. The Future of English Language and Literatures Studies, in: Zeitschrift für Anglistik und Amerikanistik 53, 4 (2005), S. 385–396.
181  Beck: Der kosmopolitische Blick, S. 108; zum «methodologischen Kosmopolitismus» vgl. S. 30 u. a.
182  Ebd., S. 109.
183  Antoinette Burton (Hg.): After the Imperial Turn. Thinking with and through the Nation. Durham, London 2003, S. 14.
184  Andeutungen hierzu finden sich bei Bill Ashcroft: Post-Colonial Transformation. London, New York 2001, S. 213.
185  Eine Skizze hierfür findet sich bei Alfonso de Toro: *Jenseits* von Postmoderne und Postkolonialität. Materialien zu einem Modell der Hybridität und des Körpers als transrelationalem, transversalem und transmedialem Wissenschaftskonzept, in: Hamann/Sieber (Hg.): Räume der Hybridität, S. 15–52.

# Literatur – eine Auswahl

Ashcroft, Bill/Griffiths, Gareth/Tiffin, Helen (Hg.): The Empire Writes Back. Theory and Practice in Post-Colonial Literatures. London, New York 1989.

Dies.: The Post-Colonial Studies Reader. London, New York 1995.

Dies.: Key Concepts in Post-Colonial Studies. London, New York 1998.

Bhabha, Homi K.: Die Verortung der Kultur. Tübingen 2000.

Bronfen, Elisabeth/Marius, Benjamin (Hg.): Hybride Kulturen. Beiträge zur anglo-amerikanischen Multikulturalismusdebatte. Tübingen 1997.

Brydon, Diana (Hg.): Postcolonialism. Critical Concepts in Literary and Cultural Studies. 5 Bde. London, New York 2000.

Castle, Gregory (Hg.): Postcolonial Discourses. A Reader. Oxford 2001.

Castro Varela, María do Mar/Dhawan, Nikita: Postkoloniale Theorie. Eine kritische Einführung. Bielefeld 2005.

Chakrabarty, Dipesh: Provincializing Europe. Postcolonial Thought and Historical Difference. Princeton, Oxford 2000.

Childs, Peter/Williams, Patrick: An Introduction to Post-Colonial Theory. London u.a. 1997.

Chrisman, Laura/Parry, Benita (Hg.): Postcolonial Theory and Criticism. Cambridge 2000.

Conrad, Sebastian/Randeria, Shalini (Hg.): Jenseits des Eurozentrismus. Postkoloniale Perspektiven in den Geschichts- und Kulturwissenschaften. Frankfurt/M., New York 2002.

Dietze, Gaby: Postcolonial Theory, in: Christina von Braun/Inge Stephan (Hg.): Gender@Wissen. Ein Handbuch der Gender-Theorien. Köln, Weimar, Wien 2005, S. 304–324.

Dirlik, Arif: The Postcolonial Aura. Third World Criticism in the Age of Global Capitalism. Boulder 1997.

Dunker, Axel (Hg.): (Post-)Kolonialismus und Deutsche Literatur. Impulse der anglo-amerikanischen Literatur- und Kulturtheorie. Bielefeld 2005.

Featherstone, Simon: Postcolonial Cultures. Edinburgh 2005.

Gandhi, Leela: Postcolonial Theory. A Critical Introduction. Edinburgh 1998.

Goldberg, David Theo/Quayson, Ato (Hg.): Relocating Postcolonialism. Oxford 2002.

Graduiertenkolleg «Identität und Differenz» an der Universität Trier (Hg.): Ethnizität und Geschlecht. (Post-)koloniale Verhandlungen in Geschichte, Kunst und Medien. Köln, Weimar, Wien 2005.

Hamann, Christof (Hg.): Räume der Hybridität. Postkoloniale Konzepte in Theorie und Literatur. Hildesheim 2002.

Huggan, Graham: The Postcolonial Exotic. Marketing the Margins. London, New York 2001.

King, Bruce (Hg.): New National and Post-Colonial Literatures. An Introduction. Oxford 1996.

Kreutzer, Eberhard: Theoretische Grundlagen postkolonialer Literaturkritik, in: Ansgar Nünning (Hg.): Literaturwissenschaftliche Theorien, Modelle und Methoden. Eine Einführung. Trier 1995, S. 199–213.

Lazarus, Neil (Hg.): The Cambridge Companion to Postcolonial Literary Studies. Cambridge 2004.

López, Alfred J.: Posts and Pasts. A Theory of Postcolonialism. Albany 2001.

McClintock, Anne: Imperial Leather. Race, Gender and Sexuality in the Colonial Contest. New York, London 1995.

Moore-Gilbert, Bart: Postcolonial Theory. Contexts, Practices, Politics. London 1997.

Müller-Funk, Wolfgang/Wagner, Birgit (Hg.): Eigene und andere Fremde. «Postkoloniale» Konflikte im europäischen Kontext. Wien 2005.

Parry, Benita: Postcolonial Studies. A Materialist Critique. London 2004.

Reckwitz, Erhard: Postcolonially Ever After. Bemerkungen zum Stand der Postkolonialismustheorie, in: Anglia 118, 1 (2000), S. 1–41.

Riemenschneider, Dieter (Hg.): Postcolonial Theory: The Emergence of a Critical Discourse. A Selected and Annotated Bibliography. Tübingen 2004.

Said, Edward W.: Kultur und Imperialismus. Einbildungskraft und Politik im Zeitalter der Macht. Frankfurt/M. 1994.

Said, Edward W.: Orientalism. Western Conceptions of the Orient (1978). Reprint mit neuem Nachwort. London 1995.

Schwarz, Henry/Ray, Sangeeta (Hg.): A Companion to Postcolonial Studies. Oxford 2000.

Spivak, Gayatri Chakravorty: Can the Subaltern Speak? In: Cary Nelson/Lawrence Grossberg (Hg.): Marxism and the Interpretation of Culture. London 1988, S. 271–315.

Thieme, John: Post-Colonial Studies. The Essential Glossary. London 2003.

Williams, Patrick/Chrisman, Laura (Hg.): Colonial Discourse and Post-Colonial Theory. A Reader. Hemel Hempstead 1993.

Young, Robert J. C.: Colonial Desire. Hybridity in Theory, Culture and Race. London 1995.

Young, Robert J. C.: Postcolonialism. A Historical Introduction. Oxford 2001.

*INTERNET-BIBLIOGRAPHIE ZUM* POSTCOLONIAL TURN
(LETZTER ZUGRIFF APRIL 2006):

http://www.postcolonialweb.org/poldiscourse/bibl.html

# 5. TRANSLATIONAL TURN

Neuerdings ist die Notwendigkeit kultureller Übersetzungsprozesse und ihrer Analyse nicht mehr zu übersehen – sei es im Kulturenkontakt, in interreligiösen Beziehungen und Konflikten, in Integrationsstrategien multikultureller Gesellschaften, aber auch in Bezug auf das Ausloten von Nahtstellen zwischen Kultur- und Naturwissenschaften. Vor allem die globalisierten Verhältnisse der entstehenden Weltgesellschaft fordern erhöhte Aufmerksamkeit für Probleme des Kulturenkontakts, für Hindernisse und Spielräume im Umgang mit kulturellen Differenzen. Aus postkolonialer Perspektive ist die Notwendigkeit kultureller Übersetzungsprozesse bereits beleuchtet worden, um angesichts machtungleicher Kulturenkonstellationen mögliche Gelenkstellen für die Selbstbehauptung nichteuropäischer Gesellschaften freizulegen. Um von hier aus neue Fokussierungen auch für andere, historische Situationen des Kulturenkontakts zu gewinnen, wäre das Phänomen der Interkulturalität überhaupt als ein komplexer Prozess kulturellen Übersetzens in den Blick zu nehmen. In der Tat wird das Übersetzen mehr und mehr aus dem linguistisch-textlichen Paradigma herausgelöst und als eine unverzichtbare Praxis in einer Welt wechselseitiger Abhängigkeiten und Vernetzungen erkannt. Übersetzung erscheint als ein neuer Grundbegriff der Sozial- und Kulturwissenschaften. In ersten Ansätzen wird sogar von einem «translation turn»[1] oder «translative turn»[2] gesprochen. Doch obwohl sich auf dem Gebiet des *postcolonial turn* bereits eine translatorische Wende angebahnt hat, steckt ihre Ausarbeitung durchaus noch in den Kinderschuhen. Translatorische Forschungseinstellungen werden in den Sozial- und Kulturwissenschaften zwar schon praktiziert, doch ihre theoretisch-systematische Zuspitzung ist erst im Begriff, den Durchbruch zu einer «Wende» zu schaffen. Die folgende konzeptualisierende Zusammenfassung könnte daher selbst dazu beitragen, eine solche übersetzungsbetonte Neuorientierung voranzutreiben.[3]

Ein *translational turn* in den Kulturwissenschaften setzt eine kulturwissenschaftliche Wende in der Übersetzungswissenschaft voraus. Hier hat sich seit den 1980er Jahren die philologisch-linguistische Übersetzungswissenschaft, die Sprachen und Texte zum Gegenstand hat, ausdrücklich zu einer kulturwissenschaftlichen Übersetzungsforschung gewandelt, die sich auf kulturelle Übersetzung richtet, auf Übersetzung von und zwischen den Kulturen. Die kulturwissenschaftlich umorientierte Übersetzungswissenschaft bzw. die von vornherein kulturwissenschaftlich angelegten internationalen *Translation Studies*[4] werden zu neuen Leitwissenschaften. Unter der Voraussetzung eines erweiterten Übersetzungsbegriffs setzen sie eine umfassendere translatorische Wende auf interdisziplinärer, methodologischer und lebensweltlicher Ebene in Gang. Übersetzung expandiert zu einer Leitperspektive für das Handeln in einer komplexen Lebenswelt, für jegliche Formen des interkulturellen Kontakts, für Disziplinenverknüpfung und für eine methodisch geschärfte Komparatistik im Zeichen einer Neusicht des Kulturenvergleichs.

## 1. Entstehungskontext und Herausbildung eines *translational turn*

Die kultur- und sozialwissenschaftliche Karriere der Übersetzungskategorie begann mit einer kulturwissenschaftlichen Neuorientierung der Übersetzungsforschung vor allem seit den späten 1980er Jahren.[5] Der Übersetzungsbegriff blieb nun nicht mehr auf die Übertragung von Sprachen und Texten beschränkt, sondern öffnete sich immer stärker für Fragen kultureller Übersetzung und sogar für die Analyse der vielschichtigen und spannungsreichen kulturellen Lebenswelten selbst. Die vertrauten textzentrierten Kategorien literarischer Übersetzung wie Original, Äquivalenz, «Treue» sind dabei zunehmend ergänzt oder gar ersetzt worden durch neue Leitkategorien kultureller Übersetzung wie kulturelle Repräsentation und Transformation, Fremdheit und Alterität[6], Deplatzierung, kulturelle Differenzen und Macht. Mit Hilfe dieser Kategorien löst sich die kulturwissenschaftliche Erweiterung der Übersetzungsforschung vom philologischen Vorzeichen der traditionellen Übersetzungswissenschaft. Sie bringt ein Übersetzungsverständnis zur Geltung, das den Blick erweitert auf umfassendere Kultur-Übersetzung, ohne jedoch die Text-, Sprach- und Repräsentationsdimension auszublenden.[7] Darüber hinaus jedoch bahnt sich erst in jüngster Zeit das Vorhaben an, die Übersetzungskategorie in ihrem kulturwissenschaftlichen Potenzial noch weiter zu entfalten, wie es der Übersetzungswissenschaftler Lawrence Venuti schon Ende der 1990er Jahre für überfällig hielt: Die Kategorie der «Übersetzung» scheint gegenwärtig von den Rändern der kulturwissenschaftlichen Forschung in ihr Zentrum aufzurücken.[8]

Eine solche Ausweitung der Übersetzungskategorie nur auf postmoderne und postkoloniale Strömungen zurückzuführen, wäre eine Vereinfachung. Zunächst hat sicherlich die postkoloniale Diskussion den Boden bereitet für die Neubewertung von Übersetzungsprozessen: durch ihr Aufbrechen fester Identitäten, durch ihre Kritik am Binaritätsprinzip zugunsten hybrider Vermischungen, durch ihr Re-mapping und ihre kritische Umkartierung von Zentrum und Peripherie. Dies hat die eingefahrenen eurozentrischen Übersetzungsrichtungen, ja das europäische Übertragungsmonopol massiv durcheinander gebracht.[9] Doch darüber hinaus kommen neue Übersetzungsnotwendigkeiten im Zuge von Globalisierungsprozessen auf – trotz oder gerade wegen der schleichenden Tendenz, Übersetzungsprozesse auf den internationalen Kommunikationsschienen möglichst unsichtbar zu machen. Die weltweite Zirkulation immergleicher Zeichen, die Prägung der Konsum- und Medienwelt sowie des globalen Warenverkehrs durch *global icons*, lässt Übersetzungsvorgänge ohnehin als zunehmend überflüssig erscheinen. Dabei sind sie jedoch unverzichtbar, vor allem, wenn es darum geht, Brechungen zwischen der globalen Sphäre und den jeweiligen lokalen Rezeptionen, Aneignungen, Widerständen oder kreativen Neukonstruktionen nachzuvollziehen. In erster Linie jedoch sind es politische Koordinaten, die eine Neusicht der Übersetzungskategorie herausfordern. Die Aufhebung fester Grenzziehungen, die Überwindung der Ost-West-Gegensätze, aber auch das Entstehen so genannter multikultureller Gesellschaften mit ih-

rer Gefahr von Sprachkonflikten und Ausgrenzungen von Minoritäten-
sprachen und -kulturen geben hier entscheidende Anstöße. Differenz-,
Identitäts- und Ausgrenzungspolitik auf der einen Seite, Überlappungen
und Kontaktzonen auf der anderen Seite fordern dazu heraus, auch hier
mehr denn je nach Vermittlungsprozessen Ausschau zu halten, mit denen entweder Strategien zur Konfliktregelung entworfen oder Integra-
tionsleistungen qua Übersetzung vorangetrieben werden könnten.[10] Ergibt sich aber weltweit aus den sich verstärkenden «Partikularismen» die
Konsequenz, durch kulturelle Übersetzung «eine neue universalistische
Perspektive» zu eröffnen, wie Boris Buden meint?[11] Eher wäre wohl von
einer zunehmenden Gefährdung der europäischen/eurozentrischen Vorstellungen, Kategorien, Modelle und Theorien auszugehen. Deren Universalisierungsansprüche werden jedenfalls besonders von außerhalb
Europas immer vehementer in Frage gestellt. Weltweite Verbreitung
auf der Grundlage universalisierender Übertragungen ist eben nicht un-
umstritten möglich. Sie muss vielmehr durch Übersetzungen geregelt
werden, gerade nicht nur durch einseitige, sondern durch wechselseitige
Übersetzungen.

Besonders die globalen Übersetzungsherausforderungen, die Auswirkungen des Englischen als hegemonialer Weltsprache mit entsprechenden Vereinheitlichungszwängen, aber auch die anhaltenden Versuche, in der entstehenden Weltgesellschaft Differenzen zu artikulieren
und zu behaupten, werden zu entscheidenden Geburtshelfern für einen
*translational turn*: Sie machen Übersetzung zu einer ethnologisch angereicherten sozialwissenschaftlichen Kategorie und zu einer wichtigen
Kulturtechnik. Als solche kann sie Formen des Kulturenkontakts auf
den Weg bringen, die Samuel Huntingtons Konfliktszenario eines spannungsreichen Zusammenpralls von Kulturblöcken[12] entgegenstehen.
Mit ihrer (Gegen-)Perspektive zur Unübersetzbarkeitsannahme bei
Huntington[13] scheint die Übersetzungskategorie neuerdings im Feld der
Kulturpolitik wie der internationalen Beziehungen in zweierlei Hinsicht
an Bedeutung zu gewinnen. Einerseits wird zunächst auf konzeptueller
Ebene am Prinzip kultureller Übersetzbarkeit festgehalten – so etwa
schon Wolfgang Iser, der mit seinem Aufsatz «On Translatability» (1994)
ein Konzept von Interkulturalität als einem quasi-kybernetischen Aus-

tauschprozess durch «rekursive Schleifen» («recursive loopings») vertreten und darüber eine interessante Diskussion ausgelöst hat.[14] Andererseits kann ein Gegenkonzept auf pragmatischer Ebene vorgeschlagen werden: Durch Übersetzung werden Verständigungstechniken aktiviert, die ganz bewusst darauf setzen, dass sich Kulturen überschneiden und dass kulturelle Differenzen verhandelbar werden.

Das erweiterte Übersetzungsverständnis dringt somit weit in den Bereich der Kulturtheorie hinein. Gerade dort wird am deutlichsten sein disziplinenübergreifendes Potenzial erkennbar, das erst einen *translational turn* auf den Weg bringt. Kann dieser schließlich so weit reichen, dass er Transfer- und Austauschprozesse nicht nur zwischen Kulturen, sondern auch zwischen einzelnen Disziplinen erfasst? Kann Übersetzung gar ein spezifisches Modell für Disziplinenverknüpfung werden? Die Übersetzungskategorie könnte jedenfalls auch methodisch folgenreich werden, sei es zur Begründung von Interdisziplinarität oder zur Neukonzipierung einer Komparatistik, die das Verfahren des Kulturenvergleichs im Licht von Übersetzungsprozessen überdenkt. Um aber zu einem derart weit reichenden *translational turn* zu gelangen, ist ein Durchgang durch die verschiedenen Spielarten und Problemfelder eines kulturwissenschaftlich erweiterten Übersetzungsbegriffs notwendig.

## 2. Der «cultural turn» in der Übersetzungsforschung

Schon wenn man als Übersetzungswissenschaftler(in) mit Texten und sprachlichen Ausdrücken zu tun hat, ist es unverzichtbar, Übersetzungen an Praxis, Interaktion und kulturelle Repräsentation rückzubinden. In welcher Form repräsentieren diese Texte kulturspezifische Handlungsweisen, Bedeutungen und Weltbilder – so wäre zu fragen. Die Ethnologie bzw. interpretative Kulturanthropologie führt zu der Einsicht, dass kulturelle Bedeutungen niemals aus einzelnen Textelementen, Schlüsselbegriffen oder Symbolen zu erschließen sind, sondern erst aus den umfassenderen Bezügen auf ihre soziale Verwendung und kulturelle

Selbstauslegung.[15] Auch Sprach- und Textübersetzung bleibt nicht bei der Übertragung von Wörtern und Begriffen stehen. Erst deren Einbindung in fremde Denkformen, in kulturelle Symbolisierungsweisen und andersartige soziale «Konzepte» führt die Komplexität kultureller Übersetzungszusammenhänge vor Augen.[16]

Um solche kulturspezifischen Horizonte von Übersetzung zu konkretisieren, kann man nicht genug auf die ethnologischen bzw. kulturanthropologischen Forschungsmethoden der Kontextualisierung (Geertz, Turner) verweisen, wie sie im *interpretive turn* und *performative turn* ausgeprägt wurden. Die Ausdeutung fremdkultureller Rituale, Gefühlsbegriffe und Handlungsmuster wird hiernach ausdrücklich auf kulturelle Bedeutungszusammenhänge und auf das Gesamtgefüge der sozialen Gesellschaftsorganisation bezogen. Übersetzung bedeutet damit umfassendere Übertragung fremder Denkweisen, Weltbilder und differenter Praktiken. Eine derart reichhaltige Kontextualisierung, die auch ganz andere Konzepte von Übersetzung einbezieht, nennt Kwame Anthony Appiah «thick translation»[17] – in Anlehnung an Geertz' «thick description». Wie «dichte Übersetzung» Fremdheit aufrechterhalten kann, zeigt sich hier am Beispiel amerikanischer Übersetzungen von afrikanischen Texten, Oralliteratur und Sprichwörtern. Auf dem Hintergrund der interpretativen Kulturanthropologie wird zwar durchaus noch versucht, ganze Kulturen zu erschließen, indem bedeutungstragende Teile über synekdochische Verfahren auf umfassendere kulturelle Bedeutungszusammenhänge hin interpretiert werden. Textübersetzungen und ihre Analyse können Kontextualisierungsverfahren jedoch differenzierter nutzen.[18] Einerseits beziehen auch sie kleinere Einheiten, Symbole, Anredeformen, Erzählmuster, Kommunikationssituationen auf größere historische Zusammenhänge, Konventionen und Denkmuster und erhalten dadurch Zugang zu kulturellen Bedeutungen – auch auf die Gefahr hin, damit ein stabiles Bedeutungsumfeld zu unterstellen. Andererseits können sie die Rede von der Kulturübersetzung präzisieren, indem sie ausdrücklicher nach ihren Einheiten und Einbindungen fragen. Werden wirklich ganze Kulturen übersetzt oder nur Kulturausschnitte bzw. einzelne Schlüsselbegriffe, sind es zentrale Praktiken oder signifikante Ereignisse und Szenarien? Welche Rolle spielen kulturelle

Übersetzungserwartungen in Form von Fremdheitsentwürfen, Stereo-
typisierungen und Exotisierungen?[19]

Textübersetzungen bieten also durchaus wichtige Regulative für die
Rede von der Kulturübersetzung, auch in ihrem Kontextualisierungshori-
zont einer «Umorientierung vom Text zum Diskurs»[20]. Gemeint ist die
Teilhabe von Übersetzungen an diskursiven Praktiken und historischen
Diskursformationen. Auch daraufhin lässt sich die Geschichte der (literarischen) Übersetzung neu und kritisch lesen. Schon hier zeigt sich Übersetzung als eine Kulturtechnik, die in Macht- und Abhängigkeitsbeziehun-
gen und in ein diskursives Umfeld (z. B. Orientalismus, Kolonialismus)
eingelassen ist[21]: Unter dem Vorzeichen der kolonialistischen Einbindung
literarischer Texte legte Edward Said nicht nur eine «vergleichende Literaturwissenschaft des Imperialismus»[22] und damit eine Revision der Literaturgeschichte nahe. Auch eine Revision der Übersetzungsgeschichte
im Zuge eines *translational turn* stünde unter der kritischen Leitfrage, in
welchem Bedingungs- und Machtzusammenhang sich die europäische
Übersetzungsautorität entfalten und ein «europäisches Übersetzungsprivileg»[23] oder gar -monopol entstehen konnte. An dieser Stelle kommt
der *reflexive turn* ins Spiel. Denn als eine Strategie der Verfestigung fremder Kulturbilder im kolonialistischen Prozess stand die Übersetzungspraxis weitgehend im Dienst einer europäischen Repräsentationspraxis.
Und diese trug durch Filterung, Bemächtigung und Fixierung in ihren
Kulturbeschreibungen dazu bei, nichteuropäische Gesellschaften aus
der Dynamik des geschichtlichen Handelns herauszuhalten.[24] Die Übersetzungsgeschichte ist damit als Teil der Kolonialgeschichte aufzufassen
und die «koloniale Kulturgeschichte als eine kulturpolitische Übersetzungsgeschichte in einer ungleichen Machtsituation»[25] zu begreifen. Wie
stark auch die gegenwärtige Übersetzungspraxis noch teilhat an dieser
Hegemonialgeschichte, wird besonders signifikant auf der Ebene der
Sprachenpolitik. Der Kampf kleinerer Sprachen gegen die Übermacht von
Weltsprachen gibt dem Übersetzungsproblem eine besondere Schärfe.
Aber auch hier wird es immer dringlicher, die Übersetzungskategorie
konzeptuell zu reformulieren. Auf jeden Fall wird ihre Neusicht künftig
stärker als bisher der kritischen Frage Raum geben, ob es unter den Bedingungen kultureller Hegemonie und angesichts der Ungleichheit von

Sprachen überhaupt noch angemessen sein kann, Übersetzung weiterhin auf die harmonistische Vorstellung einer völkerverbindenden, brückenschlagenden Transferleistung rückzubeziehen.

Solche diskurs- und kulturpolitischen Erweiterungen der Übersetzungskonzeption über das Linguistische hinaus markieren mehr als nur einen «cultural turn» in der Übersetzungsforschung, der ganz neue Untersuchungsfelder kulturellen Übersetzens freilegt. Denn sie springen gleichsam über auf eine veränderte Sicht der kulturwissenschaftlichen Phänomene selbst. Wird zunächst noch weitgehend metaphorisch der Übersetzungscharakter kulturwissenschaftlicher «Gegenstände» behauptet (Kultur als Übersetzung), dann schließen sich durchaus methodisch konkretere, handlungsanalytische Ansätze an (Übersetzung als kulturelle Praxis). Ausweitung des Gegenstandsfeldes, Metaphorisierung und schließlich methodische Profilierung bezeichnen auch hier den Dreischritt, der – wie bei allen *turns* – den *translational turn* ausschreitet. Susan Bassnett und André Lefevere gehören zu den Ersten, die in dieser Richtung mehr als nur eine kulturwissenschaftliche Wende in den Übersetzungswissenschaften auf den Weg brachten[26], indem sie die internationalen *Translation Studies*[27] begründeten. Schon sie haben auf die Möglichkeit eines komplementären «translation turn» in den Kulturwissenschaften verwiesen.[28] Hier ist es allerdings bis heute nur bei ersten Andeutungen geblieben, so auch in Russell Wests Erwähnung eines «‹translative turn› in cultural studies».[29] An der zunehmenden Metaphorisierung der Übersetzungskategorie wird jedoch ablesbar, dass eine wichtige Phase der translatorischen Neuorientierung bereits ausgiebig im Gange ist. Am deutlichsten wird dies an der Neukonzeption von «Kultur als Übersetzung».

## 3. Kulturbegriff: Kultur als Übersetzung

Die kulturwissenschaftliche Bedeutung der Übersetzungskategorie schlägt sich keineswegs nur in einem erweiterten Untersuchungsgegenstand nieder: in der Übersetzung von und zwischen den Kulturen. Vielmehr wirft sie neues Licht auf den Übersetzungscharakter der kulturwis senschaftlichen Gegenstände selbst, auf ihre nicht-holistische Struktur, auf ihre Hybridität und Vielschichtigkeit. Mit Blick darauf ist Übersetzung mittlerweile zu einer wichtigen Methode der Deplatzierung und Verfremdung, der Differenzbildung und Vermittlung entfaltet worden – mit kulturtheoretischem Gewinn. Denn ein solches Übersetzungsverständnis bekräftigt durchaus die weit verbreitete Kritik an der jahrhundertelangen europäischen Praxis von Wesensbestimmungen und Entgegensetzungen von Eigenem und Fremdem. Immerhin verfolgen die Kulturwissenschaften quer durch ihre *turns* das gemeinsame Ziel, jenseits binärer Erkenntniseinstellungen und dichotomischer Grenzziehungen neue methodische Erschließungen von «Zwischenräumen» zu erkunden. Doch die Erforschung solcher Zwischenräume kann nur dann fruchtbar werden, wenn diese als «Übersetzungsräume» betrachtet werden: als Gestaltungsräume von Beziehungen, von Situationen, «Identitäten» und Interaktionen durch konkrete kulturelle Übersetzungsprozesse.

Solche Grenz- und Differenzaushandlungen bilden wichtige Bezugspunkte, wenn gegenwärtig in den verschiedensten Disziplinen direkt oder indirekt auf ein nicht-dichotomisches Übersetzungsmodell hingearbeitet wird, das keine festen Pole mehr annimmt, sondern die Wechselseitigkeit der Transfers sowie Zustände des Immer-schon-Übersetztseins hervorhebt. «Übersetzung (...) ist die Agentur der Differenz»[30]. Sie widersteht der vermeintlichen Reinheit von Konzepten wie Kultur, Identität, Tradition, Religion usw. In diesem Sinn entlarvt sie jegliche Identitätsbehauptungen als trügerisch, da immer schon von Fremdem durchzogen. Diese Einsicht verlangt eine Konkretisierung, die nicht allein zu leisten ist von der dekonstruktivistischen Hochschätzung von Übersetzung als Kategorie der Sprachdifferenz bzw. als die sprachkritische Spitze eines Eisbergs auf der Basis des Differenzcharakters von Sprache überhaupt.[31] Im Zuge eines konzeptuellen und zugleich handlungsanalytisch rückgebundenen *translational turn* lassen sich «Differenzen» jetzt eher auf der Interaktionsebene räumlich fundierter Zwischenräume und Übergänge untersuchen.[32] Entsprechend bemerkenswert werden dann die praktischen Formen, in denen sich die Auseinandersetzung mit wechselseitigen Abhängigkeiten und Beeinflussungen besonders in kulturenüber-

lagerten postnationalen sozialen Formationen vollzieht.³³ Übersetzungs-
denken verkörpert auch hier ein Grenzphänomen: «border-thinking»³⁴
statt Identitätsdenken. In diesem Sinn schärft ein *translational turn* das
Diversifizierungsanliegen der Kulturwissenschaften durch die spezifische Aufforderung, bei allen Kontakten, Übergängen, Vermischungen,
Übertragungen usw. nach Vermittlungsmomenten zu suchen, um damit
einen zu glatt erscheinenden Übertragungsvorgang aufzubrechen und
auf die Ebene von (kulturellen) Differenzen vorzustoßen.

Wohl am deutlichsten schlägt sich diese translatorische Neuorientierung in der Übersetzungskonzeption des Kulturbegriffs nieder: Kultur
selbst wird als ein Prozess der Übersetzung verstanden – auch im Sinne
eines neuen räumlichen Paradigmas von Über-Setzung. Dieses tritt in der
Vorstellung von «Kultur als Reise» («culture as travel»³⁵) ebenso zutage
wie in Konzepten einer kulturellen Neukartierung der politischen Landkarte («cultural mapping») und in der Konstruktion eines «third space»³⁶
als einem spezifischen Handlungs«raum» von Übersetzungsprozessen.
Mit einem Bein also durchaus im *spatial turn*, führt die translatorische
Wende zu einer grundlegenden Revision des Kulturverständnisses: Das
integrative, holistische Kulturverständnis stand noch zu stark im hermeneutischen Bann des Verstehens und Übersetzens kultureller Bedeutungszusammenhänge. Ein dynamisiertes Kulturverständnis hingegen
öffnet sich stärker für Praktiken, Aushandlungsprozesse und kulturelle
Übertragungssituationen. Mit translatorischem Akzent schließlich
macht es den Blick frei für Grenzverhandlungen, für die Fruchtbarkeit der
Außensicht und für Umkartierungen eingefahrener Transferrichtungen.
Wichtige Anstöße hierzu kommen von postkolonialen Ansätzen, die das
Definitions- bzw. Theoriebildungsmonopol der europäischen und amerikanischen Zentren in Frage stellen. Auch die europäischen Kulturen
und Wissenschaften können sich nicht aus ihren Übersetzungsbezügen
heraushalten; sie müssen ihre eigene Übersetztheit anerkennen. Dazu
verhilft ein neues Verständnis von kultureller Konstitution:

Kulturen sind keine Gegebenheiten, die (wie Gegenstände) übersetzt
werden könnten. Kulturen konstituieren sich vielmehr in der Übersetz-
zung und durch die vielschichtigen Überlappungs- und Übertragungs-
phänomene von Verflechtungsgeschichten unter den ungleichen Macht-

bedingungen der Weltgesellschaft. In diesem Sinn spricht der post-koloniale Theoretiker Homi Bhabha ausdrücklich von «translationaler Kultur»[37]: Kulturen selbst sind fundamental von Übersetzungsprozessen durchzogen. Solches Immer-schon-Übersetztsein ergibt sich zudem aus den globalen Vernetzungen der Medienkulturen und aus der kritischen Relativierung nationalstaatlicher Souveränitätsansprüche. Vor allem aber handelt es sich um ein kulturtheoretisches Konzept auf der Basis eines dezentrierten Kulturverständnisses. Kultur erscheint in jedem Fall nicht mehr länger als «originale» und besondere Lebenswelt, sondern als «hybride», unreine, vermischte Erfahrungs- und Bedeutungsschichtung. Es ist in erster Linie das Konfliktfeld von transnationaler Migration und Exil, das die Vorstellung von Kultur als einer geschlossenen traditions- und identitätssichernden Instanz fragwürdig gemacht hat. Kultur er-scheint auch hier mehr denn je als Ausdruck oder Ergebnis von Über-setzungsvorgängen: «Kultur (...) ist sowohl transnational als auch trans-lational»[38]. In Anlehnung an diesen Begriff von translatorischer Kultur erklärt dann Judith Butler die Kategorie der Kulturübersetzung zu einer transnationalen Schlüsselkategorie des Kosmopolitismus, welche die Konstituierung einer Weltkultur als einen endlosen Prozess der «cross-cultural translation» begreift.[39]

Doch bevor man – ebenfalls auf diese Ebene globaler Beziehungen hin – allzu schnell zur Formel eines «translational transnationalism»[40] greift, um globale Sprach- und Übersetzungspolitik als Tor zu einem auf-geklärten Kosmopolitismus aufzubauen, wäre Bhabhas Verknüpfung von transnational und translational zunächst durchaus wörtlich zu nehmen. Denn sie markiert – über ein bloßes Wortspiel hinaus – geradezu eine noch zu konkretisierende Aufgabe transnationaler Kulturwissenschaft: «Jede transnationale kulturelle Studie muß stets von neuem lokal und spezifisch jene Elemente ‹übersetzen›, die diese transnationale Globalität dezentrieren und untergraben, um sich nicht von den neuen globalen Technologien des kulturellen Konsums und der Verbreitung von Ideologie vereinnahmen zu lassen.»[41] In diesem Sinn dient die Übersetzungskatego-rie dazu, nicht nur Kultur, sondern auch Globalisierung translatorisch zu überdenken. So spielt Michael Cronins Redeweise von «globalization as translation»[42] gerade auf die Dezentrierung globaler Prozesse an. Globalisierung wird eben nicht an jedem Ort der Erde in gleicher Weise und zur selben Zeit erlebt, sondern bestimmte Elemente der globalen Ökonomie werden unter verschiedenen lokalen Umständen in unterschiedliche Aneignungs- oder Umdeutungszusammenhänge hinein übersetzt.

Die Übersetzungsperspektive ist hiermit aufgerufen, neben Texten noch stärker das breite Spektrum der unterschiedlichen kulturellen Praktiken, der Institutionen, Rechts- und Verwaltungssysteme als Gegenstände, Einheiten und Akteure von Kultur-Übersetzung einzubeziehen: «We need a more systematic consideration of the social preconditions and consequences of translating Western discourses on a range of social practices: law, banking, public administration, education, health, accounting, insurance, policing, war, mass communication, natural sciences, and so on.»[43] Übersetzung betrifft also keineswegs nur die Repräsentationssphäre der Zeichen- und Symbolzirkulation, sondern auch soziale Versuche, in andersartige institutionelle Systeme einzurücken und dabei zugleich die materielle Seite von Austauschbeziehungen zu berücksichtigen.[44] Auf dieser Ebene allerdings wird Übersetzbarkeit zum Kennzeichen für die Universalisierungstendenzen der modernen Welt: «Like many of the other events that have shaped the modern world, global translatability has inhabited the same order of universalistic aspirations as the invention of the metric system, modern postal service, international law, the gold standard, telecommunication, and so on.»[45] Indem soziale Interaktion, institutionelle Infrastrukturen sowie materielle, ökonomisch-politische und mediale Übertragungsbedingungen als unverzichtbare «Tiefenstrukturen» (inter-)kultureller Prozesse ins Licht gerückt werden, bietet ein *translational turn* für die Kulturwissenschaften durchaus Auswege aus der Kulturalismusfalle.

Eine bloß metaphorische Bedeutung hat es also nicht, wenn Kultur als Übersetzung verstanden wird. Denn im Gegenzug zu Vereinheitlichungstendenzen, zu Identitätsbehauptungen und essenzialistischen Festschreibungen lassen sich mit der Übersetzungsperspektive konkrete Differenzstrukturen freilegen: heterogene Diskursräume innerhalb einer Gesellschaft, kulturinterne Gegendiskurse, bis hin zu Diskursformen von Widerstandshandlungen. Kulturanthropologie und Postkolonialismus haben schließlich die Aufmerksamkeit nicht nur auf

Differenzen und Übersetzungen *zwischen* den Kulturen, sondern auch *innerhalb* von Kulturen und quer zu kulturellen Grenzziehungen gelenkt. Solche Übersetztheit bzw. Vielschichtigkeit von Kulturen wird als Hybridität bezeichnet.[46] Hybridität ist aber mehr als nur Kulturenvermischung; sie ist eher als ein Handlungsraum von Übersetzungsprozessen zu verstehen statt als bloßer Vermischungsraum. So wäre es fruchtbar, im Hybriditätsbegriff deutlicher als bisher den Übersetzungsbegriff mitzudenken, um noch näher an die jeweiligen Differenzbildungsprozesse heranzukommen. Die Übersetzungsperspektive ist hier unverzichtbar, um wichtige Dimensionen der Analyse von Interkulturalität wiederzugewinnen: allzu leicht übersehene oder ausgeblendete Momente von Unterscheidung, Differenzübertreibung oder Verfremdung, aber auch von Annäherung und Vermittlung. Erst angesichts solcher Vielgestaltigkeit interkultureller Interpretations- und Übersetzungsräume kommt es zur Entdeckung neuer Übersetzungseinheiten jenseits von Nationen und Kulturen. Kulturen gelten dann nicht mehr als Objekte von Übersetzung, sondern als Konstellationen von Konflikten, Differenzen, Überlagerungen und Vermischungen. Dabei zeichnet sich die Notwendigkeit ab, einzelne Übersetzungsszenarien genauer einzukreisen, besonders im Hinblick auf die jeweiligen Übersetzungsschritte, Blockierungen, Brüche, Gelingensbedingungen, aber eben auch auf Anhaltspunkte und Gründe für ein Misslingen oder Scheitern von kulturellen Übersetzungsprozessen. Wenn also die Übersetzungsperspektive den Kulturbegriff selbst verändert – bis hin zu Kultur als Praxis des Aushandelns kultureller Differenzen –, dann entspringt dies keineswegs nur einem konzeptuellen Impuls. Dahinter steht die Einsicht, dass Übersetzung zunehmend als eine kulturelle Handlungsform erkennbar wird, die für die überlebensnotwendige Auseinandersetzung mit der Zerrissenheit zwischen antagonistischen kulturellen Zugehörigkeiten, Bedeutungen und Anforderungen unverzichtbar wird. Immerhin geht es dort darum, selbst übersetzt zu werden oder sich selbst übersetzbar zu machen angesichts disparater Lebenslagen.

# 4. ÜBERSETZUNGSPRAGMATIK: ÜBERSETZUNG ALS SOZIALE UND KULTURELLE PRAXIS

Eine pragmatische Übersetzungsperspektive wird in einer postnationalen Weltlage unverzichtbar, zumal die lokale Verankerung als Authentizitätsgrund von Lebenswelten und Texten zunehmend schwindet. Stattdessen sind es immer öfter «Heimatländer der Phantasie» (Salman Rushdie)[47], welche die kollektive Imagination bestimmen. Beispiele hierfür finden sich besonders in der Literatur, etwa in V. S. Naipauls Roman «A Bend in the River», worin in Afrika lebende Inder einen afrikanischen Fluss in die Vorstellung vom Ganges hinein «übersetzen» und diesen geradezu zu einem deplatzierten Bezugspunkt transterritorialer Erfahrungen machen.[48] Derart «hybride» Verschiebungen lassen das in der Ethnologie entwickelte territorial verankerte Kulturverständnis hinter sich. Ein prozessorientiertes, translokales Kulturverständnis dagegen kann sich durch die Übersetzungsperspektive weiter profilieren, indem es Übersetzen und Übersetztwerden als Handlungsformen in alltäglichen Lebenssituationen begreift: «Übersetzen wird als *existentieller* Vorgang durchsichtig, der unmittelbar die Lebensperspektive und Entscheidungsebene betrifft. Die ‹hybride› Persönlichkeit ist gezwungen zu übersetzen, um zu leben. (...) Eine Aufgabe für die Zukunft der Übersetzungsforschung bestünde darin, im Stile von Fallstudien ein möglichst breites Spektrum (‹Inventar›) von Übersetzungskonstellationen einzukreisen, die Übersetzung als interaktives soziales Geschehen konkretisieren.»[49]

Erste Ansätze solcher Versuche, Kulturübersetzung und Kultur als Übersetzung zu konkretisieren und zu operationalisieren, können fruchtbar gemacht werden für die methodische Profilierung einer translatorischen Wende. Sie gehen aus von den handfesten Aktivitäten der Übersetzer und Kulturmittler(innen) sowie derjenigen, die übersetzt werden. Mit Blick auf derart konkrete Übersetzungshandlungen sind Verflechtungen und Aushandlungen, aber auch Destabilisierungen, Missverständnisse und Übersetzungsblockierungen im Kulturenkontakt deutlicher zu erkennen. Auch andere kulturwissenschaftliche Gegenstandsfelder sind dann nicht mehr als vorgängige Einheiten zu betrachten, sondern eher als interaktionsabhängige Beziehungs- oder Überlappungsfelder sowie als vielschichtige, komplexe Konfigurationen, die auf Vermittlungen angewiesen sind (z. B. Vorstellungen vom Selbst und personaler Identität als Beziehungskonzepte; Wanderung von Konzepten als Übersetzungs- und Aushandlungsprozesse usw.). Es ist vor allem eine derart handlungsbezogene Diversifizierungsperspektive, die aus der Erfahrung interkultureller Übersetzungshandlungen durch einen weiter reichenden *translational turn* in die allgemeine kulturwissenschaftliche Forschung eingebracht wird. Susan Bassnett hat schon sehr früh die Notwendigkeit einer solchen Übersetzungstheorie im Sinn einer allgemeinen Transaktionstheorie angedeutet: «Today the movement of peoples around the globe can be seen to mirror the very process of translation itself, for translation is not just the transfer of texts from one language into another, it is now rightly seen as a process of negotiation between texts and between cultures, a process during which all kinds of transactions take place mediated by the figure of the translator.»[50]

Zwar ist eine kultur- und sozialwissenschaftliche Konkretisierung der sozialen Interaktionswirkung von Übersetzung bisher erst unzureichend gelungen[51]. Doch immerhin geht Übersetzung als Konzept bereits in die Analyse weltweiter Wanderungsbewegungen ein. Erste bahnbrechende Ansätze einer sozialwissenschaftlichen Arbeit mit der Übersetzungskategorie finden sich vor allem in Versuchen, Migration neu zu bestimmen: als einen fortlaufenden Transformationsprozess, der die Vielschichtigkeit der Identitätsbildung von Migranten und Migrantinnen aus Erfahrungszusammenhängen, aus persönlichen Einstellungen, Wahrnehmungen und Forderungen heraus nachvollziehbar macht und damit Übersetzungs- und Handlungsspielräume freilegt.[52] Die Komplexität von Migrationsvorgängen wird damit genauer beschreibbar, eben nicht nur aus dem Blickwinkel der Integrationsstrukturen so genannter multikultureller Gesellschaften. Hier kommen die Voraussetzungen, Bedingungen, Praktiken, Schritte, Folgen, emotionalen Vorgänge usw. ans Licht, die im Begriff des «cultural encounter» und der interkulturellen Kommunikation allzu leicht «verclustert» und damit undurchsichtig gemacht werden. Übersetzung wird jedenfalls zu einer Kategorie, die Zugang schaffen kann zum konkreten «Wie» von interkulturellen Austausch- und Aushandlungsvorgängen[53], ausgehend natürlich immer noch von sprachlichen Verständigungsversuchen und sprachlichen Irritationen, von Sprachüberlagerungen und Mehrsprachigkeit. «Übersetzung» liefert den Leitbegriff für ein neues kulturwissenschaftliches Analysevokabular, das geeignet ist für eine alternative Konzeptualisierung der «turbulent flows»[54] heutiger Wanderungsbewegungen von Menschen, Dingen, Ideen und anderer Austauschformen in einer globalen Welt[55]: «In an age of global migration we also need new social theories of flow and resistance and cultural theories of difference and translation.»[56]

Hiermit sind die Türen geöffnet für eine Politik der Übersetzung, die mit Inkommensurabilitäten umgehen kann[57] und die durchaus Dissonanzen produziert. Desiderat ist eine «transformative theory of translation»[58], die auch Übersetzungswiderstände und potenziell produktive Bedeutungsveränderungen freilegt, indem sie durch «faithless appropriation»[59] eine durchaus emanzipatorische Übersetzungsachse ins Spiel bringt, die von den traditionellen Äquivalenzansprüchen des Übersetzens verstellt gewesen ist.[60] Im *translational turn* wird Übersetzung also jenseits der (Äquivalenz-)Beziehung zwischen bereits bestehenden Positionen oder Sphären ausdrücklich als ein Medium konzipiert, durch das sich verschiedene Sphären überhaupt erst herausbilden, wie dies beispielsweise an der spannungsreichen Entwicklung eines weltweiten umweltpolitischen Diskurses gezeigt worden ist.[61] Nicht Äquivalenz, sondern Transformation wird auch für Zygmunt Bauman zu einem Hauptkriterien für die Notwendigkeit kultureller Übersetzungsprozesse in der Weltgesellschaft. Das Potenzial des *translational turn*: Übersetzung als transformatives Prinzip in den Kulturwissenschaften, wird hier auf Handlungswirksamkeit hin ausgeschöpft. Und wiederum werden dabei Grenzbereiche und Zwischenräume als typische Übersetzungsräume aufgewertet: «The meeting ground, the frontierland, of cultures is the territory in which boundaries are constantly obsessively drawn only to be continually violated and re-drawn again and again – not the least for the fact that both partners emerge changed from every successive attempt at translation. Cross-cultural translation is a continuous process which *serves* as much as *constitutes* the cohabitation of people who can afford neither occupying the same space nor mapping that common space in their own, separate ways. No act of translation leaves either of the partners intact. Both emerge from their encounter changed, different at the end of act from what they were at its beginning (...).»[62] «Reciprocal change» und Transformation werden zum Werk von Übersetzung – gerade nicht Reproduktion oder «Treue» gegenüber den «Originalen» von Tradition, Herkunft oder Identität. Auch auf einer solchen konkreten Praxisebene wäre Kultur als Übersetzung zu verstehen, insofern sie nämlich Bewältigungsstrategien für komplexe Situationen nahe legt: einerseits ein Hin-und-her-Übersetzen zwischen verschiedenen kulturellen Schichtungen und Zugehörigkeiten, andererseits ausdrücklich wechselseitige Übersetzungspraktiken, die auf Veränderung auch dessen zielen, was übersetzt werden soll.

## 5. Übersetzungspolitik: Auseinandersetzungen und Brüche im Übersetzungsprozess

Durch einen *translational turn* kann die Übersetzungskategorie selbst konzeptuell verändert und erweitert werden. Denn eine zentrale, von der Kulturwissenschaft bis zur Kulturpolitik reichende Voreinstellung gegenüber kulturellen Übersetzungsprozessen erweist sich als besonders fragwürdig: die weit verbreitete Vorstellung vom Übersetzen als Brückenbauen. So proklamiert auch jüngst wieder ein kulturpolitisches Manifest «Brücken in die Zukunft»[63] emphatisch einen Dialog der Kulturen als «neues Paradigma der internationalen Beziehungen»[64]: «‹Das Trennende überbrücken› – was auch immer das Trennende zu sein scheint – ist der erste Schritt eines Lernprozesses, an dessen Ende man mit Vielfalt umzugehen versteht und sie schätzen kann.»[65] Auf solche Weise sind freilich lange genug das Gelingen von Übersetzungsprozessen und ihre integrative Funktion überbetont worden, in der Forschung ebenso wie in Kulturtheorie und Kulturpolitik. Hingegen könnte es anregender und realitätsnäher sein, auch die Brüchigkeiten und Differenzen in der Übersetzungsdynamik selbst stärker als bisher zu beleuchten. Das Ausgehen von Übersetzungsprozessen ermöglicht hierzu einen geeigneten Zugang. Denn es unterstellt nicht von vornherein glatte Transfers, sondern legt eher Brüche, Fehlübersetzungen, misslungene Übersetzungsversuche frei, um sie gar als notwendige Ausgangspunkte von Verständigung fruchtbar zu machen. Missverständnisse gilt es ausdrücklich einzubeziehen angesichts einer interkulturellen Hermeneutik, die auf vielschichtige Übersetzungen angewiesen ist, zumal die Verhältnisse kultureller Mehrfachzugehörigkeiten und Überlappungen keine einfachen Übertragungen und keine linearen Übertragungsrichtungen mehr zulassen. So weit jedoch sind die bisherigen Studien zur Kulturübersetzung noch nicht gegangen.[66]

Kulturanthropologisch informierte Übersetzungsstudien hingegen führen geradezu die Erfahrung von Grenzen des Übersetzbaren vor Augen, so etwa am Beispiel der Probleme beim Transfer nichteuropäischer kultureller Schlüsseltexte mit ihren disparaten Bedeutungsstrukturen und lebensweltlichen Verankerungen in europäische Textformen.[67] Die gravierendsten Blockierungen und Übersetzungshindernisse entstehen indes durch den unübersehbaren übersetzungspolitischen Aspekt der Macht. Aus postkolonialer Sicht wird Übersetzung daher zu einem immer dringlicheren kulturpolitischen Projekt. Die Machtverankerung von Kultur- und Textübersetzung ist eine entscheidende Gelenkstelle, an der Kulturanthropologie und postkoloniale Theorie mit ihrem kritischen Interesse ineinander greifen. Hier wird das ethnographische Übersetzungs- und Repräsentationsproblem politisch aufgeladen, indem die Aufmerksamkeit auf die «politics of translating (‹Third World›) cultures»[68] umschwenkt. Auf dieser Achse der Übersetzungspolitik fällt eine wichtige Variante der Übersetzung von Differenzen ins Auge, wie sie etwa bei der konfliktreichen Rezeption von Salman Rushdies Romanen zum Tragen kommt: «translation not merely across languages and cultural borders but among interest groups and discourses competing for hegemony within social arenas, be they local, national, or transnational.»[69] Nicht zuletzt ist es diese «Bühne» sozialer Dissonanzen, auf der die Kategorie der Übersetzung für die lebensweltliche und politische Auseinandersetzung innerhalb und zwischen Kulturen bzw. kulturellen Differenzen in Anspruch genommen wird.

Solche Beispiele zeigen, wie Interkulturalität gerade dadurch «anstößig» wird, dass sie die «Suche nach einer universalen Basis der Kommunikation» fordert, dabei aber gleichzeitig die Suche «nach dem spezifischen kulturellen Ursprung des Eigenen»[70] beibehält. Dieses Dilemma des Kulturenkontakts öffnet jedoch ein fruchtbares Spannungsfeld für Fragen der Übersetzung. Ein solcher Forschungshorizont wirkt durchaus dem europäischen Übersetzungsprivileg und seiner langen Tradition entgegen, fremde Kulturen und Sprachen immer nur in den europäischen Kontext hinein zu übersetzen. Die europäische Übersetzungsforschung erhält jedenfalls neue Herausforderungen, je mehr sie künftig einer anderen Blickrichtung gerecht zu werden versucht, wonach «Übersetzungsprozesse genuin für das Selbstverständnis aller außereuropäischen Kulturen eine grundsätzliche Rolle spielen (...).»[71] Hierzu gehören etwa identitätsbildende Prozesse durch Übersetzung im Sinne hybrider Formationen, besonders in vielsprachigen Gesellschaften wie Afrika, Asien oder der Karibik.[72] Hierzu gehört aber auch ein Sich-ins-Verhältnis-Setzen bzw. ein Infragestellen der hegemonialen Stellung der Weltsprache Englisch und des durch sie geprägten Weltmarkts, dessen asymmetrische Transferbedingungen in der globalen Ökonomie durch die Übersetzungskategorie ebenfalls zum Vorschein gebracht werden.[73]

## 6. Epistemologische und methodische Horizonte eines *Translational Turn*

Der letzte Schritt zur Ausbildung eines *turn* ist ein konzeptueller Sprung. In diesem Fall geschieht er, sobald die Übersetzungskategorie von der Gegenstandsebene umschwenkt zu einer Analysekategorie. Auf dieser epistemologischen Ebene bekräftigt die Übersetzungskategorie die aktuelle Tendenz zur Binaritätskritik in den Kulturwissenschaften. Denn als Kategorie des «Zwischenraums» verkörpert Übersetzen eine Gegenbewegung zu einem Denken in binären Strukturen und in essenzialisierenden Identitätsvorstellungen, die auf Wesensbestimmungen beruhen. Methodologisch hingegen wäre Übersetzung als ein noch wenig ausgeschöpftes Modell für eine Verknüpfung und Überlappung der Disziplinen zu diskutieren, und zwar ebenfalls im Hinblick auf eine mögliche Transformation der Fächer und ihrer eigenen Begriffssysteme selbst: «When concepts enter different genres they do not remain intact.»[74]

Übersetzung in der entstehenden Wissens- und Weltgesellschaft ist also mehr als nur ein Medium des Kulturenkontakts oder ein Verfahren interkultureller Auseinandersetzung. Übersetzung kann auch zum Modell für eine Disziplinenverknüpfung werden, bei der sich die Einzeldisziplinen so weit wie möglich an andere Wissenschaften anschlussfähig machen und «Kontaktzonen» ausloten.[75] Im Unterschied zur «glatteren» Kategorie der Interdisziplinarität kann mit der Übersetzungskategorie ausdrücklich an Differenzen, Spannungen, Konflikten auch zwischen Disziplinen und Forschungsrichtungen angesetzt werden. Solche durchaus spannungsreichen Kontaktzonen sind besonders ergiebig für eine Über-Setzung und damit Transformation wissenschaftlicher Konzepte durch ihre Reformulierung in anderen Genres und Kontexten – man denke z. B. an die Darstellung naturwissenschaftlicher Vorstellungen in der Literatur oder an die Analyse von Emotionen durch die Neurobiologie. Gegenwärtig ist hier besonders die Debatte zwischen Hirnforschern und Geisteswissenschaftlern über «Willensfreiheit» ein wichtiges Feld für den Versuch, zwischen Disziplinen und ihren jeweiligen Begriffssystemen zu übersetzen. Solche Kontakt-, Überlappungs-, aber auch Konfliktzonen zwischen den Disziplinen scheinen in besonderem Maß dazu anzuregen, transkulturell vergleichende Gesichtspunkte auszuarbeiten.[76]

Am fruchtbarsten jedoch erweisen sich die Überschneidungen zwischen den Disziplinen, wenn man das methodische Potenzial der Übersetzungskategorie noch gezielter nutzt: Gemeint ist nicht nur die Chance, verfestigte Allgemeinbegriffe in handlungsnahe, operative Begriffe zu übersetzen sowie in interkulturellen Situationen Vermittlungselemente freizulegen, dabei aber Brüche, Blockierungen oder gar mögliche Unübersetzbarkeiten zuzulassen. Gemeint ist auch das Vermögen von «Übersetzung», jenseits einer bloßen Metapher die Einzeldisziplinen an wichtigen interkulturellen Gelenkstellen zu verknüpfen, etwa durch neue, konkrete Impulse für die komparatistische Forschung. Ein wichtiger Anstoß ist bereits James Cliffords Vorschlag, komparatistische Konzepte als «translation terms»[77] aufzufassen. Doch was ist hiermit gemeint? Clifford geht davon aus, dass kulturelle Bedeutungen und Bedeutungsdifferenzen nicht einfach übertragen oder verglichen werden. Ähnlich wie bei so genannten «wandernden Begriffen» («traveling concepts») kommen vielmehr «practices of displacement»[78] ins Spiel, Vermittlungen, Verschiebungen und Übersetzungen. Dies ist einerseits relevant für die Internationalisierung der Kulturwissenschaften bzw. der *Cultural Studies*. Denn wenn die Kulturwissenschaften nicht einseitig globalisiert, sondern von ihren (europäischen) Rändern her transformiert werden sollen, müssen sie – so Stuart Hall – ausdrücklich Übersetzungsprozesse in Anspruch nehmen.[79] Andererseits werden in der Weltgesellschaft allenthalben unvollständige Äquivalenzen produziert, die mit Hilfe solcher Übersetzungskategorien handhabbar gemacht werden können. Dazu regt auch Cliffords Vorschlag an, Diaspora, Migration, Tourismus, Exil und vor allem «Reise» als komparatistische «translation terms», als Übersetzungsbegriffe einzusetzen. Ganz bewusst wird hiermit ein Bezugsrahmen eröffnet, der nicht durch abstrakte systematische Vergleichseinheiten markiert ist, sondern eher durch konkrete Problemfelder und Praktiken. Dieser Bezugsrahmen durchbricht die Beschränkungen der europäischen Begriffsgeschichte, wie sich an den Transformationen und eben nicht nur Aneignungen westlicher Konzepte im Modernisierungsprozess nichteuropäischer Gesellschaften zeigen lässt. Die Kulturwissenschaften scheinen damit geradezu zu einer Reise- oder Verkehrswissenschaft zu werden, die längst nicht mehr nach authentischen Wurzeln von Kulturen («roots») fragt, sondern von der Herausbildung des Kulturellen durch transkulturelle Wanderungsbewegungen («routes») ausgeht. «Kultur als Übersetzung» wird an diesem Punkt konkret fassbar in der Formierung transnationaler Problemfelder mit neuen, grenzüberschreitenden Akteur(inn)en: Kulturmittlern, Händlern, Übersetzern, Touristen.

Von hier aus eröffnet sich für den *translational turn* ein besonders weiter Horizont, der bisher aber erst andeutungsweise skizziert werden kann. Jedenfalls wäre zu prüfen, inwieweit man, wenn man kulturenvergleichend arbeitet, nicht besser die Übersetzungskategorie zu Hilfe nimmt. Jüngste Ansätze einer nicht von Europa dominierten transnationalen Geschichtsschreibung z.B. fragen nach den Verschränkungen zwischen Europa und der außereuropäischen Welt. Sie fragen nach verflochtenen Geschichten, «entangled histories»[80], «connected histories», Beziehungsgeschichten oder einer «multi-sited anthropology»[81], wie sie George Marcus als transnationale Form der Ethnologie vorschlägt. Diese nicht mehr nur europäisch dominierten und konzipierten Forschungsansätze verlangen allerdings eine noch radikalere Selbstinfragestellung der eigenen Kategorien und ihrer Universalisierungen. Denn die zum transkulturellen Vergleichen eingesetzten Kategorien selbst – Zeit, Geschichte, Gesellschaft, Macht, Arbeit, aber auch Modernisierung, Kapitalismus, Entwicklung usw. – sind weder stabil, noch gelten sie kulturenübergreifend. Mit einer kritischen Übersetzungsperspektive hingegen wäre das Bewusstsein von der Instabilität solcher Kategorien produktiv zu machen. So könnte man sich viel unmittelbarer einer «Beziehungs- und Kontaktgeschichte zwischen den Kulturen» (Jürgen Osterhammel) nähern, indem man diese auf die aktive Rolle des Übersetzens hin ausleuchtet: auf Interaktion, Austausch und Wechselseitigkeit, aber auch auf Übersetzungsverweigerungen oder gar Unübersetzbarkeiten.[82] Damit ließe sich ansatzweise der eurozentrische Komparatismus vermeiden, der selbst in der neueren Weltgeschichtsdiskussion noch durchscheint. Jürgen Osterhammel jedenfalls setzt für transkulturelles Vergleichen ausdrücklich ein westliches Bezugssystem voraus: «Die Möglichkeit des transkulturellen Vergleichs beruht auf der *universalen Einheit der modernen Geschichtswissenschaft*. Deren Denk- und Verfahrensweisen sind (...) europäisch-partikular in ihrer Genesis, doch universal in ihrer Geltung (...) Der methodologischen und methodischen Universalität der modernen Geschichtswissenschaft entspricht ein homogener Referenzraum über Epochen und Kulturen hinweg».[83] Derart auf halber Strecke stehen geblieben, eben vor einer Kritik der eigenen Kategorien, werden damit letztlich immer noch eurozentrische Vorzeichen der Weltgeschichtsschreibung reproduziert.

Wie umfassend dagegen eine Übersetzungsperspektive entfaltet werden müsste, zeigt die Anregung des indischen Historikers Dipesh Chakrabarty, Übersetzung nicht nur cross-cultural, sondern auch «cross-categorical» anzulegen, eurozentrische universale Bezugsgrößen des Vergleichs auszuschalten und sich stattdessen offen zu halten für nichteuropäische Kategorien. Durch solche «cross-categorical translation» müsse es möglich sein, den Begriff «pani» aus dem Hindi in den englischen Ausdruck für «Wasser» zu übersetzen, ohne dabei durch die vorgängige Kategorie des westlichen Wissenssystems, nämlich $H_2O$, hindurchgehen zu müssen.[84] Erst ein Vergleichen, das nicht vorschnell zu allgemeinen Vermittlungsbegriffen greift und dabei das *tertium comparationis* unreflektiert lässt, kann eine gemeinsame Ebene für wechselseitiges Kulturübersetzen bereitstellen. Hierfür könnte die transkulturelle Geschichtsschreibung neue Horizonte eines *translational turn* nutzen, was allerdings bisher noch nicht geschehen ist. Dabei erweist sich die Kategorie der Übersetzung geradezu als ein Äquivalenzbegriff zum Kulturenvergleich. Denn sie lenkt die Aufmerksamkeit auf Tiefenstrukturen des Vergleichs. Dadurch befördert sie eine interkulturelle Komparatistik, die bis auf die Ebene der Infragestellung der eigenen, westlichen Analyse- und Vergleichskategorien reicht und die schon von da aus die Grenzen ihrer Universalisierbarkeit kritisch offen legt.

## 7. Ansätze zu einem *translational turn* in einzelnen Disziplinen

Die *Ethnographie* gilt als *die* Wissenschaft von der Übersetzung (fremder Kulturen): «Translation is one of the things that ethnographers undertake (together with analysis and description) in order to give readers an understanding of the beliefs and practices of unfamiliar peoples.»[85] Doch weder ist das Potenzial einer ethnographischen Übersetzungswissenschaft bisher ausreichend reflektiert worden, noch kann die Ethnographie gar als Vorreiterin eines *translational turn* gelten. Und doch ist es in besonderer Weise die Ethnographie, die das Übersetzungsverständnis über die bloße Sprachübersetzung hinaus in Sphären der Kulturvermittlung ausgedehnt hat.[86] So hat sie nicht nur die Notwendigkeit der Kontextualisierung fremdkultureller Erfahrungen, Begriffe, Praktiken usw. betont, sondern auch das Problem der Übersetzung von (Feldforschungs-)Erfahrungen in (ethnographische) Texte, von kulturellen Erfahrungen in Kulturbeschreibungen. Im Zuge der *Writing Culture*-Debatte wurde solches Übersetzen von Feldforschungsbeobachtungen in Texte repräsentationskritisch hinterfragt. Dabei hat der *reflexive turn* gerade die Aufwertung der Übersetzungsperspektive vorangetrieben. Statt um Äquivalenz zu einem kulturellen oder textlichen Original ging es verstärkt um Fragen der Übersetzungsrhetorik, um Darstellungskonventionen und narrative Ausdrucksmittel (Metaphern, Tropen, Synekdochen), aber auch um historische und soziale Diskursbedingungen, unter denen im Übertragungsprozess Konstruktionen, ja «Erfindungen» des Anderen entstehen.[87] Sobald also der Forschungs- und Aufschreibevorgang selbst zum Untersuchungsgegenstand und die Rhetorik ethnographischer Darstellung zum zentralen Problem wurden, geriet auch der Übersetzungsanspruch von Grund auf ins Wanken. Die Annahme, man könne durch ethnographisches Übersetzen einen authentischen Zugang zu fremden Kulturen vermitteln, wurde als fundamentale Fehleinschätzung entlarvt. Die Vorstellung eines kulturellen wie textlichen «Originals» überhaupt wurde fragwürdig: Kulturübersetzung kann immer nur Repräsentation von Repräsentationen sein.

Auch dass jeweils in sich geschlossene Kulturen als ganze übersetzt werden könnten, erweist sich als Illusion: «Kulturen halten nicht still, um sich porträtieren zu lassen»[88] – auch nicht, um sich übersetzen zu lassen, so James Clifford. Kritische Übersetzung im Sinne von Fremdrepräsentation kann immer nur partielle Übersetzung sein. Sie kann nur «Teilwahrheiten»[89] liefern, sobald sie nicht mehr mit synekdochischem Anspruch kulturelle Ganzheiten konstruiert. Immerhin sind es die Ethnologen selbst, die durch ihre eigene, monophone Repräsentationsautorität Kulturen und Texte gleichsam stillgestellt und festgeschrieben haben, wie es Clifford in seinem bahnbrechenden Aufsatz «Über ethnographische Autorität»[90] ausgeführt hat. Übersetzen als anthropologische Vermittlung von Wissen über fremde Kulturen sei nicht nur stark durchsetzt von Konventionen der Darstellung (wie etwa dem zeitlosen «ethnographischen Präsens» und der «erlebten Rede»), die im Rahmen von Gegensatzpaaren wie Natur–Kultur, Primitivität–Modernität usw. einen impliziten Evolutionismus vertreten.[91] Auch der Einsatz von rhetorischen Strategien zeigt die enorme Abhängigkeit der Kulturvermittlung von der Darstellungsautorität des Ethnographen. Im Horizont solcher Kritik und Politik der Repräsentation lassen sich nicht nur ethnographische Texte, sondern auch andere ethnographische Formen der Fremddarstellung wie etwa Ausstellungen und Museen in neuer Weise als «Kulturübersetzungen» lesen.[92] Von einem *translational turn* kann man hier aber erst sprechen, wenn sich die Ausrichtung der Ethnologie insgesamt noch deutlicher wandelt, wenn eine Ethnographie weiterprofiliert wird, die nicht mehr Kulturübersetzung anstrebt, sondern die selbst zwischen den Kulturen agiert, die sich durch ein «going beyond boundaries»[93] auszeichnet und Schlüsselkonzepte wie der Andere/der Fremde, teilnehmende Beobachtung und kulturelle Übersetzung redefiniert.

Eine solche translatorische Forschungseinstellung berührt sich einerseits mit einem *reflexive turn* in der *Übersetzungswissenschaft.* Denn auch die Geschichte der (literarischen) Übersetzung lässt sich daraufhin befragen, wie nicht zuletzt auf der Ebene der Textübersetzung Autorität behauptet und ausgeübt worden ist.[94] Andererseits grenzt sie an einen *postcolonial turn* in der Übersetzungswissenschaft und dessen Versuch, traditionelle Übersetzungsrichtungen umzukehren: hin zu interkultureller Wechselübersetzung aus nichteuropäischen Blickwinkeln, geleitet von einer Kritik am «Othering».[95] Solche Ansätze leben freilich von Übersetzungsreflexionen außerhalb Europas. So werden immer stärker etwa asiatische Traditionen von Übersetzung mit ihren ganz unterschiedlichen, nichtwestlichen Translationskonzeptionen eingebracht, und zwar deutlich in Bezug auf einen *translational turn* hin zu eurozentrismuskritischer Wechselübersetzung bzw. Theorienaustausch.[96]

Solche globalen Schauplätze der Übersetzungswissenschaft werden neuerdings sogar für die Umstrukturierung eines ganzen Fachs wie der *Vergleichenden Literaturwissenschaft* in Anspruch genommen. Die Dringlichkeit des globalpolitischen Bedarfs an Übersetzungen und Übersetzern vor allem seit dem 11. September 2001 macht auch für eine global angelegte Vergleichende Literaturwissenschaft die Übersetzungsperspektive unverzichtbar, ja essenziell: «Global translation is another name for comparative literature.»[97] Eine neue Komparatistik – so Emily Apter – muss sich demnach im politischen Kontext von «translation zones» positionieren, die auch für die intellektuelle Topographie eines translationalen Transnationalismus zu konkreten Bezugspunkten werden[98]: Kreolisierungen als medienvermitteltes, hybrides Sprechen, Fehlübersetzungen, Unübersetzbarkeiten aufgrund von disparaten Parallelwelten oder linguistischer Separatismus rücken hier ebenso ins Visier wie Formen des Sich-selbst-Übersetzens als textuelle Strategien der Teilhabe am übersetzerischen Weltmarkt.

Eine derart auf Übersetzung hin profilierte Abkehr von nationalgeschichtlichen Paradigmen deutet sich ebenfalls in den zunehmend transnational ausgerichteten *Geschichtswissenschaften* an. Auch sie reklamieren in jüngster Zeit eine Neuentdeckung von Übersetzung: als einem spezifischen historischen Prozess.[99] Besonders die Asienwissenschaften sind hierbei führend. Sie nutzen eine «Außenperspektive», um zu zeigen, dass historische Prozesse neu gesehen werden können, wenn man sie als Übersetzungsprozesse betrachtet: insbesondere Kolonialismus und Dekolonisierung, die Missionsgeschichte sowie Konzept- und Theorientransfers durch Übernahmen oder Neuinterpretationen vor allem westlicher Konzepte, z.B. politischer Leitvorstellungen wie Freiheit und Demokratie. Aber auch Theorientransfers wie die asymmetrische Transformation westlicher Sozialgeschichtsschreibung in eine indigenisierte «Sozialgeschichte chinesischer Prägung» – in Anwendung auf die Modernisierung der chinesischen Gesellschaft – sind Schauplätze für konkrete Übersetzungsprozesse und Mittleraktivitäten.[100] Von solchen Beispielen aus eröffnet die Übersetzungskategorie eine Neusicht interkultureller Beziehungen bzw. «entangled histories» überhaupt – nicht nur als eine einseitige, hegemoniale Transferbewegung, sondern als ein komplexer «Prozess interkultureller Transkodierung»[101].

Auf solche Sichtweisen hin verschieben sich gegenwärtig die Perspektiven. Übersetzung als Praxis kultureller Hegemonie oder als kolonialistische Unterwerfungsstrategie[102], die doch nur Adaption oder Widerstand herausfordern kann[103], rückt in den Hintergrund zugunsten einer Sicht von Übersetzung als einem vielschichtigen Vorgang interkultureller Kommunikation. Dabei wird verstärkt nach kreativen Re-Interpretationen Ausschau gehalten, nach Herausforderungen zu aktiven, eigenen historisch-politischen Begriffs- und Konzeptentwicklungen angesichts westlicher Transferangebote[104], also nach Praktiken expliziter Nicht-Äquivalenz. Mit Blick auf Übersetzungsprozesse werden hiermit die Grenzen der (europäischen) Begriffs- und Ideengeschichte überschritten. Doch über die dabei noch überwiegend metaphorische Verwendung der Übersetzungskategorie hinaus wird Übersetzung schon ansatzweise als «a specific and material event in history»[105] erkannt. Konkret ist dies an Übersetzungsszenarien aus der Sicht früher Reisebeschreibungen gezeigt worden, die nicht erst als nachträgliche, darstellende «Übersetzungsleistungen» betrachtet werden, sondern als prädisponiert durch die vielstimmigen und mehrpoligen Interaktions- und Übersetzungskonstellationen zwischen Indigenen, Reisenden, Erzählern, Autor(inn)en und späteren Historikern: «Translating Seen into Scene.»[106]

Vor allem auf dem Feld der außereuropäischen Christentumsgeschichte («Missionsgeschichte») finden sich Elemente für einen *translational turn*, neben der Geschichtswissenschaft und Ethnologie[107] auch in der *Religionswissenschaft*. Hier wird die missionarische Verbreitung von Religion, etwa von christlicher Religion in nichteuropäische lokale Kulturen hinein, als ein Prozess der Übersetzung neu gewichtet. Ausdrücklich werden dabei nicht nur Textübersetzung, sondern auch Image- und Bildübersetzung berücksichtigt. Die Privilegierung des Textes in der bisherigen Religionswissenschaft wird hiermit verabschiedet zugunsten performativer religiöser Ausdrucksformen als Vehikel religiöser Übertragungen, wie etwa Devotionalpraktiken und bildlicher Aneignungen der Passionsgeschichte in Kulturen ohne eigene Tradition realistischer Repräsentation (wie etwa den Philippinen). «The history of the global spread of Christianity is not only the history of ideas and doctrins; it is also closely connected with the history of images transfer, visual communication and the media.»[108] Das Konzept der Kulturübersetzung wird hier als «analytical tool for images transmissions and religious conversions in general»[109] in Anschlag gebracht. Das Neue dieses Ansatzes liegt auch darin, dass die Übersetzungspartner nicht mehr nur als passive Empfänger europäischer Transferangebote betrachtet werden, sondern ausdrücklich als aktive Mitgestalter des Übersetzungsprozesses. Hier wird religiöse Übertragung als Übersetzung gedeutet, d. h. als Transformation und Neuinterpretation, als aktive Aneignung und bildlich-performative

Praxis von «Bildakten». Daher kommt es – noch dazu mit Verweis auf Austins Sprechakttheorie – zu Überlappungen des *translational turn* mit dem *performative turn* und dem *iconic turn*. Ebenfalls auf diesem Terrain wird mit der Perspektive einer «Kulturbildwissenschaft als Translationsforschung»[110] in ersten Andeutungen ein interessantes Anwendungsfeld für die Übersetzungskategorie abgesteckt.

Der weiteste *translational turn* in der Geschichtswissenschaft findet jedoch dort statt, wo Übersetzung als Medium epistemologischer Untersuchung in den Blick gerät, um Positionen von «displacement» für explizit nicht eurozentrische Konstruktionen von Weltgeschichte auszuloten. In diesem Sinn gibt Dipesh Chakrabarty mit seinem Vorstoß zu einem «Provincializing Europe» einen wichtigen übersetzungsbetonten Impuls, mit dem die «entangled histories»-Ansätze ebenso herausgefordert und neu fundiert werden könnten wie die Kulturtransferforschung und die Forschungen zur «histoire croisée».[111] Auf einer vergleichbaren epistemologischen Ebene wird die Übersetzungskategorie zudem für die *Genderforschung/Genderstudies* stark gemacht: Einerseits verdeutlicht sie die Modellierung der Geschlechtsrollen durch Sprache als (patriarchalisches) Herrschaftsinstrument – die stärksten Impulse gingen hier von der poststrukturalistischen feministischen Übersetzungstheorie aus (Gayatri Spivak). Andererseits arbeiten die *Genderstudies* mit einer Übersetzungsperspektive, die solche Sprach- und Vertextungsdimensionen in praktische Bereiche hinein überführt und eine Brücke schlägt zum *postcolonial turn*: Das Gefühl, nicht zu Hause zu sein in den Idiomen der Macht, habe dazu geführt, Frauen und Migranten als «translated beings» aufzufassen.[112] In diesem Sinn geht es hier wie beim *translational turn* überhaupt um Destabilisierung festgeschriebener kultureller Identitäten und Geschlechtsrollen. Ein derart in Frage stellendes Übersetzen wird zur Basis für neue Formen kultureller Kreativität: «This altered understanding of translation as an activity which destabilizes cultural identities, and becomes the basis for new modes of cultural creation, is crucial to contemporary thinking.»[113] Der Verweis auf zunehmende Destabilisierung «kultureller Identitäten» wird jedoch erst dann konkret, wenn untersucht wird, wie die Anteile des aktiven Übersetzens und des Übersetztwerdens im Verlauf kultureller Vermittlungen, Aneignungen und Transformationen im Einzelnen gewichtet werden. Übersetzung umspannt eben mehr als nur die sprachlichen Beziehungen zwischen Sprachhegemonie und weiblicher Subordination, wie sie in der (feministischen) Übersetzungswissenschaft bisher überbetont wurden.[114] So könnte auch die Geschlechterforschung unter dem Vorzeichen kultureller Übersetzungsprozesse neue methodische Impulse gewinnen. «Geschlecht» als Übersetzung zu lesen eröffnet Zugänge zu den komplexen Konstruktionsprozessen der sexuellen Differenz, vermittelt aber auch neue Anstöße, die aus dem Dilemma der globalen Übertragbarkeit westlich geprägter Genderdiskurse hinausführen. Von daher ist die Übersetzungsperspektive zentral für eine (bisher noch unzureichende) Transnationalisierung der Geschlechterforschung.[115] Denn mit ihr könnte die Untersuchung von Geschlechterbeziehungen in nichteuropäischen Gesellschaften aus den Fallen des Eurozentrismus herausgehalten werden, wenn sie nicht vorschnell von Universalismen ausgeht, sondern den Blick freigibt auf reziproke Übersetzungsprozesse – auch auf der Ebene der Untersuchungskategorien selbst.[116]

Ein *translational turn* fokussiert sich jedoch nicht nur auf interkulturelle, sondern auch auf innerkulturelle Prozesse. So sind in den *Sozialwissenschaften* Ansätze bemerkenswert, die auf eine «systematische Überführung der Metapher der Übersetzung in einen gesellschaftstheoretischen Begriff»[117] hinarbeiten. Die Nichtintegriertheit der Weltgesellschaft sowie die Integrationsprobleme moderner Gesellschaften lassen «Übersetzungsverhältnisse» als grundlegendes Charakteristikum von Gesellschaft erscheinen. Analytisch ist dies insofern weiterführend, als damit die Dichotomie von Integration (Identität) versus Fragmentierung (Differenz) in der Rede über Gesellschaft umgangen werden kann. Statt eine Fragmentierung gesellschaftlicher Systeme in versprengte Partikel zu behaupten, ist es handlungsnäher, von Übersetzungsverhältnissen zwischen Gruppen, Milieus und Teilsystemen auszugehen. Ein *translational turn* wird dadurch bestätigt, dass sich nicht nur inhaltlich «das Problem der Integration der Gesellschaft angesichts hochgradiger Differenzierung als ein Problem der ‹Übersetzung› verstehen lässt».[118] Vielmehr wird auch die Disziplin der Soziologie selbst in diesen Übersetzungscharakter der gesellschaftlichen Gegenstände und Phänomene einbezogen.

«Soziologie als Übersetzung» wäre also die Formel für eine Gesellschafts-analyse und Gesellschaftstheorie, die nicht fixe Gesellschaftsrepräsen-tationen leistet, sondern die ihrerseits an den «Austauschbeziehungen zwischen Differenzen» teilhat und Differenzen produziert.

Voraussetzung für eine solche soziologische Übersetzungstheorie ist die Annahme pragmatischer Auseinandersetzungen zwischen gesell-schaftlichen «Sprachspielen», die zur Ausarbeitung einer praktischen Hermeneutik motivieren. Begreift man Übersetzung als eine interaktive soziale Praxis, dann setzt man damit an Übertragungen zwischen Le-bensformen ebenso an wie an Übersetzungen von Personen, Gedanken und Praktiken. Hier besteht allerdings die große Gefahr, dass die Übersetzungskategorie zu weit gedehnt, zu inflationär gebraucht und oft doch nur metaphorisch eingesetzt wird. Deshalb wäre es nötig, die erst in einzelnen Schritten betretenen Untersuchungsfelder von Übersetzung als sozialer Handlung, als «Grenzwanderung» und Aushandlung von Diskursen weiter auszuarbeiten.[119]

Der Soziologe und Anthropologe Martin Fuchs ist einer der Ersten, der in diese Richtung geht. Über konkrete Feldforschung in Indien hat er gezeigt, wie in deren multikultureller Gesellschaft Übersetzungsräume markiert werden können, die voll sind von sozialen Übersetzungskon-flikten und interreligiösen Spannungsfeldern. In seinem Buch «Kampf um Differenz»[120] hat er die Selbstartikulation von Unberührbaren als Übersetzungsvorgänge in den Blick genommen. Der Widerstandsdis-kurs der Unberührbaren- bzw. der so genannten Dalit-Bewegung ist – so Fuchs – auf Übersetzungsversuche angewiesen: auf Übersetzung ihrer sozialen Anliegen und Forderungen nicht nur in die sozialethischen Angebote der universalistischen Religionen hinein, sondern sehr viel eher noch in die säkulare Sprache des Rechts, wo die Forderungen nach sozialer Gleichheit gesellschaftliche Anerkennung erfahren, wo sie ver-handelbar und verständlich gemacht werden und wo auch Widerstands-handlungen eine politische Ausdrucksform finden. Eine übersetzungs-sensible Soziologie wie diese behauptet also nicht nur mit analytischem Blick «von oben»[121] die Existenz kulturinterner Gegendiskurse. Vielmehr schafft sie durch konkrete handlungsanalytische Untersuchungen einen Zugang zu selbst organisierten Austausch- und Verhandlungsbeziehungen zwischen verschiedenen – in diesem Fall auch religiös verschiedenen – Gruppendiskursen, Bewegungen und Personen. Dieses Beispiel ist aufschlussreich nicht nur für eine textuelle Wende in den Sozialwissenschaften, indem die neuere Übersetzungsforschung den Diskursaspekt von Handlungen beleuchtet und Repräsentationsfragen für die Analyse sozialer Lebenswelten betont – hierbei insbesondere den «Zwang der ‹Übersetzung› der eigenen Perspektive und Lebensweise in das herrschende Idiom»[122]. Dieses Beispiel ist zudem aufschlussreich für eine zentrale Einsicht der Kulturanthropologie und des Postkolonialismus: Übersetzungen bereichern erst dann die interkulturelle Dynamik, wenn sie an Differenzen, Bedeutungskämpfen und Übersetzungswiderständen ansetzen, statt sich von vornherein auf (harmonisierende) Brücken des Kulturverstehens zu stützen. Diese Einsicht findet sich auch in weiteren neuen Anwendungsfeldern wie «War and Translation»[123], «Violence and Translation»[124], «Gay in Translation»[125]. Sie betrifft aber auch die problematische Praxis, durch Übersetzungsakte selbst Gewalt auszuüben, etwa durch die imperiale Übersetzung von «Terror» für jegliche Formen missliebiger, für systemfeindlich gehaltener Gewalt: «Terror and Translation»[126].

Zwar versuchen gegenwärtig die Sozialwissenschaften und insbesondere die Migrationsforschung, die zumeist noch stark metaphorisierten konzeptuellen Ansätze einer Erweiterung der Übersetzungskategorie an Interaktionssituationen zu überprüfen und sie aus solcher Verortung heraus in ihrem Potenzial für interkulturelle Kontakte, aber auch für die Lösung innerkultureller Differenzen auszuloten. Doch gleichzeitig sind diese Ansätze noch nicht in der Lage, eine zentrale Kritik an den emphatischen Übersteigerungen der neueren Übersetzungsperspektiven zu entkräften. Einer solchen Kritik gibt Jürgen Straub eine konstruktive Wendung, indem er in empirisch fundierterer Weise versucht, «den entfalteten ‹weiten› Übersetzungsbegriff für die Sozial- und Kulturpsychologie fruchtbar zu machen»[127]. Sein Fallbeispiel sind Übersetzungsprozesse, mit denen die Erfahrungen der Shoah verarbeitet werden. Das Problem besteht in der Schwierigkeit der Vermittlung von Leidenserfahrungen bei Angehörigen der zweiten Generation nach dem Zweiten Weltkrieg, zwischen Täterwelten einerseits und Opferwelten andererseits. Die Erfahrungsdiskrepanz zwischen beiden Gruppen verweist auf die Unzulänglichkeit eines assimilierenden Übersetzens, das grundverschiedene Erfahrungsräume vorschnell angleicht. Dagegen wäre ein Übersetzungsmodell weiterführend, das sich stattdessen Fremdem und Anstößigem aussetzt.[128] Selbst solche kritisch-pragmatischen, sozialwissenschaftlichen Übersetzungsanstöße könnten durchaus noch von einem anderen aktuellen Genre der Übersetzungsreflexion profitieren.

Eine ebenfalls kritische, fremdheitserhaltende Übersetzungsperspektive wird nämlich auch von Seiten *ästhetischer Repräsentationsformen* gegenwärtig stark beleuchtet. So kommen Kulturenkontakte besonders in neueren Literaturen der Welt sowie in postkolonialer Gegenwartskunst gezielt als Übersetzungsszenarien zur Darstellung, ausgestaltet als Handlungssituationen. Die auffälligen Analogien zwischen Theorie, Forschung, Literatur und Kunst, ein solches «genre-blurring», wie Geertz sagen würde, kann man aufgrund der Erfahrung mit anderen kulturwissenschaftlichen Neuorientierungen schon als klares Anzeichen dafür werten, dass sich eine translatorische Wende abzeichnet. In der Literatur beschäftigt sich etwa Salman Rushdies Roman «The Ground Beneath Her Feet»[129] mit solchen Übergangszonen, die in der heutigen Weltgesellschaft zu höchst existenziellen Übersetzungsherausforderungen werden, vor allem für Migranten. Für dieses «Migrantenjahrhundert» – so Rushdie – gilt, «dass wir eine Übergangszone betreten haben: den Zustand der Transformation.»[130] Im Roman sind es der indische Rocksänger Ormus Cama und die Rocksängerin Vina Apsara, die ihre Migration als einen komplizierten Prozess der Übersetzung, als fortwährende Verwandlung erleben, voller liminaler Spielräume, Durchgangsstadien und Irritationen. Beide verlassen Indien und wandern über England nach Amerika aus. Im Flugzeug von Bombay nach England passiert Ormus die «transformierenden Membrane am Himmel»[131], die Membrane des Luftwiderstands, ja die Membrane zwischen den Kulturen. Übersetzung ist somit kein bloßer Transfer, sondern Überwindung von Widerständen, fortwährende Verwandlung durch Überlagerung, wie sie für Migration kennzeichnend ist. In solchen «Übergangszonen» der Transformation wird das Übersetzen zu einer Praxis der überlebensnotwendigen Auseinandersetzung mit der Zerrissenheit zwischen antagonistischen kulturellen Zugehörigkeiten, Bedeutungen und Anforderungen. «Übertragene Menschen»[132], wie Rushdie sie nennt, sind Übersetzte von einer Kultur in eine andere, entwickeln aber auch selbst Handlungsformen des Sich-selbst-Übersetzens.

Damit treibt dieser Roman eine Kulturanthropologie der Übersetzung voran, indem er gerade die Mehrpoligkeit von Übersetzungsprozessen herausstreicht. Ormus verkörpert die ambivalenten Verwandlungen durch ein «displacement», dem auch seine Musik ausgesetzt ist. Immerhin wird die orientalische Musiktradition in die weltumspannende amerikanische Popmusik hinein übersetzt, aber auch umgekehrt, was zu der erstaunlichen Einsicht führt, «dass der Westen von Anfang an in Bombay war»[133]. Die Mehrpoligkeit der Übersetzung zeigt sich hier als konfliktträchtige Vervielfältigung von Lesarten und Versionen, sodass – wie es heißt – «Amerika nicht mehr der einzige Eigentümer des Rock'n'Roll»[134] bleibt. Seien es kulturelle Enteignung oder die Erfahrung zersplitterter Lebenswelten: Die Polyphonie des Hin-und-her-Übersetzens und die Identitätsverwerfungen durch Migration werden in diesem Roman geradezu seismographisch durch die Metapher des Erdbebens ausgedrückt, also durch Erschütterung statt durch Brückenschlag.

Rushdies Roman ist ein Beispiel für eine literarische Übersetzungskonzeption unter dem Vorzeichen einer Zersplitterung der Welten durch Migrationsverhältnisse. Andere literarische Übersetzungskonzeptionen finden sich nicht nur inhaltlich ausgestaltet, sondern schlagen sich im Selbstverständnis, ja geradezu in den Schreibstrategien der neueren Literaturen der Welt nieder. Übersetzung als Schreibstrategie (durch Ironisierungen, kalkulierte Falschübersetzungen, Umdeutungen kolonialer Topoi usw.[135]) wirft hier neues Licht auf die verbreitete Praxis eines Re-writing europäischer Klassiker wie Shakespeare, Defoe usw., auf das Umdeuten ihrer Autoritätspositionen aus postkolonialer Sicht.[136] Den Übersetzungsrahmen bildet hier ein grundlegendes Re-mapping zwischen Zentren und Peripherien, so wie es nicht nur in der Literatur, sondern auch im Feld der künstlerischen Bildübersetzung gegenwärtig angestrebt wird. Auch ein Re-writing von (nationalen europäischen) Images, Traditionen, Schlüsselmetaphern durch Bild-Übersetzungen, durch bildliche Dekonstruktion und Transformation wäre als Übersetzungsakt zu interpretieren, als methodische Strategie kultureller Reflexion. Ein bemerkenswertes Beispiel ist das Re-writing einer europäischen Kulturikone durch den nigerianisch-englischen Installationskünstler Yinka Shonibare, seine Übersetzung eines englischen Nationalgemäldes von 1750 in eine hybride Installation von 1998: Thomas Gainsboroughs Gemälde eines aristokratischen Paars in der Idylle des ländlichen adligen Landlebens wird bei Shonibare zu «Mr. and Mrs. Andrews without Their Heads». Mit Anklängen an die Guillotine der Französischen Revolution köpft der postkoloniale Künstler die symbolischen Protagonisten des englischen Kolonialismus, reißt sie aus ihrem pastoralen Kontext, deplatziert sie in afrikanische Gewänder und markiert durch solche Übersetzung die kolonialistischen Einschreibungen einer verflochtenen Geschichte von Europa und Afrika. Re-writing erscheint im Gewand von Re-dressing, als Re-fashioning einer europäischen kulturellen Tradition, das deren Tiefenstrukturen von kolonialistischer Gewalt durch subversive Übersetzung aufdeckt.[137]

Vor allem im Zusammenwirken mit dem *postcolonial turn* wendet der *translational turn* den Blick auf Selbstermächtigung durch Übersetzungshandlungen. Interessanterweise begegnet sich diese Perspektive mit einer weit reichenden Übersetzungsreflexion von Hayden White, und zwar angesichts einer Tendenz, den postmodernen Kulturalismus mit seinem Spektrum von Textualismus, Konstruktivismus, Diskursivität wiederum an «Geschichte» rückzuverweisen: «What is being recommended is a project of translation, understood as a transcodation among the various processes of self-construction (call it, if you wish, ‹autopoiesis›) by which humanity makes itself in a constant revision of its own ‹nature› as self and other, society and antisociety, value and nonvalue, subject and object, creative and destructive, all at once and ever anew. This is, I submit, a much more ‹historical› conception of human nature, society, and culture than anything that any version of ‹history› has hitherto imagined.»[138]
Diese bei White nur am Rande angedeutete Perspektive der Übersetzung im Sinne von «transcodation» zum Zweck der kulturellen Selbstdefinition und – mit Geertz' Worten – Selbstauslegung wäre vielleicht eine kulturwissenschaftliche Ausdeutung dessen, was die moderne Hirnforschung «Autopoiesis»[139] nennt. Sie würde sich allerdings nicht

erschöpfen in der Selbstorganisation von Neuronensystemen. Vielmehr deutet sie, im kulturwissenschaftlichen Begriffs- und Beschreibungssystem ausgedrückt, auf eine aktive Art der Selbstermächtigung durch kulturelle Codierung und symbolische Ausarbeitung, mit der geradezu eine anthropologische Grundverfassung historisch aufgebrochen wird. An dieser Stelle deutet sich eine bisher wohl kaum erkannte Anschlussfähigkeit zwischen *translational turn* und «(neuro-)biological turn» an.

Wenn darüber hinaus noch vielfältige Überlappungsmöglichkeiten mit weiteren *turns* aufscheinen, dann liegt dies sicher an der besonderen Anschlussfähigkeit der Übersetzungskategorie. Diese ist – im Unterschied zu anderen kulturwissenschaftlichen Leitkategorien wie Raum oder Bild – geradezu selbstreflexiv, nämlich ausdrücklich auf die eigene kulturwissenschaftliche Tätigkeit als einer Übersetzungstätigkeit bezogen.[140] Die Übersetzungskategorie wird also nicht bloß erweitert und verallgemeinert und damit fast grenzenlos auf verschiedenste Gegenstandsfelder anwendbar. Problematisch wird sie vielmehr vor allem durch die Metaphorisierung und den inflationären Gebrauch dieser Kategorie, deren Konturen zu verschwimmen scheinen. Nicht alles, was Übersetzung genannt wird, generiert auch schon einen *translational turn.* Im Einzelfall wäre kritisch zu fragen, was die Arbeit mit der Übersetzungskategorie wirklich für die Erkenntnisgewinnung austrägt oder ob hier nur der Siegeszug einer neuen Metapher eingeläutet wird. Die räumliche Auffassung von Über-Setzung jedenfalls, gleichsam ihr Durchgang durch einen *spatial turn*, wäre ein Versuch, die Übersetzungsmetapher noch weiter zu erden, sodass sie zu einer Leitkategorie empirischer Untersuchungen werden kann.

## ANMERKUNGEN

1 Vgl. Susan Bassnett: The Translation Turn in Cultural Studies, in: dies./André Lefevere (Hg.): Translation, History, and Culture. London 1990, S. 123–140.

2 Vgl. Russell West: Teaching Nomadism. Inter/Cultural Studies in the Context of Translation Studies, in: Stefan Herbrechter (Hg.): Cultural Studies. Interdisciplinarity and Translation. Amsterdam, New York 2002, S. 161–176, hier S. 162.

3 Ein Überblicksartikel reflektiert bereits Elemente eines *translational turn*: Doris Bachmann-Medick: Übersetzung als Medium interkultureller Kommunikation und Auseinandersetzung, in: Handbuch der Kulturwissenschaften. 3 Bde. Bd. 2: Paradigmen und Disziplinen. Hg. Friedrich Jaeger/Jürgen Straub. Stuttgart, Weimar 2004, S. 449–465; dies.: Übersetzung in der Weltgesellschaft. Impulse eines *translational turn*, in: Andreas Gipper/Susanne Klengel (Hg.): Kultur, Übersetzung, Lebenswelten. Beiträge zu aktuellen Paradigmen der Kulturwissenschaften. Würzburg 2007.

4 Fortgeschrittenste Forschungsergebnisse bietet der Sammelband von Theo Hermans (Hg.): Translating Others. 2 Bde. Manchester 2006.

5 Vgl. Susan Bassnett/André Lefevere (Hg.): Translation, History, and Culture. London 1990; vgl. Lawrence Venuti (Hg.): The Translation Studies Reader. London, New York 2000.

6 Grundlegend hierzu vgl. Horst Turk: Alienität und Alterität als Schlüsselbegriffe einer Kultursemantik. Zum Fremdheitsbegriff der Übersetzungsforschung, in: Alois Wierlacher (Hg.): Kulturthema Fremdheit. Leitbegriffe und Problemfelder kulturwissenschaftlicher Fremdheitsforschung. München 1993, S. 173–197.

7 Vgl. Doris Bachmann-Medick (Hg.): Übersetzung als Repräsentation fremder Kulturen. Berlin 1997; Michaela Wolf: Übersetzen als textuelle Repräsentation. Dialogischer Diskurs und Polyphonie im Übersetzen zwischen den Kulturen, in: Text – Kultur – Kommunikation. Translation als Forschungsaufgabe. Hg. N. Grbić/ Michaela Wolf. Tübingen 1997.

8 Vgl. Lawrence Venuti: The Scandals of Translation. Towards an Ethics of Difference. London, New York 1998, S. 9; vgl. António Sousa Ribeiro: The Reason of Borders or a Border Reason? Translation as a Metaphor for our Times, in: Eurozine (Internet-Zeitschrift), 1.8. 2004, S. 1–8, bes. S. 8: «the centrality of the concept of translation as a vital meeting point in the present state of knowledge for the humanities and the social sciences.» (http://www.eurozine.com/articles/2004–01–08–ribeiro–en.html).

9 Hierzu genauer vgl. Tejaswini Niranjana: Siting Translation. History, Post-Structuralism, and the Colonial Context. Berkeley, Los Angeles, Oxford 1992.

10 Vgl. Joachim Renn/Jürgen Straub/Shingo Shimada (Hg.): Übersetzung als Medium des Kulturverstehens und sozialer Integration. Frankfurt/M., New York 2002.

11 Boris Buden: Der Schacht von Babel. Ist Kultur übersetzbar? Berlin 2005, S. 17.

12 Vgl. Samuel P. Huntington: Der Kampf der Kulturen. Die Neugestaltung der Weltpolitik im 21. Jahrhundert. 6. Aufl. München 1999.

13 Auch António Sousa Ribeiro hält in diesem Sinn die Übersetzungskategorie gegen Huntingtons «assumption of the essential untranslatability of cultures», in: ders.: Reason of Borders, S. 3.

14 Vgl. Wolfgang Iser: On Translatability, in: Surfaces 4 (1994), S. 5–13; die Diskussionsbeiträge (u. a. von Jacques Derrida, Hillis Miller, Murray Krieger) sind im Jahrgang

6 (1996) derselben Internet-Zeitschrift veröffentlicht (ich danke Philipp Schweig-hauser für den Hinweis).

15 Ein aufschlussreiches Fallbeispiel hierfür findet sich bei Birgitt Röttger-Rössler: Die Wortlosigkeit des Ethnologen. Zum Problem der Übersetzung zwischen den Kulturen am Beispiel indonesischer Gefühlstermini, in: Bachmann-Medick (Hg.): Übersetzung als Repräsentation fremder Kulturen, S. 199–213.

16 Vgl. Beata Hammerschmid/Hermann Krapoth (Hg.): Übersetzung als kultureller Prozeß. Rezeption, Projektion und Konstruktion des Fremden. Berlin 1998; vgl. Vera Elisabeth Gerling: Lateinamerika: So fern und doch so nah? Übersetzungs-anthologien und Kulturvermittlung. Tübingen 2004.

17 Kwame Anthony Appiah: Thick Translation, in: Venuti (Hg.): Translation Studies Reader, S. 417–429.

18 Für eine kulturbezogene kontextualisierende Analyse – an einem Fallbeispiel im Feld der literarischen Übersetzung – vgl. die genaue Studie von Ute Barbara Schilly: Carmen spricht deutsch. Literarische Übersetzung als interkulturelle Kommuni-kation am Beispiel des Werkes von Miguel Delibes. Würzburg 2003.

19 Zu kulturellen Übersetzungserwartungen am Beispiel des Hineinwirkens von Ja-panbildern in Übersetzungen japanischer Literatur vgl. Irmela Hijiya-Kirschnereit: Von der Übersetzbarkeit japanischer Literatur, in: dies. (Hg.): Traumbrücke ins aus-gekochte Wunderland. Ein japanisches Lesebuch. Frankfurt/M. 1993, S. 71–83.

20 Vgl. Michaela Wolf: «‹Cultures› do not hold still for their portraits.» Kultureller Transfer als «Übersetzen zwischen Kulturen», in: Federico Celestini/Helga Mitter-bauer (Hg.): Ver-rückte Kulturen. Zur Dynamik kulturellen Transfers. Tübingen 2003, S. 85–98, hier S. 87.

21 Vgl. Talal Asad/John Dixon (Hg.): Translating Europe's Others, in: Francis Barker u.a. (Hg.): Europe and Its Others. 2 Bde. Colchester; Bd.1, S. 170–177, hier S. 177; Venuti: Scandals of Translation, S. 158.

22 Edward W. Said: Culture and Imperialism. New York 1993 (dt. Kultur und Impe-rialismus. Einbildungskraft und Politik im Zeitalter der Macht. Frankfurt/M. 1994, S. 55).

23 Wolf Lepenies: Die Übersetzbarkeit der Kulturen. Ein europäisches Problem, eine Chance für Europa, in: Anselm Haverkamp (Hg.): Die Sprache der Anderen. Über-setzungspolitik zwischen den Kulturen. Frankfurt/M. 1997, S. 95–117, hier S. 102.

24 In seinen vielfachen Auswirkungen ist dieser Zusammenhang dargestellt bei Eric R. Wolf: Die Völker ohne Geschichte. Europa und die andere Welt seit 1400. Frank-furt/M., New York 1986.

25 Anil Bhatti: Zum Verhältnis von Sprache, Übersetzung und Kolonialismus am Beispiel Indiens, in: Horst Turk/Anil Bhatti (Hg.): Kulturelle Identität. Deutsch-in-dische Kulturkontakte in Literatur, Religion und Politik. Berlin 1997, S. 3–19, hier S. 5; zur Übersetzung als Medium missionarischer Konvertierung und Kolonisation

(am Beispiel der Tagalog) vgl. Vicente L. Rafael: Contracting Colonialism. Translation and Christian Conversion in Tagalog Society under Early Spanish Rule. Ithaca, London 1988.

26  Bassnett/Lefevere (Hg.): Translation, History, and Culture.

27  Vgl. Venuti (Hg.): Translation Studies Reader; Mona Baker (Hg.): Routledge Encyclopedia of Translation Studies. London 1998.

28  Bassnett: Translation Turn in Cultural Studies.

29  West: Teaching Nomadism, S. 162.

30  Anselm Haverkamp: Zwischen den Sprachen. Einleitung, in: ders. (Hg.): Sprache der Anderen, S. 7–12, hier S. 7.

31  Zur dekonstruktivistischen Übersetzungstheorie vgl. Alfred Hirsch (Hg.): Übersetzung und Dekonstruktion. Frankfurt/M. 1997.

32  Vgl. Anuradha Dingwaney/Carol Maier (Hg.): Between Languages and Cultures. Translation and Cross-Cultural Texts. Pittsburgh, London 1995, S. 7.

33  Vgl. Arjun Appadurai: Modernity at Large. Cultural Dimensions of Globalization. Minneapolis, London 1996, S. 167.

34  Vgl. Tullio Maranhão/Bernhard Streck (Hg.): Translation and Ethnography. The Anthropological Challenge of Intercultural Understanding. Tucson 2003, Einleitung, S. xvii.

35  Zu «ways of looking at culture (along with tradition and identity) in terms of travel relations» vgl. James Clifford: Routes. Travel and Translation in the Late Twentieth Century. Cambridge/Mass., London 1997, S. 25, Kapitel «Traveling Cultures» (dt. Kulturen auf der Reise, in: Karl H. Hörning/Rainer Winter (Hg.): Widerspenstige Kulturen. Cultural Studies als Herausforderung. Frankfurt/M. 1999, S. 476–513).

36  Vgl. Homi K. Bhabha: The Location of Culture. London, New York 1994, S. 36 ff. (dt. Die Verortung der Kultur. Tübingen 2000, S. 55 ff.); Doris Bachmann-Medick: Dritter Raum. Annäherungen an ein Medium kultureller Übersetzung und Kartierung, in: Claudia Breger/Tobias Döring (Hg.): Figuren der/des Dritten. Erkundungen kultureller Zwischenräume. Amsterdam, Atlanta 1998, S. 19–36; vgl. Kapitel 6 «Spatial Turn».

37  Vgl. Bhabha: Verortung der Kultur, S. 257.

38  Ebd., S. 257.

39  Vgl. Judith Butler: Universality in Culture, in: Martha C. Nussbaum: For Love of Country? Hg. Joshua Cohen. Boston 2002, S. 45–52, bes. S. 49 f.

40  Vgl. Emily Apter: On Translation in a Global Market, in: Public Culture 13, 1 (2001), S. 1–12, hier S. 5.

41  Bhabha: Verortung der Kultur, S. 362.

42  Michael Cronin: Translation and Globalization. London, New York 2003, S. 34.

43  Talal Asad: A Comment on Translation, Critique, and Subversion, in: Dingwaney/Maier (Hg.): Between Languages and Cultures, S. 325–332, hier S. 329.

44 Lydia H. Liu (Hg.): Tokens of Exchange. The Problem of Translation in Global Circulations. Durham, London 1999, S. 4.

45 Ebd., S. 15.

46 Zum Konzept der Hybridität vgl. Bhabha: Verortung der Kultur; ausführlicher dargestellt im Kapitel 4 «Postcolonial Turn», S. 197 ff.

47 Vgl. den Essayband von Salman Rushdie: Heimatländer der Phantasie. Essays und Kritiken 1981–1991. München 1992.

48 Dt. V. S. Naipaul: An der Biegung des großen Flusses. Roman. München 1993, S. 33.

49 Martin Fuchs: Übersetzen und Übersetzt-Werden. Plädoyer für eine interaktionsanalytische Reflexion, in: Bachmann-Medick (Hg.): Übersetzung als Repräsentation fremder Kulturen, S. 308–328, hier S. 315, S. 319; vgl. den Konferenzband von Joachim Renn/Jürgen Straub/Shingo Shimada (Hg.): Übersetzung als Medium des Kulturverstehens und sozialer Integration. Frankfurt/M., New York 2002.

50 Susan Bassnett: Translation Studies. London, New York 3. Aufl. 2002, S. 5 f.

51 Im – allerdings sehr viel engeren – Zusammenhang einer Soziologie der literarischen Übersetzung sind erste Ansätze gemacht, die Aktivitäten von Übersetzer(inne)n, Verlagen, Lektor(inn)en und Agent(inn)en im «translatorischen Handlungsgefüge» (S. 5) zu untersuchen; vgl. Norbert Bachleitner/Michaela Wolf: Auf dem Weg zu einer Soziologie der literarischen Übersetzung im deutschsprachigen Raum, in: Internationales Archiv für Sozialgeschichte der deutschen Literatur 29, 2 (2004), S. 1–25; vgl. Michaela Wolf (Hg.): Übersetzen – Translating – Traduire. Towards a «Social Turn»? Münster u. a. 2006.

52 Vgl. Nikos Papastergiadis: The Turbulence of Migration. Globalization, Deterritorialization and Hybridity. Cambridge 2000, bes. das Kapitel «The Limits of Cultural Translation», S. 122–145, hier S. 126.

53 Ebd., S. 125 f.

54 Ebd., S. 22.

55 Vgl. ebd., S. 18: «One of the crucial aims of this book is to present alternative models for conceptualizing cultural exchange.»

56 Ebd., S. 20.

57 Vgl. ebd., S. 99.

58 Maharaj, Sarat: Perfidious Fidelity. The Untranslatability of the Other, in: Jean Fisher (Hg.): Global Visions. Towards a New Internationalism in the Visual Arts. London 1995, S. 131.

59 Vgl. Anna Lowenhaupt Tsing: Transitions as Translations, in: Joan W. Scott/Cora Kaplan/Debra Keates (Hg.): Transitions, Environments, Translations. Feminism in International Politics. New York, London 1997, S. 253–272, hier S. 253.

60 Vgl. Papastergiadis: Turbulence of Migration, S. 110.

61 Vgl. Tsing: Transitions as Translations.

62 Zygmunt Bauman: Culture as Praxis. London, Thousand Oaks, New Delhi 1999, S. xiviii.

63 Brücken in die Zukunft. Eine Initiative von Kofi Annan. Frankfurt/M. 2001.

64 Ebd., S. 36 ff.

65 Ebd., S. 23.

66 Vgl. z. B. Sanford Budick/Wolfgang Iser (Hg.): The Translatability of Cultures. Figurations of the Space Between. Stanford 1996.

67 Birgitt Röttger-Rössler: Die *Malaiische Chronik* in deutscher Übersetzung. Zum Problem des Transfers kulturspezifischer Bedeutungsstrukturen, in: Hammerschmid/Krapoth (Hg.): Übersetzung als kultureller Prozeß, S. 255–315.

68 Dingwaney/Maier (Hg.): Between Languages and Cultures, S. 3; mit feministischem Akzent vgl. auch Gayatri Spivak: Die Politik der Übersetzung, in: Haverkamp (Hg.): Sprache der Anderen, S. 65–93.

69 Michael M. J. Fischer/Mehdi Abedi: Debating Muslims. Cultural Dialogues in Postmodernity and Tradition. Madison 1990, S. 108.

70 Shingo Shimada: Zur Asymmetrie in der Übersetzung von Kulturen: das Beispiel des Minakata-Schlegel-Übersetzungsdisputs 1897, in: Bachmann-Medick (Hg.): Übersetzung als Repräsentation fremder Kulturen, S. 260–274, hier S. 260.

71 Ebd., S. 261.

72 Vgl. Venuti: Scandals of Translation, S. 159.

73 Ebd., S. 160.

74 Gillian Beer: Translation or Transformation? The Relation of Literature and Science, in: ders.: Open Fields. Science in Cultural Encounter. Oxford 1999, S. 186.

75 Ausführlicher hierzu vgl. Doris Bachmann-Medick: Übersetzung im Spannungsfeld von Dialog und Erschütterung. Ein Modell der Auseinandersetzung zwischen Kulturen und Disziplinen, in: Renn/Straub/Shimada (Hg.): Übersetzung als Medium des Kulturverstehens, S. 275–291; vgl. hierzu auch die Perspektiven im «Ausblick», S. 383 ff.

76 Jürgen Osterhammel: Transkulturell vergleichende Geschichtswissenschaft, in: ders.: Geschichtswissenschaft jenseits des Nationalstaats. Studien zu Beziehungsgeschichte und Zivilisationsvergleich. Göttingen 2001, S. 11–45, hier S. 20.

77 James Clifford: Routes. Travel and Translation in the Late Twentieth Century. Cambridge/Mass., London 1997, S. 11.

78 Ebd., S. 3.

79 Vgl. Cultural Studies und die Politik der Internationalisierung. Kuan-Hing Chen interviewt Stuart Hall, in: Stuart Hall: Cultural Studies. Ein politisches Theorieprojekt. Ausgewählte Schriften 3. Hamburg 2000.

80 Vgl. Sebastian Conrad/Shalini Randeria (Hg.): Jenseits des Eurozentrismus. Postkoloniale Perspektiven in den Geschichts- und Kulturwissenschaften. Frankfurt/M. 2002; vgl. Kapitel 4 «Postcolonial Turn».

81 George E. Marcus: Ethnography in/of the World System. The Emergence of Multi-Sited Ethnography (1995), in: ders.: Ethnography through Thick and Thin. Princeton 1998, S. 79–104.

82 Hierzu ausführlicher vgl. Bachmann-Medick: Übersetzung als Medium interkultureller Kommunikation, S. 461 ff.

83 Osterhammel: Transkulturell vergleichende Geschichtswissenschaft, S. 41.

84 Dipesh Chakrabarty: Two Models of Translation, in: ders.: Provincializing Europe. Postcolonial Thought and Historical Difference. Princeton 2000, S. 83–86, hier S. 83: «The Hindi *pani* may be translated into the English ‹water› without having to go through the superior positivity of $H_2O$»; vgl. Kapitel 4 «Postcolonial Turn», S. 214 f.

85 Vgl. Talal Asad: A Comment on Translation, Critique, and Subversion, in: Dingwaney/Maier (Hg.): Between Languages and Cultures, S. 325–332, hier S. 326; vgl. den einschlägigen Artikel von Talal Asad: Übersetzen zwischen Kulturen. Ein Konzept der britischen Sozialanthropologie, in: Eberhard Berg/Martin Fuchs (Hg.): Kultur, soziale Praxis, Text. Die Krise der ethnographischen Repräsentation. Frankfurt/M. 1993, S. 300–334. Zusammenfassend zur Bedeutung der Übersetzungskategorie für die Kulturanthropologie vgl. Doris Bachmann-Medick: Kulturanthropologie und Übersetzung, in: Übersetzung – Translation – Traduction. Ein internationales Handbuch zur Übersetzungsforschung. An International Encyclopedia of Translation Studies. Encyclopédie internationale de la recherche sur la traduction. Hg. Harald Kittel u. a. Bd. 1. Berlin, New York 2005, S. 155–165; dies.: Meanings of Translation in Cultural Anthropology, in: Theo Hermans (Hg.): Translating Others. Bd. 1 Manchester 2006, S. 33–42; im Hinblick auf Fallstudien vgl. auch den Sammelband von Paula G. Rubel/Abraham Rosman (Hg.): Translating Cultures. Perspectives on Translation and Anthropology. Oxford, New York 2003.

86 Vgl. den Sammelband von Maranhão/Streck (Hg.): Translation and Ethnography; sowie Bernhard Streck: Vom Grund der Ethnologie als Übersetzungswissenschaft, in: Paideuma 50 (2004), S. 39–58.

87 Volker Gottowik: Konstruktionen des Anderen. Clifford Geertz und die Krise der ethnographischen Repräsentation. Berlin 1997.

88 Vgl. James Clifford: Introduction. Partial Truths, in: Clifford/Marcus (Hg.): Writing Culture, S. 1–26, hier S. 10.

89 Ebd., S. 1 ff.

90 James Clifford: Über ethnographische Autorität, in: Berg/Fuchs (Hg.): Repräsentation, soziale Praxis, Text, S. 109–157.

91 Vgl. Niranjana: Siting Translation, S. 78.

92 Vgl. Kate Sturge: The Other on Display. Translation in the Ethnographic Museum, in: Theo Hermans (Hg.): Translating Others. Bd. 2. Manchester 2006.

93  Ansätze hierzu in Gisli Pálsson (Hg.): Beyond Boundaries. Understanding, Translation and Anthropological Discourse. Oxford, Providence 1993.

94  Vgl. Bachmann-Medick (Hg.): Übersetzung als Repräsentation fremder Kulturen.

95  Vgl. Theo Hermans (Hg.): Translating Others. 2 Bde. Manchester 2006; vgl. auch ders. (Hg.): Crosscultural Transgressions. Research Models in Translation Studies II: Historical and Ideological Issues. Manchester 2002.

96  Vgl. Eva Hung/Judy Wakabayashi (Hg.): Asian Translation Traditions. Manchester 2005; Michael Dutton: Lead Us Not into Translation. Notes toward a Theoretical Foundation for Asian Studies, in: Nepantla 3, 3 (2002), S. 495–537.

97  Hierzu siehe Emily Apter: The Translation Zone. A New Comparative Literature. Princeton, Oxford 2006, S. xi.

98  Vgl. ebd., S. 5.

99  Vgl. Melvin Richter: More than a Two-way Traffic. Analyzing, Translating, and Comparing Political Concepts from Other Cultures, in: Contributions 1, 1 (2005), S. 7–20, hier S. 13; vgl. den zusammenfassenden Review-Artikel von Douglas Howland: The Predicament of Ideas in Culture. Translation and Historiography, in: History and Theory 42, 1 (2003), S. 45–60.

100  Vgl. Mechthild Leutner: Die «sozialgeschichtliche Wende» in China seit den 1980ern. Chinesische und westliche/deutsche Historiographie: ein Dialog? In: Zeitschrift für Weltgeschichte 4, 2 (2003), S. 103–119, hier S. 115.

101  Vgl. Howland: Predicament, S. 45.

102  Zur postkolonialistischen Übersetzungskritik vgl. Niranjana: Siting Translation.

103  Diese Perspektive wird betont bei Rafael: Contracting Colonialism, ebenso bei Eric Cheyfitz: The Poetics of Imperialism. Translation and Colonization from The Tempest to Tarzan. New York 1991.

104  Diese Sicht findet sich bei Lydia Liu: Translingual Practice. Literature, National Character, and Translated Modernity – China 1900–1937. Stanford 1995; ebenfalls bei Naoki Sakai: Translation and Subjectivity. On «Japan» and Cultural Nationalism. Minneapolis 1997.

105  Howland: Predicament, S. 60.

106  Susanna Burghartz: «Translating Seen into Scene?» Wahrnehmung und Repräsentation in der frühen Kolonialgeschichte Europas, in: dies./Maike Christadler/ Dorothea Nolde (Hg.): Berichten, Erzählen, Beherrschen. Wahrnehmung und Repräsentation in der frühen Kolonialgeschichte Europas. Frankfurt/M. 2003, S. 161–175.

107  Vgl. James Clifford: The Translation of Cultures. Maurice Leenhardt's Evangelism, New Caledonia 1902–1926, in: Robert Con Davis/Ronald Schleifer (Hg.): Contemporary Literary Criticism: Literary and Cultural Studies. New York 1994, S. 626–641.

108  Peter J. Bräunlein: Image Transmission as Image Act. Christian Images, Emotions

and Religious Conversion in the Philippines, in: Birgit Mersmann (Hg.): Transmission Image. München 2006 (Manuskript, S. 8).

109 Ebd., S. 21.

110 Vgl. Birgit Mersmann: Bildkulturwissenschaft als Kulturbildwissenschaft? Von der Notwendigkeit eines inter- und transkulturellen Iconic Turn, in: Zeitschrift für Ästhetik und allgemeine Kunstwissenschaft 49, 1 (2004), S. 91–109, hier S. 107 ff.; vgl. Kapitel 7 «Iconic Turn».

111 Vgl. Michael Werner/Bénédicte Zimmermann: Vergleich, Transfer, Verflechtung. Der Ansatz der *Histoire croisée* und die Herausforderung des Transnationalen, in: Geschichte und Gesellschaft 28 (2002), S. 607–636; Johannes Paulmann: Internationaler Vergleich und interkultureller Transfer, in: Historische Zeitschrift 267 (1998), S. 469–485.

112 Vgl. Sherry Simon: Gender in Translation. Cultural Identity and the Politics of Transmission. London, New York 1996, S. 135.

113 Ebd., S. 135.

114 Vgl. Luise von Flotow: Translation and Gender. Translating in the ‹Era of Feminism›. Manchester, Ottawa 1997.

115 Vgl. Ella Shohat (Hg.): Talking Visions. Multicultural Feminism in a Transnational Age. Cambridge/Mass. 1998; Chandra T. Mohanty: Aus westlicher Sicht. Feministische Theorie und koloniale Diskurse, in: Beiträge zur feministischen Theorie und Praxis 23 (1988), S. 149–162; vgl. Kapitel 4 «Postcolonial Turn», S. 218 f.

116 Hiermit ließe sich anschließen an zwei Sammelbände: Joan W. Scott/Cora Kaplan/Debra Keates (Hg.): Transitions, Environments, Translations. Feminism in International Politics. New York, London 1997; Jose Santaemilia (Hg.): Gender, Sex and Translation. Manchester 2005.

117 Vgl. Joachim Renn: Übersetzungsverhältnisse. Perspektiven einer pragmatistischen Gesellschaftstheorie. Weilerswist 2006; für einen engeren Übersetzungshorizont von sozialwissenschaftlicher Wissenschaftskommunikation mit bilateralem Schwerpunkt (Italienisch/Deutsch) vgl. Arnold Zingerle/Gabriele Cappai (Hg.): Sozialwissenschaftliches Übersetzen als interkulturelle Hermeneutik. Il tradurre nelle scienze sociali come ermeneutica interculturale. Milano, Berlin 2003.

118 Renn: Übersetzungsverhältnisse, Einleitung.

119 Z. B. von Martin Fuchs: Kampf um Differenz. Repräsentation, Subjektivität und soziale Bewegungen. Das Beispiel Indien. Frankfurt/M. 1999. Vgl. von Seiten der Ethnologie auch den Sammelband von Maranhão/Streck (Hg.): Translation and Ethnography; sowie Michaela Wolf: Zur Übersetzbarkeit kultureller Prozesse. Grenzwanderung, in: Irmgard Bohunovsky-Bärnthaler (Hg.): Künstler, Kritiker, Vermittler, Rezipient. Über Abgründe an Grenzen. Klagenfurt, Wien 2004, S. 31–53.

120 Fuchs: Kampf um Differenz.

121 Vgl. ebd., S. 303.

122 Ebd., S. 316.

123 Vgl. z. B. Apter: Translation Zone, S. 12–22: Kapitel «Translation after 9/11: Mistranslating the Art of War».

124 Vgl. Veena Das: Violence and Translation, in: Anthropological Quarterly 75,1 (2002), S. 105–112; Mona Baker: Translation and Conflict. A Narrative Account. London, New York 2006.

125 Keith Harvey: Intercultural Movements. American Gay in French Translation. Manchester 2003.

126 Vgl. die Konferenz des Centre for Translation and Contemporary Cultural Studies, University of Warwick, UK: «Translating Terror: Globalisation and the New Planetary Wars» (November 2005).

127 Jürgen Straub: Differenz und prekäre Äquivalenz in einer Übersetzungskultur. Ein hermeneutischer Rahmen für die exemplarische psychologische Analyse eines «Übersetzungsfehlers», in: Renn/Straub/Shimada (Hg.): Übersetzung als Medium des Kulturverstehens, S. 346–389, hier S. 373.

128 Ebd., S. 383 f.

129 Dt. Salman Rushdie: Der Boden unter ihren Füßen. Roman. München 1999.

130 Ebd., S. 595.

131 Ebd., S. 539.

132 Salman Rushdie: Heimatländer der Phantasie, in: ders.: Heimatländer der Phantasie. Essays und Kritiken 1981–1991. München 1992, S. 21–35, hier S. 31: «Da wir quer über die Welt getragen wurden, sind wir selbst *translated* – übertragene Menschen.»

133 Rushdie: Boden unter ihren Füßen, S. 126.

134 Ebd., S. 487.

135 Hierzu sowie überhaupt zum Re-writing unter dem Übersetzungsaspekt vgl. Tobias Döring: Translating Cultures? Toward a Rhetoric of Cross-Cultural Communication, in: Erfurt Electronic Studies in English 1 (1995), S. 1–6 (http://webdoc. gwdg.de/edoc/ia/eese/articles/doering/1_95.html).

136 Vgl. Bill Ashcroft/Gareth Griffiths/Helen Tiffin (Hg.): The Empire Writes Back. Theory and Practice in Post-Colonial Literatures. London, New York 1989; vgl. Kapitel 4 «Postcolonial Turn», S. 193 ff.

137 Vgl. Nancy Hynes: Yinka Shonibare. Re-dressing History, in: African Arts 34, 3 (2001), S. 60–65; John Picton: Undressing Ethnicity – Yinka Shonibare, in: ebd., S. 65–73.

138 Hayden White: Afterword, in: Victoria E. Bonnell/Lynn Hunt (Hg.): Beyond the Cultural Turn. Berkeley 1999, S. 315–324, hier S. 321 f.

139 Zu entsprechenden Konzepten der Hirnforschung vgl. Wolf Singer: *Conditio humana* aus neurobiologischer Perspektive, in: Norbert Elsner/Hans-Ludwig Schreiber (Hg.): Was ist der Mensch? Göttingen 2002, S. 14–167.

140 Vgl. «Ausblick», S. 383 ff.

# LITERATUR – EINE AUSWAHL

Apel, Friedmar/Kopetzki, Annette: Literarische Übersetzung. 2. Aufl. Stuttgart, Weimar 2004.

Apter, Emily: The Translation Zone. A New Comparative Literature. Princeton, Oxford 2006.

Bachmann-Medick, Doris: Übersetzung als Medium interkultureller Kommunikation und Auseinandersetzung, in: Handbuch der Kulturwissenschaften. 3 Bde. Bd. 2: Disziplinen und Paradigmen. Hg. Friedrich Jaeger/Jürgen Straub. Stuttgart, Weimar 2004, S. 449–465.

Bachmann-Medick, Doris (Hg.): Übersetzung als Repräsentation fremder Kulturen. Berlin 1997.

Baker, Mona (Hg.): Routledge Encyclopedia of Translation Studies. London 1998.

Bassnett, Susan: The Translation Turn in Cultural Studies, in: dies./Lefevere, André (Hg.): Constructing Cultures. Clevedon et al. 1998, S. 123–140.

Bassnett, Susan/Trivedi, Harish (Hg.): Post-Colonial Translation. Theory and Practice. London 1999.

Borsò, Vittoria/Schwarzer, Christine (Hg.): Übersetzung als Paradigma der Geistes- und Sozialwissenschaften. Oberhausen 2006.

Buden, Boris: Der Schacht von Babel. Ist Kultur übersetzbar? Berlin 2005.

Budick, Sanford/Iser, Wolfgang (Hg.): The Translatability of Cultures. Figurations of the Space Between. Stanford 1996.

Clifford, James: Routes. Travel and Translation in the Late Twentieth Century. Cambridge/Mass., London 1997.

Cronin, Michael: Translation and Globalization. London, New York 2003.

Dingwaney, Anuradha/Maier, Carol (Hg.): Between Languages and Cultures. Translation and Cross-Cultural Texts. Pittsburgh, London 1995.

Flotow, Luise von: Translation and Gender. Translating in the «Era of Feminism». Manchester, Ottawa 1997.

Fuchs, Martin: Kampf um Differenz. Repräsentation, Subjektivität und soziale Bewegungen – Das Beispiel Indien. Frankfurt/M. 1999.

Fuchs, Martin: Übersetzen und Übersetzt-Werden. Plädoyer für eine interaktionsanalytische Reflexion, in: Doris Bachmann-Medick (Hg.): Übersetzung als Repräsentation fremder Kulturen. Berlin 1997, S. 308–328.

Hammerschmid, Beata/Krapoth, Hermann (Hg.): Übersetzung als kultureller Prozeß. Rezeption, Projektion und Konstruktion des Fremden. Berlin 1998.

Haverkamp, Anselm (Hg.): Die Sprache der Anderen. Übersetzungspolitik zwischen den Kulturen. Frankfurt/M. 1997.

Herbrechter, Stefan (Hg.): Cultural Studies, Interdisciplinarity and Translation. Amsterdam, New York 2002.

Hermans, Theo (Hg.): Translating Others. 2 Bde. Manchester 2006.

Howland, Douglas: The Predicament of Ideas in Culture. Translation and Historiography, in: History and Theory 42,1 (2003), S. 45–60.

Liu, Lydia: Tokens of Exchange. The Problem of Translation in Global Circulations. Durham, London 1999.

Maranhão, Tullio/Streck, Bernhard (Hg.): Translation and Ethnography. The Anthropological Challenge of Intercultural Understanding. Tucson 2003.

Niranjana, Tejaswini: Siting Translation. History, Post-Structuralism, and the Colonial Context. Berkeley, Los Angeles, Oxford 1992.

Papastergiadis, Nikos: The Turbulence of Migration. Globalization, Deterritorialization and Hybridity. Cambridge 2000.

Petrilli, Susan (Hg.): Translation Translation. Amsterdam, New York 2003.

Renn, Joachim: Übersetzungsverhältnisse. Perspektiven einer pragmatischen Gesellschaftstheorie. Weilerswist 2006.

Renn, Joachim/Straub, Jürgen/Shimada, Shingo (Hg.): Übersetzung als Medium des Kulturverstehens und sozialer Integration. Frankfurt/M., New York 2002.

Santaemilia, Jose (Hg.): Gender, Sex and Translation. The Manipulation of Identities. Manchester 2005.

Scott, Joan W./Kaplan, Cora/Keates, Debra (Hg.): Transitions, Environments, Translations. Feminism in International Politics. New York, London 1997.

Shimada, Shingo: Die Erfindung Japans. Kulturelle Wechselwirkung und nationale Identitätskonstruktion. Frankfurt/M., New York 2000.

Simon, Sherry: Gender in Translation. Cultural Identity and the Politics of Transmission. London, New York 1996.

Sturge, Kate: «The Alien Within». Translation into German during the Nazi Regime. München 2004.

Turk, Horst/Bhatti, Anil (Hg.): Kulturelle Identität. Deutsch-indische Kulturkontakte in Literatur, Religion und Politik. Berlin 1997.

Tymoczko, Maria/Gentzler, Edwin (Hg.): Translation and Power. Amherst 2002.

Venuti, Lawrence: The Scandals of Translation. Toward an Ethics of Difference. London 1998.

Venuti, Lawrence (Hg.): The Translation Studies Reader. London, New York 2000.

Wolf, Michaela: Übersetzen als textuelle Repräsentation. Dialogischer Diskurs und Polyphonie im Übersetzen zwischen den Kulturen, in: Nadja Grbić/Michaela Wolf (Hg.): Text – Kultur – Kommunikation. Translation als Forschungsaufgabe. Tübingen 1997, S. 137–151.

# 6. Spatial Turn

Der *spatial turn*[1] ist ein Kind der Postmoderne. Gegen Ende der 1980er Jahre ist der amerikanische Kulturtheoretiker Fredric Jameson, ein exponierter Vertreter der Postmoderne, mit dem Slogan angetreten: «Always spatialise!»[2] Dieser Aufruf zur Verräumlichung als einer Methode entspringt dem raumgeprägten Selbstverständnis der Postmoderne, das die dominierende Orientierung der Moderne an der Zeit abzulösen scheint: «Es ist oft gesagt worden, daß wir in einer Zeit der *Synchronie* und nicht der *Diachronie* leben, und ich glaube, daß man in der Tat empirisch nachweisen kann, daß unser Alltag, daß unsere psychischen Erfahrungen und die Sprachen unserer Kultur heute – im Gegensatz zur vorangegangenen Epoche der ‹Hochmoderne› – eher von den Kategorien des Raums als von denen der Zeit beherrscht werden.»[3] Eine derartige Analogisierung von Alltagsleben und Kategoriengebrauch ist bemerkenswert. Sie behauptet nicht nur, die gegenwärtigen Lebenswelten fielen eher in eine Epoche des Raums, der Gleichzeitigkeit und Konstellation, weniger hingegen in eine Epoche der Zeit, der Geschichte und Evolution.[4] Vielmehr wird daraus geradezu empirisch abgeleitet, dass «Raum» in jüngster Zeit zu einer neuen zentralen Wahrnehmungseinheit und zu einem theoretischen Konzept geworden ist. Die jahrhundertelange Unterordnung des Raums unter die Zeit scheint vorbei zu sein. In Wirklichkeit jedoch wird der *spatial turn* zeigen, wieweit er solche Dichotomien gerade überwinden kann, ja wieweit er sich noch stärker an der Front der kulturwissenschaftlichen Theorieentwicklung abarbeitet: Könnte er vielleicht durchgreifender als andere Wenden endlich auch das enge Sprachkorsett des *linguistic turn* abwerfen? Auf den ersten Blick scheint die Raumperspektive tatsächlich eine Schneise zu schlagen, die endlich wieder Forschungszugänge zu Materialität, Handeln und Veränderung zulässt. Denn Raum wird hier nicht in erster Linie als Diskursproblem begriffen, sondern als soziale Konstruktion. Und doch erscheint der *spatial turn* mit seinem Raumdenken wiederum als ein Nachfolger des *linguistic turn*, insofern er das Synchrone über das Diachrone stellt, das Systemische über das Geschichtliche, das Sprachsystem über den sukzessiven Redegebrauch. Auch im *spatial turn* werden Gleichzeitigkeit und räumliche Konstellationen hervorgehoben und eine zeitbezogene oder gar evolutionistische Vorstellung von Entwicklung zurückgedrängt.

In diesem Spannungsfeld zwischen Diskurs und gesellschaftlichem Produktionsprozess ist die Raumperspektive des *spatial turn* verortet. Sie entfaltet sich über die konzeptuelle Neubestimmung einer kultur- und sozialwissenschaftlichen Kategorie bis hin zur Ebene der Raum-Repräsentation. Unverkennbar ist zudem eine deutliche Re-Materialisierung, welche allerdings die Gefahr einer Naturalisierung und Positivierung in sich trägt. Dieses Spannungsfeld des *spatial turn* wird auf der Disziplinenebene noch verstärkt. Zum ersten Mal gerät die (Kultur-)Geographie als *die* Wissenschaft vom Raum in den Rang einer Leitdisziplin, ohne dass dies jedoch von den anderen Humanwissenschaften schon ausreichend anerkannt und für eine Begriffspräzisierung oder gar Kooperation genutzt würde. Das deutlichste Spannungsverhältnis besteht jedoch zwischen politischen (postkolonialen) Raumperspektiven, die Raum von Herrschaft und Macht durchzogen sehen und auf eurozentrismuskritische Umkartierungen von Zentrum und Peripherie hinarbeiten, und deutschsprachigen Ansätzen, die eher lapidar erklären: «*Spatial turn*: das heißt (...) lediglich: gesteigerte Aufmerksamkeit für die räumliche Seite der geschichtlichen Welt – nicht mehr, aber auch nicht weniger.»[5]

## 1. Entstehungskontext und Herausbildung des *Spatial Turn*

Redet man neuerdings allenthalben von der Wiederentdeckung des Raums als einer sozial- und kulturwissenschaftlichen Leitkategorie, setzt dies voraus, dass der Raumbegriff vorher abhanden gekommen sein muss. In der Tat ist die Vorherrschaft der Raumperspektive spätestens seit dem Entwicklungs- und Fortschrittsparadigma der Aufklärung des 18.

Jahrhunderts zunehmend durch eine Zeitperspektive verdrängt worden, zugespitzt dann noch durch die kolonialistischen Entwicklungsvorstellungen im Zusammenwirken mit den fortschrittsbezogenen Geschichtsauffassungen des 19. Jahrhunderts. Den Siegeszug des Historismus mit seiner Vorherrschaft evolutionistischer Auffassungen von Zeit, Chronologie, Geschichte und Fortschritt zu überwinden –, darauf zielt die ausdrückliche Hinwendung zu Raum und Räumlichkeit, wie sie seit den 1980er Jahren stattfindet.[6] Gleichzeitigkeit und Nebeneinander scheinen also die Kategorien von Entwicklung und Fortschritt hinter sich zu lassen. Trotz aller Arbeitsteilung zwischen Geographie und Geschichte bereits im 19. Jahrhundert gibt es Vorläufer in dieser Richtung. Es sind die vom Historismus überlagerten geopolitischen Ansätze: nach Carl Ritter dann Friedrich Ratzel und Karl Haushofer, die allerdings später für die nationalsozialistische Geopolitik instrumentalisiert wurden.[7]

Gerade da der Raumfokus mit solchen geopolitischen Perspektiven verknüpft ist, stößt die jüngste «Rückkehr» der Raumkategorie bzw. der entstehende *spatial turn* – wie keine andere kulturwissenschaftliche Neuorientierung – vor allem in der deutschsprachigen Forschung auf vehemente Skepsis. Die massiven Vorbehalte gegenüber geopolitischen Ansätzen gehen zurück auf die nationalsozialistische Ideologisierung und Funktionalisierung des Raumkonzepts für die Propaganda- und Kriegspolitik des Zweiten Weltkriegs, wie sie sich in einer rassistischen Blut-und-Boden-Ideologie und in der Zielvorstellung einer gewaltsamen Erweiterung des Lebensraums im Osten für ein «Volk ohne Raum» verhängnisvoll niedergeschlagen hat.[8] Die Sozialwissenschaften in Deutschland nach dem Zweiten Weltkrieg haben dementsprechend die Raumkategorie zugunsten der Zeitkategorie vernachlässigt, obwohl sie auf wichtige soziologische «Raumdenker» wie Georg Simmel[9] und Walter Benjamin[10] zurückgreifen können. Der Nationalsozialismus hat auf längere Zeit das Raumdenken und die Verknüpfung von Geschichte mit Geographie einschneidend unterbrochen.

Seit Mitte der 1980er Jahre allerdings spricht man – im Anschluss an die internationale Forschung – von einer Renaissance des Raumbegriffs in den Kultur- und Sozialwissenschaften. Diese Neuorientierung wird begünstigt durch die politischen und gesellschaftlichen Umbrüche der späten 1980er Jahre. Die Aufhebung der Blockbildung war eine entscheidende Triebkraft für die Wende zum Raum. Diese Aufhebung der räumlich-politischen Polarität hat die gesamte Raumkonstellation und Kartierung der Welt verschoben und nicht erst auf dem Feld der sicherheitspolitischen Strategien hegemonialer Herrschaft einen neuen Raumfokus ausgelöst. Bereits der kritische Mitteleuropadiskurs Mitte der 1980er Jahre[11] hat die Verschiebung von Zentraleuropa nach Osten konzeptuell vorangetrieben, gefolgt von der Öffnung der Grenzen als dem eigentlichen Durchbruch. Die entsprechende Expansion der Kapitalmärkte in die neu erschlossenen Räume hinein trieb eine ökonomische Globalisierung voran, die sich immer deutlicher als eine neue Raumkonstruktion zu erkennen gab. Ausgangspunkt war die Einsicht, dass die globalen Entwicklungen nicht mehr von individuellen nationalstaatlichen Akteuren gesteuert werden können, sondern dass sie von einer Konstellation wechselseitiger Abhängigkeiten und Beziehungsnetzwerke geprägt sind. Vernetzung als Eigenschaft von Globalisierung macht die Raumperspektive unvermeidlich. Die Zeitkategorie in ihrer Verknüpfung mit der europäischen Ideologie evolutionärer Entwicklung und deren Konzeption als Fortschrittsgeschichte ist jedenfalls nicht mehr in der Lage, solche globalen Gleichzeitigkeiten und räumlich-politischen Verflechtungen zwischen Erster und Dritter Welt zu erfassen. Diese «Raumrevolution»[12] nach dem Ende des Kalten Kriegs, ausgelöst vom Fall der Mauer und der Aufhebung der Grenzen, gilt auch für ihre Kehrseite: für das Aufkommen neuer Grenzziehungen, neuer räumlicher Disparitäten, Raumansprüche und Abgrenzungen. Damit wird es noch dringlicher, Räume und Grenzen wieder näher zu untersuchen: «Any careful study of our surroundings indeed reveals a multiplicity of borders, walls, fences, thresholds, signposted areas, security systems and checkpoints, virtual frontiers, specialized zones, protected areas, and areas under control.»[13] Der Raum kehrt zurück!

Ebenso vollmundig könnte man jedoch erklären: Der Raum verschwindet! Denn unübersehbar ist das gleichzeitige Phänomen der globalen Enträumlichung und Entortung. Das Überhandnehmen der Telekommunikation und anderer Informationsströme in ihrer translokalen Ausbreitung wie Internet und E-Mail, die Verdichtung des Raums durch

Geschwindigkeit und Überwindung von Entfernungen führen zur Wahrnehmung der Welt als eines «global village». In einer Welt des «www» ist es nicht entscheidend, von wo aus sich die «user» einloggen. Raum scheint eine eher untergeordnete Rolle zu spielen in dieser Situation von Translokalität, Heimatlosigkeit, Ortlosigkeit, Fließen von Informationen usw. Ökonomie, Politik und Massenmedien wirken hier zunehmend entlang der Linien von Kommunikation und nicht etwa entlang ethnischer, räumlicher, territorialer oder nationalstaatlicher Grenzen.[14] Angesichts dieser Ortlosigkeit globaler Verhältnisse argumentiert der Ethnologe Marc Augé mit einem gegen Territorialisierung gewendeten Konzept von Transiträumen, das sich durch Identitätslosigkeit, Flüchtigkeit und einen provisorischen Status auszeichnet.[15] «Verkehrswege und Verkehrsmittel, Autobahnraststätten, Flughäfen und Bahnhöfe, Supermärkte oder Freizeitparks sind nach Augé die in der Gegenwart expandierenden uneigentlichen Orte, die Identität als ‹Eigentliches› nicht mehr zu vermitteln imstande seien.»[16] Doch auch in Bezug auf solche Transit-«Identitäten» gibt es eine gegenläufige Antwort: eine Wiederentdeckung des Lokalen, von Ortsbezügen und von Heimat – eine Tendenz zur Stabilisierung von Identitäten, die bis zum Separatismus von Kulturen und zur Übertreibung von lokalen und regionalen Differenzen in konfliktreichen Prozessen reicht.

Für die entstehende Raumperspektive des *spatial turn* wird dieses Spannungsverhältnis zwischen Auflösung und Wiederkehr des Raums zur Herausforderung einer kritischen Raumreflexion. Von welcher Diagnose geht sie aus? Weder verschwindet der Raum im öffentlichen Bewusstsein sowie in den Sozial- und Kulturwissenschaften, noch kehrt er gänzlich neu zurück. Geschärft wird hingegen die Aufmerksamkeit für die unterschiedlichen Raumperspektiven und die Einsicht, dass zur Erschließung ihres gesellschaftsanalytischen Potenzials neue Raumbegriffe nötig werden. Die Wiederentdeckung des Lokalen etwa ist danach nicht identisch mit dem Sichern von Rückzugsorten gegenüber den Zumutungen der Globalisierung. Wiederholt wird eben nicht das «nostalgische Paradigma westlicher Sozialwissenschaft»[17], das übrigens auch in Roland Robertsons Theorie der «Glokalisierung» bekämpft wird. Denn in der neuen Konzeptualisierung meint Raum gerade nicht Territorialität, Behälter von Traditionen oder gar Heimat, im Unterschied zum bisherigen Raum- und Ortsverständnis etwa in der Volkskunde.[18] Raum meint soziale Produktion von Raum als einem vielschichtigen und oft widersprüchlichen gesellschaftlichen Prozess, eine spezifische Verortung kultureller Praktiken, eine Dynamik sozialer Beziehungen, die auf die Veränderbarkeit von Raum hindeuten. Besonders die Veränderung der Städte und Landschaften im Zuge der weltweit ungleichen Entwicklungen auf der Grundlage räumlicher Arbeitsteilung hat diese Einsicht in die Gestaltbarkeit des Raums durch Kapital, Arbeit, ökonomische Restrukturierung sowie durch soziale Beziehungen und Konflikte bestärkt.

Der *spatial turn* leistet allerdings mehr als eine bloße Diagnose gegenwärtiger Raumverhältnisse, mehr als eine «Produktion neuer Raumdifferenzen».[19] Im Gegenteil, *spatial turn* bedeutet Ausbildung eines kritischen Raumverständnisses. Wird seine Durchsetzungskraft wirklich ausreichend nachvollziehbar durch den Verweis auf die vermeintliche Ortlosigkeit globaler Verhältnisse, auf die veränderten Konstellationen und Verschiebungen zwischen Zentrum und Peripherie, schließlich noch auf die einschneidenden Ereignisse des 11. September 2001? Diese haben – so die Analyse von Rudolf Maresch[20] – das ortlose Weltbild zum Einsturz gebracht und jegliche Illusionen kulturenüberspannender Raumbezüge zerstört. Indem sie alte Tiefenstrukturen wieder aufgebrochen haben, wurden «Permanenzen des Raums»[21] bestätigt: territoriale Zuordnungen und Differenzen wie Nord versus Süd, Zentrum versus Peripherie. Chauvinismus, Nationalismus, Fundamentalismus verschafften sich weiterhin Geltung und wurden, vor allem von den USA, deutlicher als bisher «verortet» – für eine gezielte geo- und sicherheitspolitische Raumstrategie der weltweiten, hegemonialen Kontrolle des Raums ebenso wie für die Sicherung von Rohstoffquellen und den grenzüberschreitenden Krieg gegen Terrorismus. Damit wird freilich eher die Rückkehr zu einem traditionellen Raumbegriff eingeschlagen. Und dieser war weithin an die kolonialistische Aufteilung der Welt rückgebunden, an die aus dem 19. Jahrhundert stammende Geopolitik der Weltmächte.

Die Genese eines kritischen wissenschaftlichen Raumbegriffs hingegen wird erst auf einem ganz anderen Gleis nachvollziehbar. Es ist das

Gleis einer postmodernen und postkolonialen Geographie, die auf eine kritische Geopolitik hinarbeitet und von dort den *spatial turn* ausgelöst hat. Dieser entscheidende Strang der Raumdiskussion hat keineswegs primär mit den Ereignissen des 11. September zu tun, wohl aber mit einem engagierten postkolonialen Ausloten von (marginalen) Räumen. Von hier aus wird die Absicht verfolgt, die eurozentrische, binäre Kartierung der Welt in Zentrum und Peripherie – durchaus im Schlepptau des Kolonialismus – kritisch zu hinterfragen. Ziel ist, gegen die Raumhegemonie des Imperialismus eine Politik der lokalen kulturellen Praxis und der Handlungsermächtigung in Gang zu setzen: «the margin refuses its place as ‹Other›»[22]. Raumpolitik steht also am Anfang des *spatial turn*. Und ihr Anliegen: die Nutzung neuer Handlungs-Spielräume, verschiebt die kulturwissenschaftliche Diskussion von Differenzen und «Othering» weg von der bloß diskursiven Ebene auf eine pragmatische und politische Ebene, wo sie noch dazu geographisch fundiert wird.

In erster Linie waren es postmoderne Geographen, und hier zumeist Stadtgeographen und Städteplaner, welche die Raum-Wende vorangetrieben haben: David Harvey, Edward Soja, Derek Gregory, Steve Pile, Doreen Massey.[23] Daher lässt sich auch von einer «geographischen Wende»[24] sprechen. Jedenfalls wird spätestens durch diesen *turn* die Kulturanthropologie als Leitwissenschaft der Kulturwissenschaften entthront. Die aufkommende kritische Kulturgeographie in engem Zusammenwirken mit postkolonialen Ansätzen ist es, welche die Grundlagen für ein neues, nicht mehr territorial verankertes Raumverständnis erarbeitet hat.[25] Im Horizont eines «radical postmodernism»[26] steht sie zugleich für eine neue kritische Geopolitik, die auf eine räumliche Restrukturierung der Weltgesellschaft zielt.[27]

## 2. Raumbegriffe und die Wendung zum raumbezogenen Denken

Zum *spatial turn* gehört das Operieren mit unterschiedlichsten, oft sehr diffusen Raumbegriffen. Deren Spielarten, Definitionen und wissenschaftsgeschichtliche Einordnung sind an anderen Orten nachzulesen.[28] Allein eine überwiegend theorieinterne Präzisierung und Erweiterung des hierzulande stark phänomenologisch geprägten Raumbegriffs, etwa in Martina Löws «Raumsoziologie»[29], konstituiert noch keine Raumwende. Zur Orientierung im Feld des *spatial turn* ist weder die Vielzahl der Raumbegriffe entscheidend noch die bloße Begriffsreflexion, sondern die ausdrücklich disziplinenübergreifende *Verwendung* der Raumperspektive überhaupt. Entscheidend ist die Umkehr zu einem Räumlichkeitsdenken in kultur- und sozialwissenschaftlichen Analysen, das jedoch auf seine jeweiligen Politisierungen oder Entpolitisierungen, auf seine Naturalisierungen oder Symbolisierungen hin zu befragen wäre. Nicht jede Hinwendung zum «Raum» wird schon gleich zur Triebkraft für einen *spatial turn*. Ein bestimmtes Raumverständnis, das transkulturell anwendbar ist, hat sich jedoch als zentral herausgestellt: So sind fast alle Ansätze des *spatial turn* auf einen gemeinsamen Nenner bezogen, auf den Raumbegriff von Henri Lefebvre[30], einem marxistischen Klassiker der Raumtheorie. Er hat die Produktion von Raum in den Blick gerückt, seine unverzichtbare Verknüpfung mit sozialer Praxis. Die soziale Konstituierung des Räumlichen wird hier ebenso betont wie die Rolle des Raums für die Herstellung sozialer Beziehungen. Es sind also die gelebten, sozialen Praktiken der Raumkonstitution, auch der Ein- und Ausgrenzungen, auf die hin die meisten raumbezogenen Untersuchungseinstellungen im Zuge der Raumwende ausgerichtet sind. Deshalb hat auch der Stadt- und Umweltplaner Edward Soja, der Protagonist eines kritischen Raumverständnisses im Anschluss an marxistische Positionen der Sozialgeographie, schon bei Lefebvre die Keimzelle des «spatial turn»[31] verortet.

Raum gilt also längst nicht mehr als physisch-territorialer, sondern als relationaler Begriff. Für den *spatial turn* wird nicht der territoriale Raum als Container oder Behälter maßgeblich, sondern Raum als gesellschaftlicher Produktionsprozess der Wahrnehmung, Nutzung und Aneignung, eng verknüpft mit der symbolischen Ebene der Raumrepräsentation (etwa durch Codes, Zeichen, Karten). Vor allem aber wird die Verflechtung von Raum und Macht zu einer wichtigen Untersuchungsachse. Michel Foucaults Raumkonzept der «Heterotopien»[32], der liminalen Krisen-, Abweichungs- und Illusionsorte, wird ebenso zum Bezugspunkt wie Pierre Bourdieus Konzept der Produktion des sozialen Raums als einer habitualisierten Praxisform[33] und Doreen Masseys feministische Zuspitzung zu «power-geometries of space»[34]. Mit diesen Theoriehorizonten liegt es nahe, die Raumwirkung von sozialen Schichten, Ethnizität und Geschlechterverhältnissen in ihren Aus- und Eingrenzungen und in ihrem Freisetzen «anderer», versteckter Räume zu untersuchen. Ein entsprechender Raumbegriff wird gerade aus dem Blickwinkel der *Urban Studies* entwickelt, bekräftigt angesichts innerstädtischer Auseinandersetzungen, Machtstrategien und Diskurse.[35] Er ist es auch, der den Fortgang des *spatial turn* gespeist hat.

Auf diesem Hintergrund wird die Geographie zur Leitwissenschaft des *spatial turn*, allerdings erst, nachdem sie selbst zu einer interdisziplinären Öffnung gezwungen wurde.[36] Für das *turn*-Potenzial der Raumfokussierung ist entscheidend, dass im Licht der noch gezielter epistemologisch angelegten kulturwissenschaftlichen Raumreflexion die traditionelle Kulturgeographie ihrerseits rekonzeptualisiert wird.[37] Längst sind hier nicht mehr die vertrauten, überwiegend essenzialistischen Raumbegriffe der Kulturgeographie maßgeblich, auch nicht mehr nur deren Makroperspektive. Eher ist es eine Zuspitzung der Raumkonzepte hin zu ideologischen Landschaften, zu Raumpräsentationen, die von Machtverhältnissen durchzogen sind, hin auch zur Mikroperspektive der Raumwirkung von Subjekten, Körpern, Interaktionen, sozialen Beziehungen. Was sich herausbildet, ist eine neue Kulturgeographie, die über die Raumkategorie ihren Blick für Machtverhältnisse schärft.[38] An diesem

Fall zeigt sich besonders deutlich, wie bestimmte kulturwissenschaftliche Fächer erst dann zu Leitdisziplinen eines kulturwissenschaftlichen *turn* werden, wenn sie sich gleichzeitig selbst umkonzipieren.

Allerdings verläuft auch dieser Prozess durchaus kontrovers. Nicht alle Anhänger eines *turn* ziehen an einem Strang. Richtungskämpfe innerhalb einer Wende sind an der Tagesordnung. Besondere Angriffspunkte bietet etwa Edward Soja, der dezidiert aus einem postkolonialen Standpunkt heraus argumentiert.[39] Denn hierfür nimmt er eine Geographie des Raums in Anspruch, die der traditionellen geographischen Raumwissenschaft längst nicht mehr entspricht. Raumdenken heißt bei ihm: einerseits Kritik einer eurozentrischen Geographie mit ihren Marginalisierungen anderer Kulturen und Gesellschaften, andererseits Befreiung aus den Dichotomien der Raumkonstruktion, wie sie jahrhundertelang praktiziert und bereits in Edward Saids Orientalismuskritik angegriffen wurden. Dieses binäre Raumverständnis ist schon deshalb nicht zu unterschätzen, als es sich heute noch faktisch niederschlägt: in Apartheid, Ghettos, Reservaten, Kolonien und anderen Ausgrenzungen aufgrund von essenzialisierender Zweipoligkeit, auch entlang der Zentrum-Peripherie-Achse.[40]

Angesichts der massiven Tendenzen zu erneuter Abgrenzung und militanten Raumansprüchen wird eine entsprechend konfliktbewusste Raumreflexion zu einer wichtigen, wenn auch nicht der einzigen Leitachse des *spatial turn*. Auf die postmoderne Dynamisierung des Raums mit ihren Überlappungen, Grenzüberschreitungen und fließenden Übergängen kann man sich dazu wohl kaum berufen. Erst postkoloniale Akzente werfen Licht auf Spannungsräume des Konflikts in ihrer Abhängigkeit von einer hegemonialen Raumpolitik. Die Kritik an der Geographie des Kolonialismus und Imperialismus bedeutete im Postkolonialismus vor allem Kritik an einem «mapping of empire», an dem auch literarische Texte teilhatten.[41] Diese Kritik äußerte sich besonders in einem Re-mapping und Re-writing durch postkoloniale Subjekte mit dem Ziel, die hierarchische Weltkarte der Asymmetrie zwischen den Ländern des Zentrums und den Ländern der Peripherie bzw. der Gesellschaften außerhalb Europas einer neuen kritischen Kartierung zu unterziehen. Erst durch die postkoloniale Perspektive ist die Raumperspektive so politisiert worden, dass Raum als fundamentale Kategorie von Macht in den Vordergrund rückte.

Edward Said hat bereits im Zuge des *postcolonial turn* den Boden bereitet für eine Neufokussierung hin zu räumlich-geographischen Kategorien einer (imperialismus-)kritischen «kulturellen Topographie».[42] «Ich spreche über die Art und Weise, wie Strukturen der Lage (location – D. B.-M.) und der geographischen Referenz in den kulturellen Sprachen von Literatur, Geschichte oder Ethnographie in Erscheinung treten, manchmal auf dem Wege der Anspielung, manchmal sorgfältig ausgeführt, und zwar durch Bündelung mehrerer individueller Werke, die sonst in keinerlei Beziehung zueinander oder zur offiziellen Ideologie des ‹Imperiums› stehen.»[43] Said kartiert die räumlichen Konstellationen zwischen Macht, Wissen und Geographie im imperialistischen Kontext. Dabei stößt er auf das Spannungsverhältnis zwischen europäischen Herrschaftsräumen und entlegenen, peripheren Territorien der Kolonien, das sowohl die Literatur als auch das kulturelle Selbstverständnis prägt. Mit solchen Perspektiven des *spatial turn* können auch die postkolonialen Rewriting-Verfahren von Seiten der neueren Literaturen der Welt als Strategien eines geopolitischen Re-mapping aufgefasst werden: «Heute haben Schriftsteller und Gelehrte aus der einstmals kolonialisierten Welt ihre verschiedenen Geschichten den großen kanonischen Texten des europäischen Zentrums auferlegt und ihnen ihre lokalen Geographien einbeschrieben.»[44]

Damit gewinnt der *spatial turn* von vornherein eine politische Aufladung – nicht der leere Raum ist es, der hier zur neuen kulturwissenschaftlichen Beschreibungskategorie wird. Vielmehr sind es Überschneidungen durch die Gleichzeitigkeit von ungleichen Räumen und Territorien, wie sie mit Saids Konzept einer «imaginären Geographie» treffend zu erfassen sind: die Aufladung von Räumen mit imperialen Einschreibungen, versteckten Hierarchien, deplatzierten Erfahrungen, Kontinuitätsbrüchen (wie etwa im Fall seines eigenen Geburtslandes Palästina), aber auch mit Konstruktionen des Anderen und Projektionen von Gegenbildern (wie etwa im Fall des Orientalismus).[45] Solche Einschreibungen und Aufladungen des Raums sind auf der Landkarte nicht zu erkennen. Wie auch Soja bestätigt: «It is not always easy to see the imprint of this imperial history on the material landscape.»[46] Verlangt werden somit strategisch-methodische Verfahren, um solch komplexe imaginative Räume analysieren zu können. Saids Verfahren eines «kontrapunktischen» Lesens ist hier einschlägig.[47] Denn es spürt etwa in Romanen Subtexte und versteckte Verbindungslinien zu imperialer Macht ebenso auf, wie es scheinbar entgegengesetzte Phänomene in eine räumliche Relation bzw. in eine erhellende Konstellation des Nebeneinanders versetzt. Die Hierarchie von Orten wird dadurch an die Oberfläche gebracht, aber auch die selbst in literarischen Texten noch durchscheinende ungleiche Arbeitsteilung zwischen Europa und nichteuropäischen Gesellschaften. Eine derart gezielte und kritische Raumperspektive kann die «komplexe und ungleichmäßige Topographie»[48] mit ihren Brechungen und Widersprüchen (anstelle eines synchronen Raumuniversums) analytisch erfassen. Gerade sie wird nach dem Ende der eindeutigen Grenzziehungen der alten Weltordnung zur Ausgangslage weltweiter, sich überschneidender Interaktionen und Kulturenkontakte.

### TRANSNATIONALE RÄUME

Mit Blick auf solche postkolonialen Bezüge wird die neue Raumwende auch in Zukunft deutlich mit Transnationalisierungsphänomenen verknüpft werden müssen und umgekehrt.[49] Im neuen Raumdenken scheint schon von daher der territoriale Raumbegriff ausgedient zu haben. Dieser fiel zusammen mit einem nationalstaatlich markierten Raumbegriff, mit einer Sicht von Raum und Örtlichkeit als statischem «Behälter» kultureller Traditionen, der im Zuge der Herausbildung der Nationalstaaten auch die Kultur auf ein nationales Terrain mit territorialen Grenzen verpflichtet hat. Diese Raumvorstellung hat eine problematische kolonialistische Vorgeschichte. Sie war verknüpft mit der kolonialistischen Platzierung des Anderen. Doch die zunehmend entterritorialisierten Raumverhältnisse und Beziehungsgeflechte haben auch das Raumverständnis transnationalisiert. Erst dadurch ist etwa das Phänomen zu erfassen, dass Diasporagruppen weltweit vernetzt sind und gemeinsame kulturelle Vorstellungen teilen, dabei aber doch in verschiedene Lokalitäten zerstreut sind.

Am weitesten hat hier der Kulturanthropologe und Globalisierungstheoretiker Arjun Appadurai den *spatial turn* auf transnationale Räume bezogen. Aufgelöst haben sich zwar die Begrenzungen nationalstaatlicher Territorialität. Doch gleichzeitig konnten sich andere, transnationale und zugleich lokale Territorialbezüge herausbilden: institutionelle Netzwerke, globale Akteure, Finanzmärkte, ja auch internationaler Terrorismus, kurz das, was Appadurai «global ethnoscapes»[50] – globale ethnische Räume – nennt. Dies sind Räume, die von spezifischen Gruppenidentitäten geprägt werden, Erfahrungsräume, die in der Diaspora entstehen, welche trotz Deterritorialisierung und «displacement» verstreute Migrantengruppen zusammenhalten: vielschichtige, komplexe Räume einer trans- und multilokalen Zivilgesellschaft. Appadurai geht damit, auch für die Ethnographie, von einer veränderten Situation aus: «die Gruppen (also Exilanten, Immigranten, aber auch Touristen – D. B.-M.) sind nicht länger auf bestimmte Territorien fixiert, an bestimmte Räume gebunden, sie verfügen über ein Bewußtsein ihrer eigenen Geschichte und sind keineswegs kulturell homogen.»[51]

Solche empirisch feststellbare Raum-Zerstreuung führt gegenwärtig zu einer konzeptuellen Neuentdeckung des Raums, die sich ableiten lässt aus Appadurais Frage: «Was bedeutet Örtlichkeit als gelebte Erfahrung innerhalb einer globalisierten, enträumlichten Welt?»[52] Keineswegs bleibt das Lokale auf handfeste physische Räumlichkeit beschränkt. Denn es ist geradezu durchsetzt von der Imagination möglicher Lebensentwürfe, die «von anderswo herkommen» und durch die Massenmedien, durch Filme usw. vermittelt werden.[53] Zwar wird hier – auch durch Literatur – ein eher fiktiver Raum von imaginären «Heimatländern der Phantasie» geschaffen – so der Titel eines Essaybands von Salman Rushdie –, etwa ein jeweils «ganz persönliches Indien der Phantasie»[54]. Doch gerade solche (durchaus global verbreiteten) Imaginationen und Repräsentationen prägen die lokalen Besonderheiten; gerade von ihren grenzüberschreitenden Fiktionalisierungen aus wäre das «Reale des Alltags»[55] in den örtlichen Lebensumständen zu erforschen. Zudem laufen im lokalen Raum gewissermaßen die globalen Stränge zusammen – von Ortlosigkeit kann kaum mehr die Rede sein, denn «am Lokalen ist gerade die Art und Weise wichtig, in der Widersprüche zwischen Klassen,

Rassen oder Geschlechtern gelöst werden, oft mit von Ort zu Ort leicht unterschiedlichen Ergebnissen.»[56]

Die Vorstellungen von Raum und Raumgrenzen differenzieren sich also und verlagern sich. Die traditionelle Bindung des Raums an soziale, kollektive, nationale Identitäten und Traditionen wird ebenso in Frage gestellt wie altvertraute Grenzziehungen. Grenzen und Grenzüberschreitungen überhaupt entwickeln sich zu herausgehobenen Forschungsfeldern des *spatial turn*.[57] Dies gilt auch für die Kategorien von Vernetzung und Netzwerken[58], die ebenfalls aktiviert werden und die – neben ihrer epistemologischen Geschichte von spätmodernistischen «Konfigurationen» bis hin zu den neueren Netzwerktechnologien[59] – hier jedoch vor allem als Problem transnationaler Netzwerkbildung erscheinen. Mit diesen Kategorien entsteht besonders von Seiten der (internationalen, angloamerikanischen) Kulturtheorie ein verändertes Raumverständnis. Raum wird geradezu zu einer Metapher für kulturelle Dynamik: durch Grenzüberschreitungen und Grenzverlagerungen, durch Verhandlungen, durch Migration und Überlappung, durch das Entstehen netzwerkartiger transnationaler «imagined communities». Diese neue Kategorie des Raums berücksichtigt ebendieses Spannungsfeld von globalen und lokalen Phänomenen und Interdependenzen.

## THIRDSPACE

Die neuen Konzepte von (entgrenztem) Raum, Verräumlichung und Verortung von Kultur sind gegenwärtig besonders weit reichend profilierte Leitvorstellungen. Was sie klarer in den Blick bringen, ist die Komplexität von Räumen, ihre Überlappungen und Überlagerungen, die Ungleichzeitigkeiten des Simultanen sowie Gegen-Raumkonstruktionen, welche nicht zuletzt die Zentrum-Peripherie-Hierarchie kritisch durchkreuzen. In diesem Horizont schraubt sich der *spatial turn* in eine Spirale der Konzeptbildung hinein, die anregend ist, dabei aber leicht ihre Bodenhaftung verliert. Denn die Raumperspektive erstreckt sich hier auf Räume, die nicht mehr nur real, territorial und physisch, auch nicht mehr nur symbolisch bestimmt sind, sondern beides zugleich und damit potenziert zu einer neuen Qualität: «Heterotopien», so nennt sie Foucault, unter «imaginary geography» fasst sie Said, als «global ethnoscapes» bezeichnet sie Appadurai, «Thirdspace» bzw. «real-and-imagined places», so nennt sie Soja.

Die mit der Globalisierung verbundene Gleichzeitigkeit von Ungleichzeitigem sowie die Überlagerung verschiedener kultureller Zugehörigkeiten im Zuge von Migration können auf solche Raumkonzepte zurückgreifen, die jedenfalls das bisher vorherrschende temporal-historische Modell zunehmend ablösen. Los Angeles gilt geradezu als ein prototypisches Beispiel für eine solche Synchronie der Lebenswelten[60], für eine Urbanisierung, die durch räumliche Trennung von Macht und Arbeit geprägt ist, durch die Macht, zu zentralisieren oder zu dezentralisieren sowie die sozialen Verhältnisse auch räumlich zu strukturieren.[61] Dies wird erkennbar über eine «imaginäre Geographie», die z. B. die kolonialen Spuren der Einwanderermetropole an ihren deutlichen urbanen Raumwirkungen abliest, die «Heterotopien» postmoderner Geographien – wie es jargonverdächtig heißt. Am Beispiel von Los Angeles als einem «real-and-imagined place»[62] erläutert Soja sein Konzept des «Thirdspace», das zudem tief in den *postcolonial turn* hineinreicht. Thirdspace soll Ausdruck sein für ein von vornherein transdisziplinäres Konzept von Räumlichkeit – ein Raum von außergewöhnlicher konzeptueller Offenheit[63] jenseits vertrauter Grenzziehungen, ein «gelebter» und nicht vollständig kartierbarer Ort von Bewegungen und Gemeinschaften, die neue Schauplätze politischen Handelns und raumbezogener Politik erschließen. Es soll jegliche Festschreibungen durch reale physische Räume mit ihrem territorial verankerten Traditionsballast hinter sich lassen können. Konzeptualisiert werden «real-and-imagined places» als Räume, die gleichzeitig materiell und symbolisch, real und konstruiert und in konkreten raumbezogenen Praktiken ebenso wie in Bildern repräsentiert sind.[64] Auch mit Bezug auf die postkoloniale Ausgangsposition dieses Raumkonzepts lässt sich behaupten, dass der *spatial turn* vorangetrieben worden ist von ebendiesem emphatischen Raumbegriff, der nicht zuletzt die Essenzialisierungen der bisherigen Ethnizitätspolitik überwinden soll.

Neben der Metaphorisierung ist hier – wie auch bei manch anderen *turns* – eine Stufe der emphatischen Überhöhung durchlaufen worden:

«Was entsteht, ist ein Raum totaler Offenheit, ein Raum des Widerstandes und des Kampfes, ein Raum der vielfältigsten Repräsentationen.»[65] Angenähert an Homi Bhabhas Konzept von «thirdspace», bleibt diese Konzeptualisierung allerdings keine bloße Denkfigur, sondern wird auch physisch-raumbezogen rückgebunden – abgeleitet von der komplexen Metropolenwirkung von Los Angeles und ihren Überlagerungen widersprüchlicher Schichten an einem Ort, der mit Raumillusionen verknüpft ist und als «real-and-imagined place» zugleich empfunden werden kann. Über diesen räumlichen Akzent wird es vielleicht eher möglich, «thirdspace» als einen handlungsträchtigen Zwischenraum zu konkretisieren, wie er gerade für die vielfältigen Übergangsprozesse zwischen Kulturen, in Migrationssituationen und zwischen Geschlechterrollen für Aushandlungen und Verflüssigungen von Differenzen genutzt werden kann.[66]

## Raumrepräsentation und Verfahren des «Mapping»

Der *spatial turn* richtet sich auf Praktiken der Raumerschließung und -beherrschung, zugleich aber auch auf Repräsentationsformen von Räumen. Der Darstellungsakzent dringt in den Vordergrund, wenn vom *topographical turn*, gleichsam einer Unterströmung des *spatial turn*, die Rede ist: «anders als im *spatial turn*, der vor allem an raumkonstituierenden Praktiken interessiert ist, interessiert sich der kulturwissenschaftliche Ansatz (des *topographical turn* – D. B.-M.) für die Repräsentationstechniken und Repräsentationsformen.»[67] Die Karte ist hier ein herausgehobener Gegenstand, der aber für den *spatial* oder *topographical turn* erst im Zuge ihrer methodischen Umsetzung oder gar strategischen Verwendung im Verfahren des «mapping» interessant wird. Mapping bleibt freilich nicht mehr nur auf Karten im engeren Sinn bezogen, sondern wird zu einem allgemeinen (metaphorisierten) Ordnungsmuster, zu einem Modell der Organisation von Wissen: Mapping von Körper und Raum[68], Mapping von Zukunft[69], Mapping der Postmoderne[70] und von Ähnlichem mehr. Solche Kartierungsfelder setzen eine Erweiterung der physischen Karte zu «mental maps» voraus, also zu symbolischen und vor allem subjektiven Aufladungen der kartographischen Bezugspunkte mit je verschiedenen Bedeutungen. Mental Maps verweisen auf die Komplexität der Raumperspektive, auf die Schnittstellen zwischen Raum und Zeit, aufgrund ihrer Überlagerung der physisch-räumlichen Strukturen durch (subjektive) Erinnerungsakte.[71] Sie bringen Kartierung als eine mentale Operation in den Blick.

Die Analyse von Mental Maps ist allerdings nicht erst eine Erscheinung des *spatial turn*.[72] Wiederum ist es der Postmoderne-Diskurs, der für die Konzeptualisierung von Mental Maps und von Cognitive Mapping (Fredric Jameson) die entscheidenden Grundsteine gelegt hat[73], ebenso wie für ein Verständnis vom Raum als Medium des Austauschs, als Medium von Sprache und von symbolischer Aufladung (durch Gedächtnisinhalte, imperialistische Zuschreibungen usw.). Die Raumkonstitution durch Symbolisierung gibt dem *spatial turn* jedoch eine entscheidende Drehung. Denn sie lenkt die Aufmerksamkeit auch darauf, wie Karten eben nicht bloße natürliche Verhältnisse abbilden, sondern wie sie Vermessungen und symbolische Codierungen zum Ausdruck bringen bis hin zu Manipulationen, womit sie nicht zuletzt auch als Instrumente politischer Herrschaft eingesetzt werden.

Diese Operationalisierung der kritischen, ja politischen Raumperspektive durch Verfahren der Kartierung (Mapping) wird in einer bemerkenswerten deutschen Version des *spatial turn*, wie sie in den Arbeiten des Historikers Karl Schlögel vorliegt, allerdings massiv entschärft. Schlögels Raumfokus ist zwar auch an Landkarten festgemacht. Diese sollen aber eher im topographischen Sinn die Gleichzeitigkeit der Raumbeziehungen aufzeigen und Raumverhältnisse über Kartenlesen als «Visualisierung»[74] zugänglich machen. Unverkennbar ist hier der Bezug zum *iconic turn*: «Die Geschichte zeigt ihre visuelle, ikonographische Seite.»[75] Unverkennbar wird aber auch die damit einhergehende Entpolitisierung: Es ist die Gleichzeitigkeit und die «Einheit von Zeit, Ort und Handlung»[76], die hier über die Karte repräsentiert wird. Verloren gegangen ist jegliche Machtanalyse und politische Handlungsperspektive, wie sie in den postkolonialen Verräumlichungsimpulsen des «Third Space» noch entscheidend war. Dafür werden hier zwei andere Perspektiven akzentuiert: zum einen die Aufwertung des *spatial turn* zu einer Neufokussierung, die aufgrund der Simultaneität und Gemengelage der verschiedenen, bisher getrennt voneinander untersuchten Raumdimensionen die Komplexität historischer Prozesse darstellen soll, und zwar so umfassend wie kein anderer *turn*: «Der Bezug auf den Ort enthielt insgeheim immer ein Plädoyer für eine *histoire totale* (...).»[77] Zum andern soll durch den *spatial turn* die Widerständigkeit der Raumvorstellung gegenüber den Entmaterialisierungen des *linguistic turn* wieder zur Geltung gebracht werden. Gerade die Ereignisse des 11. September 2001 haben Schlögel zufolge daran erinnert, «dass es Örter gibt: Örter, also nicht bloß Symbole, Zeichen, Repräsentationen von etwas (...) Städte, die getroffen werden können, Türme, die zum Einsturz gebracht werden können (...).»[78]

*Spatial turn* bedeutet demnach bei Schlögel ausdrücklich das längst überfällige und vom Textualismus und Kulturalismus verdrängte Vordringen in die Materialität der Orte: ein Graben, Suchen nach Spuren und nach Verbindungslinien – ein Plädoyer für Ortskundigkeit und Augenzeugenschaft und für Exkursionen auch in der Geschichtswissenschaft. Mit Blick auf den *reflexive turn* sind an dieser Einstellung nicht zuletzt ihre Konsequenzen für die Geschichtsdarstellung bemerkenswert. Denn künftig sollen auch in historiographischen Kulturbeschreibungen eher Felder gezeichnet, Schnittpunkte oder Linien der Vernetzung markiert werden.[79] Damit könnten anstelle von «Narrative(n) der Evolution»[80] andere Repräsentationsformen bestärkt werden, die auch dem widersprüchlichen, konfliktreichen und differenten Nebeneinander verschiedener Welten gerecht werden – genrevermischte «Narrative(n) der Simultaneität»[81], wie Schlögel sie nennt.

Bemerkenswerterweise scheint darüber hinaus doch ein (europazentriertes) politisches Ziel durch: die Neuvermessung Europas. Doch diese Raumvermessung bleibt menschenleer, kartographisch und erstaunlicherweise nicht von sozialen Handlungen und Beziehungen her gedacht. Noch dazu legt diese Konzentration auf die «Produktion des neuen europäischen Raums»[82] nach der Ost- oder auch Westerweiterung die Vermutung nahe, dass man zwischen zwei Versionen des *spatial turn* unterscheiden muss.

So ist die angloamerikanische, internationale Version offensichtlich eher auf Globalisierung gemünzt, auf große Räume weltweiter Raumbeziehungen und Raumpolitik. Dagegen scheint die deutschsprachige Version, allerdings mit Ausnahme der auch hierzulande politisch gewendeten Ansätze der Kulturgeographie[83], überwiegend auf einen Horizont von Europäisierung zugeschnitten zu sein oder jedenfalls – vielleicht auch genährt durch Alltagsgeschichte und Historische Anthropologie – eher lokale und regionale Erfahrungsräume aufzuwerten. Eine solche Diagnose ergibt sich, wenn der *spatial* oder *topographical turn* auf die eigene Darstellung der Raumwende rückgewendet wird, das heißt, wenn die verschiedenen Raumtheorien nach ihrem jeweiligen amerikanischen oder deutschen Entstehungsort «verortet» werden. Auf ein entsprechendes Mapping der raumbezogenen kulturwissenschaftlichen Theorien hat Sigrid Weigel ansatzweise hingewiesen, wenn sie den *spatial turn* der *Cultural Studies* von demjenigen der deutschsprachigen Kulturwissenschaften unterscheidet.[84] Zwar ist ihr Befund, dass die *Cultural Studies* mit der Kritik an der Kolonisierungsgeschichte beginnen und auf die Entfaltung von Gegendiskursen ethnischer Minderheiten in den «Zwischenräumen» der Kulturen hinarbeiten – wogegen der deutschsprachige *topographical turn* (in der Literaturwissenschaft) eher historisiert, konkrete Orte ins Visier nimmt, aber auch semiotisch argumentiert und philosophiegeschichtlich verankert ist. Doch fixiert auf die *Cultural Studies* kommt sie zu der Fehleinschätzung, der *spatial turn* beruhe auf «ethnographisch beeinflusster Kulturtheorie».[85] Dabei spielt die Ethnographie für den *spatial turn* eine äußerst geringe Rolle, und das Ausblenden der Kulturgeographie mit ihren wichtigen politischen Impulsen verzerrt die konzeptuelle Ausgangskonstellation, die den «Raum» zu einer gezielten Analysekategorie werden lässt.

## 3. «Raum» als Analysekategorie

Man kann nicht genug betonen, dass eine quantitative Ballung von Forschungen zu «Raum» als «Thema» oder «Forschungsgegenstand» noch keineswegs ausreicht, um einen *spatial turn* auszurufen. Ebenso wenig Evidenz gewinnt die weite interdisziplinäre Ausbreitung hin zu einem konturenlosen «metaphorischen Universalbegriff».[86] Ein *spatial turn* verlangt vielmehr – wie andere *turns* auch –, einen qualitativen Sprung, der mit einer methodisch-konzeptuellen Profilierung einhergeht. Diese wird erst dann erreicht, wenn durch interdisziplinäres Zusammenwirken die neue Aufmerksamkeit auf Raum und Räumlichkeit abgekoppelt wird vom Raum im engeren Sinn – wenn das Denken selbst raumbezogen wird und in ein methodisches Verfahren der Spatialisierung übergeht: in die Aufforderung zu einem «thinking geographically».[87] Schließlich steht nicht der Raum als solcher im Vordergrund, zumal es ja auch nicht darum geht, Zeit durch Raum zu ersetzen. Entscheidend ist vielmehr die Perspektive der Verräumlichung, nicht zuletzt auch von Zeit und Geschichte selbst: «spatialization of time and history»[88] im Sinn einer methodischen Untersuchungseinstellung. Die letzte Drehung dieser Raumwende ist freilich erst dann erreicht, wenn auch das epistemologische Potenzial der Raumfokussierung erschlossen wird, wie etwa in Sojas Ausrichtung auf eine «spatiale Hermeneutik» («spatial hermeneutics»[89]). Sein Vorschlag ist, alle Verstehensakte räumlich zu öffnen, sodass sie die Gleichzeitigkeit, das Nebeneinander und Auseinander ungleicher Lebenssphären ebenso erfassen können wie die Asymmetrien der Machtverteilung. Ein solcher Vorschlag, der wiederum die sequenzielle Geschichtserzählung mit ihrem zeitlichen Nacheinander in ihre Grenzen verweist, findet in Saids «kontrapunktischem Lesen» einen methodischen Anhaltspunkt wie auch in der Erkenntniseinstellung des «mapping».

Wie schlägt sich nun eine solche kritische Perspektive auf Raum und Räumlichkeit in einem fächerübergreifenden *spatial turn* nieder? Die fast inflationäre Rede von Kartierung bzw. Mapping in den letzten Jahren bestätigt, dass insbesondere die postkoloniale Aufladung der Raumkategorie neue Wahrnehmungsformen und Analysekategorien erzeugt hat. Und von hier aus ist die Frage am besten zu beantworten, worin sich denn nicht nur das veränderte Raumverständnis ausdrückt, die Wiederentdeckung des Raums als prominentem «Gegenstand» der Kulturwissenschaften bis hin zur Unterscheidung privater und öffentlicher Räume, geschlechtsspezifischer Räume und Körperräume, wie sie ebenfalls seit den 1980er Jahren vor allem aus feministischer Perspektive in den Blick geraten sind. Inwiefern kann man darüber hinaus von einem *spatial turn* sprechen? Entscheidend ist hier, dass der Raum selbst zu einer zentralen Analysekategorie wird, zum Konstruktions-prinzip sozialen Verhaltens, zu einer Dimension von Materialität und Erfahrungsnähe, zu einer Repräsentationsstrategie. Diese ist nicht mehr narrativ und temporal ausgerichtet und bleibt damit auch nicht mehr in den Fallstricken von Evolutionismus und Entwicklung befangen.[90] Ob sich ein *spatial turn* tatsächlich Geltung verschafft, erweist sich daran, wiewweit er Eingang findet selbst in Wissenschaften, deren Forschungs-richtungen Räumlichkeit nicht gerade privilegieren. Vor allem aber zeigt es sich daran, wiewweit mit der Raumkategorie ein «shift» hin zu einer räumlichen Revision des Kulturbegriffs selbst ausgelöst wird.

Ablesbar wird dieser Anstoß zur Neukonzeptualisierung von «Kultur» bereits an der Verbreitung eines neuen kulturanalytischen Vokabulars mit seinen verstärkt räumlichen Metaphern wie Marginalität, Ränder, Grenze, Location, Deterritorialisierung, Zentrum–Peripherie, Mapping. Dieses Vokabular verdichtet sich zu einem «kulturwissenschaftlichen Vorstellungsmodell, das ein Zusammendenken unterschiedlicher Ebe-nen und Dimensionen erfasst: das Individuelle und das Gesellschaft-liche, das Dazugehörige und das nicht Dazugehörige, das Lokale und das Globale, das Konkrete und das Imaginierte, Praxis und Repräsentation lassen sich in ihrem Ineinandergreifen denken und beschreiben.»[91] Die Raumperspektive bietet also die Möglichkeit, das inkommensurable Ne-beneinander des Alltagslebens, das Ineinanderwirken von Strukturen und individuellen Entscheidungen, das bisher eher getrennt voneinan-der untersucht worden ist, nun in der Zusammenschau zu analysieren – ein herausragender Neuansatz, der sogar zu einer Zeitschriftengründung geführt hat: zu «Space and Culture».[92] Ein derart komplexer operativer Raumbegriff führt den *spatial turn* aus dem Blickwinkel der einzelnen Dis-ziplinen einerseits auf die Fährte einer politischen Raumperspektive und Raumpolitik, insofern er sich als ein unverzichtbarer Ordnungsbegriff angesichts der Kontingenzen der globalen Welt anbietet. Andererseits lenkt er die Aufmerksamkeit auf konkrete Raumverhältnisse zurück, hierbei allerdings mit der Gefahr, die anfängliche politische Stoßkraft bzw. das politische Potenzial des *spatial turn* womöglich zu verlieren.

# 4. Der *Spatial Turn*
## in einzelnen Disziplinen

Die interdisziplinäre Rekonzeptualisierung von Raum geht so weit, dass sie die Raumreflexion der einzelnen Disziplinen nutzt, um Raum als Grundelement der Sozial- und Kulturtheorie zu betrachten und den Kulturbegriff selbst unter räumlichem Vorzeichen zu überdenken. Unübersehbar ist – jedenfalls in der internationalen Diskussion – die Rückbindung dieser Raumreflexion an globale und gesellschaftliche Entwicklungen von Mobilität, Grenzproblemen, Migration, geschlechtsspezifischer und ethnischer Ausgrenzung, Tourismus, Transformationen globaler Städte, Kontrollen des Raums usw. Eine politische Ökonomie des Raums bleibt hier keineswegs nur ein Fernziel des *spatial turn*. Die *Geographie* ist dabei führend, vor allem die im Zuge des *spatial turn* rekonzeptualisierte politische Kulturgeographie. Ihr geht es um die Untersuchung regionaler Unterschiede und lokaler Verortungen des Politischen und um die Frage, «wie politische Akteure mit Hilfe geopolitischer ‹Geographical Imaginations› oder ‹Strategischer Raumbilder› Geopolitik machen.»[93] Das «Machen» von geographischen Raumstrukturen steht in dieser handlungstheoretischen Überarbeitung der Kulturgeographie und ihrer Abkehr vom «bestehenden» Raum im Vordergrund. Mit ausdrücklichem Bezug auf den *linguistic turn* werden dabei jedoch auch die Codes, Zeichen und Symbole einer Geographie der Macht markiert, wie sie im Feld von Raumkontrollen, Zugangskontrollen zu Bahnhöfen etwa, in Einkaufs- und Erlebniswelten, in umkämpften Stadträumen neue Aufmerksamkeit erfahren, aber auch im Feld von Grenzkonflikten, von Praktiken der Grenzbildung und Grenzüberschreitung. Auch in diesem Horizont könnte es fruchtbar sein, den Kodex der gegenwärtigen Raumdiskussion einmal gegen den Strich zu lesen. So wäre das zähe Weiterwirken der «Container»-Vorstellung von Raum im Alltagsleben nicht einfach zu ignorieren oder konzeptuell zu überspringen, sondern zunächst einmal anzuerkennen – ohne freilich hinter die Errungenschaften der postmodernen Neukonzeptualisierung zurückzufallen. Immerhin sind die alltäglichen Essenzialisierungen nicht einfach wegzuwischen – beispielsweise die wechselseitigen Zuschreibungen zwischen Ost- und

Westdeutschland –, denen sich auch der Raumdiskurs nicht wirklich entziehen kann.[94]

Mit einem solchen Rückverweis auf alltägliche Raumkonstruktionen, die sich nicht nahtlos in den kulturwissenschaftlichen Mainstream eingliedern lassen, wäre auch die globale Linse der Neuordnung von Räumlichkeit zu schärfen. Dies gilt ebenfalls für die spezifische Linse von «power-geometries of time-space», für welche die Arbeiten der britischen feministischen Geographin Doreen Massey richtungweisend sind. Sie fragt danach, wie Räume organisiert, geschlechtsspezifisch strukturiert und imaginiert, zugleich aber auch konzeptuell gefasst und repräsentiert werden. Erst von diesem «Sprungbrett» aus ergibt sich dann ein weiter reichender neuer Fokus, der einen *spatial turn* nahe legt. Es ist die Möglichkeit, aus räumlichem Blickwinkel die Geschichte der Moderne und der Globalisierung neu zu schreiben. Dabei sind die noch heute wirksamen strukturellen hegemonialen Raumbrüche zwischen Nord und Süd eine kritische Leitachse. Zugleich sind jedoch solchen Raumhierarchien ausdrücklich Raumkonstellationen entgegenzuhalten, durchaus im Gegenzug zu einer noch immer weit verbreiteten Tendenz: Danach werden nebeneinander bestehende Differenzen zwischen (ungleichen) Gesellschaften oft durch ein *«denial of coevalness»* (Johannes Fabian)[95], durch Leugnung der Zeitgenossenschaft in ein zeitliches Nacheinander von fortgeschritten und zurückgeblieben verwandelt. Gegen solche «oppressive uses of Time»[96] fordert ein klarer Raumfokus ausdrücklich die Anerkennung von Gleichzeitigkeit, Zeitgenossenschaft und wechselseitigen Verflechtungen im Spannungsfeld von Differenzen.[97] Weniger programmatisch versucht sich im deutschsprachigen Bereich ein Sammelband solchen Beziehungen zwischen Globalisierung und Raum, zwischen Weltordnung und Raumordnung von empirischen Fallstudien aus zu nähern.[98]

In solch weit gespannte politische Horizonte der Geographie stimmt die *Ethnologie* bzw. eine ethnologisch informierte Kulturwissenschaft auf eigene Weise ein.[99] Dazu ist sie durch die Untersuchung interkultureller «Kontaktzonen» vorbereitet, die durch bestimmte soziale Praktiken überhaupt erst geschaffen werden.[100] Interdisziplinäre Fallstudien wie etwa zum Meer als einer produktiven «Kontaktzone» sind Beispiele aus diesem Umfeld.[101] Dabei geht es – mit Bezug auf den *spatial turn*[102] – wiederum um den Konstruktionscharakter des sozialen und politischen Raums. Auch hier gilt Raum nicht als Behälter, ebenso wenig als wahrnehmungsprägende Bewusstseinskategorie, sondern als «Produkt sozialen und politischen Handelns»[103] mit seinen materiellen Entsprechungen in Architektur, Bauwesen usw. So wird etwa das Schiff als «hybrider Raum» der Kulturenbegegnung verstanden. Der *spatial turn* hat somit zur Folge, dass selbst vermeintlich geschichtslose Räume wie das Meer historisiert werden. Angesichts von «Kontaktzonen», Überlappungs- und Zwischenräumen wird auch die Ethnologie vom Gleis holistischer Kultureinstellungen weggelenkt. Sie schließt sich an die Aufwertung von Zwischenräumen auch in anderen Disziplinen an, dies nicht zuletzt in der Transferforschung oder in der Literatur- und Übersetzungswissenschaft mit ihrer Analyse von Übersetzung als Übergang, als (nicht nur sprachlicher) Passage.[104] Kontaktzonen – und hier ergibt sich ein Bezug zum *translational turn* – machen Raumkonstitutionen als Übersetzungsprozesse zugänglich und umgekehrt.

Schon an solchen Fallstudien zeigt sich, dass der Versuch, mit der Raumkategorie nicht nur konzeptuell zu arbeiten, in der Ethnologie, aber auch in anderen Disziplinen, unverzichtbare Impulse für eine Konkretisierung und empirische Fundierung liefert. So ist etwa die fast jargonartige Rede von der Enträumlichung aufgrund von Migration, virtueller Mobilität und modernen Medientechnologien zu überprüfen, und zwar durch konkrete empirische Untersuchungen, wie Menschen – nachdem sie «entwurzelt» worden sind – ihr Leben auch räumlich neu organisieren.[105] Damit kommt die Vielstimmigkeit von Räumen verstärkt in den Blick: die Verknüpfung von lokalen Aktivitäten und Sozialbeziehungen mit Einschreibungen durch Emotionen, Gedächtnis, Geschichten, körperlichen und mentalen Aneignungen, Mental Maps und Bedeutungskämpfen – weit über das bloße Handlungssetting hinaus.[106] Ziel ist, gerade über die besondere Fachkompetenz der empirischen Feldforschung und über ethnologische Methoden eines lokal und am Einzelfall ansetzenden Kulturvergleichs wieder Zugang zu finden zu einer genauen Untersuchung der raumbildenden Praktiken.[107] Eine «*Theorie kultureller Räumlichkeit* zu entwerfen»[108] – wie es Brigitta Hauser-Schäublin und

Michael Dickhardt von Seiten der Ethnologie vorschlagen – bedürfte dann wiederum eines weiter gespannten disziplinenübergreifenden Horizonts. Für diesen Fall wäre der lobenswerte Versuch, die inflatorische Rede vom Raum empirisch zu fundieren und die Materialität des Raums herauszustellen, ohne sie zu naturalisieren, erneut rückzuwenden auf die programmatisch-konzeptuelle Ebene der Raumdiskussion. Ohne einen solchen Schwenk wird eher nur ein relationaler, handlungsanalytischer Raumbegriff unterfüttert, wie er von Martina Löw aus Sicht der Soziologie ausgearbeitet wurde.[109] Dieser Raumbegriff wird mittlerweile von fast allen sozial- und kulturwissenschaftlichen Fächern verwendet. Das gilt auch für die Verknüpfungen von Ritual und Raum im gleichnamigen Mainzer Graduiertenkolleg[110], das am Beispiel sakraler Räume fragt, wie sich Gesellschaften rituelle Räume schaffen und wie Rituale durch bestehende Räume gestaltet und umgestaltet werden. Überschneidungen mit dem *performative turn* sind hier unübersehbar.

In der *Literaturwissenschaft* ist der «erzählte Raum» – von der Phänomenologie bis zur Semiotik des literarischen Raums – schon längst vor dem *spatial turn* behandelt worden[111], ausgehend von der spezifisch literarischen Darstellung von Bewegungen im Raum und vor allem von Codierungen des Raums, seinen Repräsentationsformen, seinen Gewohnheiten, Praktiken, narrativen Erschließungen und seiner Aufladung mit Symbolen und Imaginationen, schließlich seiner Umwandlung zu symbolischen bzw. «imaginären Orten». Ein «topographischer» Blick auf geographisch identifizierbare Orte und Räume in literarischen Texten oder auch als deren Entstehungsrahmen entspringt hier jedoch in den meisten Fällen einer thematischen Fokussierung. Eingebunden in eine Kulturgeschichte des Raums reicht diese bis hin zur «topographischen Poetologie» Ingeborg Bachmanns mit ihren Raumeinschreibungen durch Gedächtnis- und Erinnerungsspuren.[112] Bezeichnenderweise kommen allerdings nicht nur Orte als Thema von Literatur in den Blick. Leitend ist vielmehr die Frage, wie literarische Texte Verortung reflektieren und ausgestalten – gleichsam als ein interkulturelles oder gar kulturwissenschaftliches Problem – bis hin zur Reflexion ihrer eigenen (postkolonialen) Verortung in den neueren Literaturen der Welt, z.B. der Positionierung von Migrationsliteratur in Zwischenräumen der Sprachen und

Kulturen. Hierzu gehören nicht nur Strategien des Re-writing, sondern sogar «territorial disputes» in postkolonialen Literaturen selbst[113], aber auch in den anderen Künsten der Gegenwart.[114]

Solchen literarischen Raumreflexionen, besonders im Spannungsfeld europäischer und nichteuropäischer (karibischer) «Literaturen in Bewegung», geht originell und weit reichend der Romanist Ottmar Ette nach. Er befragt europäische und lateinamerikanische Literaturen «nach der Entfaltung spatialer Konzeptionen»[115], nach ihren Grenzüberschreitungen und ihrer Teilhabe an der Dynamik neuer komplexer Räume in einer entterritorialisierten globalen Welt in Bewegung. Hier reicht der Raumfokus bis in die Poetologie und Kulturtheorie hinein, sei es in die «Reisestruktur des Romans»[116], in die Lesebewegung als einer «Art des Reisens» oder in eine «Spatialisierung hermeneutischer Prozesse»[117], die den Verstehensvorgang selbst als eine Bewegung im Raum entfaltet. Dabei wird Raumbezug als kulturwissenschaftliche Leitvorstellung jedoch nicht wie eine Fahnenstange der Theorie eingeschlagen. Im Gegenteil, auch Theorie kommt erst in Bewegung, wenn sie sich auf den Boden ihrer Gegenstände begibt, etwa in Räume der Literatur, auch in die marginalisierten «Landschaften» der neueren Weltliteratur mit ihren theorieerfüllten, deutlich raumbezogenen Schreib- bzw. Re-writing-Strategien.

Im Anschluss an solche Horizonte der Weltliteratur sowie der Weltliteraturdiskussion scheint zumindest in den Literaturwissenschaften die politische Raumperspektive auch hierzulande Fuß zu fassen. Unter diesem Vorzeichen sind es geradezu die *Literaturen der Welt*, welche durch ihr Re-writing und Re-mapping die eurozentrische Landkarte verschieben.[118] Die Topographie des Realismus und der sukzessiven Raumerschließung jedenfalls, die ein lang anhaltendes Beschreibungsprinzip auch in den Kulturwissenschaften verkörpert, wird zunehmend durchkreuzt.[119] So wirken die Texte als Medien einer «imaginären Geographie». Salman Rushdie hat dies in seinem Roman «Die Satanischen Verse» an der Darstellung hybrider Räume gezeigt, an der «Metamorphose Londons in eine tropische Stadt».[120] Aber auch der Roman «Maps» des in Somalia geborenen Nuruddin Farah[121] ist ein exemplarischer Text für eine topographische Erzählhaltung, ganz besonders zudem der karibische Roman «Texaco» von Patrick Chamoiseau[122]. Über narrative Topographie werden hier inkongruente Welten in eine Konstellation der Gleichzeitigkeit gebracht, Einschreibungen und Aufladungen von Orten durch Gefühle und kollektive Gedächtnisspuren werden vorgeführt, subversive Handlungen der Raumkonstitution kommen sogar auf der Ebene der Darstellungsform über Kreolisierungen zum Ausdruck.[123] Nicht zuletzt solche transnationalen Raumerschließungen binden Literatur und Kunst in ein übergreifendes Projekt «kultureller Topographien» ein, welches an der «Technik der topographischen Organisation des Denkens»[124] als einem zentralen Forschungsfeld der Kulturwissenschaften interessiert ist.

Die theoretisch geschärfte Neuentdeckung von Räumlichkeit und Örtlichkeit, von Grenzüberschreitungen und Topographien bedeutet für die Literaturwissenschaft durchaus eine Wende. Sie führt weg von der Überbewertung innerer Räume und hin zu einer Aufwertung realer Räume, als Thema, aber auch als Bedingungsumfeld literarischer Texte. Diese Wende ist eher eine topographische als eine räumliche, da sie an Repräsentationen geknüpft ist: Topographie als (Be-)Schreiben von Raum. Eine solche literarische Topographie, die auf Gaston Bachelards frühe «Poetik des Raumes» zurückgreift[125], schlägt sich konkret nieder z.B. in geographischen Verortungen durch Atlanten literarischer und philosophischer Texte[126] – durchaus in Aufnahme einer topographischen Tradition, die ihren Brennpunkt in Aby Warburgs Mnemosyne-Bildatlas findet, welcher die Konstellation von Geschichte als visuellem Prozess vor Augen führt (vgl. *iconic turn*).

Der Aspekt der Verortung literarischer Texte führt auch den Anglisten und Komparatisten Hillis Miller in seinem Buch «Topographies» auf die Frage, wie topographische Beschreibungen in Romanen, Gedichten und philosophischen Texten funktionieren und was sie bedeuten.[127] Ein *spatial* oder *topographical turn* ist auch hier – unausgesprochen – am Werk. Denn auch literarische Landschaften gelten nicht als vorgegebene Objekte der Beschreibung, sondern als Ergebnis menschlicher bzw. poetisch-sprachlicher Tätigkeiten, Zuschreibungen und Projektionen. Das performative Vermögen der Sprache ist es, das Räume herstellt, die mehr sind als bloße Verhaltensumwelten. Topographische Literatur leistet eine «transformation of empty place into world».[128] Durch topographische Reflexion vermittelt die Literatur zugleich ihren eigenen Weltbezug, ihre Anbindung an historische Realitätskoordinaten. Solche Verortungsleistung von Literatur wird nicht nur auf dem Gebiet textueller Territorien[129] in literarischen Texten aufschlussreich. Sie zeigt sich auch im Feld der Übersetzung von Theorien, von Literaturtheorien, von «traveling theories». Mit dieser räumlichen Perspektive betritt Miller das Terrain des *translational turn* und lenkt den Blick doch zugleich auf die topographische Lokalisierung von Theorien, auf ihre Ortsgebundenheit und Verknüpfung mit ihrem Entstehungsumfeld. Auch Theorien und konzeptuelle Begriffe – das sollte man bei all ihrer Übersetzbarkeit im Auge behalten – sind kulturspezifisch und ortsgebunden und daher nicht bruchlos über kulturelle Grenzen hinweg zu «deplatzieren».

Kulturelle Topographie bezeichnet den übergreifenden Raumhorizont, in dem auch hierzulande ein gewichtiger Symposien-Band zu «Topographien der Literatur» einen *topographical turn* gezielt aus dem Blickwinkel der Literaturwissenschaft entwirft.[130] Nicht vorgegebene Räume, Schauplätze oder Orte sind hier der Ausgangspunkt, sondern die Raumherstellung durch topographische Kulturtechniken, durch Kartierung, Repräsentation, Verortungen, Bewegungen, Netzwerkbildung usw. Jenseits der Konstruktion bloßer Raumanschauung – so jedenfalls der Herausgeber Hartmut Böhme in seiner Einleitung – stellen physische Materialität und mediale Vermittlungen des Raums die zentralen Untersuchungskategorien: «Raum ist niemals einfach *da*. (...) Denn Raum ist zuerst ein materieller, d. h. lastender und Anstrengung erfordernder Raum.»[131] Ein solcher Ansatz scheint die vermutete «Bodenständigkeit» des deutschen Raumdiskurses gegenüber konzeptuellen Höhenflügen des *spatial turn* zu bestätigen. Im Zusammenwirken mit einem ausdrücklich disziplinären Blickwinkel auf die Raumwende ergibt sich hier jedenfalls ein geerdeter Umgang mit einem *turn*, der als solcher sicherlich bestechend ist. Doch bleibt fraglich, ob dieses topographische Raumverständnis ausreicht, um dem Beitrag der Literaturen der Welt zur Herausbildung kultureller Topographien gerecht zu werden. Bei seiner Anwendung auf die Analyse transnationaler literarischer Grenzüberschreitungen ist die Literatur eben nicht nur im Hinblick auf Grenzreflexionen, Reisebezüge, Eroberungsgeschichten, Raumbewegungen gefragt, sondern gerade auch in ihrer fiktionalen «Erfindung» und Umdeutung raumkonstituierender Beziehungen, sogar in ihrer Teilhabe an politisch-konzeptuellen Mapping-Strategien. In dieser Hinsicht bleibt die Verortung der eigenen Raumperspektive in diesem Band hinter dem mittlerweile stark ausdifferenzierten internationalen Raumdiskurs zurück, sofern sie sich nur auf den «jüngst ausgerufenen topographical turn»[132] beruft, um damit ein neues Revier der Literaturwissenschaft abzustecken. Erst durch eine weitere Öffnung dieses literaturwissenschaftlichen Raumverständnisses hin zu erneuter – und interdisziplinärer – Rückbindung an die internationale Theorieentwicklung ließen sich die vielfältigen methodischen Anstöße eines weit verzweigten *spatial turn* noch stärker nutzen.

Eine derart transnationale Perspektive könnte schließlich sogar die literaturwissenschaftliche Raum-Reflexion wiederum fruchtbar machen für ein «Theorieprojekt des mapping spaces», das gleichsam einen Gegendiskurs gegen eine eurozentrische Topographie verkörpert. Ziel eines solchen Theorieprojekts ist das Ausloten von «Zwischenräumen», in denen sich Minoritätendiskurse herausbilden. In ihrem Aufsatz zum «topographical turn»[133] liefert Sigrid Weigel hierfür wichtige Anhaltspunkte. Sie wären vielleicht noch gezielter auf die Interpretation literarischer Texte zu beziehen, etwa um den Bruch zwischen kultureller Identität und nationalem Territorium im Feld von Migrationsliteratur von dieser konzeptuellen Position aus auf neue Wege zu bringen – oder um einen veränderten Fokus für die Raumbeschreibungen literarischer Texte zu gewinnen, so wie es Weigel an anderer Stelle für Ingeborg Bachmanns «topographische Poetologie» gezeigt hat: Orte und Räume sind hier durch ihre Einschreibungen von Erinnerungsspuren aufgeladen, oder sie werden in Bezug auf andere «Schauplätze» des Gedächtnisses zu «Zwischenräumen» deplatziert.[134]

Vor allem Gedächtnisorte sind es, die hier die *Geschichtswissenschaft* auf den Plan rufen. Da die Geschichtswissenschaft von jeher stärker chronologisch arbeitet, selbst wenn sie nicht auf die zeitliche Sequenzierung von historischen Ereignissen orientiert bleibt, bedeutet für sie die Raumkategorie eine besonders große Herausforderung. Nach Vorläufern wie Fernand Braudel mit seinem Mittelmeerbuch[135] kommt neuerdings verstärkt die Tendenz auf, «to spatialize the historical narrative» (Soja).[136] Dies zeigte nicht zuletzt der 45. Deutsche Historikertag 2004 in Kiel, der sein Thema «Kommunikation und Raum» in einem breiten Anwendungsspektrum vorgestellt hat, bis hin zur transkulturellen Geschichtswissenschaft und zur Wirtschafts- und Unternehmensgeschichte[137]. Hierbei scheint zwar eine gegenstandsorientierte Hinwendung zu «Raum» als Thema zu überwiegen, ähnlich wie auch bei einer raumfokussierten Kulturgeschichtsschreibung aus dem Blickwinkel der Volkskunde[138]. Und dieser Themenfokus allein macht solche Ansätze nur eingeschränkt tauglich für einen *spatial turn*. Insgesamt jedoch scheint neben der Kulturgeographie gerade in der Geschichtswissenschaft der *spatial turn* am weitesten entfaltet zu sein, wenn auch nicht immer genügend präzisiert und auf das Potenzial zur Schärfung oder Lösung bestimmter Forschungsprobleme ausgelotet. So verfolgt der Blick auf Geschichts- und Gedächtnisorte wie etwa im mehrbändigen Mammutwerk «Deutsche Erinnerungsorte»[139] noch zu sehr die Metapher und das «Thema Raum». Hingegen untersuchen die Beiträge des Sammelbands «Ortsgespräche» Raum als Schlüsselkategorie für eine zu konzipierende Kommunikationsgeschichte.[140] Von Praktiken der Verräumlichung ausgehend, machen sie explizit den *spatial turn* für die Erforschung der veränderten, technisierten Raumstrukturen im 19. Jahrhundert (Eisenbahn, Telegraphennetz) fruchtbar, bereichern ihn über die Dimension der Kommunikation und Medialität und nutzen ihn insbesondere für die Grundlegung einer verräumlichten Geschichte der Kommunikation. Die Kommunikationsdimension ist es dann auch, welche der Gefahr des Rückfalls in eine vordiskursive Raummaterialität in den deutschsprachigen Versionen des *spatial turn* entgegenwirken könnte.

Der *spatial turn* hat jedenfalls komplexere Möglichkeiten der Erfahrung und Untersuchung räumlich-historischer und politischer Zusammenhänge aufgetan, die gegen eine kulturalistische Verengung der kulturwissenschaftlichen Geschichtsforschung stark gemacht werden können.[141] Auch eine nationalgeschichtliche Verengung wird hierdurch aufgebrochen. Frappierend ist jedenfalls die Gleichzeitigkeit in der Herausbildung des *spatial turn* und einer Transnationalisierung der Geschichtswissenschaft: Als neuer Fokus in den Forschungen zur Weltgeschichte[142] markiert «Raum» einen besonders geeigneten Ansatz zur Analyse internationaler Beziehungen – und dafür ist sicherlich die Geschichte des Mental Mapping, von der Erfindung des Orients bis zur «Erfindung Osteuropas»[143], ein wichtiges raumhistorisches Konstruktionsmoment. Aus dem Zwischenbereich von Geschichtsschreibung und *Kunstgeschichte* wiederum sind mit ausdrücklichem Bezug auf den *spatial turn* interdisziplinäre Untersuchungen zu politischen Räumen in der Frühen Neuzeit am Beispiel von Stadträumen und ihren Herrschaftsstrukturen bemerkenswert[144], aber auch die neuen Erkenntnismöglichkeiten, die sich ergeben, wenn man Medien der Raumaufzeichnung wie etwa Karten mit Raumdarstellungen in Landschaftsbildern vergleicht.[145]

Dass es durch den *spatial turn* notwendig wird, epistemologisches Wissen aus der Ideengeschichte herauszulösen und auf seine konkrete lokale Verortung hin zu befragen, zeigt sich in einer wissenschaftsgeschichtlichen Untersuchung zu Räumen des Wissens. So ermöglicht das epistemologische Potenzial der Raumkategorie, «wissenschaftliches Wissen nicht mehr im abstrakten Raum von Begriffs- und Ideengeschichte zu thematisieren, sondern es in seiner Kontingenz und lokalen Situiertheit, im historischen Kontext seiner *Produktion* darzustellen.»[146] Allerdings wird dabei eher dem *iconic turn* zugearbeitet, insofern die Wissensräume vor allem auf Repräsentationsräume, auf Darstellungsstrategien von Wissen und auf Verbildlichungsprozesse hin untersucht werden. Schon hier deutet sich eine Verknüpfung von Raum und Medialität an, die schließlich zu einem massiven Eindringen des *spatial turn* in die Medientheorie führt.[147] Erwähnt seien nur die Ansätze einer Anwendung der Raumdebatte auf die Erforschung des Internets, seiner Verortung, seiner verschiedenen Räume, ja seiner Genderdifferenzierung.[148]

An die Genderaspekte von Räumen knüpft die *Geschlechterforschung* an. Sie ist es, die den *spatial turn* besonders weitgehend auf konkrete Raumorganisation, -symbolisierung und -codierung verpflichtet. Die lange Geschichte der feministischen Raum-Metapher im Zusammenhang mit der Ausweitung weiblicher Horizonte war zunächst noch an faktischen Räumen festgemacht, z. B. in Virginia Woolfs «A Room for One's Own» (1929)[149]. Später bezog sich die genderorientierte Raumdiskussion immer stärker auf marginalisierte und liminalisierte Raumerfahrungen in ihrer Aufladung mit geschlechtsbezogenen Bedeutungen. In der genderorientierten Narratologie etwa werden solche geschlechtsspezifischen Rollenzuweisungen an bestimmte Räume in ihrer sprachlichen Codierung untersucht.[150] Aber auch in textüberschreitenden Raumuntersuchungen – z. B. in der (feministischen) Architekturtheorie – wird zunehmend beabsichtigt, die bereits Stein gewordenen binären Gegensatzpaare wie Heim–Arbeit, Produktion–Konsum, privat–öffentlich aufzubrechen. Kritischer Ausgangspunkt hierfür ist deren räumlicher Niederschlag in funktional getrennten Sphären von Arbeitszentren und Wohnvierteln, in der Isolierung von Frauen in Wohnvierteln, in genderspezifischen städtischen Räumen (gendered spaces), aber auch in der räumlichen Metaphorik des Genderdiskurses selbst.[151]

Je konkreter die Raumperspektive auf die Analyse wirklicher Räume bezogen wird, desto mehr wächst allerdings die Gefahr, in eine «Raumfalle» hineinzulaufen. Am *spatial turn* ist diese «Raumfalle» vor allem aus dem Blickwinkel der *Soziologie* kritisiert worden: die nur vermeintliche Wiederkehr des (immer schon lebendigen) Raumbegriffs in der Soziologie sowie die Tendenz, den physisch-geographischen Raum so einzubringen, dass die Ergebnisse sozialer Praktiken in scheinbar natürliche Raumgegebenheiten verwandelt werden.[152] Die Anwendung und Übertragung der Raumkategorie auf die Analyse sozialer Zusammenhänge, aber auch historischer Entwicklungen – die Verräumlichung des Sozialen – bedeutet damit nicht nur eine Entpolitisierung. Sie enthält einerseits die Gefahr, dass soziale Phänomene naturalisiert werden, wie dies Julia Lossau und Roland Lippuner in ihrer Analyse von Pierre Bourdieus anfänglicher Unterscheidung und dann doch wieder Verschmelzung von physischem und sozialem Raum demonstrieren.[153] Andererseits wird auch – ähnlich wie bei einem emphatischen Verständnis von Hybridität – die Gefahr eines gewissen Harmonismus festgestellt: «Since critical theory is apt to use terms like ‹the border› or ‹the frontier› in discussing conceptual, generic, or cultural transgressions or shifts, we should be wary of a forgetfulness of the political conflict, a forgetfulness of *war*, that this use of the figure of the border may leave behind as a kind of residue.»[154]

Der *spatial turn* ist schließlich insofern zentral und selbstreflexiv, als damit die räumlichen Kategorien der Kulturwissenschaften selbst: Zentrum, Peripherie, Rand, Grenzen, über ihren Metapherncharakter hinaus genauer bestimmt und in ihrer Komplexität ausgelotet werden können.

Immerhin verkörpert die Figur der «Wende» selbst eine räumliche Metapher, und die Entfaltung der kulturwissenschaftlichen Diskussion entlang von *turns* ist keineswegs zufällig eine räumliche Bewegung, die ausdrücklich Konstellationen von Gleichzeitigkeit herausbildet und nicht etwa eine evolutionäre Fortschrittsperspektive: Theorielandschaften, intellektuelle Felder, Kontaktzonen, disziplinäre Grenzüberschreitungen. Nicht zufällig wendet sich hier der *spatial turn* auf das Selbstverständnis der kulturwissenschaftlichen Forschung selbst zurück und entdeckt, wie verkürzt es doch gewesen ist, den europäischen kulturwissenschaftlichen Diskurs allzu sehr in ein Theorielabor abzukoppeln, ihn «nur noch auf Sinn und Bedeutungsverschiebungen zu verlegen, Land und Meer, Panzerverbände und Raketenabwehrsysteme gleichrangig zu behandeln und in die Umwelt der Gesellschaft auszulagern»[155].

Dagegen ist eine neue Anschaulichkeit zu gewinnen, die auch in den Überlappungen zwischen *spatial turn* und *iconic turn* zum Ausdruck kommt. Zwar sollte man nicht so weit gehen, den *spatial turn* auf ein «Visualisierungsbedürfnis»[156] zurückzuführen, das – über Karten und Raumrepräsentationen – «Welt-Bilder» produziert. Doch ließe sich hier eine markante Gelenkstelle zwischen *spatial turn* und *iconic turn* fruchtbar machen. Sie führt schließlich zu wichtigen Einsichten in die Materialität des Raums, die freilich nicht dazu verleiten sollten, wieder zu den handfesten territorialen, naturalisierenden Raumbegriffen zurückzukehren und darüber in einen konzeptlosen Neo-Positivismus zu verfallen.[157] Vielmehr könnte die Materialisierungsperspektive dazu motivieren, stärker als bisher nicht nur abstrakte Raumbeziehungen, virtuelle oder symbolische Raumkonzepte aufzuwerten, sondern – wie es der Raumtheoretiker Rudolf Maresch einfordert – auch wirklich einmal Standorte, Verkehrssysteme, Meerengen und Ressourcen zu berücksichtigen. Und auch diese sind keine simplen Lokalitäten, sondern komplexe Räume sozialer und interkultureller Beziehungen, Räume von Aktivitäten, Konflikten, unsichtbarer Machtausübung und Übersetzungsvorgängen. Eine solche Sicht fordert ein erneutes Ernstnehmen auch der territorialen Raumbezüge und Raumkonflikte, wie sie nicht nur zwischen Israel und Palästina weiterhin brisant sind.

Ein *spatial turn* wäre aber erst dann vollzogen, wenn mit solchen Konkretisierungen und empirisch-gesellschaftlichen Rückbindungen des Raumbegriffs eine gezielte Profilierung der Kulturwissenschaften selbst in Angriff genommen würde: ihre Entfaltung hin zu einer raumbezogenen «Verkehrswissenschaft»[158], wie sie sich über die Reise«paradigmen» und grenzüberschreitenden Konzeptwanderungen des *translational turn* ebenfalls abzeichnet. Dies setzt jedoch einen verstärkten Anschluss des *spatial turn* hierzulande an die internationale Diskussion voraus: eine ausdrücklich konzeptuelle und nicht bloß begriffliche Reflexion und damit auch eine deutlichere Rückbindung an globale, interkulturelle und innergesellschaftliche Wirklichkeitsverhältnisse.

# ANMERKUNGEN

1 Mike Crang/Nigel Thrift (Hg.): Thinking Space. London, New York 2000, S. xi.

2 Fredric Jameson: The Political Unconscious. Narrative as a Socially Symbolic Act. London 1981, S. 9; zit. nach Andrew Thacker: Moving Through Modernity. Space and Geography in Modernism. Manchester 2003, S. 1.

3 Fredric Jameson: Postmoderne – zur Logik der Kultur im Spätkapitalismus, in: Andreas Huyssen/Klaus R. Scherpe (Hg.): Postmoderne. Zeichen eines kulturellen Wandels. Reinbek 1986, S. 45–102, hier S. 60 f.

4 Vgl. Orvar Löfgren: Leben im Transit? Identitäten und Territorialitäten in historischer Perspektive, in: Historische Anthropologie 3, 3 (1995), S. 349–363.

5 Karl Schlögel: Im Raume lesen wir die Zeit. Über Zivilisationsgeschichte und Geopolitik. München, Wien 2003, S. 68.

6 Hierzu vgl. ebd., S. 37 ff.

7 Zur Geopolitik zwischen Geographie und Geschichte vgl. Schlögel: Im Raume lesen wir die Zeit, S. 36 ff.

8 Vgl. Uwe Mai: Rasse und Raum. Agrarpolitik, Sozial- und Raumplanung im NS-Staat. Paderborn, Wien 2002.

9 Georg Simmel: Soziologie des Raumes (1903), in: ders.: Schriften zur Soziologie. Eine Auswahl. Hg. Heinz-Jürgen Dahme/Otthein Rammstedt. Frankfurt/M. 1995, S. 221–242.

10 Walter Benjamin: Das Passagen-Werk. Hg. Rolf Tiedemann. Frankfurt/M. 1991.

11 Exemplarisch vgl. – von einem der späteren Hauptinitiatoren des *spatial turn* – Karl Schlögel: Die Mitte liegt ostwärts. Europa im Übergang (1986). München, Wien 2002; gegenwärtig wird die räumliche Reflexion Osteuropas unter dem Einfluss

des *spatial turn* auch konzeptuell fortgesetzt – vgl. etwa die Zeitschrift «Osteuropa» 3 (2005) mit ihrem Themenheft «Der Raum als Wille und Vorstellung. Erkundungen über den Osten Europas».

12 Schlögel: Im Raume lesen wir die Zeit, S. 25.

13 Stefano Boeri: Border Syndrome. Notes for a Research Program, in: Territories. Islands, Camps and Other States of Utopia (Katalog der Ausstellung vom 1. Juni bis 25. August 2003). Hg. KW – Institute for Contemporary Art. Berlin 2003, S. 52–60, hier S. 52.

14 Rudolf Maresch: Empire Everywhere. On the Political Renaissance of Space, in: Territories, S. 15–18, hier S. 15.

15 Marc Augé: Orte und Nicht-Orte. Vorüberlegungen zu einer Ethnologie der Einsamkeit. Frankfurt/M. 1994.

16 Johanna Rolshoven: Von der Kulturraum- zur Raumkulturforschung. Theoretische Herausforderungen an eine Kultur- und Sozialwissenschaft des Alltags, in: Zeitschrift für Volkskunde 99, 2 (2003), S. 189–213, hier S. 195; vgl. James Clifford: Routes. Travel and Translation in the Late Twentieth Century. Cambridge/Mass., London 1997.

17 Roland Robertson: Glokalisierung. Homogenität und Heterogenität in Raum und Zeit, in: Ulrich Beck (Hg.): Perspektiven der Weltgesellschaft. Frankfurt/M. 1998, S. 192–220, hier S. 200.

18 Vgl. Rolshoven: Von der Kulturraum- zur Raumkulturforschung, S. 191 ff.

19 Daniela Ahrens: Grenzen der Enträumlichung. Weltstädte, Cyberspace und transnationale Räume in der globalisierten Moderne. Opladen 2001, S. 132.

20 Vgl. Maresch: Empire Everywhere, S. 16.

21 Rudolf Maresch/Niels Werber: Permanenzen des Raums, in: dies. (Hg.): Raum – Wissen – Macht. Frankfurt/M. 2002, S. 7–30.

22 Edward Soja/Barbara Hooper: The Spaces that Difference Makes. Some Notes on the Geographical Margins of the New Cultural Politics, in: Michael Keith/Steve Pile (Hg.): Place and the Politics of Identity. London, New York 1993, S. 183–205, hier S. 190, im Abschnitt «The Spatial Turn in the New Cultural Politics of Difference» (S. 189 ff.).

23 Informative Artikel zu den Schlüsselfiguren und Vorläufern des *spatial turn* finden sich bei Phil Hubbard/Rob Kitchin/Gill Valentine (Hg.): Key Thinkers on Space and Place. London, Thousand Oaks, New Delhi 2004.

24 Sabine Motzenbäcker: Der «spatial turn» in den Sozialwissenschaften und die Geographie. Falsche Freunde oder nahe Verwandte? Vortrag Bern 4. 2. 2002 (http://www.pcg-projectconsult.de/geopolitische-analysen/Literatur/spatial_turn. pdf), S. 3.

25 Zur Kulturgeographie als Initiatorin des *spatial turn* vgl. Mike Crang/Nigel Thrift: Preface, in: dies. (Hg.): Thinking Space, S. xi.

26 Vgl. Edward W. Soja: Thirdspace. Journeys to Los Angeles and Other Real-and-Imagined Places. Cambridge, Oxford 1996, S. 3.

27 Vgl. John Agnew: Geopolitics. Re-Visioning World Politics. London 1998; als Beispiel für einen kulturwissenschaftlich und konzeptuell profilierten Anschluss der deutschsprachigen Kulturgeographie an die internationale Diskussion vgl. den Sammelband von Hans Gebhardt/Paul Reuber/Günter Wolkersdorfer (Hg.): Kulturgeographie. Aktuelle Ansätze und Entwicklungen. Heidelberg, Berlin 2003.

28 Z. B. Michaela Ott: Raum, in: Ästhetische Grundbegriffe. Historisches Wörterbuch in 7 Bänden. Stuttgart, Weimar 2003, hier Bd. 5, S. 113–149; vgl. den ausführlichen Forschungsbericht von Andrej Holm: Sozialwissenschaftliche Theorien zu Raum und Fläche. Leipzig 2004; zur philosophischen Begriffsgeschichte vgl. Stephan Günzel: Philosophie, in: Fabian Kessl u. a. (Hg.): Handbuch Sozialraum. Wiesbaden 2005, S. 88–110 (unter dem Titel «Philosophie und Räumlichkeit» zugänglich über http://www.geophilosophie.de/Texte/Guenzel_Raum.pdf).

29 Martina Löw: Raumsoziologie. Frankfurt/M. 2001.

30 Henri Lefebvre: The Production of Space. Oxford, Cambridge 1991.

31 Soja: Thirdspace, S. 47.

32 Vgl. Michel Foucault: Andere Räume (1967), in: Karlheinz Barck u. a. (Hg.): Aisthesis. Wahrnehmung heute oder Perspektiven einer anderen Ästhetik. Essais. Leipzig 7. Aufl. 2002, S. 34–46.

33 Vgl. Pierre Bourdieu: Sozialer Raum und «Klassen», in: ders.: Sozialer Raum und «Klassen». Leçon sur la leçon. 2 Vorlesungen. Frankfurt/M. 1995, S. 7–46.

34 Vgl. Doreen Massey: Power-Geometries and the Politics of Space-Time. Hettner Lecture 1998. Heidelberg 1999, S. 9–23; dies.: Space, Place and Gender. Cambridge, Oxford 1994.

35 Vgl. David Harvey: The Urban Experience. Baltimore 1989.

36 Zur disziplinenübergreifenden kulturwissenschaftlichen Horizonterweiterung der Geographie vgl. Ian Cook/David Crouch/Simon Naylor/James R. Ryan (Hg.): Cultural Turns/Geographical Turns. Perspectives on Cultural Geography. Harlow 2000.

37 Zum «cultural turn» in der geographischen Raumreflexion vgl. Paul Reuber/Günter Wolkersdorfer (Hg.): Die neuen Geographien des Politischen und die neue politische Geographie – eine Einführung, in: dies. (Hg.): Politische Geographie. Handlungsorientierte Ansätze und Critical Geopolitics. Heidelberg 2001, S. 5; vgl. auch Phil Hubbard/Rob Kitchin/Brendan Bartley/Duncan Fuller (Hg.): Thinking Geographically. Space, Theory and Contemporary Human Geography. London, New York 2002, S. 62; Gebhardt/Reuber/Wolkersdorfer (Hg.): Kulturgeographie, bes. das Kapitel «Der Spatial Turn in den Kulturwissenschaften und seine Folgen für die Kulturgeographie», S. 16 ff.

38 Vgl. Michael Keith/Steve Pile: Conclusion. Towards New Radical Geographies, in:

dies. (Hg.): Place and the Politics of Identity, S. 220–226; vgl. Doreen Massey: Spaces of Politics – Raum und Politik, in: Gebhardt/Reuber/Wolkersdorfer (Hg.): Kulturgeographie, S. 31–46.

39 Vgl. Soja: Thirdspace, S. 92 ff.

40 Vgl. ebd., S. 87.

41 Siehe Kapitel 4 «Postcolonial Turn», S. 193 ff..

42 Vgl. Edward W. Said: Kultur und Imperialismus. Einbildungskraft und Politik im Zeitalter der Macht. Frankfurt/M. 1994, S. 93.

43 Ebd., S. 94.

44 Ebd., S. 95.

45 Zur «imaginären Geographie» Saids als Impuls für eine Rekonzeptualisierung der geographischen Disziplin vgl. den erhellenden Aufsatz von Derek Gregory: Edward Said's Imaginative Geographies, in: Crang/Thrift (Hg.): Thinking Space, S. 302–348; vgl. ders.: Geographical Imaginations. Cambridge, Oxford 1993.

46 Edward W. Soja: Postmodern Geographies. The Reassertion of Space in Critical Social Theory. London, New York 1989, S. 225.

47 Vgl. Said: Kultur und Imperialismus, S. 92; vgl. Kapitel 4 «Postcolonial Turn», S. 210 f.

48 Soja: Postmodern Geographies, S. 420.

49 Vgl. Peter Jackson/Philip Crang/Claire Dwyer (Hg.): Transnational Spaces. London 2004.

50 Arjun Appadurai: Sovereignty without Territoriality. Notes for a Postnational Geography, in: Setha M. Low/Denise Lawrence-Zúñiga (Hg.): The Anthropology of Space and Place. Locating Culture. Malden, Oxford 2003, S. 337–349; ders.: Globale ethnische Räume, in: Ulrich Beck (Hg.): Perspektiven der Weltgesellschaft. Frankfurt/M. 1998, S. 11–40.

51 Appadurai: Globale ethnische Räume, S. 11.

52 Ebd., S. 19.

53 Ebd., S. 23.

54 Salman Rushdie: Heimatländer der Phantasie. Essays und Kritiken 1981–1991. München 1992, S. 22.

55 Appadurai: Globale ethnische Räume, S. 23.

56 Kathleen M. Kirby: Indifferent Boundaries. Spatial Concepts of Human Subjectivity. New York 1996, S. 174.

57 Zu «Grenzen» als «kulturellen Handlungen» im Zusammenhang der Raum-Wende vgl. Vittoria Borsò: Grenzen, Schwellen und andere Orte. «... La géographie doit bien être au cœur de ce dont je m'occupe», in: dies./Reinhold Görling (Hg.): Kulturelle Topographien. Stuttgart, Weimar 2004, S. 13–41. Von der Vielzahl der Forschungen zu «Grenze» seien hier nur erwähnt: Markus Bauer/Thomas Rahn (Hg.): Die Grenze. Begriff und Inszenierung. Berlin 1997; Richard Faber/Barbara Naumann (Hg.): Li-

teratur der Grenze – Theorie der Grenze. Würzburg 1995; von ethnologischer Seite: Fredrik Barth (Hg.): Ethnic Groups and Boundaries. The Social Organization of Cultural Difference. Oslo 1994.

58 Vgl. z.B. den Sammelband von Jürgen Barkhoff/Hartmut Böhme/Jeanne Riou (Hg.): Netzwerke. Eine Kulturtechnik der Moderne. Köln, Weimar, Wien 2004.

59 Zur epistemologischen Geschichte der Netz-Kategorie vgl. Borsò: Grenzen, Schwellen und andere Orte, S. 14 ff.

60 Vgl. Soja: Thirdspace.

61 Vgl. Soja: Postmodern Geographies, S. 234.

62 Soja: Thirdspace, S. 6.

63 Vgl. ebd., S. 5; zum Thirdspace-Konzept in dt. Zusammenfassung siehe Edward Soja: *Thirdspace* – Die Erweiterung des Geographischen Blicks, in: Gebhardt/Reuber/Wolkersdorfer (Hg.): Kulturgeographie, S. 269–288, hier S. 289.

64 Soja: *Thirdspace* – Die Erweiterung des Geographischen Blicks, S. 281.

65 Ebd., S. 286; vgl. Kapitel «Postcolonial Turn», S. 203 ff.

66 Vgl. Doris Bachmann-Medick: Dritter Raum. Annäherungen an ein Medium kultureller Übersetzung und Kartierung, in: Claudia Breger/Tobias Döring (Hg.): Figuren der/des Dritten. Erkundungen kultureller Zwischenräume. Amsterdam, Atlanta 1998, S. 19–36. E-12  4/100

67 Stephan Günzel: Symposium «Topologie. WeltRaumDenken», Weimar 10.11.2005, Einführung: *spatial turn, topographical turn, topological turn* (http://www.geophilosophie.de/Material/Guenzel_Topologie-Einfuehrung.pdf), S. 5.

68 Z.B. Rosalyn Diprose/Robyn Ferrell (Hg.): Cartographies. Poststructuralism and the Mapping of Bodies and Spaces. St. Leonards 1991.

69 Vgl. Jon Bird/Barry Curtis/Tim Putnam/George Robertson/Lisa Tickner (Hg.): Mapping the Futures. Local Cultures, Global Change. London, New York 1993.

70 Andreas Huyssen: Mapping the Postmodern, in: Charles Jencks (Hg.): The Post-Modern Reader. New York 1992, S. 40–72.

71 Vgl. hierzu – mit Anknüpfung an den *spatial turn* – Sabine Damir-Geilsdorf/Béatrice Hendrich: Orientierungsleistungen räumlicher Strukturen und Erinnerung. Heuristische Potenziale einer Verknüpfung der Konzepte Raum, Mental Maps und Erinnerung, in: Sabine Damir-Geilsdorf/Angelika Hartmann/Béatrice Hendrich (Hg.): Mental Maps – Raum – Erinnerung. Kulturwissenschaftliche Zugänge zum Verhältnis von Raum und Erinnerung. Münster 2005, S. 25–48.

72 Vgl. die kommentierte Bibliographie von Wilfried Kaiser: Mental Maps – kognitive Karten. Stuttgart 1994; mit besonderem Bezug auf die Raumkategorie in den Islamwissenschaften: Damir-Geilsdorf/Hartmann/Hendrich (Hg.): Mental Maps – Raum – Erinnerung.

73 Vgl. Fredric Jameson: Cognitive Mapping, in: Cary Nelson/Lawrence Grossberg (Hg.): Marxism and the Interpretation of Culture. Houndmills, London 1988, S. 347–360.

74 Schlögel: Im Raume lesen wir die Zeit, S. 263; zur Fruchtbarmachung von Karten für die Geschichts- und Kulturwissenschaften im Zuge des *spatial turn* vgl. Ute Schneider: Die Macht der Karten. Eine Geschichte der Kartographie vom Mittelalter bis heute. Darmstadt 2004.

75 Karl Schlögel: Kartenlesen, Augenarbeit. Über die Fälligkeit des spatial turn in den Geschichts- und Kulturwissenschaften, in: Heinz Dieter Kittsteiner (Hg.): Was sind Kulturwissenschaften? 13 Antworten. München 2004, S. 261–283, hier S. 273.

76 Schlögel: Im Raume lesen wir die Zeit, S. 40.

77 Ebd., S. 10.

78 Schlögel: Kartenlesen, Augenarbeit, S. 262.

79 Vgl. Schlögel: Im Raume lesen wir die Zeit, S. 51.

80 Ebd., S. 503.

81 Ebd., S. 504.

82 Ebd., S. 465.

83 Vgl. Gebhardt/Reuber/Wolkersdorfer (Hg.): Kulturgeographie.

84 Sigrid Weigel: Zum «topographical turn». Kartographie, Topographie und Raumkonzepte in den Kulturwissenschaften, in: KulturPoetik 2, 2 (2002), S. 151–165.

85 Ebd., S. 156.

86 Vgl. Holm: Sozialwissenschaftliche Theorien zu Raum und Fläche, S. 23.

87 Vgl. Hubbard/Kitchin/Bartley/Fuller (Hg.): Thinking Geographically.

88 Soja: Thirdspace, S. 170.

89 Vgl. Soja: Postmodern Geographies, S. 1 f.

90 Vgl. Crang/Thrift: Thinking Space, S. 1.

91 Rolshoven: Von der Kulturraum- zur Raumkulturforschung, S. 207.

92 Vgl. Rob Shields: Space and Culture. A Resumé of Everyday Life, in: Space and Culture 5, 1 (2002), S. 4–8, hier S. 7.

93 Vgl. Reuber/Wolkersdorfer: Die neuen Geographien des Politischen, S. 6 (Kapitel «Der ‹Spatial Turn› in den struktur- und handlungsorientierten Ansätzen der Politischen Geographie»).

94 Anstöße hierzu gibt der Aufsatz von Antje Schlottmann: Rekonstruktion alltäglicher Raumkonstruktionen. Eine Schnittstelle von Sozialgeographie und Geschichtswissenschaft? In: Alexander C. T. Geppert/Uffa Jensen/Jörn Weinhold (Hg.): Ortsgespräche. Raum und Kommunikation im 19. und 20. Jahrhundert. Bielefeld 2005, S. 107–133.

95 Johannes Fabian: Time and the Other. How Anthropology Makes Its Object. New York 1983, S. 31.

96 Ebd., S. 2.

97 Vgl. Massey: Power-Geometries and the Politics of Space-Time; Masseys Ansätze sind neuerdings auch auf Deutsch zugänglich: dies.: Spaces of Politics – Raum und Politik, hier bes. S. 39; vgl. auch den perspektivischen Durchgang durch struk-

turalistische, poststrukturalistische, dekonstruktivistische, postkoloniale Raum-
vorstellungen, in: dies.: For Space. London, Thousand Oaks, New Delhi 2005, hier
S. 13 ff.

98 Iris Schröder/Sabine Höhler (Hg.): Welt-Räume. Geschichte, Geographie und Globalisierung seit 1900. Frankfurt/M. 2005.

99 Setha M. Low/Denise Lawrence-Zúñiga (Hg.): The Anthropology of Space and
Place. Locating Culture. Malden, Oxford 2003.

100 Mary Louise Pratt: Imperial Eyes. Travel Writing and Transculturation (1992).
London 2003.

101 Bernhard Klein/Gesa Mackenthun: Das Meer als kulturelle Kontaktzone. Räume,
Reisende, Repräsentationen. Konstanz 2003.

102 Ebd., S. 9.

103 Ebd., S. 9.

104 Vgl. Michaela Wolf: Triest als «Dritter Ort» der Kulturen, in: Federico Celestini/
Helga Mitterbauer (Hg.): Ver-rückte Kulturen. Zur Dynamik kultureller Transfers.
Tübingen 2003, S. 153–173.

105 Vgl. Löfgren: Leben im Transit, S. 351.

106 Vgl. Margaret C. Rodman: Empowering Place. Multilocality and Multivocality, in:
Low/Lawrence-Zúñiga (Hg.): Anthropology of Space and Place, S. 204–223, hier
S. 207.

107 Vgl. Brigitta Hauser-Schäublin/Michael Dickhardt (Hg.): Kulturelle Räume –
räumliche Kultur. Zur Neubestimmung des Verhältnisses zweier fundamentaler
Kategorien menschlicher Praxis. Münster, Hamburg, London 2003, S. 20 f.

108 Vgl. ebd., S. 18.

109 Löw: Raumsoziologie; zum *spatial turn* in der Soziologie – im Anschluss an Anthony Giddens' Eröffnung der Raumperspektive – vgl. Ahrens: Grenzen der Enträumlichung, S. 14, S. 132.

110 Graduiertenkolleg «Raum und Ritual. Funktion, Bedeutung und Nutzung sakral
bestimmter Räume» (http://www.uni-mainz.de/Organisationen/RaumRitual/in-
dex.htm).

111 Vgl. eine frühe Studie zur literarischen Raumdarstellung von Elisabeth Bronfen:
Der literarische Raum. Eine Untersuchung am Beispiel von Dorothy M. Richard-
sons Romanzyklus «Pilgrimage». Tübingen 1986; und eine neuere Arbeit von
Alf Mentzer: Die Blindheit der Texte. Studien zur literarischen Raumerfahrung.
Heidelberg 2001.

112 Vgl. das gleich lautende Kapitel bei Sigrid Weigel: Ingeborg Bachmann. Hinterlas-
senschaften unter Wahrung des Briefgeheimnisses. Wien 1999, S. 352 ff.

113 Dies hat Graham Huggan am Beispiel der australischen und kanadischen Literaturen gezeigt, ders.: Territorial Disputes. Maps and Mapping Strategies in Contemporary Canadian and Australian Fiction. Toronto 1994.

114 Vgl. die Tagung ToposRAUM – Die Aktualität des Raumes in den Künsten der Gegenwart. Berlin, Akademie der Künste/Humboldt-Universität, November 2004; vgl. Paolo Bianchi/Sabine Folie (Hg.): Atlas Mapping. Künstler als Kartographen, Kartographie als Kultur. Wien 1997.

115 Ottmar Ette: Literatur in Bewegung. Raum und Dynamik grenzüberschreitenden Schreibens in Europa und Amerika. Weilerswist 2001, S. 10.

116 Ebd., S. 40.

117 Ebd., S. 80.

118 Hierzu vgl. Doris Bachmann-Medick: Texte zwischen den Kulturen. Ein Ausflug in «postkoloniale Landkarten», in: Hartmut Böhme/Klaus R. Scherpe (Hg.): Literatur und Kulturwissenschaften. Positionen, Theorien, Modelle. Reinbek 1996, S. 60–77.

119 Vgl. ebd., S. 67.

120 Salman Rushdie: Die Satanischen Verse. Roman. (o. O.) 1989, S. 355.

121 Nuruddin Farah: Maps. Roman. Frankfurt/M. 1994.

122 Patrick Chamoiseau: Texaco. Ein Martinique-Roman (1992). München, Zürich 1995.

123 Ausführlicher hierzu Bachmann-Medick: Texte zwischen den Kulturen, S. 73 f.

124 Vgl. Borsò/Görling (Hg.): Kulturelle Topographien, S. 20.

125 Gaston Bachelard: Poetik des Raumes (1957). Frankfurt/M. 6. Aufl. 2001.

126 Vgl. Franco Moretti: Atlas des europäischen Romans. Wo die Literatur spielte. Köln 1999; vgl. auch Elmar Holenstein: Philosophie-Atlas. Orte und Wege des Denkens. Zürich 2004.

127 J. Hillis Miller: Topographies. Stanford 1995.

128 Ebd., S. 277.

129 Vgl. ebd., S. 56.

130 Hartmut Böhme (Hg.): Topographien der Literatur. Deutsche Literatur im transnationalen Kontext. DFG-Symposion 2004. Stuttgart, Weimar 2005.

131 Hartmut Böhme: Einleitung: Raum – Bewegung – Topographie, in: ebd., S. IX–XXIII, hier S. XVII.

132 Ebd., S. XII.

133 Weigel: Zum «topographical turn», hier S. 153.

134 Hierzu vgl. Sigrid Weigel: Ingeborg Bachmann, Kapitel «Topographische Poetologie», S. 352 ff.

135 Fernand Braudel: Das Mittelmeer und die mediterrane Welt in der Epoche Philipps II. 3 Bde. Frankfurt/M. 1990.

136 Wegbereitend war hier z. B. Christoph Conrad (Hg.): Mental Maps (Geschichte und Gesellschaft 28, 3 (2002)), Themenheft zu Raum in den Geschichtswissenschaften.

137 Karsten Borgmann/Udo Hartmann (Hg.): Querschnittsberichte vom Historiker-

tag 2004. Berlin 2004 (online zugänglich über www.edoc.hu-berlin.de/e_histfor/4/ PDF/HistFor_4-2004.pdf).

138  Vgl. – erstaunlicherweise ohne Bezug auf den *spatial turn* – den Abriss einer Kultur-geschichte am Leitfaden von Raum-Zeit-Koordinaten und ihren entsprechenden Kulturtechniken, Wahrnehmungsformen, Instrumenten und Ausdrucksformen (Landschaft, Uhren, Reisen, Technik, Eisenbahn, Radio, Automobil, Medienwel-ten usw.) von Wolfgang Kaschuba: Die Überwindung der Distanz. Zeit und Raum in der europäischen Moderne. Frankfurt/M. 2004.

139  Etienne François/Hagen Schulze (Hg.): Deutsche Erinnerungsorte. 3 Bde. Mün-chen 2001–2003.

140  Vgl. den Sammelband von Geppert/Jensen/Weinhold (Hg.): Ortsgespräche, insbes. die Einleitung von dens.: Verräumlichung. Kommunikative Praktiken in histori-scher Perspektive, 1840–1930, S. 15–49.

141  Schlögel: Im Raume lesen wir die Zeit, S. 12.

142  Dies zeigt Jürgen Osterhammel: Raumbeziehungen. Internationale Geschichte, Geopolitik und historische Geographie, in: Wilfried Loth/Jürgen Osterhammel (Hg.): Internationale Geschichte. Themen – Ergebnisse – Aussichten. München 2000, S. 287–308.

143  Vgl. Frithjof Benjamin Schenk: Mental Maps. Die Konstruktion von geographi-schen Räumen in Europa seit der Aufklärung, in: Geschichte und Gesellschaft 28, 3 (2002), S. 493–514, hier S. 499 ff.

144  Cornelia Jöchner: Politische Räume. Stadt und Land in der Frühneuzeit. Berlin 2003.

145  Vgl. Tanja Michalsky: Raum visualisieren. Zur Genese des modernen Raumver-ständnisses in Medien der Frühen Neuzeit, in: Geppert/Jensen/Weinhold (Hg.): Ortsgespräche, S. 287–310.

146  Hans-Jörg Rheinberger/Bettina Wahrig-Schmidt/Michael Hagner: Räume des Wissens. Repräsentation, Codierung, Spur, in: dies. (Hg.): Räume des Wissens. Re-präsentation, Codierung, Spur. Berlin 1997, S. 7–21, hier S. 8.

147  Zu raumtheoretischen Ansätzen in der Medientheorie, zur Raumkonstitution in Abhängigkeit von Körperlichkeit und Medialität am Beispiel von Fallstudien vgl. einen Sammelband, der aus der Arbeitsgruppe «Raumtheorie» an der Uni-versität München hervorgegangen ist (http://www.raumtheorie.lmu.de): Jörg Dünne/Hermann Doetsch/Roger Lüdeke (Hg.): Von Pilgerwegen, Schriftspuren und Blickpunkten. Raumpraktiken in medienhistorischer Perspektive. Würzburg 2004; zur medialen Konstruktion von Identitätsräumen vgl. auch Brigitte Hipfl: Mediale Identitätsräume. Skizzen zu einem «spatial turn» in den Medien- und Kommunikationswissenschaften, in: dies./Elisabeth Klaus/Uta Scheer (Hg.): Iden-titätsräume. Nation, Körper und Geschlecht in den Medien. Eine Topographie. Bielefeld 2004, S. 16–50.

148 Vgl. Alexandra Budke/Detlef Kanwischer/Andreas Pott (Hg.): Internetgeographien. Beobachtungen zum Verhältnis von Internet, Raum und Gesellschaft. Wiesbaden, Stuttgart 2004.

149 Dieser Text und andere raum-gender-bezogene Schlüsseltexte sind abgedruckt im Reader von Jane Rendell/Barbara Penner/Iain Borden (Hg.): Gender Space Architecture. An Interdisciplinary Introduction. London, New York 2000.

150 Vgl. den Überblicksartikel von Natascha Würzbach: Raumdarstellung, in: Vera Nünning/Ansgar Nünning (Hg.): Erzähltextanalyse und Gender Studies. Stuttgart, Weimar 2004, S. 49–71.

151 Vgl. Kerstin W. Shands: Embracing Space. Spatial Metaphors in Feminist Discourse. Westport 1999, S. 8 ff.; vgl. auch Massey: Space, Place and Gender; Daphne Spain: Gendered Spaces. Chapel Hill, London 1992; Shirley Ardener (Hg.): Women and Space. Ground Rules and Social Maps. Oxford 1993; Rosa Ainley (Hg.): New Frontiers of Space, Bodies and Gender. London 1998; vgl. Löw: Raumsoziologie, Kapitel «Geschlechtsspezifische Räume», S. 246 ff.

152 Vgl. Roland Lippuner/Julia Lossau: In der Raumfalle. Eine Kritik des spatial turn in den Sozialwissenschaften, in: Georg Mein/Markus Rieger-Ladich (Hg.): Soziale Räume und kulturelle Praktiken. Über den strategischen Gebrauch von Medien. Bielefeld 2004, S. 47–63, hier S. 48.

153 Vgl. ebd., S. 54.

154 Patrick Ffrench: Passage Barré. Port Bou, September 26, 1940, in: Territories, S. 230–234, hier S. 230.

155 Rudolf Maresch: Die Rückkehr des Raums. Über die Notwendigkeit, modische Theorien und Diskurse zu vererden (www.rudolf-maresch.de/texte/42.pdf), S. 7.

156 Jürgen Osterhammel: Die Wiederkehr des Raumes. Geopolitik, Geohistorie und historische Geographie, in: Neue Politische Literatur 43 (1998), S. 374–397, hier S. 375; vgl. ders.: Raumbeziehungen, S. 307.

157 Zu dieser Kritik vgl. auch Geppert/Jensen/Weinhold: Verräumlichung, S. 18.

158 Maresch/Werber: Permanenzen des Raums, S. 27.

# LITERATUR – EINE AUSWAHL

Ahrens, Daniela: Grenzen der Enträumlichung. Weltstädte, Cyberspace und transnationale Räume in der globalisierten Moderne. Opladen 2001.

Bachelard, Gaston: Poetik des Raumes (1957). Frankfurt/M. 6. Aufl. 2001.

Bachmann-Medick, Doris: Texte zwischen den Kulturen. Ein Ausflug in «postkoloniale

C-1 233 : 27
MAG

Landkarten», in: Hartmut Böhme/Klaus R. Scherpe (Hg.): Literatur und Kulturwissenschaften. Positionen, Theorien, Modelle. Reinbek 1996, S. 60–77.

Böhme, Hartmut (Hg.): Topographien der Literatur. Deutsche Literatur im transnationalen Kontext. DFG-Symposion 2004. Stuttgart, Weimar 2005.

Borsò, Vittoria/Görling, Reinhold (Hg.): Kulturelle Topographien. Stuttgart, Weimar
2004.

Crang, Mike/Thrift, Nigel (Hg.): Thinking Space. London, New York 2000. $B^{\prime}$ hau

Damir-Geilsdorf, Sabine/Hartmann, Angelika/Hendrich, Béatrice (Hg.): Mental Maps –
Raum – Erinnerung. Kulturwissenschaftliche Zugänge zum Verhältnis von Raum
und Erinnerung. Münster 2005.

Dünne, Jörg/Doetsch, Hermann/Lüdeke, Roger (Hg.): Von Pilgerwegen, Schriftspuren
und Blickpunkten. Raumpraktiken in medienhistorischer Perspektive. Würzburg
2004.

Ette, Ottmar: Literatur in Bewegung. Raum und Dynamik grenzüberschreitenden
Schreibens in Europa und Amerika. Weilerswist 2001.

Gebhardt, Hans/Reuber, Paul/Wolkersdorfer, Günter (Hg.): Kulturgeographie. Aktuelle
Ansätze und Entwicklungen. Heidelberg, Berlin 2003.

Geppert, Alexander C. T./Jensen, Uffa/Weinhold, Jörn (Hg.): Ortsgespräche. Raum und
Kommunikation im 19. und 20. Jahrhundert. Bielefeld 2005.

Hauser-Schäublin, Brigitta/Dickhardt, Michael (Hg.): Kulturelle Räume – räumliche
Kultur. Zur Neubestimmung des Verhältnisses zweier fundamentaler Kategorien
menschlicher Praxis. Münster, Hamburg, London 2003.

Holm, Andrej: Sozialwissenschaftliche Theorien zu Raum und Fläche. Leipzig 2004
(UFZ-Bericht 26, http://www.ufz.de/data/ufz-bericht_26_042156.pdf).

Hubbard, Phil/Kitchin, Rob/Bartley, Brendan/Fuller, Duncan (Hg.): Thinking Geographically. Space, Theory and Contemporary Human Geography. London, New York
2002.

Hubbard, Phil/Kitchin, Rob/Valentine, Gill (Hg.): Key Thinkers on Space and Place.
London, Thousand Oaks, New Delhi 2004.

Lefebvre, Henri: The Production of Space. Oxford, Cambridge 1991.

Lippuner, Roland: Raum, Systeme, Praktiken. Zum Verhältnis von Alltag, Wissenschaft
und Geographie. Stuttgart 2005.

Lippuner, Roland/Lossau, Julia: In der Raumfalle. Eine Kritik des spatial turn in den
Sozialwissenschaften, in: Georg Mein/Markus Rieger-Ladich (Hg.): Soziale Räume
und kulturelle Praktiken. Über den strategischen Gebrauch von Medien. Bielefeld
2004, S. 47–64.

Low, Sethama/Lawrence-Zúñiga, Denise (Hg.): The Anthropology of Space and Place.
Locating Culture. Malden, Oxford 2003.

Löw, Martina: Raumsoziologie. Frankfurt/M. 2001.

Maresch, Rudolf/Werber, Niels (Hg.): Raum – Wissen – Macht. Frankfurt/M. 2002.

Massey, Doreen: For Space. London, Thousand Oaks, Delhi 2005.

Miller, J. Hillis: Topographies. Stanford 1995.

Osterhammel, Jürgen: Die Wiederkehr des Raumes: Geopolitik, Geohistorie und historische Geographie, in: Neue Politische Literatur 43 (1998), S. 374–397.

Ott, Michaela/Uhl, Elke (Hg.): Denken des Raums in Zeiten der Globalisierung. Münster u. a. 2005.

Rendell, Jane/Penner, Barbara/Borden, Iain (Hg.): Gender Space Architecture. An Interdisciplinary Introduction. London, New York 2000.

Schlögel, Karl: Im Raume lesen wir die Zeit. Über Zivilisationsgeschichte und Geopolitik. München, Wien 2003.

Schlögel, Karl: Kartenlesen, Augenarbeit. Über die Fälligkeit des spatial turn in den Geschichts- und Kulturwissenschaften, in: Heinz Dieter Kittsteiner (Hg.): Was sind Kulturwissenschaften? 13 Antworten. München 2004, S. 261–283.

Schroer, Markus: Räume, Orte, Grenzen. Auf dem Weg zu einer Soziologie des Raums. Frankfurt/M. 2006.

Soja, Edward W.: Postmodern Geographies. The Reassertion of Space in Critical Social Theory. London, New York 1989.

Soja, Edward W.: Thirdspace. Journeys to Los Angeles and Other Real-and-Imagined Places. Cambridge, Oxford 1996.

Stockhammer, Robert (Hg.): TopoGraphien der Moderne. Medien zur Repräsentation und Konstruktion von Räumen. München 2005.

Thrift, Nigel: Spatial Formations. London, Thousand Oaks, New Delhi 1996.

Weigel, Sigrid: Zum «topographical turn». Kartographie, Topographie und Raumkonzepte in den Kulturwissenschaften, in: KulturPoetik 2, 2 (2002), S. 151–165.

## INTERNET-BIBLIOGRAPHIEN UND WEBSITES ZUM SPATIAL TURN (LETZTER ZUGRIFF APRIL 2006):

Arbeitsgruppe «Raum – Körper – Medium» an der Universität München:
www.raumtheorie.lmu.de (zugleich weblog)

Graduiertenkolleg «Raum und Ritual», Mainz: Literaturauswahl zum Thema «Raum»:
http://www.uni-mainz.de/Organisationen/RaumRitual/Literatur_Raum.htm

Space & Place in Philosophy and the Humanities: http://cyberplace.blogger.de (weblog)

# 7. ICONIC TURN

Die große «Bildrevolution»[1] schon seit der zweiten Hälfte des 19. Jahrhunderts, besonders aber die Informations- und Bilderspeicher des Internets und die digitalen Bilderfluten in der Mediengesellschaft sind es, die einen *iconic turn* nahe legen – nicht zuletzt sind es auch die technischen Bildgebungsverfahren in Medizin und Naturwissenschaften bis hin zu den Überwachungsbildern der modernen Kontrollgesellschaften. Doch keineswegs meint die Rede vom *iconic turn* nur solche Bildphänomene der Alltagskultur. Vor allem löst sie eine neue kulturwissenschaftliche Bildaufmerksamkeit aus. Verknüpft mit Erkenntnis-, ja Sprachkritik arbeitet der *iconic turn* auf eine visuelle Kompetenz hin, die in den westlichen Gesellschaften seit Platons Bilderfeindschaft und dem Logozentrismus in der Philosophie noch wenig ausgeprägt ist. Die Sprachdominanz der westlichen Kulturen hat die Untersuchung von Bildkulturen lange Zeit an den Rand gedrängt.

Als Wendung gegen diese Vorherrschaft des Sprachlichen hat der amerikanische Literaturwissenschaftler und Kulturtheoretiker William J. T. Mitchell im Jahr 1992 einen *pictorial turn* diagnostiziert und zugleich verkündet.[2] In Zukunft sollte das Nachdenken *über* Bilder ebenso aufgewertet werden wie das Denken *mit Hilfe von* Bildern. 1994, also fast gleichzeitig, ruft der Kunsthistoriker Gottfried Boehm in seiner Abhandlung «Die Wiederkehr der Bilder»[3] den *iconic turn* aus. Damit war das Ziel verbunden, in Analogie und im Gegenzug zur Allgemeinen Sprachwissenschaft – insbesondere zur Sprach- und Textdominanz des *linguistic turn* – endlich eine Allgemeine Bildwissenschaft zu etablieren. In Reaktion auf die Dominanz der Medienwissenschaften sollte diese zunächst kunstgeschichtlich verankert sein: um die eigene Logik von Bildern zu erkunden und eine neue analytische Zugangsweise zu Bildkulturen zu gewinnen. Bilder sind schließlich lange genug «gelesen» worden auf den in ihnen versteckten Sinn und Subtext oder auf ihre erzählbare Geschichte hin. Dabei sind sie keineswegs nur Zeichen, Abbilder oder Illustrationen; sie entfalten eine ganz eigene Wirkungsmacht, die sich der Sprache zu entziehen scheint. Der *iconic turn* führt freilich über die Analyse gegenständlicher Bilder hinaus und erstreckt sich auf den gesamten Bereich visueller Wahrnehmung und Kultur. Damit wird der Boden bereitet für einen umfassenderen *visual turn*, der sich auf visuelle Praktiken und Medien der Wahrnehmung wie Aufmerksamkeit, Erinnerung, Sehen, Beobachtung ebenso ausdehnt wie auf Kulturen des Blicks.

Für den *iconic turn* ist die Frage der Leitwissenschaft umstrittener als bei anderen *turns*. Schließlich ist diese Bildwende noch immer dabei, sich auszugestalten und die kontroversen Positionen im Spannungsfeld der verschiedenen disziplinären Zuständigkeiten auszudifferenzieren. Angesichts des anhaltenden Machtkampfs um Definitionsmonopole ist noch keineswegs ausgemacht, wieweit die aktuellen Positionen auch in Zukunft nebeneinander Bestand haben werden: die Entwicklung der Kunstgeschichte zu einer *historischen Bildwissenschaft* auf der Grundlage von Formanalysen, die *Bild-Anthropologie,* Ansätze zu einer *Bild-Medienwissenschaft* und einer *transkulturellen Bildkulturwissenschaft* sowie die *Visual Studies* bis hin zu einer interdisziplinären *Allgemeinen Bildwissenschaft,* wie sie gegenwärtig besonders stark vorangetrieben wird.[4] Zwar macht Letztere den Versuch, ein vielfältiges Spektrum von Fächern zusammenzuführen, die sich mit der Bilderfrage beschäftigen. Doch wieweit ist es im Rahmen einer eigenen Disziplin «Bildwissenschaft» überhaupt möglich, vielfältige oder gar widersprüchliche bildwissenschaftliche Perspektiven zu verfolgen, ohne diese durch die universalwissenschaftlichen Integrationszwänge einer solchen Meta-Disziplin wiederum einzudämmen? Erst die Offenheit der Bildreflexion könnte schließlich einer Frage wieder Raum verschaffen, die bei aller Fixierung auf ein bildwissenschaftliches Dachprojekt fast in Vergessenheit geraten ist: Was bedeutet der *iconic turn* für die Kulturwissenschaften insgesamt? Über die Öffnung der Kunstgeschichte zu einer Kulturwissenschaft hinaus ginge es also um eine andere Blickrichtung: um den Beitrag der Bildreflexion für eine Neuorientierung der Kulturwissenschaften.

# 1. ENTSTEHUNGSKONTEXT UND HERAUSBILDUNG DES *ICONIC TURN/PICTORIAL TURN*

Die Geschichte der Herausbildung des *iconic turn* kann unter sehr unterschiedlichen Vorzeichen erzählt werden. War sie anfangs (z. B. bei Gottfried Boehm) eher ein fachbezogenes Bemühen, die historischen Bildkulturen aus ihrem eigenen Bildverständnis heraus zu begreifen und sie vor der zunehmenden Übermacht gegenwärtiger Medienbilder zu «retten», wie es Willibald Sauerländer im Sammelband einer prominenten Vorlesungsreihe zum *iconic turn*[5] andeutet? «*Iconic turn* war ein empatischer (!) Versuch, die in der Zeit der Medien bedrohte Autonomie des künstlerischen Bildes hermeneutisch zu retten.»[6] Die gängige Meistererzählung vom *iconic turn* ist dies sicher nicht. Eine viel stärker verbreitete Geschichte wird erzählt, wenn man sich – wie dann Sauerländer selbst – über den Autonomieanspruch des kunsthistorischen Bildbegriffs hinaus den Herausforderungen stellt, die von der immensen Ausweitung der «Bildwelten»[7] durch Medien wie Film, Video und digitale Visualisierungen ausgehen. So ereignet sich, besonders im Anschluss an die amerikanischen Diskussionen von *Visual Culture* und *pictorial turn* seit den 1980er Jahren, eine Öffnung hin zu jeglichen Bildern und Bildwahrnehmungen, jenseits hochkultureller Bildtraditionen und ästhetischer Wertung. Das derart erweiterte Bildverständnis wird so durchgreifend, dass sich die anfängliche Differenzierung zwischen einem zunächst engeren *iconic turn* und einem solchen umfassenderen *pictorial turn* nicht mehr halten lässt.

Erzählt man die Herausbildung des *iconic turn* aus wissenschaftsgeschichtlich-erkenntnistheoretischer Sicht, dann wird – besonders bei Mitchell und Boehm – die Gegnerschaft zum *linguistic turn* so überdeutlich artikuliert, dass alle anderen *turns* «dazwischen» ausgeblendet werden. Die Entstehung des *iconic turn* führt Mitchell darauf zurück, dass die Philosophie immer stärker in eine Verteidigungshaltung gegenüber den Herausforderungen der visuellen Repräsentation geraten ist[8], in eine Verteidigung der reflexiven und logischen Qualitäten der Sprache gegenüber den Unschärfen der bildlichen Evidenz. Das ist freilich eine höchst einseitige Darstellung der Philosophie des 20. Jahrhunderts, die sich in Auseinandersetzung mit der Frage des Bildes vor allem von Seiten der phänomenologischen Philosophie (Martin Heidegger, Edmund Husserl, Maurice Merleau-Ponty) bis hin zu Jacques Derrida und Michel Foucault durchaus in bildwissenschaftliche Richtung aufgemacht hat. Den *iconic turn* hat sie auf ihre Weise vorbereitet, schon indem sie den Abbildcharakter des Bildes überwunden und dessen welterschließendes, wahrnehmungsprägendes Vermögen herausgestellt hat.[9] Gottfried Boehm geht hingegen so weit, aus den «Erkenntnisunsicherheiten» der Philosophie geradezu deren eigene «Wendung zum Bild» herzuleiten. Diese macht er fest an der «Bildpotenz» der Philosophie selbst, an der Aufwertung der integralen Funktion von Bildern für die Philosophie bei Friedrich Nietzsche, an der Hinwendung zu Sprachspielen bei Ludwig Wittgenstein und zu Metaphern bei Hans Blumenberg.[10] Für die Weiterentwicklung solcher philosophischer Ansätze zu einer Bildwende ist indes die Kunstgeschichte gefragt. Paradoxerweise jedoch taucht der *iconic turn* gerade zu einer Zeit auf, in der die Kunstgeschichte (verspätet) auf den Zug des *linguistic turn* aufspringt und beginnt, die bildenden Künste als Zeichensysteme, textuelle und diskursive Phänomene zu entdecken. Zunächst war es dann auch die Gegnerschaft zu dieser fachinternen linguistischen Wende, die dem *iconic turn* Auftrieb gegeben hat.[11] Auch Mitchells Projekt einer «kritischen Ikonologie» bleibt weiterhin aufs eigene Fach bezogen. Es geht über die noch sprachvermittelte Ikonologie des Vorläufers Erwin Panofsky hinaus, indem es den «Widerstand des Ikons gegen den Logos»[12] propagiert. Die Ausweitung dieses Ansatzes auf eine Reflexion der Wahrnehmungsformen von Sehen und Betrachten bahnt sodann den Weg für die bildtranszendierenden *Visual Studies*. In diese Richtung weist auch Gottfried Boehm mit seiner ausdrücklichen Einbeziehung sinnlicher Wahrnehmungskategorien wie derjenigen des Blicks.[13]

Eine Entstehungsgeschichte kann der Frage, wann ein *turn* beginnt, nicht ausweichen. Wann der *iconic turn* beginnt, ist schwierig zu beantworten. Denn einerseits ist er – wie W. J. T. Mitchell in seinem neuen Buch «What Do Pictures Want?» erklärt – kein einzigartiges Gegenwartsphänomen. Vielmehr erscheint er als ein wiederholter Topos in allen medialen Umbrüchen von der Fotografie bis zum Internet, in denen das Visuelle einen historischen Wendepunkt markiert.[14] Andererseits neigt der *iconic turn* – wie alle *turns* – dazu, einen gegenwärtigen Fokus des Theoriewandels auf faktische Entwicklungsumbrüche früherer Jahrhunderte zurückzuprojizieren. So lässt Horst Bredekamp die Bildwende bereits mit der politischen Ikonographie in Thomas Hobbes' «Leviathan» beginnen, mit dem «Urbild» des modernen Staates (veranschaulicht noch dazu in dem bekannten Frontispiz), der damit gleichsam als Bild – über das Sehen – begonnen habe. Eine «visible power» des Bildes[15], die sogar Staatsverträge handlungswirksam werden lässt, wird jedenfalls schon bei Hobbes der schwächeren Kommunikationsform durch Wörter entgegengehalten. Am Leitfaden der Bildhaftigkeit setzt Horst Bredekamp die Entstehungsgeschichte des *iconic turn* sehr früh an. Neben diesen frühen Spuren verweist seine explizite Historisierung auf die im 19. Jahrhundert beginnende Kunstgeschichte zurück, die ihre Methoden der Bildbeschreibung und -interpretation bereits auf nichtkünstlerische Bilder ausweitete – motiviert durch die Rezeption mittelalterlicher Kunst mit ihren Entgrenzungen der Künste, aber auch durch die Einbeziehung des Kunstgewerbes und durch Auseinandersetzung mit der aufkommenden Fotografie.[16] Auf dieser medialen Schiene der aufkommenden Fotografie ist der *iconic turn* sogar von Seiten der Naturwissenschaften gespurt worden: schon bei Charles Darwin und der Evolutionsbiologie in seinem Umkreis, mit ihren Verbildlichungen und Bilddiagrammen. Der spätere Siegeszug des Internets ist dann nur die Spitze dieses durch Bildmedien fundierten Eisbergs.[17] Hier schafft besonders der Film einen markanten Übergang der Bildreflexion in die Medientheorie, welche die Bildwissenschaft ihrerseits vorangetrieben hat. Neben diesen medialen und technologischen Rückbindungen der Theorieentwicklung aber ist es vor allem die brisante Allianz zwischen Bildern, Medien und gesellschaftlichen Inszenierungsformen, die zu einem *iconic turn* geführt hat.[18] Dass besonders die Erfahrung der problematischen Medienpräsenz des zweiten Golfkriegs (1990–1991) mit seiner Bildpolitik, Bildinszenierung und Bildzensur ein kritischer historisch-politischer Auslöser war, ist kaum zu übersehen.

Eine Absicht des *iconic turn* liegt in dem Bestreben, die zunehmende Flut der Bilder durch kritische Bildanalysen in den Griff zu bekommen. Die Kunstgeschichte ist hierzu gewiss nicht die einzige Triebkraft. Weder die Kunstgeschichte noch die Philosophie allein konnten einen *iconic turn* auf die Beine stellen. Erst auf den Schultern der Medienwissenschaft mit ihrer Anerkennung und Aufwertung profaner Bilder des Alltags und der Technik ist dies möglich geworden.[19] Die medientheoretischen Impulse, den Bereich der Hochkultur zu verlassen und Bilder in Auseinandersetzung mit technischen Medien neu zu bestimmen, drängen dazu, den Kategorien Bild, Medium und Wahrnehmung ein neues, erkenntnisnahes Potenzial für die kulturwissenschaftliche Forschung zuzuerkennen.

## 2. VON DER KUNSTGESCHICHTE ZU EINER INTERDISZIPLINÄREN ALLGEMEINEN BILDWISSENSCHAFT? POSITIONEN DES *ICONIC TURN*

«Der pictorial turn ist keine Antwort auf irgendetwas. Er ist nur eine Art und Weise, die Frage zu formulieren.»[20] Er ist keine Antwort auf die aktuelle Bilderkultur, sondern eine historische, semiotische, kunstgeschichtliche, anthropologische, philosophische, erkenntniskritische Befragung derselben. «Was ist ein Bild?», so lautet zunächst eine (platonische) Leitfrage[21] – eine im Zeitalter digitaler Bilder altmodisch klingende Frage, die dann aber immer deutlicher auf die Vielfalt der «Bilder» zugeschnitten wird.

Auch wenn die Antworten auf diese Leitfrage auseinander driften, ist doch immer ein stark erweiterter Bildbegriff im Spiel. Bilder im Alltagsleben stehen hier ebenso im Vordergrund wie Bilder und bildgebende Verfahren in Naturwissenschaften und Medizin. Der *iconic turn* trägt somit Elemente zusammen, die den traditionellen, auf Kunstwerke fixierten Bildbegriff der Kunstgeschichte mehr und mehr in Frage stellen. So definiert Horst Bredekamp sehr allgemein: «Eine visuelle Konstitution, die sich mit einem Sinn verbindet, und sei dieser sinnlos, ist für mich ein Bild.»[22] Bilder sind auf ihre Vorgeschichte («Subgeschichte»), auf ihre Relation zum Abgebildeten, auf ihren «Sinn» und ihre Eigensinnigkeit sowie auf ihre Medialität, aber auch auf ihre vielschichtige Wahrnehmung und Rezeption hin zu befragen. Wann und wo, unter welchen Bedingungen und in welchen Medien kommen Bilder zur Geltung?[23] Hans Belting ergänzt: «Ein ‹Bild› ist mehr als ein Produkt von Wahrnehmung. Es entsteht als das Resultat einer persönlichen oder kollektiven Symbolisierung. Alles, was in den Blick oder vor das innere Auge tritt, läßt sich auf diese Weise zu einem Bild klären oder in ein Bild verwandeln.»[24] Damit wird der Bildbegriff entschieden erweitert. Er wird anthropologisiert, indem der Bezug auf Wahrnehmung, auf den subjektiven Blick und das innere Auge zum zentralen Bildkriterium erklärt wird, was entschieden über den Objektstatus von Bildern hinausweist.

Mit einem derart erweiterten Bildbegriff wird einerseits die ontologische Ausgangsfrage nach dem Wesen des Bildes geradezu unterlaufen. Denn das Bild konstituiert sich doch erst durch den Umgang mit dem Bild, nicht zuletzt durch kulturelle Konventionen der Bildwahrnehmung sowie durch affektive Zuschreibungen. Unverzichtbar wird daher auch die Entwicklung einer Bildpragmatik, für die der Philosoph Gernot Böhme in seinem Versuch einer philosophischen Grundlegung des Bildverständnisses plädiert.[25] Andererseits werden durch dieses weite Bildverständnis sowohl die Bildreflexionen der Philosophie[26] als auch diejenige der traditionelle Kunstgeschichte an ihre Grenzen getrieben. Nicht nur die heterogenen aktuellen Bildwelten verlangen eine disziplinenübergreifende Bildwissenschaft, sondern auch die komplexen Dimensionen der Bildanalyse, die sich auf folgende Aspekte erstreckt: auf die Bilderzeugung im sozialen Raum, auf die Aktivität der sinnlichen Wahrnehmung, auf die Produktion innerer Bilder.[27]

## Kunstgeschichte/historische Bildwissenschaft

Die zunächst kunsthistorische Leitfrage «Was ist ein Bild» lockerte zwar die Fixierung auf den Kunstbegriff. Zu einer einheitlichen Definition kann und soll sie jedoch nicht führen, schon allein aufgrund der Verschiedenheit der Bilder, seien es Gemälde, Fotografien, Filme, digitale Bilder, Spiegelbilder, künstlerische Bilder, Traumbilder, Vorstellungsbilder, bis hin zu Weltbildern – jenseits jedenfalls von traditionellen Tafelbildern. Schon entlang der zeichentheoretischen (semiotischen), ästhetischen, anthropologischen, philosophischen Herangehensweisen, die hiermit angesprochen sind, fächern sich dann auch die verschiedenen Ansätze des *iconic turn* bzw. der entstehenden Bildwissenschaft auf: in phänomenologische Bildtheorie mit ihrem Akzent auf Sichtbarkeit, in Bildanthropologie mit ihrem Akzent auf Körperlichkeit, in Bildsemiotik mit ihrem Akzent auf Zeichenhaftigkeit. Die Kompetenzen der Kunstgeschichte zur Formanalyse und zur historischen Sinnkonstitution zugleich werden in dieser Gemengelage der Positionen neu auf den Plan gerufen. Sie markieren die «ikonische Differenz»[28], wie sie Gottfried Boehm zum entscheidenden Kriterium für ein Bild erklärt. Die Formanalyse – so wird argumentiert – könne diese Differenz, d. h. die beiden Seiten des Bildes, erfassen: seine Zugehörigkeit zur materiellen Kultur wie auch seine gleichzeitige Teilhabe an der Sphäre symbolischer Bedeutung. Sie erfasst den Grundkontrast der Bilder zwischen ihrem Gemachtsein und ihrem sinnstiftenden Darstellungs- und Verweisungscharakter, zwischen (materieller, medialer und technischer) Herstellung und Darstellungsmacht.

Vor allem angesichts der technischen Bildmedien kann die Kunstgeschichte erst dann fächerüberspannende bildanalytische Kompetenzen entfalten, wenn sie die eigene Disziplin in die einer Bildwissenschaft umwandelt. Hauptvertreter dieser Neukonzeptualisierung im deutschsprachigen Bereich sind Gottfried Boehm, Horst Bredekamp und Hans Belting, aber auch Martin Kemp und Martin Warnke. Den Boden bereitet für diese bildwissenschaftliche Erweiterung hatte schon Hans Beltings anfängliche Frage (1983), schließlich aber sein entschiedenes Diktum (1993) vom «Ende der Kunstgeschichte»[29]. Gemeint ist das Ende der traditionellen Erzählung einer universalen, linearen Kunstgeschichte mit ihrem «gerahmten» Bild ebenso wie das Ende eines traditionellen Kanons mit seinen Ausschließungstendenzen. Die ikonische Wende betrifft also, mehr als bei anderen *turns*, das fundamentale Selbstverständnis eines ganzen Fachs: Kunstgeschichte wird zur Bildwissenschaft.[30] Sie bleibt nicht mehr länger auf Kunst fixiert, sondern fasst Bilder aller Art ins Auge. Doch gerade diese fachbezogene Neukonzeptualisierung ist bereits ein entscheidender Schritt, um die Bildfokussierung nicht nur auf bildbezogene Gegenstandsbereiche und visuelle Themenfelder zu beschränken. Denn über eine bloße Hinwendung zum Bildthema hinaus wird ausdrücklich eine Schärfung der Methoden angestrebt. Noch sind es primär kunsthistorische Methoden, die hier stark gemacht werden, im Gegenzug zu den außerdisziplinären «Bedrohungen» durch eine fächerübergreifende Allgemeine Bildwissenschaft am Rande oder jenseits der Kunstgeschichte[31] – allerdings stets in Gefahr, dass sich die Kunstgeschichte überhebt und andere historische Methoden etwa einer Bildforschung der Europäischen Ethnologie[32] aus dem Blick verliert.

Für die Kunstgeschichte bedeutet diese Rück-Wende auf das eigene Selbstverständnis, dass sie an eine bereits bestehende, jedoch – durch den Nationalsozialismus abgerissene – Tradition der Bildwissenschaft anknüpfen kann, wie sie vor allem im Gefolge der Warburg-Schule ausgebildet wurde.[33] Von Aby Warburg (1866–1929) und seiner Ikonologie[34], seiner Erforschung des Bildgedächtnisses, geht der größte Schub in Richtung einer Bildwissenschaft aus: durch seine begriffliche Ersetzung von «Kunst» durch «Bild» und seine Sammlung der nicht nur auf Kunst beschränkten Bilderwelten im Mnemosyne-Atlas[35] – ein wichtiger Vorläufer jedenfalls für eine Kunstwissenschaft als bildgeschichtliche Bildwissenschaft, die sich in ihrem weiten Bildbegriff gern auf viel zitierte Beispiele wie Warburgs Aufsatz über die Briefmarke oder Erwin Panofskys Essay über den Kühlergrill von Rolls-Royce beruft. Neben der Aussicht auf einen weiten Bildbegriff liegt in Warburgs Ansatz zugleich die Keimzelle für eine anthropologische Perspektive der Bilderforschung. Denn was Warburg an Bildern interessierte, war besonders die Wirkungsmacht der lang nachlebenden, vor allem antiken Bildsymbole in den nachhaltigen emotionalen Impulsen der in ihnen verkörperten «Pathosformeln». Warburgs Ikonologie wurde von Panofsky weiterentfaltet und zu einer führenden, allerdings noch textorientierten kunsthistorischen Methode entwickelt, die dann später auf visuelle Methoden hin «überarbeitet» wird (vor allem durch Mitchell und die Ansätze der *New Art History*). Im Anschluss an Warburgs Untersuchungen zur körperbezogenen Energie von Bildern bzw. zu ihrer starken emotionalen Wirkungsmacht entstand vor einigen Jahren – ebenfalls in Hamburg – die Forschungsrichtung einer interdisziplinären «politischen Ikonographie».[36]

Wiewiet aber kann die Kunstgeschichte wirklich noch Leitwissenschaft einer solchen «Wende zum Bild»[37] sein? Diese Frage drängt sich zunehmend auf, gerade angesichts der enormen bildwissenschaftlichen Varianten und der weit verbreiteten neuen Bildaufmerksamkeit bis hin zu virtuellen Bildern. In ihrer bildwissenschaftlichen Erweiterung oder gar in ihrem Status als (historische) Bildwissenschaft bleibt die Kunstgeschichte gerade nicht fachgebunden. Doch indem sie die kulturelle Bedeutung bildlicher Wahrnehmungs- und Visualisierungstechniken auch in anderen Wissenschaften hervorhebt, kann ihr auch umso leichter das Zepter von einer sich konstituierenden disziplinenübergreifenden Allgemeinen Bildwissenschaft aus der Hand genommen werden. Gerade dieser aufziehende Kompetenzstreit bringt die Frage der Abgrenzung von Kunst und Bild, die Frage nach ästhetischen Differenzen und nach der geschichtlichen Dimension auch der aktuellen Bildformen wieder stärker ins Spiel. Aus der Sicht der Kunstgeschichte jedenfalls bleibt «Bildforschung» unverzichtbare Voraussetzung für jegliches Projekt einer Bildwissenschaft. Ihr ikonologisches Instrumentarium zur Analyse der Einzelform[38] gilt als unverzichtbares Fundament für eine Grenzüberschreitung hin zur Analyse technischer Bilder und zu einer gezielten Kooperation mit Natur- und Technikwissenschaften. Wenn gegenwärtig eine solche Zusammenarbeit praktiziert wird – etwa im Helmholtz-Zentrum für Kulturtechnik an der Berliner Humboldt-Universität –, kann sie durchaus auf historische Vorbildungen zurückgreifen. So zeichnet Bredekamp vor allem in seinem Essay «Antikensehnsucht und Maschinenglauben»[39] am frühen historischen Beispiel der Kunstkammern seit dem 17. Jahrhundert nach, wie die visuelle Wahrnehmung der Kunstkammergegenstände durch ihre erkenntnisprägende Kraft eine folgenreiche Grenzverwischung zwischen künstlerischer und technisch-wissenschaftlicher Bildlichkeit leisten konnte.

## BILD-MEDIENWISSENSCHAFT

Ein solcher Übergriff der Kunstgeschichte auf technische Bilder, ihre Einbindung in Wissenssysteme und Umweltbezüge, kommt freilich ohne Medientheorie und Mediengeschichte nicht aus. Der «media(l) turn»[40], der ja auch in anderen Disziplinen unübersehbar ist, wirkt hier weniger als ein einzelner *turn*, sondern eher als ein durchschlagender Umbruch in den Grundlagen der Wissensvermittlung. Er hat eine deutliche historische Spur, die zurückweist auf Adornos Ästhetik und die Kritik der Frankfurter Schule an der «Kulturindustrie» sowie auf Benjamins bahnbrechenden Aufsatz über «Das Kunstwerk im Zeitalter seiner technischen Reproduzierbarkeit».[41] Sie führt zur Untersuchung und Aufwertung technisch produzierter und reproduzierbarer Bilder, aber auch zur Einsicht in ihre Verselbständigung durch bildliche «Simulation», ja Ersetzung von Wirklichkeit – für deren Analyse die medientheoretischen Einsichten von Jean Baudrillard wegweisend geworden sind.[42] Als Unterfutter der Bilderzeugung und des *iconic turn* gelten vor allem optische Medien.[43] Mit dieser Linse wirft der Medientheoretiker Friedrich Kittler «einen ethnologischen Blick auf die künstlichen Bilderreiche der letzten hundert Jahre»[44], die dafür verantwortlich waren, dass Bilder nicht nur gemalt, sondern auch vervielfältigt, übertragen, gespeichert werden konnten. Gemeint sind hier Bildspeicher-Medien wie Fotografie, Film, Fernsehen, Computer. Das «uralte Schriftmonopol»[45] jedenfalls wurde schon durch die älteren technischen Bildmedien gebrochen, dies dann noch zugespitzt durch die neuen elektronisch-digitalen Medien der Informationsgesellschaft.

Die Medienwissenschaften lieferten für den *iconic turn* sicherlich eine wichtige Initialzündung. Doch die weitere, kulturwissenschaftliche Entfaltung der Bildwende hat dann nicht mehr auf ihrem Terrain stattgefunden. Mit einer eigenen bildwissenschaftlichen Perspektive haben sie den *iconic turn* jedenfalls nicht bereichert.[46] Denn ihnen geht es um jegliche technische Medienumbrüche, besonders um die kulturbeherrschende Rolle der neuen technologischen Medien. In diesem allgemeinen Problemfeld kommt zwar auch die Simulation durch Bilderwelten aufgrund von «Techniken des Imaginären»[47] zur Sprache. Bildmedien in ihren spezifischen Eigenschaften hingegen stehen hier nicht im Zentrum. Sie verlangen schließlich einen reflektierten Bildbegriff, der neben dem Technischen auch dem symbolischen Ausdruckspotenzial gerecht wird. Andere wichtige Wegbereiter einer Bildwende könnten für die weitere Ausarbeitung einer historisch orientierten kulturwissenschaftlichen Bild-Medienwissenschaft ergiebiger sein. Bemerkenswert sind hier Ansätze zur anthropologischen Mediengeschichte, zur Geschichte und Theorie der Fotografie[48], zur historisch-pragmatischen Bildmedienforschung der Europäischen Ethnologie[49] sowie zur Medienethnologie[50]. Zwar sind solche Ansätze im Dschungel der neueren Medientheorien eher an den Rand gedrängt worden; doch sie kommen den historisch reflektierten Ansätzen zu einer speziellen Bild-Medienwissenschaft von Seiten der Kunstgeschichte, wie z. B. von Martin Schulz, durchaus entgegen. Dabei wird ein Medienverständnis zugrunde gelegt, das eben nicht davon ausgeht, Wahrnehmungsfragen und Körperbezüge ließen sich an ein technisches Medium delegieren.[51] Dem Bildmedium wird vielmehr ein ausdrücklicher Wahrnehmungsbezug, zugleich aber auch eine eigene formalästhetische Struktur sowie eine eigenständige kulturelle Symbolisierungsdimension zuerkannt, statt es auf eine Instanz der technischen Übermittlung oder Zeichenvermittlung zu reduzieren: «Medien *verkörpern* Bilder.»[52]


## BILD-ANTHROPOLOGIE

Verkörperung ist *die* zentrale Kategorie, mit der Hans Beltings Bild-Anthropologie die Perspektive einer anthropologischen «Mediengeschichte des Bildes»[53] in die Kunstgeschichte einführt. Eine solche Eingemeindung und zugleich Modifikation von Medientheorie beugt einem möglichen Terrainverlust des Fachs vor, auch wenn sie keineswegs essenziell erscheint für den bildgeschichtlichen Ansatz einer Bild-Anthropologie und ihr Zentralargument: den Körperbezug von Bildern. Essenziell ist vielmehr Aby Warburgs Perspektive einer Bild- statt Kunstwissenschaft mit ihrer Betonung ausdrücklich körperbezogener Bildwirkungen. In ebendieser Tradition setzt Belting die Aufmerksamkeit auf den Körperbezug von Bildern fort, der zum einen durch deren eigenes Trägermedium, zum andern durch die im Betrachter ablaufende Veränderung des Körperbewusstseins zustande kommen soll. Zentral ist dabei eine Art von Bildübersetzung, bei der äußere Bilder durch den Akt der Betrachtung im individuellen Bildspeicher zu inneren Bildern werden.[54] Der menschliche Körper selbst wird also zum Medium des Bildes, das durch diesen Vorgang der Übersetzung nur das Trägermedium tauscht[55] – «bodies as living media, able to perceive, to remember, and to project images.»[56]

Bemerkenswert ist hier der Versuch, den Dualismus innerer versus äußerer Bilder aufzuheben, gerade in der Übersetzung von Bildwahrnehmung in Körperwahrnehmung. Bemerkenswert ist aber auch, dass Belting dabei geradezu einen *spatial turn* im *iconic turn* vollzieht, indem er Bilder verortet, und zwar im Körper als dem «Ort der Bilder»[57], als räumlich-körperliche Erfahrung innerer Orte wie Träume und Erinnerungen. Allerdings bedeutet dies für beide *turns* auch wiederum eine Verengung. Zwar wird damit der Aspekt der materiellen Erfahrung in der Bildtheorie akzentuiert. Doch mit einem zugleich essenzialistischen Körperverständnis erscheint der Körper gleichsam als unumstrittener, repräsentations«freier» Rückzugsort für Wahrnehmungsakte. Wo jedoch bleiben die geschlechtsbezogenen Körperdifferenzierungen, wo bleiben die sozialen Praktiken, gesellschaftlichen Prozesse und Konflikte? Sie sind schließlich unverzichtbar, wenn von Räumen und Orten die Rede ist, unverzichtbar aber auch, wenn vom Gebrauch, von der Verwendungsweise und den Funktionen von Bildern geredet wird, was hier entschieden zu kurz kommt.

Mit dem Körper als dem «Ort der Bilder» wird somit auch der Prozess der Symbolisierung auf besondere Weise anthropologisiert. Er wird in einen naturalisierten, ja essenzialisierten Körper[58] und in das «Selbst»[59] des Betrachters hineinverlegt, nicht hingegen auf einen gesellschaftlichen Ort der Symbolisierung und Bildbedeutungszuschreibung mitsamt seinen Eingriffen durch Macht, Politik und Geschlechterverhältnisse. Dabei schlägt Belting selbst vor, die Bild-Anthropologie nicht nur auf innere Orte zu beziehen, sondern auch auf die Bilder einer kollektiv-kulturellen Praxis, auf symbolische Bilder, die auch in einer global gewordenen Welt zwischen verschiedenen kulturellen Orten «reisen»[60] (wobei gerade verlorene Orte zu Bildern werden). Sein eigener Ansatz wäre hier in der Tat ernst zu nehmen. Dann allerdings müssten auch geographische Orte sowie die Orte der Sozialgeschichte einbezogen werden, die Belting ausdrücklich ausschließt.[61] Eine kulturwissenschaftlich profilierte Bild-Anthropologie würde also stärkere bildpolitische Differenzierungen nach unterschiedlichen kulturellen und sozialen Verwendungsweisen von Bildern verlangen. Denn gilt wirklich Beltings Behauptung: «Der Ort im anthropologischen Sinne ist also ein grundsätzlich anderer als der sozial bestimmte Ort»[62]? Der Körperbezug der Bilder (in seiner viel zu vagen Synonymität mit dem Bezug auf den Menschen, das Selbst, das Gedächtnis oder einfach nur auf das Trägermedium) wäre also kulturwissenschaftlich zu präzisieren – durchaus sogar neurophysiologisch, wie es die Bildreflexion der Hirnforschung mit ihrer Verortung von Bildern in Gehirnprozessen demonstriert hat.

Und doch ist die Bild-Anthropologie eine anregende Möglichkeit, der Ausweitung des Bildbegriffs in eine Theorie der kulturspezifischen bildlichen Wahrnehmungsformen hinein theoretisch gerecht zu werden. Bild-Anthropologie ist eine ergänzende Gegenrichtung gegen eine Verkürzung der Kunstwissenschaft auf eine technologisch orientierte Bild- und Medienwissenschaft.[63] Vor allem ist sie ein klarer Einspruch gegen die semiotische Bildtheorie, die vielen explizit bildwissenschaftlichen Ansätzen gegenwärtig zugrunde liegt. Der Körperbezug des Bildes markiert einen entscheidenden Angelpunkt, der gegenüber der Zeichentheorie des Bildes überschüssig ist, denn er führt den wahrnehmenden Menschen ein und eben nicht nur den ikonischen Zeichenzusammenhang.

## INTERDISZIPLINÄRE ALLGEMEINE BILDWISSENSCHAFT

Die Bildsemiotik ist es in erster Linie, auf der die Herausbildung einer interdisziplinären Allgemeinen Bildwissenschaft beruht.[64] Ihren konstituierenden Auftritt hatte dieses Projekt einer neuen Disziplin im September 2003 auf einer Mammutkonferenz in Magdeburg. Deshalb gilt sie auch – unter Anführung des Philosophen Klaus Sachs-Hombach – als Magdeburger Schule, die sich als Disziplin weiterhin über das Virtuelle Institut für Bildwissenschaft konstituiert.[65] Sie versteht sich in durchaus demonstrativer Konkurrenz zur kunstgeschichtlichen Bildwissenschaft («Natürlich gab es schon recht lange diverse Bildwissenschaften, etwa die Kartographie oder die Kunstgeschichte»[66] – aber eben noch nicht «*die* Bildwissenschaft»[67]). Über die Kunstgeschichte hinaus wird hier beansprucht, nicht nur Bildbeschreibungen leisten zu können, sondern auch bis zu den kausalen und empirischen Voraussetzungen von Verbildlichung vordringen zu können.[68] Allerdings finden sich dabei kaum ausgiebigere Bemühungen, Bilder als Medien zu explizieren oder Bildwissenschaft und Medienwissenschaft zusammenzuführen.

Zum ersten Mal jedoch wird gleichsam eine neue Wissenschaft ins Leben gerufen und als Leitwissenschaft zu installieren versucht: die Bildwissenschaft, aus der heraus gar ein «Kanon der Bildwissenschaften»[69] entwickelt werden soll. Dieses Disziplinenbündel hat allerdings viele Facetten und kontroverse Positionen. So ist noch unklar, auf welchen methodischen Pfeilern sich die Bildwissenschaft langfristig einrichtet. Die Heterogenität ihrer Ansätze fordert jedenfalls Kritik an mangelndem disziplinären Sachverstand geradezu heraus: «Die Crux liegt darin, dass eine hoch komplexe Bildverarbeitung, eine Neuauflage der philosophischen Ästhetik und eine visuelle Semiotik allesamt unter dem Begriff ‹Bildwissenschaft› segeln.»[70] Der Zusammenhalt dieser entstehenden interdisziplinären Bildwissenschaft soll durch einen «gemeinsamen Theorierahmen» sichergestellt werden: «Ein konkreter Vorschlag hierzu besteht in der These, dass Bilder wahrnehmungsnahe Zeichen sind.»[71] Semiotik gilt somit als ihre eigentliche Grundlage[72], und zwar nach dem Vorbild einer Allgemeinen Sprachwissenschaft. Nicht nur Belting, sondern bereits Mitchell und andere Kunsthistoriker wie etwa Bredekamp und Schulz üben scharfe Kritik an einer solchen bildwissenschaftlichen Position, die Bilder mit Zeichen gleichsetzt. Sie halten die Bildsemiotik für begrenzt, weil sie eben nicht das emotionale Wirkungspotenzial von Bildern erfasst, weil sie sprachanalog gebaut ist und auf Dechiffrierung und Entschlüsselung vertraut. Bestätigt wird diese Kritik schließlich durch die angestrebte Beziehung der Bildwissenschaft zur Computervisualistik, ja durch ihren zeichentheoretisch vermittelten Anwendungsanspruch. Dabei akzeptieren Bilder jedoch nicht notwendig die Differenz zwischen Zeichen und Bezeichnetem und verweisen auch nicht zwingend auf etwas außerhalb des Bildes. Das Instrumentarium der Bildsemiotik verfehlt zudem den «Körperbezug»[73] von Bildern, ihr transgressives Vermögen (durch Bilderverehrung, -konflikt oder -verbot), das in Zeichenverwendung eben nicht aufgeht. Es zwängt die Unberechenbarkeit der Bilder unter verbale

Kontrolle sowie in ein quasi linguistisches Methodenkorsett und – so die Kritik des Philosophen Gernot Böhme – geht damit an der spezifischen Evidenz (statt Referenz) von Bildern vorbei.[74]

Zwar scheint das aktuelle Projekt einer Bildwissenschaft bei aller Kritik zu florieren, ja häufig sogar den *iconic turn* in die Blickwinkel der einzelnen Disziplinen zu verlegen. Doch eine Bildwissenschaft mit einem derart umfassenden Anspruch müsste eine methodische Profilierung und Integration leisten, die mehr ist als eine Addition der Bildforschung in den jeweiligen Einzeldisziplinen, mehr als eine quantitative Ansammlung von Bildphänomenen. Dies könnte aber auf Kosten der fachspezifischen Perspektiven gehen, die ihrerseits doch entscheidend dazu beitragen, die Rückbindung des *iconic turn* an die Kulturwissenschaften sicherzustellen. Das Problem einer Bildwissenschaft scheint mir damit ähnlich gelagert zu sein wie das Problem einer Kulturwissenschaft als einer umfassenden kulturellen Einheitswissenschaft. Eher sollte man vielleicht von Bildwissenschaften im Plural sprechen. Disziplinären Alleinverwaltungsansprüchen im Zuge eines eingegrenzten «Kanon(s) der Bildwissenschaften»[75] wäre dann viel eher entgegenzuwirken. Zudem wäre die Bildperspektive noch durchgängiger zu verfolgen, z. B. auch in Medizin und Technik, statt sie auf einen ausgesuchten Verbund kanonisierter Grundlagendisziplinen zu beschränken. Noch dazu scheint ein Konsens über den Bildbegriff zu fehlen, welcher doch als eine Schnittstelle zwischen den beteiligten Disziplinen unverzichtbar wäre. Und schließlich besteht die Gefahr, wie Dietmar Dath zu Recht herausgestellt hat, dass die visuelle Kultur in den Bestand des gelehrten Wissens eingehegt wird, um die Entwertung von bildwissenschaftlichen «Deutungsfertigkeiten im harten Wind neuer sozialer, juristischer, politischer Tatsachen (zu) verhindern».[76] Diese Gefahr ist vielleicht dann weniger gegeben, wenn man sich auf die Frage rückbesinnt, was der *iconic turn* eigentlich für die Kulturwissenschaften bedeutet, statt sich nur an den Bruchlinien des Kompetenzgerangels zwischen Kunstgeschichte und Bildsemiotik immer weiter abzuarbeiten.

Einen dezidiert kulturwissenschaftlichen Akzent erhält die bildbezogene Reflexion im Vorschlag einer inter- und transkulturellen Bildkulturwissenschaft oder gar Kulturbildwissenschaft, wie sie die Literaturwissenschaftlerin Birgit Mersmann in einem (bisher erst) programmatischen Aufsatz zur Diskussion stellt.[77] Hier findet der *iconic turn* wie selten zuvor einen deutlichen Anschluss an kulturwissenschaftliche Perspektiven, vor allem an deren transkulturelle Öffnung.[78] Hat bereits Hans Belting durch seine anthropologischen Grundlegungen eine kulturenvergleichende Bildanalyse angeregt, so werden jetzt noch entschiedener die Differenzen zwischen Bildkulturen in einer globalisierten Welt markiert. Ein entsprechender «inter- und transkultureller Iconic Turn» ist es, der hier eine «Kulturbildwissenschaft» vorantreiben könnte. Diese zielt bis auf die Fundamente der kulturellen Bildcodierung und lädt insbesondere den Kulturbegriff selbst bildlich auf. Wieweit «Kultur als Bild» jedoch die Vorstellung von «Kultur als Text» ablösen kann, wie Mersmann behauptet[79], bleibt fraglich, solange das Verhältnis zwischen Text und Bild nicht ausreichend geklärt ist. Immerhin wird hier eine wegweisende Schwerpunktverlagerung der (interkulturellen) kulturwissenschaftlichen Forschung angeregt, die allzu lange unter der Herrschaft des (europäischen) Textmodells und sprachwissenschaftlicher Analysemethoden gestanden hat. Und mehr noch: Der Kulturbegriff, der im *iconic turn* dazu neigt, visuell und medial verkürzt zu werden, erhält nun wieder – so Mersmann – sein kulturanthropologisches Potenzial zurück.[80] Dazu gehört das Vermögen, Kulturdifferenzen ausgestalten und übersetzen zu können, wie es auch Bilder – besonders «Kulturbilder» und kulturelle Images – in bisher nicht genügend beachteter Weise entfalten. Dabei könnte die unkonventionelle Sicht einer «Kulturbildwissenschaft als Translationsforschung»[81], die sich auf die Auseinandersetzung zwischen verschiedenen Bildkulturen richtet, in interessanter Weise von ihrer Anschlussfähigkeit an die Horizonte eines *translational turn* profitieren.

Ein weiteres Brückenglied zur Frage der Fruchtbarkeit des *iconic turn* für die Kulturwissenschaften – jenseits einer Naturalisierung und Verabsolutierung des Bildes – wäre die ausdrückliche Hinwendung zu Wahrnehmungsformen und Bildkritik. Dazu haben hauptsächlich die *Visual Studies*[82] angeregt. Von hier aus ist vielleicht die stärkste Abkehr von der Themenbesessenheit der Kulturwissenschaften zu erwarten und die weiteste Öffnung für neue, methodisch profilierte Erkenntniseinstellungen anstelle von Gegenstandsfeldern – hin zu einer Einbindung von Bildlichkeit in das umfassendere kulturelle «Kommunikationssystem»[83], zur Einsicht in die visuelle Konstruktion von Gesellschaft[84]. Ausgangspunkt wäre auch hierfür die Dominanz digitaler und technischer Bilder in einer Zeit mediengeschichtlicher Umbrüche. Das kulturwissenschaftliche Interesse hingegen richtet sich auf die Leitfrage, in welcher Weise die Wahrnehmung selbst bereits durch Bilder, technologische Medien und neue Visualisierungstechniken geformt ist. Wenn man hier – ausdrücklich im Durchgang durch Medienvermittlungen – von einem *pictorial* oder *iconic turn* in den Kulturwissenschaften spricht, dann meint man die veränderte Rolle von Bildern angesichts der Bilderflut in einer mediengeschichtlichen Umbruchsituation. Zugleich ist aber auch ein «Ausstieg aus dem Bild» gemeint, wie er in der Kunst und besonders in der Medienkunst gegenwärtig zunehmend stattfindet.[85] Dieser Ausstieg aus der Abbild- und Repräsentationsfunktion weist nicht länger auf das Dargestellte und Nachzuahmende, wie im traditionellen Verständnis vom Bild, sondern auf Verbildlichungsakte und Visualisierungstechniken selbst. Hiermit richtet sich eine neue Aufmerksamkeit auf das Sehen als sozial und kulturell eingeübte Praxis.[86] Sehen bedeutet danach mehr als bloße optische Wahrnehmung. Es wird kontextualisiert, bezogen auf technologisierte und medialisierte Wahrnehmungsprägungen sowie auf ökonomische und kulturelle Machtverhältnisse. In diesem Horizont bewegt sich die umfassendere kulturwissenschaftliche Ausarbeitung einer kritischen Bildwissenschaft oder kritischen Ikonologie. Jenseits von Repräsentation und bildlicher Präsenz leistet sie – wie es W. J. T. Mitchell ausdrückt – «eher eine postlinguistische, postsemiotische Wiederentdeckung des Bildes» in seinem vielschichtigen Funktionszusammenhang: nämlich «als komplexes Wechselspiel von Visualität, Apparat, Institutionen, Diskurs, Körpern und Figurativität»[87].

*Visual Studies* bzw. Untersuchungsansätze zur *Visual Culture*[88] lenken also den Blick auf die Bedeutung der Wahrnehmungsweisen selbst. So lässt sich geradezu von einem *visual turn* sprechen, der den Akzent vom Bild hin zur Performanz verschiebt[89] und Wahrnehmungspraktiken wie Sehen, Beobachten und Formen des Blicks als soziale und kulturelle Prozesse beleuchtet. Doch auch das Feld der *Visual Studies* ist wiederum heterogen und kontrovers. So arbeitet etwa Jonathan Crary mit seiner «Genealogie der Aufmerksamkeit» in der zweiten Hälfte des 19. Jahrhunderts[90] an den Rändern dieser Forschungsrichtung. Er untersucht nicht nur visuelle Wahrnehmungsformen, sondern bricht den Gesamtkomplex der visuellen Wahrnehmung auf seine Komponenten hin auf. Erstaunlicherweise tritt dabei auch das Akustische als Teil des visuellen Eindrucks in den Vordergrund: «Den problematischen Terminus ‹Wahrnehmung› gebrauche ich vor allem, um auf ein Subjekt hinzuweisen, das nicht bloß einsinnig durch die Modalität des Sehens, sondern auch durch Gehör und Tastsinn und vor allem auch die unentwirrbar *gemischten* Modalitäten definierbar ist, die den ‹Visual studies› zwangsläufig ganz oder weitgehend aus dem Blick geraten.»[91] Eine kulturwissenschaftliche Perspektive könnte diese Relativierung einer Autonomie des Visuellen, die sich in den *iconic turn* hinter seinem Rücken eingeschlichen hat, konstruktiver aufgreifen. Crary selbst gibt einen anregenden weiterführenden Kontextualisierungsvorschlag, der hierfür genutzt werden könnte. Er bindet das Visuelle zusammen mit anderen Kräften in den Kontext der Lenkbarkeit von Subjektivität ein und erklärt es von hier aus – verknüpft mit ökonomischen Arbeitsbedingungen – zu einem wichtigen Bestandteil des Modernisierungsprozesses.

In der bisherigen Diskussion überwiegt freilich noch die Abkehr von der Fixierung auf Bildobjekte durch Hinwendung zu dezidiert visuellen Wahrnehmungsformen, was auf jeden Fall methodisch ergiebiger ist als eine Beschränkung auf das «Thema Bild». In den vorherrschend amerikanischen Ansätzen zur *Visual Culture*, hierzulande auch von Tom Holert[92], wird dabei vor allem die gesellschaftliche und politische Seite der Visualisierung betont. Damit ist das Feld abgesteckt für eine Reflexion der sozialen, geschlechtsspezifischen Blickkonventionen bis hin zu Verbildlichungen als Vehikeln für Machtausübung und Überwachung.[93] Die (im *reflexive turn* angedeutete) Grundsatzkritik an einer Blickform, die sich in der europäischen Geschichte als ein Herrschaftsgestus des visuellen Prinzips niedergeschlagen hat[94], wird damit zwar noch nicht fortgeschrieben. Angebahnt wird jedoch eine kritische Theorie des Blicks und des Sehens, welche die Folgen des visuellen Prinzips bzw. eines kontrollierenden «Über-Blicks» ausdrücklich in Frage stellt – in seiner Reichweite bis hin zu den immer aggressiveren Überwachungspraktiken gegenwärtiger Gesellschaften und zu medialen Aufbereitungen solcher Überwachung, etwa durch Fernsehserien wie «Big Brother».[95] Indem immer stärker die sozialen Grundlagen und kulturellen Codierungen des Sehens exploriert werden, wird auch die Frage «Was ist ein Bild?» zunehmend auf soziale Akte der Wahrnehmung und Macht hin kontextualisiert[96]: Wozu, von wem werden Bilder produziert und verwendet, wie wirken sie, und wie werden sie wahrgenommen? Verbunden mit einer kritischen Reflexion des Verhältnisses von Sehen, Sichtbarkeit und Evidenz, von Repräsentation, Wahrnehmen und Herrschaftsstrategien zeigen sich hier interessante Berührungspunkte zum *reflexive turn*, schon aufgrund des eigenen Selbstverständnisses der *Visual Culture*-Ansätze als einer «Erneuerung der Repräsentationskritik»[97]. Gerade indem die *Visual Culture Studies* an den methodisch fruchtbaren (visuellen) Wahrnehmungsformen ansetzen und diese mit Macht und Wissen verknüpfen, erweisen sie ihre kulturwissenschaftliche Relevanz – vorausgesetzt, sie scheitern nicht an der Uferlosigkeit ihres visuellen Gegenstandsbereichs, sondern beziehen sich gezielter auf Orte der Bilder und auf konkrete Kultur- und Analysetechniken im Umgang mit Bildern.

# 3. *Iconic turn* statt *linguistic turn* – vom Bildwissen zum ikonischen Erkenntnisinstrument?

Der *iconic turn* lässt sich durchaus als eine Gegenbewegung zum *linguistic turn* und seinem Diktum von der Sprachabhängigkeit aller Erkenntnis verstehen. Schließlich war bzw. ist der *linguistic turn* auf eine hierarchische Erkenntnisorientierung hin angelegt – so Barbara Maria Stafford, eine Protagonistin der *Visual Studies* –, eben wegen seiner «Totemisierung der Sprache als gottähnliche(r) Akteurin in der westlichen Kultur»[98]. Der lange Arm des *linguistic turn* reicht sogar bis hin zu dem Phänomen, dass interdisziplinären Zugängen zur Bildlichkeit oft noch die sprachgeprägte Metapher des Lesens zugrunde liegt und nicht etwa die des Sehens – ja, dass sie paradoxerweise zumeist völlig ohne Bilder auskommen. Dieses Phänomen geht einher mit der übermäßigen Aufwertung einer Kultur des Textes und der Literarizität (mit ihren Assoziationen von Tiefe, Bedeutung, Denken, Ernsthaftigkeit). Ihr entspricht die weit verbreitete Abwertung einer Kultur des Spektakels bzw. der Performanz (mit ihren Assoziationen von Oberflächlichkeit, Flüchtigkeit). Diese Textlastigkeit wirkt bis in den Kulturbegriff hinein, allem voran in die Vorstellung von «Kultur als Text» im Anschluss an den *interpretive turn*. Sogar im *reflexive turn* wird Darstellung fast durchgängig auf textuelle Repräsentation verkürzt.

Wenn es im *iconic turn* ausdrücklich nicht nur darum gehen soll, Bilder zu verstehen, sondern die Welt *durch* Bilder zu verstehen, lässt sich also auch hier erst unter einer Grundbedingung von einem *turn* sprechen: dass die Gegenstandsebene (d. h. Bilder als Untersuchungsgegenstand) gewissermaßen umschwenkt auf die Ebene der methodischen Einstellungen, dass Bilder somit selbst als Erkenntnismedien und Analysekategorien in den Blick kommen. Erst dann entfaltet der *iconic turn* ein methodisches Potenzial und erweist sich geradezu als ein «Aufruf zur methodischen Schärfung der bildlichen Analysemittel auf jedwedem Feld».[99] Die Repräsentationskritik, die schon im *reflexive turn* in Gang gesetzt worden war, scheint jedenfalls erst zu voller Blüte zu gelangen, wenn sie auf Bilder angewendet wird. Die Frage «Was ist ein Bild?» verlangt dann unter dem Aspekt der Repräsentationskritik eine gezielte Dekonstruktion von Bildern in ihrer scheinbar unmittelbaren Evidenz, Präsenz und Abbildfunktion. Die Einsicht, dass alle Bilder und sogar Fotos konstruiert, produziert und gestaltet sind, allein schon durch die Wahl von Ausschnitten und Fokussierungen, bekräftigt den Zweifel an authentischen Abbildern sowie an Authentizität überhaupt.

Eine entsprechende Kritik an Bildgläubigkeit bis hin zur «säkulare(n) Form des Bildglaubens», vor allem gegenüber elektronisch und digital geschaffenen Bildern, gehört zum Kern des *iconic turn*.[100] Eine kritische Bildanalyse setzt auf verschiedenen Ebenen an, nicht nur bei Bildern als Objekten von Anschauung, Interpretation und Erkenntnis. Neuerdings wird vielmehr danach gefragt, welche Fähigkeit Bilder haben, das Wissen überhaupt erst zu formen. Und damit erhält die behauptete eigene «Logik der Bilder»[101], die besondere Freisetzung des Imaginären aus der bildlichen Materialität heraus[102], einen brisanten erkenntnistheoretischen Stellenwert. Sie schafft einen Durchbruch zu unbeachteten Räumen der Wahrnehmung und Erkenntnis, zu neuen Evidenzen (von Abstraktem und Faktischem) und zu Anschaulichkeiten, die bislang durch die Sprachdominanz verstellt worden waren. «Jenseits der Sprache existieren gewaltige Räume von Sinn, ungeahnte Räume der Visualität, des Klanges, der Geste, der Mimik und der Bewegung. Sie benötigen keine Nachbesserung oder nachträgliche Rechtfertigung durch das Wort.»[103] Von der Bildlichkeit aus wird hier die Sprachwirklichkeit erweitert, über das Verbale hinaus – interessanterweise aber auch, was freilich noch zu entfalten wäre, über das Visuelle hinaus. So wird hier gleichsam nebenbei auch der Klang einbezogen, wenn auch noch nicht ausdifferenziert oder gar als Bilderergänzung reflektiert. Geht diese evokationsmächtige Bildlogik aber so weit, neben der Erschließung neuer Wahrnehmungshorizonte schließlich sogar den *linguistic turn* abzulösen?

Für die Entwicklung der Kulturwissenschaften nach dem *linguistic turn* wird der *iconic turn* in dieser Hinsicht von Anfang an als Meilenstein angesehen. Nicht nur, dass erstmals in westlichen Kulturen das Bild eine vorherrschende kulturelle und philosophische Rolle spielt, sondern dass mit dem Bild auch ein Erkenntnisumbruch verknüpft sein soll: Der *iconic turn* soll in der Lage sein, den *linguistic turn* und das damit einhergehende «logozentristische Vorurteil»[104] von der Sprache als dem dominierenden Erkenntnismedium abzulösen und den zweiten (!) großen Paradigmenwechsel in den Kulturwissenschaften herbeizuführen. Dieser paradigmatische Anspruch des *iconic turn* muss sicherlich angesichts der Kette der anderen *turns* massiv relativiert werden. Außerdem scheint die Vormacht der Sprache und der Schrift nicht leicht außer Kraft gesetzt werden zu können. Bilder lösen Texte nicht ab. Vielmehr sind sie einerseits auf (sprachliche) Interpretation angewiesen, schon damit man ihrer Suggestionskraft nicht ausgeliefert bleibt. Andererseits reklamieren Bilder ergänzend zur Verbalsprache die unverzichtbare Dimension des «Zeigens».[105] Die größte Skepsis an einem ikonischen Paradigmenwechsel ist allerdings epistemologischer Art. Zwar mag es so aussehen, als münde der *linguistic turn* spätestens mit dem Einrücken der Darstellungsfunktionen und des Metaphorischen in die Lücken der Verbalsprache dann auch «konsequenterweise in den *iconic turn*»[106], wie Gottfried Boehm erst jüngst wieder auf einer Konferenz zur Zwischenbilanz der Bildwissenschaft betont hat: «Was der iconic turn also lehrt und wo er an die vielleicht wichtigste theoretische Einsicht der Moderne anschließt, ist nicht die Sprach-, wohl aber die Darstellungsabhängigkeit allen Erkennens.»[107] In einem markanten Aufsatz hingegen wird bezweifelt, ob der *iconic turn* überhaupt mit dem *linguistic turn* in einem Zug genannt werden kann. Beide *turns* seien vielmehr «völlig inkompatibel»[108], gehören sie doch keineswegs derselben logischen Ebene an. So habe der *linguistic turn* einen tief greifenden methodologischen Wandel in Gang gesetzt. Denn statt neuartige Probleme zu entdecken, habe er die alten Probleme ausdrücklich auf neue Weise bearbeitet, indem er sie durchgängig als Problem der Sprache begriffen hat. Dem Bild dagegen wird keineswegs dieses universelle methodische Potenzial zuerkannt. Der *iconic turn* wende sich nur neuartigen Problemen zu, er markiere nur die «Hinwendung zu einem bestimmten Thema».[109] Erst wenn die Phänomene selbst *als* Bilder aufgefasst würden, käme dem Bild eine ebenso fundamentale Erkenntnisleistung zu wie der Sprache. Erst dann würde der *iconic turn* mit dem *linguistic turn* überhaupt vergleichbar.

Dieses Argument ist bemerkenswert, auch für den Status der anderen *turns*, die ja alle beanspruchen, über den Gegenstands- und Themenbereich hinaus einen erkenntnistheoretischen Sprung zu vollziehen. Geht es bei näherem Hinsehen auch beim *iconic turn* nicht nur darum, «über Bilder neu und anders zu denken»[110], sondern gerade auch, aber eben nicht nur, *mit Hilfe* von Bildern zu denken, Bilder als Erkenntnismittel einzusetzen, um auch auf ganz anderen Gebieten als nur bildlichen Gegenstandsfeldern neue Erkenntnisse zu gewinnen? Ansätze hierzu gibt es jedenfalls, wenn man die Zeigefunktion des Bildlichen und die Darstellungsabhängigkeit des Wissens bedenkt, wie sie an bildlichen Erkenntnissen festgemacht werden. Gemeint sind nicht nur Einblicke ins Gehirn, Bildvermittlungen historischer Prozesse usw., sondern auch die kulturwissenschaftlich unverzichtbare imaginäre Dimension des Wissens[111], die sich jeweils durch Sprache allein nicht erschließt. Der *iconic turn* schreibt Bildern also durchaus einen erkenntnistheoretischen Status zu, den Status von «ikonische(n) Episteme(n)»[112], von Erklärungsmedien sowie von kognitiv konstituierenden, z. B. erinnerungsprägenden oder Mythen erzeugenden «Bildakten»[113]. Solche bildaktiven Denkbewegungen sind für Bredekamp «der heiße Kern dessen, was den *iconic turn* ausmacht» – eben nicht Gegenstandserweiterung, sondern «eine neue Art des Philosophierens»[114]. Ein möglicherweise fundamentaler Anspruch des *iconic turn*, als eine neue Megawende den *linguistic turn* außer Kraft setzen zu können, bleibt dennoch fraglich. Eher scheint es gerade sein Anspruch mittlerer Reichweite zu sein, der – ähnlich wie die anderen Forschungswenden – den *linguistic turn* unterhöhlt, indem er ihn weiter ausdifferenziert, ihn durch das von ihm Verdrängte anreichert und gerade darin sein methodisches Innovationspotenzial entfaltet. Damit stellt er freilich nicht den *linguistic turn*, wohl aber dessen methodisches Monopol in Frage. «Kultur als Bild» wird sich also sicher nicht zu einer neuen Formel aufschwingen, da auch die ikonische Reflexion auf Sprachkritik angewiesen bleibt. Allerdings markiert sie ein wichtiges materielles und zugleich imaginäres Element für eine Weiterprofilierung des Kulturbegriffs.[115]

# 4. Der *iconic turn* in einzelnen Disziplinen

Beim *iconic turn* zeigt sich in zugespitzter Weise ein Befund, der für alle *turns* mehr oder weniger gilt: Immer seltener ist es eine feste Leitwissenschaft, von der aus eine Richtungsänderung ausgeprägt wird, die dann erst in den einzelnen Disziplinen zur Anwendung kommt. Eher sind es – und zwar besonders im *iconic turn* – die Einzeldisziplinen selbst, die dem bildwissenschaftlichen Gesamtprojekt sein vielschichtiges Gepräge geben. Konkreter entfaltet wird es dann allerdings in fachkompetenten Fallstudien, in denen überhaupt erst die Erkenntnisleistung der ikonischen Wende erprobt wird. Bei dieser Neuorientierung könnten es sogar hauptsächlich solche konkreten Anwendungs- und Fallstudien sein, die den *iconic turn* als eine kulturwissenschaftliche Fokussierung lebendig halten, bevor er in den Zuständigkeitskämpfen für eine Bildwissenschaft erstickt.

Die Bilderflut scheint sich gleichsam in einer großen Welle von Bildreflexionen quer durch die Disziplinen zu reproduzieren. So dringt die Bildperspektive sogar über die herkömmlichen kulturwissenschaftlichen Disziplinen hinweg etwa in die *Ökonomie* und ihre *Visual Management*-Ansätze hinein. Hier wird neben der PowerPoint-Präsentation als einer alternativen «Entscheidungsvorlage» ein tiefer gehender Impuls durch den *iconic turn* aufgegriffen: «Die Wende zum Bild verändert Unternehmensführung in ihrem Kern: Management ist visuelle Praxis»[116], und zwar bis hin zu «Visionen», die nicht abstrakt verbal, sondern erst über bildliche Eindrücke für umsetzbar gehalten werden. An diesem Beispiel eines interessanten Übergriffs der kulturwissenschaftlichen Reflexion zeigt sich die enorme Reichweite des *iconic turn*. Doch inwieweit tragen die einzelwissenschaftlichen Bildreflexionen dann auch zu einer kritischen Bildwissenschaft bei?

Selbst wenn dies in der laufenden Diskussion noch nicht abschließend beantwortet werden kann, ist doch festzuhalten, dass der *iconic turn* insgesamt auf eine Steigerung der Bildsensibilität und Bilderkompetenz zielt. Angeleitet von den disziplinären Vorsprüngen und Kompetenzen der Bild- und Formanalyse von Seiten der Kunstgeschichte erstreckt sich der *iconic turn* zudem in die *Medienwissenschaften* hinein. Dort wird der

weit gespannte Komplex der Verbildlichung und Ästhetisierung des All-
tags- und Konsumlebens erfasst und eine Differenzierung der Bildformen
geleistet: Imagebilder, Überwachungsbilder, Kontrollbilder, gesellschaftliche Selbstbilder, Medienbilder. Vor allem Medienbilder zeichnen sich
durch die Gleichzeitigkeit von Ereignis, Bild und Wahrnehmung aus, wie
etwa beim Einsturz der Twin Towers am 11. September 2001, sie zeichnen
sich aber auch durch mediale Inszenierung und Manipulation aus, z. B.
in der Inszenierung und visuellen Wirklichkeitskonstruktion der Golf-
kriege durch CNN. Gleichzeitig aktivieren solche Medienbilder das kollektive Bildgedächtnis und geben ihnen – so den Bildern des 11. Septem-
bers auf dem Hintergrund entsprechender Hollywoodsequenzen – einen
massiven Zitatcharakter.[117] Ansätze einer visuellen Rhetorik[118] könnten
die hier dominierenden Fragen weiterbringen: Welche Wirkungsmacht
geht von Bildern aus? Welche Überzeugungskraft haben Bilder in einer
durch Medien bestimmten Wirklichkeit? Reproduziert sich kulturelles
Wissen in Bildern? Mit welchen Gender- und Machthierarchien sind
Bilder verknüpft? Existiert ein globales Bilderwissen?

Eine kritische Bildwissenschaft deckt hier vor allem die Manipula-
tionsmöglichkeiten von Bildern auf, so etwa in einem Artikel der Zeitschrift «Historische Anthropologie» zu den Manipulationen von Satellitenbildern im Weltsicherheitsrat durch Colin Powell im Februar 2003.[119]
Um die Existenz von Massenvernichtungswaffen im Irak zu belegen
und damit den Krieg zu rechtfertigen, wurden Bilder bemüht, die sich
schließlich als gefälscht herausstellten. Zusätzliche Brisanz gewinnt
dieser Vorfall dadurch, dass gleichzeitig der anstößige Wandteppich im
Foyer des Weltsicherheitsrats, der Picassos Antikriegsbild «Guernica»
darstellt, mit einem Vorhang verhüllt wurde, um nicht das durch Krieg
erzeugte Leid heraufzubeschwören. In beiden Fällen zeigten hier Bilder
ihre Macht. Aufgabe einer kritischen Bildwissenschaft wäre es also, nicht
nur die Gläubigkeit gegenüber vermeintlichen Dokumentarbildern oder
technischen Bildern zu erschüttern. Auch eine Bildpolitik gilt es zu ent-
larven, die in diesem Fall den Evidenzcharakter von Bildern für eine
Überzeugungsrhetorik missbraucht hat[120] und die doch zugleich vor der
Wirkungsmacht der Bilder zurückschreckte.

Bildpolitik wäre ein wichtiges Feld, das es in der *Politikwissenschaft* noch weiter zu entfalten gilt. Hier hat der *iconic turn* erst relativ spät Fuß gefasst, und auch dann steckt er noch in den Kinderschuhen. So gibt es erst zaghafte Ansätze zu einer «Theorie visueller politischer Kommunikation»[121], hatte doch die Politikwissenschaft jahrzehntelang eher eine sprachpolitische Schlagseite, welche den Komplex der Bildpolitik unterbelichtet ließ. Bildern wurde einfach kein rationales oder gar emanzipatorisches Potenzial zugetraut.[122] Neuere Ansätze richten sich auf «visuelle Politik» und eine Theorie des «politischen Bildes»[123] bzw. auf eine «politikwissenschaftliche Bildforschung»[124], die etwa Bildpolitik im Zusammenhang der Medialität von Kriegsführung und -legitimation oder auch Politikvermittlung[125] im Sinn hat. All diese Ansätze stehen allerdings vor dem Problem, dass die Politikwissenschaft kein eigenes Instrumentarium zur Bildanalyse und Bildkritik besitzt und deshalb auf die Zusammenarbeit mit der Kunstgeschichte und hier besonders mit der «Politischen Ikonographie» verwiesen ist – ein Problem, das auch andere Disziplinen haben, die jetzt verstärkt beginnen, auf ihre Bildfunktionen aufmerksam zu werden.

Besonders von jeher textlastige Disziplinen sind hier zu methodischer Aufgeschlossenheit herausgefordert. Geht man etwa vom Diktum «Recht ist Text»[126] aus, dann sind die bildwissenschaftlichen Öffnungen der *Rechtswissenschaft* hin zu einer «Ikonologie des Rechts»[127] erstaunlich, aber unvermeidlich angesichts des Kommunikationszusammenhangs von Recht und seinem Medienwandel hin zur Bildmedienkommunikation. Neue Aufmerksamkeit richtet sich hier nicht zuletzt auf Bilder in Rechtsschriften und auf Bildvermittlungen von Gerichtsprozessen. In einer anderen Textwissenschaft, der *Literaturwissenschaft*, kommt die gesteigerte Bildaufmerksamkeit vor allem in der Intermedialitätsforschung (als einer Erweiterung der Intertextualitätsforschung[128]) zur Geltung. Ein in diesem Zusammenhang einschlägiger Untersuchungsansatz aus der anglistischen Literaturwissenschaft verarbeitet ausdrücklich die Ansätze des *pictorial turn* und konkretisiert sie für eine Reflexion des Text-Bild-Verhältnisses. In einer kulturwissenschaftlichen Analyse literarischer Texte des 19./20. Jahrhunderts entlang einer «Technikgeschichte des Bildes» findet Gabriele Rippl die technischen Umbrüche (Malerei – Fotografie – Film – Fernsehen) in der Bildreflexion der literarischen Texte selbst wieder, in ihrer «Beschreibung-Kunst» durch ekphrastische und pikturalistische Textstrategien.[129]

In die Literaturwissenschaft findet der *iconic turn* sicherlich am ehesten Eingang durch eine medientheoretische Horizonterweiterung. Allerdings kommt hier ein kulturwissenschaftliches, symbolorientiertes Medienverständnis ins Spiel, wie es gegenüber technologischen Medialisierungen bisher eher verdrängt worden ist.

Technologische Verbildlichungsverfahren sind in der Überzahl, wenn der *iconic turn* gegenwärtig in den *Naturwissenschaften*, in *Technik* und *Medizin* vorangetrieben wird. Bildgebende Verfahren wie Röntgen, Ultraschall, MRT in der Medizin bis hin zu geographischen Verbildlichungen in Form von Satellitenbildern der Erde[130] stellen hier eine zentrale Methode dar, nicht zuletzt in den Neurowissenschaften.[131] Lange Zeit galten naturwissenschaftliche Bilder als bloße Illustrationen oder objektivierende bildgebende Verfahren. Doch immer mehr setzt sich die Einsicht durch, dass Bilder hier keineswegs Abbilder sind, sondern «visuell realisierte theoretische Modelle bzw. Datenverdichtungen»[132]. Ihr Konstruktcharakter manifestiert sich in «Konstruktionen der Sichtbarkeit»[133], in Prozessen der «Sichtbar-*Machung*» und des Zeigens, fernab von Repräsentation. Damit können sie den Erkenntnisprozess selbst entscheidend prägen, indem etwa computergenerierte Bilder eingesetzt werden, um Einsichten in bildliche Wirklichkeitszusammenhänge (physische Phänomene) zu gewinnen und sie über verschiedene Übersetzungsstufen in symbolische Darstellungen zu verwandeln.[134] Durch Bildstrategien mit ihren Spielräumen für Farbgebung, Auswahl, Ausschnittsmanipulation oder Herstellung von Mustern erweist sich solche Verbildlichung als durchaus ästhetisch und subjektiv beeinflusst. Bilder sind auch hier interpretationsbedürftig und müssen historisch verortet werden. Ein mühevoller, aber relativ fortgeschrittener Dialog zwischen Kunstgeschichte und Naturwissenschaften[135] unterhöhlt hier jeglichen Objektivitätsglauben, jegliche vermeintliche Naturtreue des Abbilds. Gerade von Seiten der Wissenschaftsgeschichte wird somit plädiert für ein Distanznehmen zum Bild, für Historisierung oder gar für stilgeschichtliche Analysen auch naturwissenschaftlicher Bilder anstelle von naiver Bildergläubigkeit.[136]

Besonders am Beispiel der Nanotechnologie und ihrer Sichtbarmachung unsichtbarer kleinster atomarer Teilchen mit Hilfe des Rastertunnelmikroskops kann sich daraus eine gezielte Problematisierung des Verbildlichungsprozesses ergeben, der immerhin verschiedene Übersetzungsprozesse durchläuft: «Das Rastertunnelmikroskop erzeugt beispielsweise ein Bild, das mindestens vier hintereinander ablaufende Transferprozesse durchläuft, bevor wir es wahrnehmen.»[137] Da diese Transferphasen nicht automatisch hintereinander geschaltet sind, sondern abhängig sind von der Auswahl der Bildgebungstechniken und von der subjektiven Wahl der Ausgangsbilder zur Weiterverarbeitung, kommt ein entscheidender Subjektivitätsfaktor ins Spiel. Daran gilt es anzusetzen und den *iconic turn* sogar mit dem *translational turn* zu verknüpfen, um sich über die Übersetzungsvorgänge bewusst zu werden, aus der die Bildlichkeit hier entspringt. Da noch nicht ausgemacht ist, auf welche Weise eigentlich etwas bisher nie Gesehenes wie die Nanowelt für die menschliche Wahrnehmung aufbereitet werden kann, kommen über die Aufmerksamkeit auf Übersetzungsprozesse möglicherweise auch andere wahrnehmungsnahe Operationen als nur Verbildlichungen in den Blick, z.B. akustische Verarbeitungen: «Vielleicht steht uns demnächst ein *sonic turn* bevor, der durch das Hörbarmachen von Unhörbarem ganz neue Aspekte mit sich bringt.»[138] Weiterhin kann eine kritische Bildwissenschaft politisch relevante Verbildlichungen erfassen, so etwa die Visualisierung von Schwangerschaft (durch Ultraschall) in ihrer Auswirkung auf die Abtreibungsdebatte.[139]

Jedenfalls stellt der *iconic turn* für solche Fälle der Verbildlichung eher unbequeme Fragen, statt sich damit zu begnügen, die zunehmende Verbildlichungspraxis der verschiedenen Wissenschaften nur zu beschreiben oder zu erklären. Sind nicht auch Wissenschafts- und Technikbilder keineswegs so objektiv, wie es die Naturwissenschaften mit ihrer Identifikation zwischen Bild und Objekt weismachen wollen? Folgen nicht auch solche Bilder ganz bestimmten Stilen, etwa durch die Wahl von Analogien, Visualisierungstechniken, Modellkonstruktionen, Musterbildung usw.?[140] Forschungen in der Wissenschaftsgeschichte sind jedenfalls dabei, den ästhetischen und subjektiven Anteil derartiger Bilder, bildgebender Verfahren und Fotos aufzudecken.

Dass solche wissenschaftlichen Verbildlichungsfragen dem gesamten Komplex der Repräsentationspraktiken zugeordnet werden müssen, zeigen Ansätze zu einer *Picturing Culture*-Debatte. Diese haben im Feld der visuellen Anthropologie – analog zur textzentrierten *Writing Culture*-Debatte im Kontext des *reflexive turn* – das Vertrauen in den Abbildcharakter von Bildern ebenfalls erschüttert. Ausgehend von kolonialen Einbindungen der Fotografie haben sie gezeigt, wie die visuelle Darstellung anderer Kulturen fremden Bildtraditionen und Bildverwendungen nicht gerecht wird, solange sie europäische Bildkonzepte auf diese projiziert.[141] So ist auch die Performativität von Bildern lange Zeit deutlich unterschätzt worden. Dabei ist visuelle Performativität durchaus auch in europäischen Kulturen eine wichtige kulturelle Praxis, auf die sich erst im Zuge des *iconic turn* der Blick richtet.

Hier tut sich eine interessante Verknüpfung zwischen *performative turn* und *iconic turn* auf, und zwar entlang der Frage: «Welche Rolle spielen Bilder für die Inszenierung und Aufführung menschlichen Handelns (...)»?[142] Aus diesem neuen Feld einer «Ikonologie des Performativen» heraus lässt sich auch der Horizont einer körperzentrierten Bildanthropologie erweitern – hin zu umfassenderen performativen Prozessen der Bilderzeugung durch Handlungsinszenierung einerseits, zu ikonischen Prozessen der kulturellen Performativität andererseits. Bilder strukturieren und verändern die Wahrnehmung der Welt.[143] Ihre Evidenz gewinnen sie dadurch, dass sie «etwas performativ zur Erscheinung»[144] bringen. Aber auch im Ritual spielen Bilder eine wichtige Rolle, indem sie – wie etwa am Einsatz von Bilderrätseln oder Spottbildern in Spott- und Rügeritualen (Charivari) der frühen Neuzeit gezeigt worden ist[145] – durch ihre Symbolanhäufungen (z. B. in Hahnrei-Darstellungen) eine eigene performative Macht entfalten. Diese enge Verknüpfung von Bildern mit rituellen, inszenatorischen und handlungsorientierenden Elementen vermittelt den *iconic turn* in umfassendere kulturwissenschaftliche Kontexte hinein. Hier finden sich Beispiele, den *iconic turn* gleichsam «von außen», eben nicht aus den immer schon bildnahen Disziplinen, für die Analyse kulturellen Handelns fruchtbar zu machen.

Besonders mit performativen Akzenten hat sich in der *Religionswissenschaft* eine Bildwende offensichtlich schon einige Jahre vor Ausrufung

des *iconic turn* angedeutet, nachdem die bisher diskursbetonte Religionswissenschaft die visuelle Kommunikation in Religionen in den Vordergrund gerückt hat. Im Anschluss daran schlägt Peter Bräunlein vor,
«Bild-*Handlungen*»[146] zu untersuchen, die nicht auf westliche Kontexte
von Repräsentation bezogen bleiben. Ausgehend von der Gebrauchs-
funktion von Bildern – von mittelalterlicher Frömmigkeitspraxis[147] bis
hin zu visuellen Handlungsformen des Hinduismus in Indien – wertet
er rituelle und visionäre Elemente als bildliche Erkenntnisweisen von
Religion aus: Blicktausch, Besessenheit, Leidenschaften und körperliche
Verwandlung durch bildvermitteltes mimetisches Handeln.

Bild-Handlungen sind weitgehend Bild-Verkörperungen. Und diese
verlangen eine geschlechtssensible Untersuchung. In der Tat eröffnet
sich unter dem Vorzeichen des Körpers ein geeignetes Einfallstor für
den *iconic turn* in die *Geschlechterforschung/Genderstudies*. Beltings Ansätze
haben ja gleichsam eine somatische Wende vollzogen, nämlich durch
ihre Hinwendung zum Körper als Teil der anthropologischen Wende
in der Bildwissenschaft, allerdings im Sinne einer anthropologischen
Konstanten, ohne geschlechtsspezifische Differenzierungen. Die Geschlechterforschung setzt hier ein, indem sie Geschlecht zur zentralen
Körperkategorie (und damit auch Bildkategorie) erklärt und sich selbst
geradezu als eine Bildwissenschaft behauptet.[148] Solche «Bildwissenschaft als eine(r) Wissenschaft von Medium, Körper und Geschlecht»[149]
untersucht im Sinne einer sozialen Anthropologie die Herstellung von
Geschlechts«identitäten» im Verlauf des Bildprozesses, die geschlecht-
lichen Codierungen des Blicks im Horizont von Sichtbarkeit/Unsicht-
barkeit, freilich auch die Veränderungen der Blickpraktiken im Licht medialer Techniken.[150] Von Seiten der feministischen Kunstgeschichte wird
hier – am Beispiel der Stilkategorie – kritisiert, dass der *iconic turn* eine
bildgeschichtlich erweiterte Kunstgeschichte befördert, die sich dann
gleichsam geschlechtsblind auf ihre Form- und Bildkompetenz zurück-
ziehen kann.[151] Dagegen wird verstärkte Aufmerksamkeit auf die Wahrnehmungskategorien des Sehens, des Blicks und des Betrachtetwerdens
gerichtet, die – wie sich angesichts des Weiblichen als Objekt männlicher
Blicke zeigen lässt – ohne geschlechtsspezifische Untersuchungen nicht
auskommen.[152]

Für die notwendige historische Dimension einer entstehenden Kulturanthropologie der Bildlichkeit kann ein interessanter Beitrag zum *iconic turn* seitens der *Geschichtswissenschaft* aufgegriffen werden. Er stammt von dem Historiker Heinz Dieter Kittsteiner und ist der Versuch, eine Theorie der «inneren Bildwelten»[153] auszuarbeiten, also der erkenntnisleitenden bewussten oder unbewussten Bildvorstellungen, um die sprachfixierte Hermeneutik (Geschichte als großes Buch) durch eine «Interpretation *nach* Bildern» zu erweitern – nicht zuletzt mit Hilfe neurobiologischer Ansätze. Innere Vorstellungsbilder, so Kittsteiner, konstituieren historisches Wissen. Denn sie wirken auf den Prozess des Verstehens von Geschichte ein, und auch Historiker haben sie (z. B. Bilder der Berliner Mauer in der Nacht zum 9. November 1989, Bilder des 11. September 2001 usw.). Solche Bilder wirken oft als Geschichtszeichen. So werden Araber – besonders nach dem 11. September – allzu leicht mit dem Image von Osama bin Laden assoziiert. Solche Personalisierungen werden gern eingesetzt, um die Komplexität bestimmter historischer Strukturen bildhaft zu verdichten, sie damit zu vereinfachen und greifbar zu machen. Kittsteiner plädiert hier jedoch für eine kritische historische Bildanalyse: «Die Realität ist komplexer, und die Aufgabe der Geschichtswissenschaft ist es, diese Komplexität unter dem Ansturm der Bilder wieder zurückzugewinnen.»[154] Obwohl Kittsteiner Bilder nicht nur als Quellen historischer Forschung ernst nimmt, sondern ihren erkenntnistheoretischen Status betont, begegnet er der Rede vom *iconic turn* mit größter Skepsis: «Wir brauchen keinen ‹iconic turn› in der Kulturgeschichte – was wir aber sehr gut gebrauchen können, ist eine kritische Analyse der Funktion von Bildern in unserem Kopf.»[155] Ohne einen *iconic turn* freilich, ohne die neue Aufmerksamkeit auf die Bedeutung der Bilder für die Entstehung von (auch historischem) Wissen, wäre eine solche Fokussierung, wie Kittsteiner sie vorschlägt, erst gar nicht in den Blick gekommen.

Weitere Anwendungen des *iconic turn* in der Geschichtswissenschaft – von denen einige bereits in einem Forschungsüberblick[156] zusammengestellt worden sind – kommen auf dem Historikertag 2006 in Konstanz unter dem Motto «GeschichtsBilder» zur Diskussion. Bisher schlagen sie sich nicht nur dort nieder, wo Bilder als über Realienkunde hinausreichende Quellen historischer Forschung aufgewertet werden («Picturing History»)[157], sondern auch in einer «historischen Bildforschung»[158], in historischer Bildkunde[159] oder in einem «Atlas des historischen Bildwissens»[160] in Anschluss an Warburg. Aber auch dort kommt die Bildperspektive zur Geltung, wo es um die Bedeutung der Vorstellungen und Repräsentationen für die Geschichtsschreibung geht[161], etwa bei Hayden White im Zusammenhang des *reflexive turn*. Konkrete Forschungen zur historischen «visuellen Kultur»[162] ermöglichen zudem eine gezielte Rückbindung von Repräsentationsformen an Erfahrungen von Akteuren, sei es in Untersuchungen zur Bedeutung von Flugblattpropaganda und Massenmedien, zur Rolle der Fotografie für die politische Ikonographie zwischen (Staats-)Propaganda und «visuellen Gegenwelten»[163] sowie zu ihrem kolonialistischen Einsatz[164], zu so genannten Dokumentarbildern wie Kriegsbildern[165] und vor allem zu den visuellen Repräsentationen des Holocaust[166]. Bezugspunkte bietet aber auch die *Wissenschaftsgeschichte* mit ihren weit gediehenen Versuchen, über den *iconic turn* bisher unerkannte historische Bildbereiche zu erschließen, wofür die Visualisierungstechniken in der Medizin als Auslöser eines neuen Körperverständnisses nur ein Beispiel darstellen.[167]

Ohne hier – auch nur auf dem Feld der Geschichtswissenschaft – das ganze Spektrum von Anwendungsfeldern des *iconic turn* auffächern zu können, ist doch der Versuch bemerkenswert, schon von der kulturwissenschaftlichen Untersuchung von Geschichtsbildern und vor allem von «inneren Bilder» aus eine Brücke zur Hirnforschung zu schlagen. Innere Bilder werden immerhin als ein Revier der modernen *Hirnforschung* beansprucht.[168] Auch in ihren Experimenten bestätigt sich aus der Perspektive der Wahrnehmungsphysiologie die Skepsis am Abbildcharakter der Bilder. Bilder im Kopf sind keineswegs Abbilder der äußeren Welt. Im Gegenteil, die Welt ist geradezu eine Projektion innerer Bilder. Objekte der Wirklichkeit werden überhaupt erst im Gehirn, im visuellen Bereich des Großhirns, als Bilder wahrgenommen. Da hierbei Sinneseindrücke mit den im Gehirn gespeicherten Informationen zu einem kohärenten Bild der Welt zusammengebracht werden müssen, sind Akte der Interpretation und Konstruktion unverzichtbar. So ist es also nur eine Illusion, wir würden abbilden; in Wirklichkeit konstruieren wir bloß.[169] Wir verlassen uns aber auf die Untrüglichkeit unserer (visuellen) Sinne, die freilich durch die medialen Bildmanipulationen – so der Hirnforscher Wolf Singer – mehr und mehr erschüttert wird: «Und so könnte sich in absehbarer Zeit das, was wir als *iconic turn* erleben, zum *iconic turn down* wandeln, wenn die Medien nicht sorgfältiger mit der Bilderflut umgehen.»[170] Für die Bildwissenschaft jedenfalls bedeutet die Einsicht der Hirnforschung in die konstruktive statt abbildende «Natur» des Sehens jedoch nicht, dass sie ihre eigene Beschreibungsperspektive einer «Kultur» des Sehens aufgeben muss. Die kulturwissenschaftliche Bildwissenschaft sollte vielmehr an ihren höchst komplexen Vorstellungen von Bildern ausdrücklich festhalten, von Bildern – so Martin Schulz – «in ihrer (...) grenzenlosen Vielfalt und Komplexität, in der alles zusammenströmt und einander bedingt: genetisch vererbte Bilder, Traumbilder, Erinnerungen, wahrgenommene Bilder, Wünsche, Sehnsüchte, Ängste und Vorstellungen kollektiver wie auch individueller und rein subjektiver Qualität.»[171] Angesichts dieser Vielfalt der bildlichen Überlagerungen erscheint eine kognitive Bildwissenschaft bis hin zum Entwurf einer «Neuroästhetik» oder «Neurobiologie der Ästhetik»[172] zwar als interessanter Verknüpfungsversuch zwischen Kultur- und Naturwissenschaften. Sie ist jedoch unterkomplex und reduktionistisch, solange sie ihre eigenen Einsichten in den mentalen Konstruktionscharakter von Bildern naturalisiert statt sie offen zu halten für die explizit kulturelle Konstruktionsebene von sozialer Interaktion, historischer Prägung, geschlechtsspezifischer Rezeption und politischer Macht.

Schließlich stellt sich folgende Frage: Was bedeutet der *iconic turn* für die *Kulturwissenschaften* insgesamt? In erster Linie hat der *iconic turn* die Bildkompetenz und das Bild als Analysekategorie neu beleuchtet und dabei jegliche Rückbezüge auf mimetische Präsenz in Frage gestellt. Zudem hat er dazu motiviert, die Selbstreflexivität von Bildern für die Analyse kultureller Phänomene zu nutzen und die Gestaltung sozialer und kultureller Zusammenhänge durch visuelle Akte und Bildpolitik ernster zu nehmen.[173] Sichtbarkeit wird zu einer kritischen Kategorie kultureller und gesellschaftlicher Analyse. Sie verweist nicht nur auf Möglichkeiten gesellschaftlicher Selbstdarstellung, auf neue Sensibilitäten gegenüber gesellschaftlicher Inszenierung bis hin zu Formen von Überwachung. Sie markiert auch gesellschaftliche Herrschafts- oder Ausgrenzungsstrategien, die zur Ausblendung und Unsichtbarmachung (etwa von Armut, Ungleichheit, Krankheit usw.) drängen. Jegliche Aufdeckung oder Sichtbarmachung solcher Ausblendungen setzt indes einen komplexen Visualisierungszusammenhang voraus. Nicht nur hierfür bleibt die Frage nach dem Bild-Text-Verhältnis, nach dem Zusammenwirken, dem medialen Spannungsverhältnis und der Kommentierungsbedürftigkeit der Bilder durch Schrift und Text unverzichtbar. Horst Wenzels «Plädoyer für eine Text-Bildwissenschaft»[174] könnte in diesem Zusammenhang über seine historische, mediävistische Veranschaulichung hinaus weitergedacht werden.

Der *iconic turn* wird auch unter diesem Aspekt kulturwissenschaftlich dort besonders interessant, wo er – wie die *Visual Culture Studies* – die Zusammenhänge zwischen Bildern, Diskursen, Wissen und Macht beleuchtet.[175] Statt sich nur rückzubeziehen auf die Kunstgeschichte und Bildwissenschaft, wird sich der *iconic turn* noch stärker ausdehnen müssen in Bereiche der Bildpolitik hinein. Nicht zuletzt an der weltweiten Gefahr von Bilderstreits, Bildverboten und Bilderkriegen zeigt sich, wie solche Bildpolitik auf Text und Sprache angewiesen ist, um jenseits der Evidenz von Bildern kulturelle Brüche im Bildverständnis und Brechungen von Bildertabus, aber auch mögliche Manipulationen und Täuschungen aufzudecken. Weiterführend wären hierfür bildpragmatische Ansätze zur «Bildkritik», wie sie besonders vom Schweizer Nationalen Forschungsschwerpunkt «Iconic Criticism – Bildkritik. Macht und Bedeutung der Bilder» in Basel, geleitet von Gottfried Boehm, auf interdisziplinäre Weise vorangetrieben werden[176] – gerade im Hinblick auf die Einheit von Visualität, Zeigen, Wahrnehmen, Sprechen und sogar Hören. Auch Initiativen gegen den Anikonismus bieten konkrete Ansatzpunkte für eine Überprüfung und Profilierung der gesellschaftlichen Relevanz des *iconic turn*.[177] Für die kulturwissenschaftliche Theoriebildung wiederum ist vor allem die Fokussierung auf visuelle Wahrnehmungskategorien und -prozesse wie Aufmerksamkeit, Beobachtung und Blick richtungweisend. Sie bekräftigt die zunehmende kulturwissenschaftliche Hinwendung zu vergleichsoffenen, interkulturell anschlussfähigen Kulturtechniken und Wahrnehmungseinstellungen. Gerade die Technikabhängigkeit der visuellen Wahrnehmung könnte hier dazu anstoßen, die immer noch zu stark auf Kultur verengte Linse zu öffnen.

Dennoch bleibt ein entscheidendes Einfallstor für eine Kritik dieser Wende offen. Gemeint ist ihre Selbstübertreibung, nicht zuletzt in ihrer Ausblendung des Akustischen.[178] Besonders angesichts der unerhörten Wichtigkeit der akustischen Unterlegung von (bewegten) Bildern, von Tonfilmen, erweist sich die Konzentration auf einen «reinen» *iconic turn* als einseitig. Gerade weil Bilder und visuelle Wahrnehmungen sehr häufig geradezu abhängig sind vom Soundtrack, von akustischer Begleitung, Verstärkung, ja Interpretation der Bilder, wären hier Anstöße für einen «audio-visual turn» aufzugreifen und zu vertiefen. Auf der Ebene des kulturwissenschaftlichen Theoriewandels tut sich gar eine noch brisantere Konsequenz mit einem erheblichen epistemologischen Potenzial auf: So folgte der französische Poststrukturalismus noch einem «Kult der Schrift», der bei Jacques Derrida zwar weniger auf einen «Ideologieverdacht des Phonozentrismus»[179] zurückverweist als vielmehr auf seine grundsätzliche Infragestellung einer Metaphysik der Stimme mit ihrer Fiktion von unmittelbarer Präsenz. Ähnliche Skepsis betrifft auch den Unmittelbarkeitsanspruch des Visuellen.[180]

Dieser theoretischen Verdrängung stellte sich der *iconic turn* mit seiner Rehabilitation des Bildes wirkungsvoll entgegen. Mit seiner Konzentration auf die visuellen Grundlagen der Erkenntnis lässt sich der *iconic turn* an das dominierende Seh-Paradigma der Moderne anschließen (vgl. *reflexive turn*). Er bekräftigt die visuelle Wissensproduktion, wie sie in den Wissenschaften lange Zeit vorherrschte, z. B. in der «teilnehmenden Beobachtung» der Ethnologie. In diesem Horizont müsste es allerdings möglich werden, nun auch die spezifischen Ausblendungen durch das Ikonische und Visuelle selbst zu erkennen und zu markieren: besonders das Akustische. Damit wäre wiederum Anschluss zu finden an die Visualisierungskritik des *reflexive turn*. Sie ist es, die das Diskursive in einem umfassenden Sinn einfordert, um nicht nur das Betrachten, sondern auch das Betrachtet-*Werden* einzubeziehen, aber auch akustische Ausdruckswahrnehmungen bis hin zu einer Aufwertung des Zuhörens im

Feld der ethnographischen Praxis. Und so gäbe es interessante, bisher kaum erschlossene Anknüpfungsmöglichkeiten an die ersten Versuche zur Erforschung von «Hearing Cultures» im sehr neuen Feld der *Sound Studies*, wie sie wiederum von Seiten der Ethnologie, und hier besonders von der Musikethnologie, in Ergänzung der visuellen Wende für die Kulturwissenschaften fruchtbar gemacht werden könnten.[181]

An diesem Punkt freilich hat der *iconic turn* noch seine Grenzen, wie auch der Literaturwissenschaftler Reinhart Meyer-Kalkus entlang des zu Unrecht verdrängten Diktums «Rede, damit ich Dich sehe» andeutet: «Auch die neuerliche Orientierung an Bild und Bildmedien ist nicht geeignet, die auditive Dimension aus ihrer Vergessenheit zu reißen.»[182] Dabei sei diese doch bereits in Panofskys Rede von der «Koexpressivität»[183] angelegt. Außerdem wirke Bildlichkeit oft erst dadurch, dass sie Hörbares evoziert und dass sie von Hörbarem unterlegt ist.[184] Ohne hier bereits einen «(visual-)acustic turn» ausrufen zu wollen, wäre doch die für die Kulturwissenschaften geforderte Hinwendung zu Wahrnehmungsprozessen durchaus in dieser Richtung zu überdenken. Auch W. J. T. Mitchell betont dies in seinen jüngsten Überlegungen zu einer fruchtbaren Erweiterung des *visual turn*: «Die wichtige Aufgabe ist es, die spezifischen Beziehungen des Sehens zu den anderen Sinnen zu untersuchen, vor allem dem Hör- und Tastsinn, und festzustellen, wie sie in besonderen kulturellen Praktiken ausgestaltet werden.»[185] Noch dazu im Licht der neueren Medientheorie und ihrer intermedialen Verknüpfung der Sinne können sich die Anstöße der ikonischen Wende nicht mehr nur auf das visuelle Feld beschränken. Über den ethnographischen Blick ist viel gesagt worden, und auch in der Erneuerung des visuellen Prinzips im *iconic turn* setzt er sich wieder durch. «Aber wie steht es mit dem ethnographischen Ohr», so lautet die ungehörte, immer noch nachhallende Frage von James Clifford.[186]

# ANMERKUNGEN

1 Reinhard Brandt: Bilderfahrungen – Von der Wahrnehmung zum Bild, in: Christa Maar/Hubert Burda (Hg.): Iconic Turn. Die neue Macht der Bilder. Köln 2004, S. 44–54, hier S. 53.

2 W. J. T. Mitchell: Der Pictorial Turn, in: Christian Kravagna (Hg.): Privileg Blick. Kritik der visuellen Kultur. Berlin 1997, S. 15–40; der Originalaufsatz erschien in der Zeitschrift Artforum (March 1992), S. 89–94, wiederabgedruckt in: ders.: Picture Theory. Essays on Verbal and Visual Representation. Chicago, London 1994, S. 3–34.

3 Gottfried Boehm: Die Wiederkehr der Bilder, in: ders. (Hg.): Was ist ein Bild? München 1994, S. 11–38.

4 Einen guten, konzisen Überblick über den kontroversen Diskurs des *iconic turn* zwischen Kunstgeschichte und Bildwissenschaft – mit ausführlicher Bibliographie – bietet Martin Schulz: Ordnungen der Bilder. Eine Einführung in die Bildwissenschaft. München 2005.

5 Vgl. Christa Maar/Hubert Burda (Hg.): Iconic Turn. Die neue Macht der Bilder. Köln 2004 (vgl. auch die informative Webpage dieser anhaltenden Vorlesungsreihe und der Diskussionsplattform in ihrem Umkreis unter http://www.iconicturn.de).

6 Willibald Sauerländer: *Iconic Turn?* Eine Bitte um Ikonoklasmus, in: ebd., S. 407–426, hier S. 407.

7 Vgl. Horst Bredekamp/Gabriele Werner (Hg.): Bildwelten des Wissens. Kunsthistorisches Jahrbuch für Bildkritik (seit 2003).

8 Mitchell: Pictorial Turn, S. 16.

9 Zur Phänomenologie des Bildes, zur Wahrnehmungsprägung durch Bildlichkeit, die den Abbildcharakter des Bildes sprengt, vgl. – ausgehend von einer Auseinandersetzung mit der Frage nach dem Bild bei Platon – Iris Därmann: Tod und Bild. Eine phänomenologische Mediengeschichte. München 1995, bes. S. 188 ff.

10 Boehm: Wiederkehr der Bilder, S. 14; als ersten Versuch einer Ikonologie der Philosophie entlang ihrer Metapherngeschichte vgl. Bernhard H. F. Taureck: Metaphern und Gleichnisse in der Philosophie. Versuch einer kritischen Ikonologie der Philosophie. Frankfurt/M. 2004.

11 Hierzu vgl. Horst Bredekamp: Einbildungen, in: Kritische Berichte 1 (2000), S. 31–37, hier S. 34.

12 Vgl. Mitchell: Pictorial Turn, S. 31.

13 Vgl. Boehm: Wiederkehr der Bilder, S. 17.

14 Vgl. W. J. T. Mitchell: What Do Pictures Want? The Lives and Loves of Images. Chicago, London 2005, S. 349.

15 Horst Bredekamp: Thomas Hobbes: Der Leviathan. Das Urbild des modernen Staates und seine Gegenbilder. 1651–2001. 2. veränderte Aufl. Berlin 2003, S. 130.

16 Vgl. Horst Bredekamp: Bildwissenschaft, in: Ulrich Pfisterer (Hg.): Metzler

Lexikon Kunstwissenschaft. Ideen, Methoden, Begriffe. Stuttgart, Weimar 2003, S. 56–58.

17  Vgl. Horst Bredekamp: Drehmomente – Merkmale und Ansprüche des *iconic turn*, in: Maar/Burda (Hg.): Iconic Turn, S. 15–26, hier S. 17.
18  Zum theoretischen Hintergrund vgl. Walter Benjamins Kunstwerkabhandlung (Das Kunstwerk im Zeitalter seiner technischen Reproduzierbarkeit).
19  Vgl. vor allem Friedrich A. Kittler: Optische Medien. Berliner Vorlesung 1999. Berlin 2002.
20  Mitchell: Pictorial Turn, S. 26.
21  Vgl. Platons Dialog «Sophistes».
22  Horst Bredekamp, in: Hans Dieter Huber/Gottfried Kerscher: Kunstgeschichte im ‹Iconic Turn›. Ein Interview mit Horst Bredekamp, in: Kritische Berichte 26, 1 (1998) (Sonderheft Netzkunst), S. 85–93, hier S. 82.
23  Vgl. Schulz: Ordnungen der Bilder, S. 53.
24  Hans Belting: Bild-Anthropologie. Entwürfe für eine Bildwissenschaft. München 2001, S. 11.
25  Gernot Böhme: Theorie des Bildes. München 1999.
26  Ausführlicher zur Bildreflexion in der Philosophie und zu Böhmes Ansatz vgl. Stefan Majetschak: «Iconic Turn». Kritische Revisionen und einige Thesen zum gegenwärtigen Stand der Bildtheorie, in: Philosophische Rundschau 49, 1 (2002), S. 44–64.
27  Vgl. Belting: Bild-Anthropologie, S. 12.
28  Boehm: Wiederkehr der Bilder, S. 30; zur sinngenerierenden Bedeutung der «ikonischen Differenz» vgl. Axel Müller: Wie Bilder Sinn erzeugen. Plädoyer für eine andere Bildgeschichte, in: Stefan Majetschak (Hg.): Bild-Zeichen. Perspektiven einer Wissenschaft vom Bild. München 2005, S. 77–96, hier S. 81 ff.
29  Hans Belting: Das Ende der Kunstgeschichte. Eine Revision nach zehn Jahren. 2. erw. Aufl. München 2002.
30  Bredekamp: Bildwissenschaft, S. 56.
31  Ausführlicher hierzu siehe unten, S. 342 ff.
32  Vgl. z. B. Helge Gerndt/Michaela Haibl (Hg.): Der Bilderalltag. Perspektiven einer volkskundlichen Bildwissenschaft. Münster, New York, München, Berlin 2005; darin u. a. Helge Gerndt: Bildüberlieferung und Bildpraxis. Vorüberlegungen zu einer volkskundlichen Bildwissenschaft, S. 13–34.
33  Diesen Bruch in der Tradition von Kunstgeschichte als Bildwissenschaft betont Bredekamp in seinem Artikel «Bildwissenschaft», S. 57.
34  Eine prägnante Zusammenfassung der Ansätze Aby Warburgs findet sich bei Schulz: Ordnungen der Bilder, S. 29 ff.
35  Horst Bredekamp/Michael Diers (Hg.): Aby Warburg. Gesammelte Schriften, Abt. 1. Bd. 1, 1: Der Bilderatlas MNEMOSYNE. Hg. Martin Warnke. Berlin 2000.

36 Vgl. Martin Warnke: Politische Ikonographie, in: Kunsthistorische Arbeitsblätter 2 (2003), S. 5–16; Forschungsstelle Politische Ikonographie (Hg.): Bildindex zur politischen Ikonographie. Hamburg 1993; Joachim Butler/Karen Michels (Hg.): Kunst und Politik. Eine Bibliographie. Hamburg 2002.

37 Vgl. Mitchell: Pictorial Turn, S. 17.

38 Horst Bredekamp/Angela Fischer/Birgit Schneider/Gabriele Werner: Bildwelten des Wissens, in: Bildwelten des Wissens 1, 1 (2003), S. 9–20.

39 Horst Bredekamp: Antikensehnsucht und Maschinenglauben. Die Geschichte der Kunstkammer und die Zukunft der Kunstgeschichte (1993). Berlin 2000; vgl. auch Horst Bredekamp/Jochen Brüning/Cornelia Weber (Hg.): Theater der Natur und Kunst – Theatrum naturae et artis. Wunderkammern des Wissens. Katalog, Essays und Dokumentation. Berlin 2001.

40 Vgl. Schulz: Ordnungen der Dinge, S. 102; vgl. Stefan Weber: Die Welt als Medienpoiesis. Basistheorien für den «Medial Turn», in: Medien Journal 23, 1 (1999), S. 3–8; Reinhard Margreiter: Realität und Medialität. Zur Philosophie des «Medial Turn», ebd., S. 9–18; hierzu vgl. Knut Hickethier: Einführung in die Medienwissenschaft. Stuttgart, Weimar 2003, S. 12 ff.

41 Hierzu vgl. Bredekamp: Einbildungen, S. 31 ff.

42 Jean Baudrillard: Agonie des Realen. Berlin 1978; vgl. auch Vilém Flusser: Ins Universum der technischen Bilder. Göttingen 1989.

43 Vgl. Kittler: Optische Medien.

44 Ebd., S. 10.

45 Ebd., S. 12.

46 Zum Spektrum der Medientheorien in Bezug auf eine Bild-Medienwissenschaft vgl. das Forschungsprogramm des Karlsruher Graduiertenkollegs Bild – Körper – Medium. Eine anthropologische Perspektive (http://kunstwissenschaften.hfg-karlsruhe.de/docs/forschprogramm.pdf), S. 9 ff.

47 Vgl. Lorenz Engell: Technologien des Imaginären, in: ders.: Ausfahrt nach Babylon. Essais und Vorträge zur Kritik der Medienkultur. Weimar 2000, S. 207–229.

48 Vgl. etwa Wolfgang Kemp: Theorie der Fotografie. München 1979; Jens Jäger: Photographie. Bilder der Neuzeit. Einführung in die Historische Bildforschung. Tübingen 2000.

49 Zum grundlegenden Wandel der «Wahrnehmungsmodalitäten durch die Innovation Neuer Medien» (S. 200) vgl. Christoph Köck: Bilderfolgen. Wahrnehmungswandel im Wirkungsfeld Neuer Medien, in: Gerndt/Haibl (Hg.): Bilderalltag, S. 199–209.

50 Zu diesem relativ jungen Forschungsfeld vgl. Kelly Askew/Richard R. Wilk (Hg.): The Anthropology of Media. A Reader. Oxford 2002; Heike Behrend/Jean-François Werner (Hg.): Visual Anthropology 14, 3 (2001): «Photography and Modernity in Africa».

51 Zur Kritik am technologischen Medienbegriff vgl. Hans Ulrich Reck: «Inszenierte Imagination.» Zu Programmatik und Perspektiven einer «historischen Anthropologie der Medien», in: Wolfgang Müller-Funk/ders. (Hg.): Inszenierte Imagination. Beiträge zu einer historischen Anthropologie der Medien. Wien, New York 1996, S. 231–244, bes. S. 231 ff.

52 Schulz: Ordnungen der Bilder, S. 105.

53 Belting: Bild-Anthropologie, S. 12; medienanthropologische Ansätze verfolgt auch das Karlsruher Graduiertenkolleg «Bild – Körper – Medium. Eine anthropologische Perspektive»; zu Fallstudien vgl. Hans Belting/Ulrich Schulze (Hg.): Beiträge zu Kunst und Medientheorie. Projekte und Forschungen an der Hochschule für Gestaltung Karlsruhe. Stuttgart 2000.

54 Belting: Bild-Anthropologie, S. 21.

55 Ebd., S. 54.

56 Hans Belting: Image, Medium, Body. A New Approach to Iconology, in: Critical Inquiry 31 (Winter 2005), S. 302–319, hier S. 315.

57 Vgl. das Kapitel «Der Ort der Bilder II» in: Belting: Bild-Anthropologie, S. 57 ff.

58 Ebd., S. 57.

59 Auch dann noch, wenn Belting interkulturelle, kulturspezifische «Orte der Bilder» ausmacht: ders.: Der Ort der Bilder, in: Hans Belting/Lydia Haustein: Das Erbe der Bilder. Kunst und moderne Medien in den Kulturen der Welt. München 1998, S. 34–53, hier S. 34.

60 Belting: Bild-Anthropologie, S. 45.

61 Vgl. ebd., S. 71.

62 Ebd., S. 50.

63 Ebd., S. 9.

64 Vgl. – als Standardwerk der Bildsemiotik –, als das es von Martin Schulz bezeichnet wird: Klaus Sachs-Hombach (Hg.): Das Bild als kommunikatives Medium. Elemente einer allgemeinen Bildwissenschaft. Köln 2003.

65 www.bildwissenschaft.org; vgl. die virtuelle Vorlesung zu einer solchen Bildwissenschaft auf http://www.computervisualistik.de/kolloquium/uebersicht_vorlesung.html, d. h., die Bildwissenschaft tritt hier in ihrer medienbewussten Grundorientierung auch medial, über das Internet auf; vgl. auch die Zeitschrift «Image-Online», seit 2005 im Netz.

66 Klaus Sachs-Hombach: Konzeptionelle Rahmenüberlegungen zur interdisziplinären Bildwissenschaft, in: ders. (Hg.): Bildwissenschaft. Disziplinen, Themen, Methoden. Frankfurt/M. 2005, S. 11–20, hier S. 11.

67 Ebd., S. 11.

68 Ebd., S. 16.

69 Ebd., S. 14.

70 Schwarze Legenden, Wucherungen, visuelle Schocks. Der Kunsthistoriker Horst

Bredekamp im Gespräch mit Wolfgang Ullrich, in: Neue Rundschau 114, 3 (2003) (Themenheft «Bildkompetenzen»), S. 9–25, hier S. 10.

71  Klaus Sachs-Hombach: Bildwissenschaft als interdisziplinäres Unternehmen (22. 1. 2004) (http://hsozkult.geschichte.hu-berlin.de/forum/type=diskussionen&id=372), S. 4.

72  Vgl. den Überblicksartikel von Mieke Bal/Norman Bryson: Semiotics and Art History, in: The Art Bulletin LXXIII, 2 (Juni 1991), S. 174–208.

73  Vgl. Hans Belting: Nieder mit den Bildern. Alle Macht den Zeichen. Aus der Vorgeschichte der Semiotik, in: Majetschak (Hg.): Bild-Zeichen, S. 31–47, hier S. 39.

74  Zu antisemiotischen Ansätzen vgl. Lambert Wiesing: Die Sichtbarkeit des Bildes. Geschichte und Perspektiven der formalen Ästhetik. Reinbek 1997; James Elkins: On Pictures and the Words That Fail Them. Cambridge 1998.

75  Sachs-Hombach: Bildwissenschaft als interdisziplinäres Unternehmen, S. 4.

76  Dietmar Dath: Die schlimmsten Filme, die es nicht gibt. Wer hat Angst vor der Heraufkunft einer neuen «visuellen Kultur»? Die Schriftsteller und Künstler jedenfalls nicht, wie der Umgang mit dem gigantischen Bildervorrat der Gegenwart beweist, in: Frankfurter Allgemeine Zeitung Nr. 176 vom 31. Juli 2004, S. 37.

77  Vgl. Birgit Mersmann: Bildkulturwissenschaft als Kulturbildwissenschaft? Von der Notwendigkeit eines inter- und transkulturellen Iconic Turn, in: Zeitschrift für Ästhetik und Allgemeine Kunstwissenschaft 49, 1 (2004), S. 91–109; interkulturelle Bildwissenschaft ist auch Ziel des Studienschwerpunkts «Visuelle Anthropologie» am Institut für Ethnologie der FU, Berlin, dem es darum geht, «Repräsentationsformen innerhalb verschiedener Kulturen zu untersuchen» und visuelle Medien als Analyse- und Dokumentationsmittel einzusetzen (http://www.web.fu-berlin. de/ethnologie/studium-visanthr.htm).

78  Ansätze in dieser Richtung finden sich auch bei Belting/Haustein (Hg.): Erbe der Bilder.

79  Mersmann: Bildkulturwissenschaft, S. 95.

80  Ebd., S. 93.

81  Ebd., S. 107; vgl. auch den Band einer Konferenz im Berliner Haus der Kulturen der Welt zur Bildwanderung und -übersetzung: Petra Stegmann/Peter C. Seel (Hg.): Migrating Images. Producing ... Reading ... Transporting ... Translating. Berlin 2004.

82  Zusammenfassend und zugleich kritisch hierzu vgl. W. J. T. Mitchell: Showing Seeing. A Critique of Visual Culture, in: Journal of Visual Culture 1 (2002), S. 165–181, wiederabgedruckt in: ders.: What Do Pictures Want?, S. 336–356.

83  Vgl. Bredekamp: Einbildungen, S. 33.

84  Vgl. Mitchell: Showing Seeing, S. 345.

85  Vgl. Sabine Flach: «Körper-Szenarien». Zum Verhältnis von Körper und Bild in Videoinstallationen. München 2002, S. 15.

86  Vgl. Kravagna: Vorwort, in: ders. (Hg.): Privileg Blick, S. 7–13, hier S. 8.

87  Mitchell: Pictorial Turn, S. 19.
88  Eine historische und theoretische Einführung gibt Margaret Dikovitskaya: Visual Culture. The Study of the Visual after the Cultural Turn. Cambridge/Mass., London 2005 (darin ist besonders nützlich die Einleitung mit einem integrierten ausführlichen bibliographischen Essay zu den *Visual Culture Studies*, ebd., S. 1–45); vgl. auch Nicholas Mirzoeff: An Introduction to Visual Culture. London 1999; ders. (Hg.): The Visual Culture Reader. 2. Aufl. London, New York 2002; Jessica Evans/Stuart Hall (Hg.): Visual Culture. The Reader. London, Thousand Oaks, New Delhi 1999.
89  Vgl. Hans Belting: Zur Ikonologie des Blicks, in: Christoph Wulf/Jörg Zirfas (Hg.): Ikonologie des Performativen. München 2005, S. 50–58, hier S. 51.
90  Jonathan Crary: Aufmerksamkeit. Wahrnehmung und moderne Kultur. Frankfurt/M. 2002, S. 14.
91  Vgl. ebd., S. 15.
92  Tom Holert: Bildfähigkeiten. Visuelle Kultur, Repräsentationskritik und Politik der Sichtbarkeit, in: ders. (Hg.): Imagineering. Visuelle Kultur und Politik der Sichtbarkeit. Köln 2000, S. 14–33, hier S. 9; zur deutschsprachigen – durchaus skeptischen – Einführung in die *Visuelle Kultur* vgl. ders.: Kulturwissenschaft/Visual Culture, in: Sachs-Hombach (Hg.): Bildwissenschaft, S. 226–235.
93  Vgl. Holert: Bildfähigkeiten, S. 21; vgl. auch Norman Bryson: Das Sehen und die Malerei. Die Logik des Blicks (1983). München 2001.
94  Vgl. Kravagna: Vorwort, S. 7.
95  Hierzu vgl. den Karlsruher Ausstellungskatalog von Thomas Y. Levin/Ursula Frohne/Peter Weibel (Hg.): Crtl Space. Rhetorics of Surveillance from Bentham to Big Brother. Cambridge/Mass., London 2002.
96  Z. B. schon bei Bryson: Sehen und die Malerei, bes. S. 9, S. 20.
97  Holert: Bildfähigkeiten, S. 20.
98  Vgl. Barbara Maria Stafford: Good Looking. Essays on the Virtue of Images. Cambridge, London 1996, S. 5: «totemization of language as a godlike agency in western culture».
99  Bredekamp: Drehmomente, S. 16.
100 Bredekamp/Fischer/Schneider/Werner: Bildwelten des Wissens, S. 18.
101 Gottfried Boehm: Jenseits der Sprache? Anmerkungen zur Logik der Bilder, in: Maar/Burda (Hg.): Iconic Turn, S. 28–43, hier S. 39 f.
102 Vgl. ebd., S. 43.
103 Ebd., S. 43.
104 Vgl. Schulz: Ordnungen der Bilder, S. 8.
105 Vgl. Gottfried Boehm: Das Paradigma «Bild». Die Tragweite der ikonischen Episteme. Unveröffentlichtes Manuskript eines Vortrags, gehalten auf der Konferenz am Internationalen Forschungszentrum Kulturwissenschaften in Wien (21.–23. April 2005) zum Thema «Bildwissenschaft? Eine Zwischenbilanz», S. 3 ff.

106 Schulz: Ordnungen der Bilder, S. 36.

107 Boehm: Paradigma «Bild», S. 4.

108 Karlheinz Lüdeking: Was unterscheidet den *pictorial turn* vom *linguistic turn?* In: Klaus Sachs-Hombach (Hg.): Bildwissenschaft zwischen Reflexion und Anwendung. Köln 2005, S. 122–131, hier S. 122.

109 Ebd., S. 128.

110 Schulz: Ordnungen der Bilder, S. 92.

111 Boehm: Paradigma «Bild», S. 7.

112 Ebd., S. 5.

113 Horst Bredekamp: Bildakte als Zeugnis und Urteil, in: Monika Flacke (Hg.): Mythen der Nationen. 1945 – Arena der Erinnerungen. 2 Bde. Berlin 2004, Bd. 1, S. 29–66.

114 Im Königsbett der Kunstgeschichte. Interview mit Horst Bredekamp, in: Die Zeit Nr. 15 vom 6. 4. 2005.

115 Vgl. Boehm: Jenseits der Sprache?, S. 30f.

116 http://www.visual-management.biz, S. 2.

117 Hierzu vgl. Tom Holert: Das klaustrophobe Visuelle, in: Message 4 (2001) (http://www.message-online.de/arch4_01/41_holert.htm).

118 Vgl. – für den weiten Horizont einer visuellen Wende in der Rhetoriktheorie – Charles A. Hill/Marguerite Helmers (Hg.): Defining Visual Rhetorics. Mahwah 2004.

119 Stefan Schweizer/Hanna Vorholt: Der «Guernica Cover-Up» vom Februar 2003. Verhüllung und Enthüllung im zeitgenössischen Bildgebrauch, in: Historische Anthropologie 11, 3 (2003), S. 435–446; für eine stärker kunstgeschichtlich akzentuierte Fassung dieses Aufsatzes vgl. dies.: Bildlichkeit und politische Legitimation im Vorfeld des Irakkriegs 2003, in: Bildwelten des Wissens. Kunsthistorisches Jahrbuch für Bildkritik 2, 1 (2004), S. 29–77.

120 Vgl. Schweizer/Vorholt: Bildlichkeit, S. 33; zur weltpolitischen Bedeutung von Evidenzstrategien durch hegemoniale Bildproduktion vgl. Tom Holert: Smoking Gun. Über den «forensic turn» der Weltpolitik, in: Transkriptionen 5 (2005), S. 5–9.

121 Wilhelm Hofmann: Die politische Kultur des Auges. Der *pictorial turn* als Aspekt des *cultural turn* in der Politikwissenschaft, in: Birgit Schwelling (Hg.): Politikwissenschaft als Kulturwissenschaft. Theorien, Methoden, Problemstellungen. Wiesbaden 2004, S. 309–334, hier S. 309.

122 Vgl. ebd., S. 312.

123 Vgl. Benjamin Drechsel: Politik im Bild. Wie politische Bilder entstehen und wie digitale Bildarchive arbeiten. Frankfurt/M., New York 2005.

124 Vgl. den informativen Überblick von Benjamin Burkhardt (= Drechsel): Politikwissenschaftliche Bildforschung – eine Skizze, in: Matthias Bruhn/Karsten Borgmann (Hg.): «Sichtbarkeit der Geschichte». Beiträge zu einer Historiografie

der Bilder. Berlin 2005 (Historisches Forum Bd. 5), S. 101–110, hier S. 105 f. (http://
edoc.hu-berlin.de/e_histfor/5/PDF/HistFor_5-2005.pdf).

125 Vgl. Frank Lesske: Politikwissenschaft, in: Sachs-Hombach (Hg.): Bildwissenschaft,
S. 236–246.

126 Klaus F. Röhl: Rechtswissenschaft, in: Sachs-Hombach (Hg.): Bildwissenschaft,
S. 247–256, hier S. 247. Röhl leitet das Projekt «Visuelle Rechtskommunikation»
an der Universität Bochum (http://www.ruhr-uni-bochum.de/rsozlog).

127 Zur visuellen Metaphorik vgl. Michael Stolleis: Das Auge des Gesetzes. Geschichte
einer Metapher. München 2004.

128 Hierzu vgl. Gabriele Rippl: Beschreibungs-Kunst. Zur intermedialen Poetik anglo-
amerikanischer Ikontexte (1880–2000). München 2005, S. 50 ff.

129 Vgl. ebd., S. 21; vgl. Renate Brosch (Hg.): Ikono/Philo/Logie. Wechselspiele von Texten und Bildern. Berlin 2004; zur literaturwissenschaftlichen Bild-Text-Forschung
vgl. auch Monika Schmitz-Emans: Die Literatur, die Bilder und das Unsichtbare.
Spielformen literarischer Bildinterpretation vom 18. bis zum 20. Jahrhundert.
Würzburg 1999; Gerhart von Graevenitz/Stefan Rieger/Felix Thürlemann (Hg.):
Die Unvermeidlichkeit der Bilder. Tübingen 2001; zu mittelalterlichen «Ikono-
texten»/icontexts in ihrem Zusammenspiel von Text und Bild am Beispiel mittelalterlicher Bilderhandschriften vgl. Horst Wenzel/Christina Lechtermann (Hg.):
Beweglichkeit der Bilder. Text und Imagination in den illustrierten Handschriften
des ‹Welschen Gastes› von Thomasin von Zerclaere. Köln, Weimar, Wien 2002.
Zu Bildern als Gedächtnis- und Speichermedien in der literarischen Auseinandersetzung mit Bildlichkeit bzw. zum Beitrag der Literatur zur «Kultur der Bilder»,
zu Bildern als Vehikeln der Selbstreflexion von Texten hinsichtlich ihrer außer-
textuellen Tiefenstrukturen vgl. Manfred Schmeling/Monika Schmitz-Emans
(Hg.): Das visuelle Gedächtnis der Literatur. Würzburg 1999.

130 Vgl. Bredekamp: Drehmomente, S. 20 f.

131 Zusammenfassend hierzu vgl. Kai Vogeley: Neurowissenschaft, in: Sachs-Hombach (Hg.): Bildwissenschaft, S. 97–108.

132 Bettina Heintz/Jörg Huber: Der verführerische Blick. Formen und Folgen wis-
senschaftlicher Visualisierungsstrategien, in: dies. (Hg.): Mit dem Auge denken.
Strategien der Sichtbarmachung in wissenschaftlichen und virtuellen Welten.
Zürich, Wien, New York 2001, S. 9–40, hier S. 9.

133 Vgl. Martina Heßler: Einleitung: Annäherungen an Wissenschaftsbilder, in: dies.
(Hg.): Konstruierte Sichtbarkeiten. Wissenschafts- und Technikbilder seit der
Frühen Neuzeit. München 2006, S. 11–37, hier S. 13.

134 Vgl. ebd., S. 12.

135 Zum Verhältnis zwischen Kunst- und Wissenschaftsbildern vgl. Caroline A. Jones/
Peter Galison (Hg.): Picturing Science, Producing Art. New York, London 1998.

136 Wie es der Kunsthistoriker Wolfgang Kemp zusammenfasst: «Die Bilder, die in

den Bildwelten des Wissens fungieren, sind (...) epochen- und medienspezifische Leistungen, sie sind kodiert, also keine unschuldigen Produkte eines ‹bildgeben-den Verfahrens› oder gar bloße Abdrücke natürlicher Prozesse oder Zustände», in: ders.: Reif für die Matrix. Kunstgeschichte als Bildwissenschaft, in: Neue Rund-schau 114, 3 (2003), S. 39–49, hier S. 42; vgl. Lorraine Daston/Peter Galison: Das Bild der Objektivität, in: Peter Geimer (Hg.): Ordnungen der Sichtbarkeit. Foto-grafie in Wissenschaft, Kunst und Technologie. Frankfurt/M. 2002, S. 29–99; vgl. Olaf Breidbach: Bilder des Wissens. Zur Kulturgeschichte der wissenschaftlichen Wahrnehmung. München 2005.

137 Wolfgang M. Heckl: Das Unsichtbare sichtbar machen. Nanowissenschaften als Schlüsseltechnologie des 21. Jahrhunderts, in: Maar/Burda (Hg.): Iconic Turn, S. 128–141, hier S. 136.

138 Ebd., S. 129.

139 Vgl. Carol A. Stabile: Täuschungsmanöver «Fötus», in: Kravagna (Hg.): Privileg Blick, S. 125–153; Barbara Orland: Der Mensch entsteht im Bild. Postmoderne Visualisierungstechniken und Geburten, in: Bildwelten des Wissens 1, 1 (2003), S. 21–32; zur historischen Dimension solcher Visualisierung vgl. Barbara Duden: Die Anatomie der Guten Hoffnung. Bilder vom ungeborenen Menschen 1500–1800. Frankfurt/M., New York 2003.

140 Vgl. Martin Kemp: Bilderwissen. Die Anschaulichkeit naturwissenschaftlicher Phänomene. Köln 2003, S. 15: «Jedes visuelle Erzeugnis besitzt jene Eigenschaft, die wir als ‹Stil› bezeichnen.»

141 Vgl. Iris Därmann: Ethnologie, in: Klaus Sachs-Hombach (Hg.): Bildwissenschaft, S. 174–184, hier S. 178; als einschlägige Beispiele: James R. Ryan: Picturing Empire. Photography and the Visualization of the British Empire. London 1997; Elizabeth Edwards (Hg.): Anthropology and Photography 1860–1920. New Haven, London 1992.

142 Christoph Wulf/Jörg Zirfas: Bild, Wahrnehmung und Phantasie, in: dies. (Hg.): Ikonologie des Performativen. München 2005, S. 7–32, hier S. 7.

143 Ebd., S. 15.

144 Ebd., S. 18.

145 Vgl. Katja Gvozdeva: Rituale des Doppelsinns. Zur Ikonologie der Charivari-Kultur im Spätmittelalter und in der Frühen Neuzeit, in: Wulf/Zirfas (Hg.): Iko-nologie des Performativen, S. 133–150; von Seiten der Volkskunde/Europäischen Ethnologie vgl. Ruth-E. Mohrmann: Konfliktrituale im Bild der Frühen Neuzeit, in: Gerndt/Haibl (Hg.): Bilderalltag, S. 87–106.

146 Hierzu vgl. Peter J. Bräunlein: Bildakte. Religionswissenschaft im Dialog mit einer neuen Bildwissenschaft, in: Brigitte Luchesi/Kocku von Stuckrad (Hg.): Religion im kulturellen Diskurs. Festschrift für Hans G. Kippenberg zum 65. Geburtstag. Berlin 2004, S. 195–233.

147 Zur visuellen Praxis mittelalterlicher Frömmigkeit vgl. auch Klaus Schreiner (Hg.): Frömmigkeit im Mittelalter. Politisch-soziale Kontexte, visuelle Praxis, körperliche Ausdrucksformen. München 2002.

148 Katharina Sykora: Verlorene Form – Sprung im Bild. Gender Studies als Bildwissenschaft, in: Kritische Berichte. Zeitschrift für Kunst und Kulturwissenschaften 4 (2001), S. 13–19, hier S. 14 f.

149 Ebd., S. 18.

150 Vgl. Marion Strunk (Hg.): Gender Game. Tübingen 2002; vgl. auch die Aufsätze in: Kravagna (Hg.): Privileg Blick.

151 Zu dieser Kritik vgl. Maike Christadler: Haben nur Männer Stil? Zum Geschlecht einer ästhetischen Kategorie, in: Kritische Berichte 31, 3 (2003), S. 83–93.

152 Vgl. Mieke Bal/Norman Bryson: Looking In. The Art of Viewing. London, New York 1999.

153 Heinz Dieter Kittsteiner: «Iconic turn» und «innere Bilder» in der Kulturgeschichte, in: ders. (Hg.): Was sind Kulturwissenschaften? 13 Antworten. München 2004, S. 153–182, hier S. 165.

154 Ebd., S. 165.

155 Ebd., S. 178.

156 Vgl. Martina Heßler: Bilder zwischen Kunst und Wissenschaft. Neue Herausforderungen für die Forschung, in: Geschichte und Gesellschaft 31, 2 (2005), S. 266–292.

157 Peter Burke: Augenzeugenschaft. Bilder als historische Quellen. Berlin 2001, S. 13; noch sehr unter dem Vorzeichen von «Kunstwerken» als historischen Quellen Bernd Roeck: Visual turn? Kulturgeschichte und die Bilder, in: Geschichte und Gesellschaft 29, 2 (2003), S. 294–315, sowie ders.: Das historische Auge. Kunstwerke als Zeugen ihrer Zeit. Von der Renaissance zur Revolution. Göttingen 2004; vgl. die Sammelrezension von Joan M. Schwartz: Negotiating the Visual Turn. New Perspectives on Images and Archives, in: American Archivist 67, 1 (2004), S. 107–122.

158 Vgl. Jens Jäger: Photographie. Bilder der Neuzeit. Einführung in die Historische Bildforschung. Tübingen 2000; Matthias Bruhn/Karsten Borgmann (Hg.): «Sichtbarkeit der Geschichte». Beiträge zu einer Historiografie der Bilder, in: Historisches Forum 5 (2005) (http://edoc.hu-berlin.de/e_histfor/5/), darin u. a. Matthias Bruhn: Historiografie der Bilder. Eine Einführung, S. 5–14; zur Geschichte der historischen Bildforschung vgl. Jens Jäger/Martin Knauer: Historische Bildforschung oder ‹Iconic Turn› – das ungeklärte Verhältnis der Geschichtswissenschaft zu Bildern (www.rrz.uni-hamburg.de/Bildforschung/JaegerKnauerBildforschung.pdf).

159 Heike Talkenberger: Historische Erkenntnis durch Bilder. Zur Methode und Praxis historischer Bildkunde, in: Hans-Jürgen Goetz (Hg.): Geschichte. Ein Grundkurs. Reinbek 1998, S. 83–98.

160 Bernhard Jussen (Hg.): Liebig's Sammelbilder. Vollständige Ausgabe der Serien 1 bis 1138. Berlin 2003 (in Form von CD-ROMs).

161 Vgl. Habbo Knoch: Renaissance der Bildanalyse in der Neuen Kulturgeschichte, in: Bruhn/Borgmann (Hg.): «Sichtbarkeit der Geschichte», S. 49–61, hier S. 53 ff. Knoch spricht hier von einem «‹representational turn› in der neuen Kulturgeschichte», ebd., S. 52.

162 Hierzu Susanne Regener: Bilder/Geschichte. Theoretische Überlegungen zur Visuellen Kultur, in: Karin Hartewig/Alf Lüdtke (Hg.): Die DDR im Bild. Zum Gebrauch der Fotografie im anderen deutschen Staat. Göttingen 2004, S. 13–26.

163 Zum «Augensinn in der Praxis historischer Akteure» vgl. Alf Lüdtke: Kein Entkommen? Bilder-Codes und eigen-sinniges Fotografieren; eine Nachlese, in: ebd., S. 227–236, hier S. 229.

164 Vgl. Gesine Krüger: Writing in Images. Aspects of Mission Photography in Southern Africa, in: Wolfram Gleichmar Hartmann (Hg.): Hues Between Black and White. Historical Photography form Colonial Namibia 1860s to 1915s. Windhoek 2004, S. 241–258; Jens Jäger: «Unter Javas Sonne». Photographie und europäische Tropenerfahrung im 19. Jahrhundert, in: Historische Anthropologie 4, 1 (1996), S. 78–92.

165 Vgl. Gerhard Paul: Bilder des Krieges – Krieg der Bilder. Die Visualisierung des modernen Krieges. Paderborn 2004.

166 Vgl. Barbie Zalizer (Hg.): Visual Culture and the Holocaust. London 2001; vgl. Bettina Bannasch/Almut Hammer (Hg.): Verbot der Bilder – Gebot der Erinnerung. Mediale Repräsentationen der Shoah. Frankfurt/M., New York 2004.

167 Zusammenfassend und kritisch hierzu vgl. David Gugerli: Soziotechnische Evidenzen. Der ‹pictorial turn› als Chance für die Geschichtswissenschaft, in: Traverse. Zeitschrift für Geschichte 6, 3 (1999), S. 131–159.

168 Vgl. vor allem Gerald Hüther: Die Macht der inneren Bilder. Wie Visionen das Gehirn, den Menschen und die Welt verändern. 2. Aufl. Göttingen 2005.

169 Vgl. Wolf Singer: Das Bild in uns – vom Bild zur Wahrnehmung, in: Maar/Burda (Hg.): Iconic Turn, S. 56–76, hier S. 75.

170 Ebd., S. 70.

171 Schulz: Ordnungen der Bilder, S. 145.

172 Vgl. die Beiträge des Hirnforschers Semir Zeki und von Barbara Maria Stafford im Band von Maar/Burda (Hg.): Iconic Turn; vgl. auch Karl Clausberg: Neuronale Kunstgeschichte. Wien, New York 1999.

173 Vgl. Mitchell: What Do Pictures Want?, S. 343: «Visual culture is the visual construction of the social, not just the social construction of vision.»

174 Vgl. Horst Wenzel: Zur Narrativik der Bilder und zur Bildhaftigkeit der Literatur. Plädoyer für eine Text-Bildwissenschaft. Unveröffentlichtes Manuskript eines Vortrags, gehalten auf der Tagung «Bildwissenschaft? Eine Zwischenbilanz»

(21.–23. April 2005) am Internationalen Forschungszentrum Kulturwissenschaften in Wien.

175 Vgl. Schulz: Ordnungen der Bilder, S. 92.

176 Iconic Criticism – Bildkritik. Macht und Bedeutung der Bilder (Forschungsprogramm auf http://www.eikones.ch/startarchiv.html mit ausführlicher Bibliographie); ähnliche Vorschläge auch auf der Tagung «Bildwissenschaft? Eine Zwischenbilanz» (21.–23. April 2005 am IFK, Wien); vgl. den interessanten Web-Katalog http://www.bildpolitik.de.

177 Vgl. Horst Bredekamp: Das Bild als Leitbild. Gedanken zur Überwindung des Anikonismus, in: Ute Hoffmann/Bernward Joerges/Ingrid Severin (Hg.): LogIcons. Bilder zwischen Theorie und Anschauung. Berlin 1997, S. 225 ff.

178 Reinhart Meyer-Kalkus hat mich dazu angeregt, die Wichtigkeit der geradezu komplementären akustischen Dimension jedenfalls bei bewegten Bildern weiterzuverfolgen, indem er in einem Gespräch den *iconic turn* als einen eigentlich «audio-visual turn» beschrieben hat.

179 Zu dieser Interpretation und zur Rehabilitierung des Akustischen und besonders der Stimme für die Kulturwissenschaften vgl. das Plädoyer für eine «historische Anthropologie der Stimme» (S. 447) bei Reinhart Meyer-Kalkus: Stimme und Sprechkünste im 20. Jahrhundert. Berlin 2001, S. 461 bzw. 446.

180 Derrida hat allerdings die Auseinandersetzung mit der Bilderfrage keineswegs umgangen, vgl. etwa ders.: Das Theater der Grausamkeit und die Geschlossenheit der Repräsentation, in: ders.: Die Schrift und die Differenz. Frankfurt/M. 1972, S. 351–379.

181 Vgl. Veit Erlmann (Hg.): Hearing Cultures. Essays on Sound, Listening and Modernity. Oxford, New York 2004; Michael Bull/Les Back (Hg.): Auditory Culture Reader. Oxford, New York 2003; hierzulande vgl. den neuen Masterstudiengang «Sound Studies» an der Universität der Künste Berlin (http://www.udk-sound.de); vgl. Nicola Gess/Florian Schreiner/Manuela K. Schulz (Hg.): Hörstürze. Akustik und Gewalt im 20. Jahrhundert. Würzburg 2005.

182 Meyer-Kalkus: Stimme und Sprechkünste, S. 461.

183 Ebd., S. 56.

184 Ebd., S. 56: «selbst im Hinblick auf die visuellen Künste Malerei und Skulptur ist es nützlich, die Frage zu stellen, in welcher Weise sie den Bereich des Hörbaren evozieren (...).»

185 Mitchell: What Do Pictures Want?, S. 349.

186 James Clifford: Halbe Wahrheiten, in: Gabriele Rippl (Hg.): Unbeschreiblich weiblich. Texte zur feministischen Anthropologie. Frankfurt/M. 1993, S. 104–153, hier S. 117.

# Literatur – eine Auswahl

Belting, Hans: Bild-Anthropologie. Entwürfe für eine Bildwissenschaft. München 2001.

Belting, Hans/Kamper, Dietmar (Hg.): Der zweite Blick. Bildgeschichte und Bildreflexion. München 2000.

Boehm, Gottfried: Die Wiederkehr der Bilder, in: ders. (Hg.): Was ist ein Bild? München 1994, S. 11–38.

Böhme, Gernot: Theorie des Bildes. München 1999.

Bredekamp, Horst: A Neglected Tradition? Art History as «Bildwissenschaft», in: Critical Inquiry 29, 3 (2003), S. 418–429.

Bredekamp, Horst: Thomas Hobbes: Der Leviathan. Das Urbild des modernen Staates und seine Gegenbilder 1651–2001. 2. veränderte Aufl. Berlin 2003.

Bredekamp, Horst: Bildwissenschaft, in: Metzler Lexikon Kunstwissenschaft. Ideen, Methoden, Begriffe. Hg. Ulrich Pfisterer. Stuttgart, Weimar 2004, S. 56–58.

Bredekamp, Horst/Werner, Gabriele (Hg.): Bildwelten des Wissens. Kunsthistorisches Jahrbuch für Bildkritik (seit 2003).

Bruhn, Matthias/Borgmann, Karsten (Hg.): «Sichtbarkeit der Geschichte». Beiträge zu einer Historiografie der Bilder. Berlin 2005 (Historisches Forum Bd. 5), http://edoc.hu-berlin.de/e_histfor/5/PDF/HistFor_5-2005.pdf.

Bryson, Norman: Das Sehen und die Malerei. Die Logik des Blicks (1983). München 2001.

Crary, Jonathan: Aufmerksamkeit. Wahrnehmung und moderne Kultur. Frankfurt/M. 2002.

Dikovitskaya, Margaret: Visual Culture. The Study of the Visual after the Cultural Turn. Cambridge/Mass., London 2005.

Drechsel, Benjamin: Politik im Bild. Wie politische Bilder entstehen und wie digitale Bildarchive arbeiten. Frankfurt/M. 2005.

Gerndt, Helge/Haibl, Michaela (Hg.): Der Bilderalltag. Perspektiven einer volkskundlichen Bildwissenschaft. Münster, New York, München, Berlin 2005.

Haselstein, Ulla (Hg.): Iconographies of Power. The Politics and Poetics of Visual Representation. Heidelberg 2003.

Heintz, Bettina/Huber, Jörg (Hg.): Mit dem Auge denken. Strategien der Sichtbarmachung in wissenschaftlichen und virtuellen Welten. Zürich, Wien, New York 2001.

Heßler, Martina: Bilder zwischen Kunst und Wissenschaft. Neue Herausforderungen für die Forschung, in: Geschichte und Gesellschaft 31, 2 (2005), S. 266–292.

Hill, Charles A./Helmers, Marguerite (Hg.): Defining Visual Rhetorics. Mahwah 2004.

Holert, Tom (Hg.): Imagineering. Visuelle Kultur und Politik der Sichtbarkeit. Köln 2000.

Hüther, Gerald: Die Macht der inneren Bilder. Wie Visionen das Gehirn, den Menschen und die Welt verändern. 2. Aufl. Göttingen 2005.

Jones, Caroline A./Galison, Peter (Hg.): Picturing Science, Producing Art. New York, London 1998.

Kittler, Friedrich A.: Optische Medien. Berliner Vorlesung 1999. Berlin 2002.

Kittsteiner, Heinz Dieter: «Iconic turn» und «innere Bilder» in der Kulturgeschichte, in: ders. (Hg.): Was sind Kulturwissenschaften? 13 Antworten. München 2004, S. 153–182.

Kravagna, Christian (Hg.): Privileg Blick. Kritik der visuellen Kultur. Berlin 1997.

Levin, Thomas Y./Frohne, Ursula/Weibel, Peter (Hg.): Crtl Space. Rhetorics of Surveillance from Bentham to Big Brother. Cambridge/Mass., London 2002.

Maar, Christa/Burda, Hubert (Hg.): Iconic Turn. Die neue Macht der Bilder. Köln 2004.

Maar, Christa/Burda, Hubert (Hg.): Iconic Worlds. Neue Bilderwelten und Wissensräume, Köln 2006.

Majetschak, Stefan: «Iconic Turn». Kritische Revisionen und einige Thesen zum gegenwärtigen Stand der Bildtheorie, in: Philosophische Rundschau 49, 1 (2002), S. 44–64.

Majetschak, Stefan (Hg.): Bild-Zeichen. Perspektiven einer Wissenschaft vom Bild. München 2005.

Mersmann, Birgit: Bildwissenschaft als Kulturbildwissenschaft? Von der Notwendigkeit eines inter- und transkulturellen Iconic Turn, in: Zeitschrift für Ästhetik und Allgemeine Kunstwissenschaft 49, 1 (2004), S. 91–109.

Mersmann, Birgit/Schulz, Martin (Hg.): Kulturen des Bildes. München 2006.

Mirzoeff, Nicholas (Hg.): The Visual Culture Reader. 2. Aufl. London, New York 2002.

Mitchell, William J. T.: Picture Theory. Essays on Verbal and Visual Representation. Chicago, London 1994.

Mitchell, William J. T.: Der Pictorial Turn, in: Christian Kravagna (Hg.): Privileg Blick. Kritik der visuellen Kultur. Berlin 1997, S. 15–40.

Mitchell, William J. T.: What Do Pictures Want? The Lives and Loves of Images. Chicago, London 2005.

Paul, Gerhard: Bilder des Krieges – Krieg der Bilder. Die Visualisierung des modernen Krieges. Paderborn 2004.

Rippl, Gabriele: Beschreibungs-Kunst. Zur intermedialen Poetik angloamerikanischer Ikontexte (1880–2000). München 2005.

Rustemeyer, Dirk (Hg.): Bildlichkeit. Aspekte einer Theorie der Darstellung. Würzburg 2003.

Sachs-Hombach, Klaus (Hg.): Wege zur Bildwissenschaft. Interviews. Köln 2004 (online zugänglich unter: http://www.computervisualistik.de/kolloquium/uebersicht_vorlesung.html).

Sachs-Hombach, Klaus (Hg.): Bildwissenschaft zwischen Reflexion und Anwendung. Köln 2005.

Sachs-Hombach, Klaus (Hg.): Bildwissenschaft. Disziplinen, Themen und Methoden. Frankfurt/M. 2005.

Schulz, Martin: Ordnungen der Bilder. Eine Einführung in die Bildwissenschaft. München 2005.

Stafford, Barbara Maria: Good Looking. Essays on the Virtue of Images. Cambridge/ Mass., London 1996.

Warburg, Aby: Der Bilderatlas MNEMOSYNE. Hg. Martin Warnke unter Mitarbeit von Claudia Brink. 2. Aufl. Berlin 2003.

## INTERNET-BIBLIOGRAPHIEN UND WEBSITES ZUM ICONIC TURN (LETZTER ZUGRIFF APRIL 2006):

http:// www.iconic-turn.de (vorbildlich, zugleich Weblog)

http://www.bildpolitik.de

http://www.bildwissenschaft.org

http://www.eikones.ch/startarchiv.html (ausführliche Bibliographie im Forschungsprogramm des NFS «Iconic Criticism – Bildkritik. Macht und Bedeutung der Bilder», S. 116–145, S. 56–63)

http://www.politik-visuell.de (Portal für visuelle Politik, Weblog – ein Anwendungsbeispiel)

Die sieben vorgestellten *turns* stehen für aktuelle kulturwissenschaftliche Neuorientierungen, die bereits etabliert oder gar schon klassisch geworden sind, die sich abzeichnen oder im Prozess der Herausbildung begriffen sind. Nach ihrer Zusammenschau stellt sich die Frage der Hierarchie dieser Wenden und der Durchsetzungsfähigkeit wie Nachhaltigkeit ihrer Neufokussierungen. Diese Frage ist noch nicht abschließend zu beantworten. Immerhin entstehen unentwegt neue Versuche, *turns* zu kreieren und sie in der Forschungslandschaft zur Geltung zu bringen.

Da ist zum einen ein «mnemonic turn»[1] auf der Basis der Forschungen zum kulturellen Gedächtnis, dem mancherorts sogar ein paradigmatischer Status zugetraut wird. Ebenfalls für durchgreifend und paradigmenverdächtig wird der «medial turn»[2] gehalten. Gedächtnis und Medialität als Leitkategorien der Kulturwissenschaften verdienten eine deutlichere Ausarbeitung, gerade als durchgängige Schneisen im Dickicht der unaufhörlichen Vervielfältigung zusätzlicher *cultural turns.* So ist des Weiteren die Rede von einem «ethical turn»[3] im Sinne neohumanistischer Ansätze, die mit der Wende zur Philosophie in der Literatur einhergehen, von einem «historic turn»[4], der im Gefolge des *New Historicism* zur Sprache kam, sowie von einem «narrative/narrativist turn»[5], der das kulturelle Potenzial von Erzählungen und diskursiven gesellschaftlichen Selbstbildern betont. Auch solche Wenden werden durchaus von *turns* «höherer Ordnung» durchzogen, so etwa von einem «cognitive turn»[6] in der Wissenschaftsphilosophie und Psychologie (bis hinein in die Erzählforschung) mit seiner Fokussierung auf mentale und nicht nur sprachliche Erkenntnisvoraussetzungen. Ebenfalls in der Philosophie sehen manche einen «digital turn» oder «computational turn»[7] heraufziehen, und ein «social turn»[8] als Abkehr von der Postmoderne hin zur «sozialen Realität» wird etwa in der Gegenwartsliteratur diagnostiziert. Anzudeuten scheint sich zudem ein «practice turn»[9], jedenfalls in der

Wissenschaftsgeschichte, oder ein «experiential turn»[10] als Aufwertung der Erfahrungskategorie bis hin zum Trauma. Ein «emotional turn»[11] ist ebenfalls unterwegs, wird aber erst eigentlich zugänglich und verstärkt über einen «biographical turn»[12]. In einem weiter gespannten Horizont ist die Rede vom «imperial turn»[13] einer nicht mehr auf Nationalgeschichte zentrierten, imperien- und imperialismusbewussten Geschichtsschreibung. Auf weltpolitischer Bühne wird gar ein «forensic turn»[14] angesiedelt, der – wie an den kriegsmotivierenden Operationen zum Beweis der Existenz von Massenvernichtungswaffen im Irak ablesbar wird – eine «Reformatierung der Weltpolitik in eine kriminalistisch-forensische Untersuchung»[15] nahe zu legen scheint. Als weltpolitisch durchgreifender und aufschlussreicher jedoch zeichnet sich schon jetzt ein «biopolitical turn»[16] ab. Er rückt die massive Biomacht, die zunehmend umfassende politische und technologische Kontrolle des menschlichen Körpers und Lebens in den Vordergrund. Schließlich wird wohl ein «dialogical turn»[17] gebraucht, um den Fragmentierungsgefahren eines «postdisziplinären Zeitalters» durch Dialog und Auseinandersetzung zwischen den Disziplinen zu entgehen. Welche der hier nur exemplarisch angedeuteten *turns* sich künftig als Hauptwege, Seitenwege oder Abwege der kulturwissenschaftlichen Forschung erweisen werden, wird sich freilich nicht allein im Wissenschaftsdialog entscheiden.

Die aufkommenden, meist noch unausgegorenen Wenden sind oft nur Versuche, aus jeder kleinen Parzelle des akademischen Felds neue Königreiche der Forschung herauszuschlagen. Sie sollten sich also einem Prüfkriterium stellen: Inwieweit lösen die behaupteten Wenden wirklich einen konzeptuellen Sprung aus, indem sie über die Fokussierung auf neue Gegenstandsfelder hinaus auf die Ebene von Analysekategorien überspringen und gerade dadurch ein transdisziplinäres Potenzial entfalten? Unter einer solchen Testfrage wird sich sehr bald die Spreu vom Weizen sondern. Auch die bereits etablierten *turns* können sich dieser kritischen Befragung nicht entziehen. Denn sie sind weiterhin im Fluss, werden mehr und mehr entfaltet, überschneiden sich mit anderen Forschungswenden, bilden Bindestrich-*turns* und zeichnen sich gerade dadurch aus, dass sie in eine weit gefächerte Konstellation von Neufokussierungen eingehen und konzeptuelle Impulse, nicht hingegen Paradigmenwechsel auslösen. Am «Ende» – bei einer Zusammenschau der einzelnen *turns* – ist jedoch erkennbar, dass auf einer gleichsam höheren Stufe dennoch von einer Art Paradigmenwechsel die Rede sein könnte, gewissermaßen von einer «Wende» der Kulturwissenschaften selbst. Diesen «Paradigmenwechsel» mag man in der wechselseitigen Anreicherung und «Pluralisierung der Dimensionen»[18] auf dem Weg zur Idee einer «histoire totale» verorten, wie etwa Karl Schlögel. Vorsichtiger und pragmatischer formuliert wäre er in einer Verdichtung spezifischer Gemeinsamkeiten der kulturwissenschaftlichen Neuorientierungen zu sehen, wie sie erst in der Zusammenschau deutlich vor Augen treten. So leiten alle einzelnen *turns* jeweils von ihrer besonderen Warte und von ihrem spezifischen Zugang her doch auf einen gemeinsamen Grundzug kulturwissenschaftlicher Forschung hin:

Durchgängig feststellbar ist nicht nur ein Umschwenken «from a ‹being› to a ‹becoming› vocabulary»[19], eine Öffnung von Seinsbehauptungen zu prozessbetonten Sichtweisen – wie es schon Victor Turner in seinem nachgelassenen Essay «Process, System, and Symbol» erkannt hat. Grundlegend ist ebenfalls die Hinwendung zu sozialen Handlungs- und Wirklichkeitsbezügen sowie zu interkulturellen Grenzüberschreitungen, welche die Kulturwissenschaften nach dem *linguistic turn* bewegt. Die Einsicht in die Sprach- und Diskursvermittlung aller Wirklichkeitzugänge ließ durchgängig jegliche Authentizitätsbehauptungen problematisch werden und führte zum wiederholten Verweis auf das Gemachte und Konstruierte von Erfahrung, Geschichte, Geschlecht, Identität und Kultur. Erweitert und modifiziert wird dieser Angelpunkt der *cultural turns* durch ihre gezielte Ablehnung von Dichotomien und binären Systemen sowie durch eine Abkehr von Essenzialisierungen. Diese Ablehnung von Polarisierungen zugunsten von Überlappungs- und Übersetzungsverhältnissen zieht sich quer durch alle *turns* und Disziplinen. Sie entsteht keineswegs zufällig, sondern entspricht auf der Ebene der weltgesellschaftlichen Verhältnisse der Aufsplitterung einer bipolaren in eine multipolare Welt.

# TURNS – ANSÄTZE EINER ÜBERSETZUNGSBEREITSCHAFT DER KULTURWISSENSCHAFTEN

Die kulturwissenschaftliche Theorie selbst ist dieser multipolaren Welt ausgesetzt; sie verlangt – so schon Edward Said – eine «weltzugewandte Kritik».[20] Schon von daher lockert sich die vom *linguistic turn* geerbte Fixierung auf die Vorherrschaft des Sprachbezugs nach und nach, *turn* für *turn*. Weltbezug bedeutet mehr als Sprachbezug. Der durchlaufende Leitfaden, der *linguistic turn* als Meistererzählung und Mega*turn*, wird im Gang durch die Kette der Neuorientierungen bis heute ausdifferenziert und in ein umfassenderes, selbst gesponnenes Gewebe kultureller Reflexion eingeflochten – frei nach Geertz ausgedrückt.[21] Zusammengehalten wird ein solches Theoriegewebe nicht etwa durch ein Bedeutungssystem, wie bei Geertz, sondern durch fortwährende Übersetzungsprozesse. *Cultural turns* suchen nach (Übersetzungs-)Begriffen und Konzepten, mit denen die Kulturwissenschaften das (auch von ihnen selbst) Verdrängte wieder einholen können und mit denen sie sich in Aushandlungsbeziehungen mit den Sozial- und Naturwissenschaften ebenso hineinbegeben wie in Auseinandersetzung mit den Wirklichkeitsverhältnissen selbst: Welche operativen Begriffe sind zu entwickeln, um die Veränderungen der Wirklichkeit in die Sprache der Kulturwissenschaften hinein übersetzbar zu machen? Wieweit ist die Sprache bzw. das Beschreibungssystem der Kulturwissenschaften selbst übersetzbar und übersetzungsbereit, um anschlussfähige Gelenkstellen zu schaffen, mit denen sich die Kulturwissenschaften für die disziplinären Systeme der einzelnen Wissenschaften ebenso öffnen wie für interkulturell differente Wissenssysteme?

Eine erste wichtige Übersetzungsleistung wäre eine noch dezidiertere Rückholung des Sozialen und Ökonomischen in den Kulturbegriff. Weltbezug bedeutet eben auch mehr als Kulturbezug. Das weite Auseinanderklaffen zwischen Kulturwissenschaften und Ökonomie geht auf kulturalistische Übertreibungen von Sprachlichkeit, Textualität und Symbolsystemen zurück; diese «blenden jedoch die wirtschaftlich-materiellen Grundlagen und Folgen der kulturellen Wahrnehmungs- und Deutungsmuster zunehmend aus»[22]. Im Spannungsfeld der Auseinandersetzung mit der Textualitätskategorie[23] ergab sich angesichts dieser Verdrängung eine erhebliche Skepsis am Kulturalismus. Sie hat eine Vielzahl der Neuorientierungen durchzogen, die weiterhin nach Wegen suchen, durch Rückgewinnung von Materialität und Handlungsbezug einer solchen Kulturalismusneigung der Kulturwissenschaften entgegenzuarbeiten. Stehen die Kulturwissenschaften also – wie Lutz Musner meint – «vor der Herausforderung eines um die Ökonomie erweiterten Begriffs von Kultur»[24]?

Wieweit eine notwendige Ökonomisierung der Kulturwissenschaften in einen durchschlagenderen «economical turn» einmündet, ist noch unausgemacht. Auch sonst lassen sich nur Vermutungen darüber anstellen, welche Impulse der empirischen Wirklichkeitsverhältnisse künftig so aufgegriffen werden, dass sie in bisher noch unausgeprägte theoretische Neuorientierungen der Kulturwissenschaften hinein «übersetzt» werden. Prophetische Sicherheit bezüglich der Entwicklungsschienen der Kulturwissenschaften wäre hier fehl am Platz. Denn gerade die Kulturwissenschaften sind zukunftsoffen und müssen dabei eine erhebliche «uncertainty about a field's direction»[25] aushalten. Schon die Ethnologen George Marcus und Michael Fischer haben diese Entwicklungsunsicherheit als Kennzeichen einer für kulturwissenschaftliche Zugänge typischen Experimentierhaltung betont. Der Begründungsversuch reicht jedoch tiefer: So wie die Kulturwissenschaften nicht aus «einer neuen M(eth)ode oder theoretischen Wende» entstanden sind, sondern aus einem «tiefgreifenden Wandel der Gesellschaft»[26] heraus, wird auch die Zukunft der Kulturwissenschaften keinesfalls im Theorielabor entschieden.

Und doch gibt es Entwicklungsachsen, die sich anbahnen und in die Theoriebildung einfließen, ohne dass dabei die Kulturwissenschaften zu einer bloßen Reaktion auf gesellschaftliche Impulse verdammt wären. Denn die Kulturwissenschaften zeichnen sich dadurch aus, dass sie von sich aus mit «operativen» Begriffen arbeiten, das heißt nicht nur mit beschreibenden, sondern auch mit wirklichkeitsprägenden Begriffen. Dass sie damit allerdings ein sinnstiftendes «Orientierungswissen» bereitstellen könnten, ist eher zu bezweifeln. «Sie orientieren über Orientierungen, aber sie produzieren sie ebenso wenig wie Sinnstiftungen oder klare Zielvorgaben.»[27] Diese Aussage der Literaturwissenschaftlerin Aleida Assmann ist durch die vorangegangene Orientierung über die signifikanten Neuorientierungen in diesem Band sicherlich bestätigt worden. Wie schon der Versuch einer «Kartierung» der Kulturwissenschaften an sehr unterschiedlichen Koordinaten und Achsen ausgerichtet werden kann[28], wird es auch keinen völligen Konsens über künftige oder gar zukunftsträchtige Entwicklungsachsen der Kulturwissenschaften geben. Aleida Assmann etwa entwirft ethische Zukunftsachsen – entlang der von ihr für unverzichtbar gehaltenen Kriterien wie Verantwortung für ästhetische Erfahrung, Verantwortung für Sprache, Verantwortung für historisches Gedächtnis, Verantwortung für kulturelle Besonderheit.[29] Doch denkbar wären auch ganz andere Profilierungsachsen der Kulturwissenschaften nach dem *linguistic turn,* auf denen die operativen und übersetzungsbereiten Konzepte der Kulturwissenschaften zur Geltung gebracht werden könnten. Die für die Kulturwissenschaften wichtige Begründungsebene der Politischen Philosophie etwa weist zwei entscheidende zeitdiagnostische Hauptachsen aus: «Zwischen Naturalismus und Religion». Dieser Buchtitel politisch-philosophischer Aufsätze von Jürgen Habermas ist bezeichnend für die Problem«fronten» im gegenwärtigen Spannungsfeld zwischen der «Ausbreitung naturalistischer Weltbilder» und der dazu gegenläufigen «Wiederbelebung religiöser Kräfte»[30] – kulturwissenschaftlich ausgedrückt: zwischen einem «(neuro-)biological turn» und einem «religious turn».

Die Kulturwissenschaften, ursprünglich selbst als Modernisierungsprojekt angetreten, stehen nunmehr vor der Aufgabe einer Kritik an den Folgen kultureller Modernisierung, Säkularisierung und Rationalisierung, wie sie gegenwärtige europäische Gesellschaften prägen und herausfordern. Habermas jedenfalls hat in diesem Zusammenhang neben der neurobiologischen eine zweite Hauptachse politisch-philosophischer Reflexion konzeptualisiert: den auffälligen Wiedereintritt des Religiösen in «postsäkulare» Gesellschaften. Die kulturwissenschaftliche Theoriebildung sollte hier hellhörig werden. In «postsäkularen Gesellschaften» geht es darum, «relevante Beiträge aus der religiösen in eine öffentlich zugängliche Sprache zu übersetzen»[31]. Dabei sollen religiöse Überzeugungen und Glaubensäußerungen einem «institutionellen Übersetzungsvorbehalt»[32] von Seiten des säkularen Staates und der säkularen Verfassung unterworfen sein, durch den sie überhaupt erst Eingang finden können in eine allgemein akzeptierte öffentliche Sprache. Postsäkulare Gesellschaften zeichnen sich dadurch aus, dass sie einerseits auf der Trennung von Glauben und Wissen bestehen, andererseits die legitimen Ansprüche und gesellschaftlich unverzichtbaren Wertvorstellungen der Glaubensgemeinschaften einbeziehen – statt sie aus dem Blickwinkel einer restlos säkularisierten und szientistisch verkürzten Vernunft beiseite zu schieben.[33] Doch der dazu nötige öffentliche Vernunftgebrauch durch «gesellschaftlichen Dialog» verlangt, dass die Einseitigkeit eines institutionellen «Übersetzungsvorbehalts» durch «kooperative Übersetzungsleistungen»[34] ergänzt wird.

Habermas arbeitet hier interessanterweise mit dem Übersetzungsbegriff, ohne ihn jedoch in seinem kategorialen Potenzial reflexiv auszugestalten oder ihn gar als ein grundlegendes Element für seine eigene Kommunikationstheorie stark zu machen – wozu die Ansätze eines *translational turn* zusätzlich anregen könnten. Dann jedoch fiele die begriffliche Ungeschicklichkeit, ja Unschärfe der Rede vom «Übersetzungsvorbehalt» ins Auge. Denn nicht um faktische Übersetzung geht es hier, sondern um «Übersetzbarkeit» als Bedingung der Möglichkeit, religiösen Äußerungen im Gewand allgemein verständlicher Argumente Gehör zu verschaffen. Aber auch die empirische Linse der Kulturwissenschaften ist hier schärfer. Denn sie kann auf diesem grundsätzlichen Begründungsfundament der Politischen Philosophie aufbauen, darüber hinaus aber die für solche gesellschaftlichen Übersetzungsprozesse erforderlichen kulturspezifischen Wahrnehmungsmuster, Handlungsweisen und Repräsentationsformen genauer in den Blick nehmen. Zudem bleibt ihr Kulturverständnis nicht – wie bei Habermas – auf gesellschaftliche Kommunikation und Dialog fixiert. Denn nicht zuletzt durch *cultural turns* können hier die Kulturwissenschaften ihren empirischen Vorsprung der Kulturanalyse auch zur kategorialen Ausarbeitung nutzen: Statt Übersetzung qua Dialog zu behaupten, versuchen sie vielmehr, aus den gesellschaftlichen Widersprüchen und Konfliktsituationen selbst die prekäre Kategorie der Übersetzbarkeit zu entwerfen und auszuarbeiten.

Unter solchen Vorzeichen wird deutlicher, wo die Kulturwissenschaften auch bei einem «religious turn»[35] Ansatzpunkte finden: Die massiven Herausforderungen des Religiösen, wie sie sich aus dem Widerstreit zwischen säkularen und religiösen Diskursen ergeben, sind hier gerade in ihren höchst unterschiedlichen Facetten ernst zu nehmen. Wo liegen mögliche Gelenkstellen oder auch Grenzen der Übersetzbarkeiten zwischen kulturellen und religiösen Äußerungsformen? Ein Anstoß zur notwendigen Auseinandersetzung wäre zunächst die «sonderbare Kehrtwendung zum Religiösen» auf der Ebene der Literatur- und Kulturkritik mit ihrem Rückzug in den «sicheren Schutz der Glaubenssysteme», wie sie für Edward Said – so seine Bilanz «Die religiöse Wende der Kritik»[36] – bereits seit den 1970er Jahren (beginnend mit dem *New Criticism*) unterwegs ist. Sie setzt sich fort in der Tendenz zu einem «manichäischen Theologisieren des ‹Anderen›»[37]. Ein «religious turn» wäre kulturwissenschaftlich aber nur dann interessant, wenn er gerade nicht die profane, kritische Arbeit der kulturwissenschaftlichen Analyse als einer «weltzugewandten Kritik» (Said) verdrängt oder gar ersetzt – sei es durch Eingriffe religiöser Diskurse und Herausbildung quasi-religiöser Überhöhungen, durch einen Kultstatus von Theorien, durch religionsnahe Sinnstiftungen, Mythisierungen oder Ritualisierungen. Said befürchtet eine solche Verdrängung, sicherlich motiviert durch seine Einsichten in die quasi-religiöse Geschlossenheit des Orientalismusdiskurses. Gefragt sind dagegen kritische Verfahren eines «religious turn», welche den Faktor Religion in die kulturwissenschaftliche Analyse einbeziehen, um den besonderen religiösen Logiken sozialer Handlungen auf den Grund zu gehen und daraus eine Analysekategorie zur Interpretation «politischer Religion» überhaupt zu gewinnen.[38]

Verlagert man nun den «Ausblick» auf mögliche Hauptachsen im Fortgang des kulturwissenschaftlichen Diskurses – zu denen ein «religious turn» gehören könnte – auf die Frage nach einer möglichen Wende der Kulturwissenschaften als solcher, dann wäre freilich noch von einem anderen Angelpunkt auszugehen: vom «kulturwissenschaftlichen Beschreibungssystem» selbst. Nachdem der *linguistic turn* im Durchgang durch die verschiedenen *turns* verarbeitet und modifiziert worden ist, scheinen sich vor allem zwei Hauptgleise anzudeuten, die nicht nur einzelne Wenden *innerhalb* der Kulturwissenschaften ermöglichen. Vielmehr könnten sich Richtungswechsel *der* Kulturwissenschaften selbst anbahnen: durch neurobiologische und durch globale/transkulturelle Herausforderungen. Diese könnten vor allem deshalb auf mögliche Hauptachsen der kulturwissenschaftlichen Reflexion hinführen, ja zu einer grundlegenderen Wende der Kulturwissenschaften selbst drängen, weil sie das «kulturwissenschaftliche Beschreibungssystem» insgesamt betreffen und die Anschlussfähigkeit seines spezifischen Vokabulars ebenso ausloten wie seine Fähigkeit, in Grenzbereichen zu denken und (Selbst-)Übersetzungsbereitschaft zu zeigen. Denn vom kulturwissenschaftlichen Beschreibungssystem wird verlangt, dass es sich sowohl auf den Horizont eines neurobiologischen als auch auf den Horizont eines globalen bzw. transkulturellen Beschreibungssystems hin neu definiert und verortet.

## NEUROBIOLOGISCHE HERAUSFORDERUNGEN – ANSÄTZE UND GRENZEN EINES «(NEURO-)BIOLOGICAL TURN»?

Die gemeinsamen Leitvoraussetzungen, die sich im Durchgang durch die *turns* herausgeschält haben, gehen mit all ihrer Facettenhaftigkeit in die Profilierung des kulturwissenschaftlichen Beschreibungssystems ein. Dennoch bleibt die Frage, inwieweit dieses durch die gegenwärtig besonders lebhafte Konfrontation mit dem neurophysiologischen Beschreibungssystem nicht doch zu einem eigenen Paradigmensprung gedrängt werden könnte. Dieser wäre allerdings derart gravierend, dass ein ganzer wissenschaftlicher, nämlich geistes- und kulturwissenschaftlicher Disziplinenkomplex in Gefahr steht, durch einen anderen, biologisch-naturwissenschaftlichen Disziplinenverbund verdrängt zu werden. Gemeint ist ein Paradigmenwechsel auf höherer Ebene, der die Grenzen zwischen kultur- und naturwissenschaftlichen Beschreibungssystemen verwischt oder überbrückt, was – so der Frankfurter Neurowissenschaftler Wolf Singer – einem «Dammbruch»[39] gleichkäme. Ob es sich – wie Singer es in der Sprache der Frankfurter und anderer Börsen ausdrückt – um eine «feindliche Übernahme des einen Beschreibungssystems durch das andere»⁴⁰ handelt, d. h. der kulturwissenschaftlichen kategorialen Ordnung der Welt(-wahrnehmung) durch die naturwissenschaftliche, was Singer abstreitet, steht noch offen. Jedenfalls ist ein Aushandlungs- und Auseinandersetzungsprozess nötig, bei dem die Kulturwissenschaften jenseits «feindlicher Übernahmen» ihr großes «Kapital»: Sprache und Selbstreflexivität, in die Waagschale werfen müssen. Zu hoffen und anzunehmen ist, dass dieser Aushandlungsprozess zur wechselseitigen Ergänzung beider Beschreibungssysteme führt. Ob eine «Fusionierung» (Singer) wirklich zur Entwicklung eines dritten, «umfassendere(n) Beschreibungssystems» führen könnte, wäre davon abhängig, wieweit wechselseitige Übersetzungsprozesse zwischen Kultur- und Naturwissenschaften gelingen.

Eine Annäherung der Beschreibungssysteme gleichsam in einem «third space» kann sich zumindest darauf stützen, dass nicht allein die *cultural turns* auf einer deutlichen Abkehr vom Binaritätsprinzip bestehen. Auch die Neurobiologie trifft keine dualistische Unterscheidung mehr zwischen Geistigem und Körperlichem. Auch dem Geistigen wird keine eigene Energie zugesprochen, sondern seine Abhängigkeit vom Körper erkannt. Interessante Überlappungen ergeben sich zudem durch die Anschließbarkeit des «(neuro-)biological turn» an den *iconic turn*, insofern die Technologie neuer bildgebender Verfahren in den Naturwissenschaften bzw. der Medizin zum Höhenflug der Hirnforschung entscheidend beigetragen hat. Die Erkenntnisse der Hirnforschung basieren überhaupt erst auf solch zunehmend exakterer Abbildbarkeit von Strukturen und Aktivitäten des Gehirns.

Inwieweit aber zeichnet sich überhaupt schon ein «(neuro-)biological turn» ab? In noch sehr vagen Formen ist von einer biologischen Wende in den einzelnen Kulturwissenschaften die Rede, z. B. von einer problematischen, an darwinistische Positionen der Evolutionstheorie anknüpfenden biologischen Kultur- und Literaturtheorie *(Biopoetics)*⁴¹, von einem «neuronal turn»⁴² bzw. neurokulturellen Ansätzen in der Geschichtswissenschaft⁴³ sowie in der Neuroästhetik⁴⁴. Die neurobiologische Wende durch die Hirnforschung jedoch scheint tiefer zu greifen.

Durch sie käme eher eine kopernikanische Wende in Sicht, ein Mega-*Turn*, der viel weiter reichend ist, als es ein einzelner *turn* im Feld der Kulturwissenschaften sein könnte. Immerhin ist die biologische Wende schon deshalb kulturwissenschaftlich relevant, weil sie darauf zielt, die Arbeitsweise von Wahrnehmung, Emotionalität, Bewusstsein usw. in neuronalen Netzwerken zu erforschen. Damit spricht sie ein Terrain an, auf dem auch die *turns* nach ihrer Überschreitung von Gegenstands- und Themenfeldern und ihrer Hinwendung zu Wahrnehmungsmustern und -einstellungen angesiedelt sind. Allerdings scheint diese Konkurrenzsituation von der Hirnforschung dahin gehend entschieden werden zu wollen, dass man «widerspruchsfrei Geist, Bewusstsein, Gefühle, Willensakte und Handlungsfreiheit als natürliche Vorgänge ansehen (wird), denn sie beruhen auf biologischen Prozessen».[45] Eine derartige Prognose allein bedeutet jedoch noch keine kopernikanische Wende. Von einer solchen wäre überhaupt erst dann zu sprechen, wenn das geistes-/kultur- und sozialwissenschaftliche Beschreibungssystem wirklich abgelöst würde. Im Moment existieren noch beide Beschreibungssysteme nebeneinander, und man begeht einen Kategorienfehler, wenn man das eine mit dem anderen vermischt, z. B. von «Schuld» in Bezug auf neuronale Prozesse spricht.

Was von der Hirnforschung allerdings angestrebt wird, ist eine «Veränderung unseres Menschenbilds»[46], das die Kulturwissenschaften nicht gleichgültig lassen kann. Immerhin wird dazu auf die Zusammenarbeit mit Geistes- bzw. Kulturwissenschaftlern gebaut, wie es ein öffentlichkeitswirksames «Manifest» von neun Neurowissenschaftlern und zwei Neurowissenschaftlerinnen betont: «Geisteswissenschaften und Neurowissenschaften werden in einen intensiven Dialog treten müssen, um gemeinsam ein neues Menschenbild zu entwerfen.»[47] In zumindest rhetorischer Bescheidenheit wird hier der «neuronale Reduktionismus» offen gehalten für den Beitrag der Geisteswissenschaften. Und doch herrscht eine reduktionistische Forschungsstrategie vor – so Jürgen Habermas in seiner Kritik an den Herausforderungen bzw. überzogenen Ansprüchen der Hirnforschung[48] –, welche die rationale Handlungserklärung (die eine Erklärung von Handeln aus «Gründen» ist) zu ersetzen versucht. An ihre Stelle soll eine kausale Handlungserklärung treten, welche kein freies Handeln nach Gründen zugesteht, sondern ein Handeln nach neu-ronalen Ursachen, die gleichsam hinter dem Rücken der Entscheidungs-fähigkeit des Subjekts deterministisch wirken. Habermas hält ein Men-schenbild, das sich aus Freiheit konstituiert, solchen reduktionistischen, biologistischen Menschenbildern entgegen. Warum ist Freiheit nicht aufgebbar? Es handelt sich um das unhintergehbare Freiheitsbewusst-sein, das – anders als die Umpolungen der Hirnforschung im Hinblick auf Determinismus – einem Beschreibungs- und Kategoriensystem ent-stammt, das an kulturelle Handlungen und mentale Handlungsbegrün-dungen rückgebunden ist.

In der dennoch notwendigen Auseinandersetzung mit den Neuro-wissenschaften verfangen sich die Kulturwissenschaften allerdings leicht in Fußangeln. Dies ist der Fall, wenn Kulturwissenschaftler-(innen) verzweifelt den Fortschrittsentwürfen der Hirnforschung hinterherlaufen und gleichsam immer nur «reagieren» auf deren Zu-kunftsprojektionen, in denen die Errungenschaften der Geistes- und Kulturwissenschaften aufzugehen scheinen. Sicher wäre es fruchtbarer, die spezifischen und eigenen Fähigkeiten des kulturwissenschaftlichen Beschreibungssystems stark zu machen und herauszustellen, dass diese durch keine biologistische Umdeutung einzuholen sind. Die kategoria-len und methodischen Errungenschaften der *turns* und deren Schritte zu einer eigenständigen, disziplinär gestützten Ausbildung einer um-fassenderen «Lebenswissenschaft»[49] sind hierfür gute Wegweiser. Im-merhin stellen die Kulturwissenschaften Kategorien bereit, mit denen die (weltweiten) Konflikte analysiert und angegangen werden können. Konfliktbewältigung benötigt Kategorien, die in keiner Weise von der neurobiologischen Forschung zu ersetzen sind. So werden Inter- und Transkulturalität sowie kulturelle Differenzen in der entstehenden he-terogenen Weltgesellschaft zu offensichtlichen Untersuchungsfeldern, aber auch zu unverzichtbaren analytischen Kategorien. Diskursivität ist eine weitere unhintergehbare Kategorie. Das Diskursgeschehen – so wiederum Habermas – läuft Gefahr, durch eine biologistische Wende in ein Naturgeschehen umgedeutet zu werden: «Aus dieser Sicht ver-wandelte sich das Diskursgeschehen in ein gleichsam hinter dem Rü-cken der Subjekte ablaufendes Naturgeschehen.»[50]

Zum Diskurs gehört der gesamte Bereich der Zeichen, der Symbole, der Sprache und der Sprachspiele. Und genau auf dieser Ebene und an diesen Kategorien wird eine neurobiologische Wende prekär. Denn sie selbst kommt an den Kategorien der Sprache nicht vorbei, auf die sie in ihrem eigenen Beschreibungssystem noch immer rückverwiesen ist. Habermas fordert hier weiterhin eine «mentalistische Sprache» ein, ohne die wir die Mikroebene des Bewusstseins und der Motivationen von Subjekten nicht zugänglich machen können, während die Hirnforschung eher großspurig einen «Fusionsprozeß von Beschreibungssystemen»[51] ansteuert. Anderes scheint ihr auch kaum möglich zu sein, denn das «Manifest» der Neurowissenschaftler endet mit einem Eingeständnis: Sogar das neurobiologische Beschreibungssystem stößt dort an seine Grenzen, wo «die Eigenständigkeit dieser ‹Innenperspektive›»[52] von Gefühlen, Verantwortung usw. der Subjekte anzuerkennen ist. Dennoch wird das Forschungsprogramm der Neurobiologie gleichsam mit dem Selbstbewusstsein einer Leitdisziplin zukunftsaggressiv vorgetragen und angegangen – sicherlich nicht zuletzt, um weitere Forschungsmittel aquirieren zu können. Auch wenn eine kopernikanische Wende der Synergie von Natur- und Geisteswissenschaften in einem neuen Menschenbild ausbleiben sollte, so gehen doch massive Herausforderungen von der Hirnforschung auf die Geistes- bzw. Kulturwissenschaften aus – aber auch umgekehrt.

Sprachlich-symbolische Deutungsvoraussetzungen gelten nicht nur für die Sprache und die gesellschaftliche Kommunikation der Kulturwissenschaften; auch die Biologisierungsansätze sind ihnen unterworfen, selbst wenn hier nur von «dem Dialog zwischen Gehirnen»[53] die Rede ist. Von daher liefert der «(neuro-)biological turn» seinerseits die beste Bestätigung für die Unverzichtbarkeit der Kulturwissenschaften: Diese sind von der Biologie nicht zu «schlucken»; im Gegenteil – letztlich weist auch eine neurobiologische Wende wieder zurück auf die Kulturwissenschaften. Denn die Natur- und Neurowissenschaften scheinen für die «Selbsterkenntnis» des menschlichen Gehirns, die sie am Horizont sehen, nicht auszukommen ohne das spezifische Potenzial der Selbsterkenntnis und der Selbstreflexion der Kulturwissenschaften – nämlich die sprachlichen und symbolischen Voraussetzungen, ohne die kein menschliches Gehirn sich selbst denken kann. Auf einer komplexen «mentalistischen Sprache», die – so nicht nur Habermas – nötig ist, um das Selbstverständnis der Handelnden erfassen zu können, müssen die Kulturwissenschaften im Gegenzug zu einer reduktionistischen «empiristischen Sprache» weiterhin bestehen. Zwischen beiden Sprachspielen liegen Chancen, aber auch Grenzen der Übersetzbarkeit[54] – bei allen Versuchen, «Brückentheorien»[55] zwischen ihnen zu konstruieren.

Im Horizont dieser Auseinandersetzung werden schließlich die Kultur- und Geisteswissenschaften mehr denn je aufgewertet. Standen sie lange Zeit in Gefahr, von der angeblichen Zukunftsträchtigkeit der naturwissenschaftlichen Forschung verdrängt zu werden und die eigenen Kategorien den neuen wissenschaftlichen Erkenntnissen opfern zu müssen, stellen sie nun eine große Herausforderung für die Naturwissenschaften dar: Der Geltungsanspruch der Hirnforschung und ihrer Erklärungsansprüche ist beschränkt – nicht nur nach der Selbsteinschätzung der Hirnforscher(innen) in ihrem «Manifest», sondern auch angesichts ihrer eigenen Abhängigkeit von kulturell geprägten Kommunikations- und Übersetzungsformen. Die Selbstreflexivität der Kulturwissenschaften erweist sich hier als unverzichtbar für die Wahrnehmung, Differenzierung und Analyse der unterschiedlichen, komplementären «Sprachspiele» mit ihren jeweiligen Betrachtungsperspektiven. Sie setzen überhaupt erst instand, eine solche Debatte über das Menschenbild führen zu können. Und sie erschließen und erzeugen zugleich kulturelle Räume der symbolischen Selbstbeschreibung, Sinnerzeugung und Konfliktbewältigung, die für das Handeln der Menschen und ihr Freiheitsbewusstsein unerlässlich sind.

Beim gegenwärtigen Wettbewerb um Forschungsmittel ist bedenkenswert, dass die kulturwissenschaftliche Forschung weit mehr als die biologisch universalisierende Neurowissenschaft dazu beitragen kann, das Problem der kulturellen Differenzen und ihrer Konflikträchtigkeit zu reflektieren und Kategorien an die Hand zu geben, die mit Problemlösungsstrategien verknüpfbar werden. Ein «(neuro-)biological turn» würde für die Kulturwissenschaften also keineswegs bedeuten, sich zu biologisieren, wohl aber, sich mit naturwissenschaftlicher Forschung ernsthaft auseinander zu setzen. Dabei hätten die Kulturwissenschaften ihre eigene (operative, wirklichkeitserzeugende und nicht bloß beschreibende) Begrifflichkeit[56] selbstbewusst und übersetzungsbereit in Grenz- und Überschneidungszonen mit den Naturwissenschaften einzubringen, um die Aushandlungsspielräume einer «grenzüberschreitenden Topographie des Wissens»[57] noch stärker als bisher auszuloten.

Was kann somit der Dialog zwischen Kultur- und Naturwissenschaften anderes sein als ein konfliktreicher, in mehrfachem Sinn spannender Prozess der Übersetzungsbereitschaft, aber auch ihrer Grenzen? Immerhin wäre eine gemeinsame Sprache überhaupt erst zu finden. Übersetzung wird hier jedenfalls zu einem entscheidenden Verbindungsglied, das auch bei einem weiteren Hauptstrang der kulturwissenschaftlichen Weiterprofilierung als eine ähnlich grundlegende Kategorie der Aushandlung und Vermittlung wirksam wird.

## TRANSKULTURELLE HERAUSFORDERUNGEN – ANSÄTZE ZU EINEM «GLOBAL TURN»?

In welche Richtung könnte sich die Konstellation der *turns* entfalten? Immer noch ist der Wechsel der Leitvorstellungen allzu sehr auf Kultur (als Bedeutungszusammenhang) fixiert, noch immer ist ein Verständnis von Kulturwissenschaften unter dem Vorzeichen des Sinnbegriffs verbreitet, das auf Sinnbildung, Sinnverstehen und Deutungsbedürfnissen basiert[58]: Die (hermeneutischen) Textwissenschaften werfen einen langen Schatten. Doch die Entwicklung ist längst aus ihm herausgetreten. So war – als Gegenbewegung zur Dominanz der Textualitätskategorie – bisher noch ein weiterer Strang der Kulturwissenschaften dominierend: Kulturwissenschaften als pragmatische und performative Handlungswissenschaften. Wie sich im Durchgang durch die *turns* gezeigt hat, geht es heute jedoch verstärkt um kulturelle Praktiken und Wahrnehmungsformen wie Übersetzen, Beobachten, Erinnern, Vergleichen, Beschreiben, Erzählen, Darstellen, Inszenieren – und um die Frage, wie die globalen Verhältnisse auf die Veränderung solcher Wahrnehmungs- und Ausdrucksformen einwirken. Derartige Kulturtechniken und Kategorien der Erfahrungskonstitution wirken nicht nur im kulturellen Bereich, sondern auch im ökonomischen.[59] In Bezug auf solche Anwendungsfelder, welche die Grenzen der Kulturwissenschaften hinausschieben oder überschreiten, erweisen sich die *turns* als besonders fruchtbar. Die «Krise des Kulturkonzepts»[60] lässt sich eben nicht nur dadurch überwinden, dass immer wieder neue «Lesarten» von Kultur hervorgebracht werden, sondern dass man nach anschlussfähigen pragmatischen Kategorien sucht, mit denen nicht allein disziplinen-, sondern auch kulturenübergreifend gearbeitet werden kann. Gefordert ist aber auch die Erarbeitung eines transkulturellen und transnationalen Begriffssystems: die Übersetzung kulturwissenschaftlicher Kategorien und Konzepte sowie eine transkulturelle Übersetzung des weitgehend europäisch verankerten kulturwissenschaftlichen Beschreibungssystems selbst – durch «crosscategorical translations», wie sie der indisch-amerikanische Historiker Dipesh Chakrabarty vorschlägt[61], und durch «traveling concepts», durch zwischen den Kulturen wandernde Begriffe und sich kreuzende Theorien.[62]

«Cultural Studies handeln nicht nur von Globalisierungen, sie werden ‹globalisiert› (...) Was mich daran interessiert ist, dass Cultural Studies diesen Prozess der Neuübersetzung überall durchlaufen.»[63] In einem Interview zur Globalisierung der *Cultural Studies* selbst hat Stuart Hall schon 1992 die Globalisierung der Kulturwissenschaften als einen Vorgang ihrer Übersetzung bzw. «Neuübersetzung» begriffen. So müsse man *Cultural Studies* in die Prozesse der Internationalisierung und Modernisierung hinein übersetzen, wobei die «Diaspora-Intellektuellen» als Akteure einer solchen Übersetzung wirken: «Sie übersetzen fortwährend von einer Sprache in die andere, von einer Welt in die andere (...).»[64] Wenn sich z. B. die amerikanisch-europäischen *Cultural Studies* in asiatische und afrikanische *Cultural Studies* hinein übersetzen, wird solche Wanderung von Theorien als Transformation von Paradigmen und *turns* aufgefasst, als ihre Öffnung auf neue Kontexte hin. Übersetzung wird hier endgültig abgekoppelt von der Vorstellung eines «Originals»: «Übersetzung als ein kontinuierlicher Prozess der Reartikulation und Rekontextualisierung, ohne einen Begriff des eigentlichen Ursprungs. Ich will also nicht sagen, dass Cultural Studies ‹in Wirklichkeit› ein voll ausformuliertes westliches Projekt waren und jetzt anderswo aufgegriffen werden. Ich meine, wann immer sie einen neuen kulturellen Raum betreten, ändern sich die Begriffe (...).»[65] *Cultural Studies* «übersetzen» heißt also, sie gegenüber nichthegemonialen Ländern (außerhalb der USA oder Europas) so weit zu öffnen, dass sie die ökonomischen Verschiebungen an die Peripherie mitmachen und so auch zu asiatischen oder afrikanischen Cultural Studies werden können – dass sie also ihre eigene Tendenz, Allgemeinheit und universelle Gültigkeit zu behaupten, kritisch befragen und sich vielmehr durch die globalen Verwerfungen und «Besonderheiten» hindurch neu lokalisieren und neu konzipieren.[66]

Eine solche spezifische, lokalisierende Wende zu transkulturellen Zusammenhängen mit ihren Verwerfungen und Ungleichheiten ist verknüpft mit der Hinwendung zu einem kritischen Komparatismus und hat dadurch auch methodische und methodologische Auswirkungen. So stellen sich Probleme des Relativismus, Fragen des Vergleichs, der Unterschiede und Gemeinsamkeiten nicht nur als methodische Fragen, sondern auch im Kontext einer Politik der Untersuchungseinstellungen.[67] Bei aller Schwierigkeit der Durchführung stehen die Kulturwissenschaften doch vor der Aufgabe, Untersuchungskategorien und Methoden auszubilden, die nicht nur westlich geprägt sind, sondern die aus einer keineswegs herrschaftsfreien «global conversation»[68] heraus erst zu entwickeln wären. Betroffen sind hiervon auch wissenschaftliche Kanonisierungsprozesse und besonders die Frage der Universalisierbarkeit der europäischen (wissenschaftlichen) Kategorien und der Notwendigkeit, sie unter dem Aspekt ihrer «cross-categorical translation» kritisch zu überdenken. Sind die Untersuchungskategorien europäisch fixiert und deshalb nur schwer übertragbar auf andere kulturelle Zusammenhänge? Wieweit sollten die eigenen Untersuchungsbegriffe wirklich in der «global conversation» zur Disposition gestellt werden? Ein «global turn» ruft also besonders die Übersetzungsbereitschaft der kulturwissenschaftlichen Kategorien selbst auf den Plan.[69]

Auch bei einer solchen kulturüberschreitenden Wende wird also keineswegs nur der Forschungsbereich quantitativ ausgedehnt, z. B. durch eine Erweiterung regionaler Studien hin zu globalen Verflechtungen, internationalen Zusammenhängen oder Brechungen. Vielmehr geht es um eine neue, transkulturelle Untersuchungseinstellung, die auch lokale oder regionale Zusammenhänge in neuem Licht erscheinen lässt. Hierfür ergeben sich deutliche Anzeichen und Impulse aus den vielfältigen Ansätzen transnationaler Geschichtswissenschaft, aus einer transkulturellen Soziologie bzw. einer Soziologie der Weltgesellschaft im Hinblick etwa auf «glokale (!) Kulturforschung»[70], aus einer transnationalen Vergleichenden Literaturwissenschaft im Hinblick auf die neueren Literaturen der Welt – bis hin zu einer transnationalen Ethnologie, die angesichts einer «Welt in Stücken» im Begriff ist, zu einer «intensive ethnography in multiple sites»[71] zu werden, zu einer «multi-sited ethnography»[72] in einer multipolaren Welt.

Diese hier erst grob skizzierten möglichen Hauptachsen oder Problem«fronten» für eine Weiterprofilierung der kulturwissenschaftlichen Reflexion führen – und das sollte zum Schluss noch einmal festgehalten werden – ebenso wenig von den Disziplinen weg wie die *cultural turns* selbst. Sie bilden geradezu ein Reservoir inhaltlicher und methodischer Anstöße und Fokussierungen, die sich erst dann realisieren, wenn sie mit disziplinärem Rüstzeug verarbeitet werden und Eingang finden in konkrete disziplinäre Arbeit. Sie zeigen allerdings auch, dass es fruchtbar oder gar notwendig sein kann, die disziplinenverankerte Forschung in jeweils übergreifende Theorie- und Diskurszusammenhänge ebenso zu verorten wie in Zusammenhänge gesellschaftlicher Entwicklungen. Gerade angesichts einer «zersplitterten Welt» sind solche Orientierungsversuche auf dem Weg über die Neuorientierungen selbst erforderlich.

Clifford Geertz, dessen *interpretive turn* die Kette dieser kulturwissenschaftlichen Neuorientierungen maßgeblich in Gang gesetzt hatte, war noch ausgegangen von durchaus ganzheitlichen kulturellen Bedeutungssystemen und ist jetzt mit einer «Welt in Stücken» konfrontiert. Nach seiner Einschätzung befindet sich die gegenwärtige Lage der Gesellschaften und Kulturen nach Auflösung der Blöcke und Nationalstaaten in einem Zustand sehr komplexer Verflechtungen und Differenzen. Ein «blurring of genres» scheint hier nicht mehr auszureichen, eher eine Tiefenbohrung in die Politik kulturwissenschaftlicher Kategorien und Konzepte hinein. Mit Ulrich Becks Perspektiven könnte diese – nach dem Abschied vom «methodologischen Nationalismus» und seinem «nationalen Blick» – zu einem «methodologischen Kosmopolitismus» führen, was einem «kulturwissenschaftlichen Paradigmenwechsel» gleichkäme.[73] Auch Clifford Geertz fragt mit ähnlicher Stoßrichtung: Wie kann die kulturwissenschaftliche Theorie eine Sprache entwickeln, die mit den «widerspenstigen Besonderheiten» der kulturellen Situation in der gegenwärtigen Welt umgehen kann? «Die widerspenstigen Besonderheiten, die unsere Zeit charakterisieren, muß die Theorie erst in den Griff bekommen, doch daran wird sie zumeist durch ihre Sprache gehindert, die lieber zusammenfaßt als auseinanderlegt. Die verfügbaren Genres der Beschreibung und Beurteilung taugen nicht viel für die vielfältige, vermischte, unregelmäßige, wandelbare und diskontinuierliche Welt, in der wir leben.»[74] Das heißt, mit einem immer noch auf Allgemeinheiten und Sinnzusammenhänge orientierten kulturwissenschaftlichen Vokabular kommt man nicht weiter; es müssen veränderte Analysekategorien gefunden werden – freilich nicht nur angesichts kultureller «Besonderheiten», sondern auch angesichts kultureller Konflikte. Gerade die Ausdifferenzierung der *turns* ist Voraussetzung für eine vielschichtige transkulturelle «Wende» des kulturwissenschaftlichen Analysevokabulars hin zu Vernetzungsbegriffen und Beziehungsausdrücken[75], vor allem hin zu neuen Übersetzungsbegriffen, die in kulturenübergreifende Auseinandersetzungen hineinragen, ja aus ihnen heraus erst zu gewinnen sind.

Die kulturwissenschaftlichen Neuorientierungen durch *turns* haben mittlerweile die methodischen Ansätze und Analysekategorien so geschärft und differenziert, dass sich die Kulturwissenschaften nicht im Vogelflug über Kulturen und Theorielandschaften hinweg verlieren – auch nicht in der Weite transkultureller Horizonte. Vielmehr bereiten sie dazu vor, sich den lokalen «Besonderheiten» auszusetzen und sich dazu «in die Niederungen konkreter Fälle zu begeben»[76]. Die kulturwissenschaftliche Grundlagenreflexion und Forschungsarbeit im Zeichen der *cultural turns* nach dem *linguistic turn* wird sich dann nicht nur auf Textverhältnisse, aber auch nicht nur auf Praxisbezüge einstellen müssen. Ihre Untersuchungsfelder bilden nicht zuletzt die prekären interkulturellen und interkategorialen Zwischen- und Übersetzungsräume, wie sie in Clifford Geertz' Leitfragen der Theorie angesichts einer «zersplitterten Welt» aufscheinen: «Was ist ein Land, wenn es keine Nation ist? Und: Was ist eine Kultur, wenn sie kein Konsens ist?»[77]

# ANMERKUNGEN

1  Vgl. Aleida Assmann: Gedächtnis als Leitbegriff der Kulturwissenschaften, in: Lutz Musner/Gotthart Wunberg (Hg.): Kulturwissenschaften. Forschung – Praxis – Positionen. Wien 2002, S. 27–45, zum Gedächtnis als einem «neuen Paradigma(s)» hier S. 27; Jan Assmann: Das kulturelle Gedächtnis. Schrift, Erinnerung und politische Identität in frühen Hochkulturen. München 1997, S. 11: «Alles spricht dafür, daß sich um den Begriff der Erinnerung ein neues Paradigma der Kulturwissenschaften aufbaut (...)».

2  Vgl. Stefan Weber: Die Welt als Medienpoiesis. Basistheorien für den ‹Medial Turn›, in: Medien Journal. Zeitschrift für Kommunikationskultur 23, 1 (1999), S. 3–8; ders. (Hg.): Theorien der Medien. Von der Kulturkritik bis zum Konstruktivismus. Konstanz 2003; Reinhard Margreiter: Realität und Medialität. Zur Philosophie des ‹Medial Turn›, in: Medien Journal. Zeitschrift für Kommunikationskultur 23, 1 (1999), S. 9–18.

3  Vgl. Vernon W. Gras: The Recent Ethical Turn in Literary Studies, in: Mitteilungen des Verbandes Deutscher Anglisten 4 (1993), S. 30 ff.; David Parker: Introduction: The Turn to Ethics in the 1990s, in: Jane Adamson/Richard Freadman/David Parker (Hg.): Renegotiating Ethics in Literature, Philosophy, and Theory. Cambridge 1998, S. 15 ff.; Doris Feldmann: Beyond Difference? Recent Developments in Postcolonial and Gender Studies, in: Ansgar Nünning/Jürgen Schlaeger (Hg.): Anglistik heute. Trier 2006, S. 7–27, bes. S. 13 ff.; ein «ethical turn» des akademischen Forschungsverhaltens selbst – angesichts der Zunahme von Plagiaten und anderer ethisch fragwürdiger Verhaltensweisen in der Wissenschaft – wäre ebenfalls an der Zeit.

4  Terrence J. McDonald (Hg.): The Historic Turn in the Human Sciences. Ann Arbor 1996.

5  Vgl. Martin Kreiswirth: Tell Me a Story. The Narrativist Turn in the Human Sciences, in: ders./Thomas Carmichael (Hg.): Constructive Criticism. The Human Sciences in the Age of Theory. Toronto 1995, S. 61–87; vgl. Norbert Meuter: Geschichten erzählen, Geschichten analysieren. Das narrativistische Paradigma in den Kulturwissenschaften, in: Friedrich Jaeger/Jürgen Straub (Hg.): Handbuch der Kulturwissenschaften. Bd. 2. Stuttgart, Weimar 2004, S. 140–155.

6  Vgl. Steve W. Fuller/Marc De Mey/Terry Shinn/Steve Woolgar (Hg.): The Cognitive Turn. Sociological and Psychological Perspectives on Science. Dordrecht 1989; vgl.

Bruno Zerweck: Der *cognitive turn* in der Erzähltheorie. Kognitive und «Natürliche» Narratologie, in: Ansgar Nünning/Vera Nünning (Hg.): Neue Ansätze in der Erzähltheorie. Trier 2002, S. 219–242.

7 Vgl. Jon Dorbolo: Distributing the Computational Turn, in: APA Newsletters: Newsletter on Philosophy and Computers 00, 1 (2000).

8 Vgl. Wieland Freund: Literaturforum: Der *social turn*, in: Die Neue Gesellschaft. Frankfurter Hefte 5 (Mai 2002), S. 301–302.

9 Vgl. Theodore R. Schatzki/Karin Knorr-Cetina/Eike von Savigny (Hg.): The Practice Turn in Contemporary Theory. London 2000; einen Vorstoß, in den *linguistic turn* wieder die Kategorie der Praxis zurückzuführen, und zwar auf dem Gebiet der Internationalen Beziehungen, macht Iver B. Neumann: Returning Practice to the Linguistic Turn. The Case of Diplomacy, in: Millenium. Journal of International Studies 31, 3 (2002), S. 627–651; vgl. Kevin Schilbrack: Introduction. On the Use of Philosophy in the Study of Rituals, in: ders. (Hg.): Thinking Through Rituals. Philosophical Perspectives. New York, London 2004, S. 1–30, hier S. 1: «But it is also true that many philosophers in the last century have made action or practice the central term of analysis. The century can therefore be seen as making a practice turn, the appreciation that the world is revealed through activity (...)».

10 Vgl. Dominick LaCapra: History in Transit. Experience, Identity, Critical Theory. Ithaca, London 2004, S. 3 f.

11 Vgl. Rainer Schützeichel (Hg.): Emotionen und Sozialtheorie. Disziplinäre Ansätze. Frankfurt/M., New York 2006.

12 Vgl. Prue Chamberlayne/Joanna Bornat/Tom Wengraf (Hg.): The Turn to Biographical Methods in Social Science. Comparative Issues and Examples. London 2000.

13 Vgl. Antoinette Burton (Hg.): After the Imperial Turn. Thinking with and through the Nation. Durham 2003.

14 Vgl. Tom Holert: Über den «forensic turn» in der Weltpolitik, in: Transkriptionen 5 (2005), S. 5–9.

15 Ebd., S. 6.

16 Vgl. Marianne Pieper/Thomas Atzert/Serhat Karakayali/Vassilis Tsianos (Hg.): Empire und die biopolitische Wende. Die internationale Diskussion im Anschluss an Hardt und Negri. Frankfurt/M., New York 2006; Giorgio Agamben: Homo sacer. Die souveräne Macht und das nackte Leben. Frankfurt/M. 2002.

17 Vgl. Charles Camic/Hans Joas (Hg.): The Dialogical Turn. New Roles for Sociology in the Postdisciplinary Age. Lanham u. a. 2004, hier S. 15.

18 Vgl. Karl Schlögel: Kartenlesen, Augenarbeit. Über die Fälligkeit des spatial turn in den Geschichts- und Kulturwissenschaften, in: Heinz Dieter Kittsteiner (Hg.): Was sind Kulturwissenschaften? 13 Antworten. München 2004, S. 261–283, hier S. 265.

19 Victor Turner: Process, System, and Symbol. A New Anthropological Synthesis, in: ders.: On the Edge of the Bush. Anthropology as Experience (Hg. Edith L. B. Turner). Tucson 1985, S. 151–173, hier S. 152: «My personal view is that anthropology is shifting from a stress on concepts such as structure, equilibrium, function, system to process, indeterminacy, reflexivity – from a ‹being› to a ‹becoming› vocabulary (...)».

20 Edward W. Said: Einleitung: Weltzugewandte Kritik, in: ders.: Die Welt, der Text und der Kritiker. Frankfurt/M. 1983, S. 7–46.

21 Vgl. Clifford Geertz: Dichte Beschreibung. Bemerkungen zu einer deutenden Theorie von Kultur, in: ders.: Dichte Beschreibung. Beiträge zum Verstehen kultureller Systeme. Frankfurt/M. 1983, S. 7–43, hier S. 9: «Ich meine mit Max Weber, daß der Mensch ein Wesen ist, das in selbstgesponnene Bedeutungsgewebe verstrickt ist, wobei ich Kultur als dieses Gewebe ansehe.»

22 Vgl. einen brückenschlagenden Sammelband, der von einem komplementären Befund ausgeht: «Die Enthistorisierung der Ökonomie hat ihre Entsprechung in der Entökonomisierung der neueren Kulturgeschichte gefunden.» (S. 11) – Hartmut Berghoff/Jakob Vogel (Hg.): Wirtschaftsgeschichte als Kulturgeschichte. Dimensionen eines Perspektivenwechsels. Frankfurt/M., New York 2004, hier S. 11; von Seiten der Literaturwissenschaft vgl. eine Untersuchung, der es um die «Möglichkeit einer Beziehung zwischen Literatur und Ökonomie (oder bestimmten Wissensfeldern überhaupt)» (S. 14) geht: Joseph Vogl: Kalkül und Leidenschaft. Poetik des ökonomischen Menschen. München 2002.

23 Hierzu vgl. Doris Bachmann-Medick: Textualität in den Kultur- und Literaturwissenschaften. Grenzen und Herausforderungen, in: dies. (Hg.): Kultur als Text. Die anthropologische Wende in der Literaturwissenschaft. 2. Aufl. Tübingen, Basel 2004, S. 298–338.

24 Lutz Musner: Kultur als Textur des Sozialen. Essays zum Stand der Kulturwissenschaften. Wien 2004, S. 76.

25 George E. Marcus/Michael M. J. Fischer: Anthropology as Cultural Critique. An Experimental Moment in the Human Sciences. Chicago, London 1986, S. x.

26 Aleida Assmann: Die Unverzichtbarkeit der Kulturwissenschaften – mit einem nachfolgenden Briefwechsel (Hildesheimer Universitätsreden NF 2). Hildesheim 2004, S. 4.

27 Ebd., S. 26 f.

28 Vgl. die Einleitung zu diesem Buch, S. 7 ff.

29 Vgl. Assmann: Unverzichtbarkeit der Kulturwissenschaften, S. 21 ff.

30 Jürgen Habermas: Einleitung, in: ders.: Zwischen Naturalismus und Religion. Philosophische Aufsätze. Frankfurt/M. 2005, S. 7–14, hier S. 7.

31 Jürgen Habermas: Vorpolitische Grundlagen des demokratischen Rechtsstaates? In: ders.: Zwischen Naturalismus und Religion, S. 106–118, hier S. 118.

32 Jürgen Habermas: Religion in der Öffentlichkeit. Kognitive Voraussetzungen für den «öffentlichen Vernunftgebrauch» religiöser und säkularer Bürger, in: ders.: Zwischen Naturalismus und Religion, S. 119–154, hier S. 136 f.

33 Vgl. ebd., S. 119, S. 154, hier bes. S. 146 f.

34 Ebd., S. 138.

35 John Panteleimon Manoussakis (Hg.): After God. Richard Kearney and the Religious Turn in Continental Philosophy. New York 2005; unter den vielen neueren Publikationen zur Bedeutung des Religiösen vgl. Richard Rorty/Gianni Vattimo: Die Zukunft der Religion. Hg. mit einer Einleitung von Santiago Zabala. Frankfurt/M. 2006.

36 In: Said: Die Welt, der Text und der Kritiker, S. 293–296, hier S. 295; vgl. das Special Issue «Literary History and the Religious Turn» der Zeitschrift English Language Notes 44, 1 (March 2006).

37 Said: Die religiöse Wende der Kritik, in: ders.: Die Welt, der Text und der Kritiker, S. 294.

38 Vgl. zur Einbeziehung des Faktors Religion am Beispiel der Analyse religiöser Gewalt – von der performativen Gewalt des Fundamentalismus, welche die Religion selbst durch Gewaltakte gewissermaßen in Szene setzt, bis hin zu Analysekategorien für eine Neuinterpretation von «religion of violence» (S. 274) und «politischer Religion» im Kontext des Nationalsozialismus – Bernd Weisbrod: Religious Languages of Violence. Some Reflections on the Reading of Extremes, in: Alf Lüdtke/Bernd Weisbrod (Hg.): No Man's Land of Violence. Extreme Wars in the 20th Century. Göttingen 2006, S. 251–276.

39 Wolf Singer: Im Grunde nichts Neues, in: ders.: Der Beobachter im Gehirn. Essays zur Hirnforschung. Frankfurt/M. 2002, S. 171–180, hier S. 178.

40 Ebd., S. 180.

41 Vgl. Karl Eibl: Animal Poeta. Bausteine der biologischen Kultur- und Literaturtheorie. Paderborn 2004; vgl. Brett Cooke/Frederick Turner (Hg.): Biopoetics. Evolutionary Explorations in the Arts. Lexington 1999.

42 Zum «neuronal turn» vgl. den Ansatz einer Debatte in: Christian Geyer (Hg.): Hirnforschung und Willensfreiheit. Zur Deutung der neuesten Experimente. Frankfurt/M. 2004; darin bes. Johannes Fried: Geschichte und Gehirn. Irritationen der Geschichtswissenschaft durch Gedächtniskritik, S. 111–133; Christian Geyer: Frieds Brainstorming. Jetzt ist auch die Geschichte aufs Gehirn gekommen, S. 134–139, hier S. 134: «Die Historie steht vor ihrem *neuronal turn*»; Markus Völkel: Wohin führt der «neuronal turn» die Geschichtswissenschaft?, S. 140–142.

43 Vgl. Johannes Fried: Der Schleier der Erinnerung. Grundzüge einer historischen Memorik. München 2004.

44 Karl Clausberg: Neuronale Kunstgeschichte. Selbstdarstellung als Gestaltungsprinzip. Wien, New York 1999.

45  Das Manifest. Elf führende Neurowissenschaftler über Gegenwart und Zukunft der Hirnforschung, in: Gehirn & Geist 6 (2004), S. 30–37, hier S. 36 (www.gehirn-und-geist.de/manifest).

46  Ebd., S. 37.

47  Ebd., S. 37.

48  Jürgen Habermas: Freiheit und Determinismus, in: ders: Zwischen Naturalismus und Religion, S. 155–186, hier S. 155 ff.

49  Vgl. Ottmar Ette: ÜberLebenswissen. Die Aufgabe der Philologie. Berlin 2004.

50  Habermas: Freiheit und Determinismus, S. 162.

51  Singer: Im Grunde nichts Neues, S. 179.

52  Vgl. Manifest, S. 37.

53  Vgl. Wolf Singer: Vom Gehirn zum Bewußtsein, in: Norbert Elsner/Gerd Lüer (Hg.): Das Gehirn und sein Geist. Göttingen 2000, S. 189–204, hier S. 201.

54  In diesem Zusammenhang arbeitet auch Habermas wiederum mit dem Übersetzungsbegriff – wenn auch noch nicht mit der Übersetzungskategorie; vgl. ders.: Freiheit und Determinismus, S. 172.

55  Zum Vorschlag von «Brückentheorien» nach Maßgabe naturwissenschaftlicher Kriterien von begrifflicher Eindeutigkeit und empirischer Überprüfbarkeit (z. B. zur Entstehung und Bedeutung von Verstehen) vgl. Gerhard Roth: Aus Sicht des Gehirns. Frankfurt/M. 2003, S. 197, vgl. S. 202 f.

56  Vgl. Lutz Wingert: Grenzen der naturalistischen Selbstobjektivierung, in: Dieter Sturma (Hg.): Philosophie und Neurowissenschaften. Frankfurt/M. 2006, S. 240–260, bes. S. 253.

57  Walburga Hülk/Ursula Renner (Hg.): Biologie, Psychologie, Poetologie. Verhandlungen zwischen den Wissenschaften. Würzburg 2005.

58  Diese hermeneutische Tendenz durchzieht – bei aller Vielfalt der dort versammelten Ansätze und Richtungen – z. B. das von Friedrich Jaeger, Jörn Rüsen, Burkhard Liebsch und Jürgen Straub herausgegebene dreibändige Handbuch der Kulturwissenschaften. Stuttgart, Weimar 2004; vgl. bes. Jörn Rüsen: Ausblick: Sinnverlust und Transzendenz – Kultur und Kulturwissenschaft am Anfang des 21. Jahrhunderts, in: ebd., Bd. 3, S. 533–544; Dietrich Böhler/Micha H. Werner: Alltagsweltliche Praxis und Rationalitätsansprüche der Kulturwissenschaften, in: ebd., S. 66–83, hier S. 69: Kulturwissenschaften als «die Wissenschaften vom Sinnhaften und auf Sinnhaftes Bezogenen».

59  Vgl. Doris Bachmann-Medick: 1 + 1 = 3? Interkulturelle Beziehungen als «dritter Raum», in: Weimarer Beiträge 45, 4 (1999), S. 518–531.

60  Rolf Lindner: Konjunktur und Krise des Kulturkonzepts, in: Lutz Musner/Gotthart Wunberg (Hg.): Kulturwissenschaften. Forschung – Praxis – Positionen. Wien 2002, S. 69–87.

61  Vgl. Dipesh Chakrabarty: Provincializing Europe. Postcolonial Thought and His-

torical Difference. Princeton, Oxford 2000, S. 85; hierzu vgl. die eingehenden Erörterungen in Kapitel 4 «Postcolonial Turn» und Kapitel 5 «Translational Turn».

62 Zur fundamentalen Rolle von «traveling theories» für die Kulturanalyse vgl. Mieke Bal: Kulturanalyse. Frankfurt/M. 2002, bes. S. 11; vgl. auch dies.: Travelling Concepts in the Humanities. A Rough Guide. Toronto, Buffalo, London 2002.

63 Stuart Hall: Cultural Studies und die Politik der Internationalisierung. Kuan-Hsing Chen interviewt Stuart Hall, in: Stuart Hall: Cultural Studies. Ein politisches Theorieprojekt. Ausgewählte Schriften 3. Hamburg 2000, S. 137–157, hier S. 137.

64 Ebd., S. 144.

65 Ebd., S. 138.

66 Ebd., S. 143 ff.

67 Vgl. ebd., S. 149.

68 Margaret Jacob erläutert dies am Beispiel der Naturwissenschaften, die ja von einer westlichen Disziplin immer mehr zu einem globalen Phänomen geworden sind; vgl. Margaret C. Jacob: Science Studies after Social Construction. The Turn toward the Comparative and the Global, in: Victoria E. Bonnell/Lynn Hunt (Hg.): Beyond the Cultural Turn. New Directions in the Study of Society and Culture. Berkeley, Los Angeles, London 1999, S. 95–120, hier S. 112.

69 Eine besonders weit reichende interkulturelle Reflexion der Kategorien mit deutlicher Infragestellung der Universalisierungstendenzen westlicher Kategorien findet man bei Kenneth J. Gergen: Understanding as Relationship. Cultural Psychology in Global Context, in: Jürgen Straub/Doris Weidemann/Carlos Kölbl/Barbara Zielke (Hg.): Pursuit of Meaning. Advances in Cultural and Cross-Cultural Psychology. Bielefeld 2006, S. 83–102.

70 Ulrich Beck: Was ist Globalisierung? Irrtümer des Globalismus – Antworten auf Globalisierung. Frankfurt/M. 5. Aufl. 1998, S. 91 (in Anlehnung an den Begriff der «Glokalisierung» von Roland Robertson).

71 George E. Marcus: The Twistings and Turnings of Geography and Anthropology in Winds of Millennial Transition, in: Ian Cook/David Crouch/Simon Naylor/James R. Ryan (Hg.): Cultural Turns/Geographical Turns. Perspectives on Cultural Geography. London, New York 2000, S. 13–25, hier S. 15.

72 Ebd., S. 15.

73 Ulrich Beck: Globalisierung als Metamachtspiel der Weltinnenpolitik. Zehn Thesen zu einer Neuen Kritischen Theorie in kosmopolitischer Absicht, in: Friedrich Jaeger/Jörn Rüsen (Hg.): Handbuch der Kulturwissenschaften. Bd. 3: Themen und Tendenzen. Stuttgart, Weimar 2004, S. 521–532, hier S. 531; vgl. ders.: Der kosmopolitische Blick oder: Krieg ist Frieden. Frankfurt/M. 2004.

74 Clifford Geertz: Welt in Stücken. Kultur und Politik am Ende des 20. Jahrhunderts. Wien 1996, S. 30.

75 Vgl. Ulf Hannerz: Transnational Research, in: H. Russel Bernard (Hg.): Handbook

of Methods in Cultural Anthropology. Walnut Creek, London, New Delhi 1998, S. 235–256, bes. S. 246 ff.

76 Geertz: Welt in Stücken, S. 27: «Die politische Theorie bewegt sich für gewöhnlich in großer Höhe über diesem Dickicht der Charakterisierungen, Unterscheidungen, Besonderheiten und Etikettierungen, der die Wer-ist-was-Welt kollektiver Identitäten ausmacht. Die Theoretiker schweben sinnierend darüber, als säßen sie in einer Montgolfiere (...) Was bleibt uns dann noch zu tun, als uns um den Preis von Verlusten an Allgemeingültigkeit, Sicherheit oder intellektuellem Gleichgewicht in die Niederungen konkreter Fälle zu begeben?»

77 Ebd., S. 31.

# PERSONENREGISTER

Aufgeführt sind nur Personen, die im Text erwähnt sind, nicht hingegen Personen, deren Namen in den Anmerkungen erscheinen.

04 / 2006